A representação
do mundo na criança

Jean Piaget

A representação do mundo na criança

Com o concurso
de onze colaboradores

Editora
IDEIAS &
LETRAS

LISTA DOS COLABORADORES

A. Bodourian (cap. II, IX e X)
G. Guex (cap. I, III, VII, VIII e IX)
R. Hepner (cap. VIII)
H. Krafft (cap. I, III, V, VII e IX)
E. Margairaz (cap. IX e X)
S. Perret (cap. I, III, V e VII)
V.-J. Piaget (cap. I, III, VII e IX)
M. Rodrigo (cap. III e IX)
M. Rond (cap. IX)
N. Swetlova (cap. II, IX e X)
Dr. Versteeg (cap. III)

Direção Editorial:
Carlos Silva
Ferdinando Mancílio

Título original: *La Représentation du Monde chez l'Enfant*

© Presses Universitaires de France, 1947
Bibliothèque de philosophie contemporaine
6, avenue Reille, 75014 Paris
ISBN: 2-13-053978-5

Comissão Editorial:
Avelino Grassi
Roberto Girola

Coordenação Editorial:
Elizabeth dos Santos Reis

Tradução:
Adail Ubirajara Sobral
(Colaboração de Maria Stela Gonçalves)

Copidesque e Revisão
Ana Lúcia de Castro Leite
Leila Cristina Dinis Fernandes

Diagramação:
Alex Luis Siqueira Santos

Capa:
Cristiano Leão

Todos os direitos em língua portuguesa, para o Brasil, reservados à Editora Ideias & Letras, 2021.
6ª impressão.

EDITORA
IDEIAS &
LETRAS

Avenida São Gabriel, 495
Conjunto 42 - 4º andar
Jardim Paulista – São Paulo/SP
Cep: 01435-001
Editorial: (11) 3862-4831
Televendas: 0800 777 6004
vendas@ideiaseletras.com.br
www.ideiaseletras.com.br

Dados Internacionais de Catalogação na Publicação (CIP)
(Câmara Brasileira do Livro, SP, Brasil)

Piaget, Jean, 1896-1980.
    A representação do mundo na criança: com o concurso de onze colaboradores / Jean Piaget; tradução Adail Ubirajara Sobral (colaboração de Maria Stela Gonçalves). – Aparecida, SP: Ideias & Letras, 2005.

    Título original: *La représentation du monde chez L'enfant*
    Bibliografia.
    ISBN: 978-85-98239-44-5

    1. Capacidade para desenho em crianças 2. Causalidade 3. Conceitos – Aprendizagem 4. Crianças – Percepção do espaço 5. Desenvolvimento cognitivo – Psicologia infantil 6. Imaginação (Psicologia) em crianças 7. Psicologia infantil I. Título.

05-4823   CDD-155.4

Índices para catálogo sistemático:

1. Crianças: Estudo: Psicologia 155.4
2. Psicologia infantil 155.4

Índice

Introdução — 9
Problemas e métodos — 9
§ 1. O método dos testes, a observação pura e o método clínico — 11
§ 2. Os cinco tipos de reação observáveis no exame clínico — 16
§ 3. Regras e critérios que permitem o diagnóstico dos tipos precedentes de reação — 21
§ 4. Regras destinadas à interpretação dos resultados — 24

PRIMEIRA PARTE

O REALISMO INFANTIL — 33

Capítulo I. A noção de pensamento — 37
§ 1. O primeiro estágio: pensamos com a boca — 38
§ 2. A visão e o olhar — 45
§ 3. O segundo e o terceiro estágios: pensamos com a cabeça — 46
§ 4. As palavras e as coisas — 51

Capítulo II. O realismo nominal — 57
§ 1. A origem dos nomes — 58
§ 2. O lugar dos nomes — 66
§ 3. O valor intrínseco dos nomes — 73
§ 4. Conclusões — 77

Capítulo III. Os sonhos — 79
§ 1. O primeiro estágio: o sonho vem de fora e permanece exterior — 81
§ 2. O segundo estágio: o sonho vem de nós mas nos é exterior — 92
§ 3. O terceiro estágio: o sonho é interior e de origem interna — 101
§ 4. Conclusões — 103

Capítulo IV. O realismo e as origens da participação — 107
§ 1. O realismo e a consciência de si — 108
§ 2. Os sentimentos de participação e as práticas mágicas na criança — 113
§ 3. As origens da participação e da magia infantis — 129
§ 4. Contraprova: as atitudes mágicas espontâneas no adulto — 136
§ 5. Conclusão: egocentrismo lógico e egocentrismo ontológico — 140

SEGUNDA PARTE

O ANIMISMO INFANTIL — 143

Capítulo V. A consciência atribuída às coisas — 145
§ 1. O primeiro estágio: tudo é consciente — 147
§ 2. O segundo estágio: tudo o que se move é consciente — 151
§ 3. O terceiro estágio: os corpos dotados de movimento próprio são conscientes — 153
§ 4. A consciência é reservada aos animais — 156
§ 5. Conclusões — 157

Capítulo VI. O conceito de "vida" — 163
§ 1. O primeiro estágio: a vida é assimilada à atividade em geral — 164
§ 2. O segundo estágio: a vida é assimilada ao movimento — 166
§ 3. O terceiro e quarto estágios: a vida é assimilada ao movimento próprio, pois é reservada aos animais e às plantas — 168
§ 4. Conclusão: a noção de "vida" na criança — 170

Capítulo VII. As origens do animismo infantil. Necessidade moral e determinismo físico — 173
§ 1. O animismo espontâneo na criança — 173
§ 2. O sol e a lua nos seguem — 178
§ 3. Determinismo físico e necessidade moral — 184
§ 4. Conclusões. O alcance dos interrogatórios sobre o animismo infantil e a natureza do "animismo difuso" — 189
§ 5. Conclusões (cont.). As origens do animismo infantil — 193

TERCEIRA PARTE

O ARTIFICIALISMO INFANTIL E OS ESTÁGIOS ULTERIORES DA CAUSALIDADE — 207

Capítulo VIII. A origem dos astros celestes — 209
§ 1. Um caso primitivo do primeiro estágio — 210
§ 2. O primeiro estágio: os astros celestes são fabricados — 214
§ 3. O segundo e o terceiro estágios: os astros celestes têm uma origem parcial, e depois inteiramente, natural — 222
§ 4. As fases da lua — 227

Capítulo IX. A meteorologia e a origem das águas — 231

§ 1. A abóbada celeste — 232
§ 2. A causa e a natureza da noite — 235
§ 3. A origem das nuvens — 241
§ 4. As trovoadas e os raios — 248
§ 5. A formação da chuva — 251
§ 6. A explicação da neve, do gelo e do frio — 259
§ 7. Os rios, os lagos e o mar. A origem primeira das águas — 263

Capítulo X. A origem das árvores, das montanhas e da terra — 269
§ 1. A origem da madeira e das plantas — 269
§ 2. A origem do ferro, do vidro, do tecido e do papel — 273
§ 3. A origem dos pedregulhos e da terra — 274
§ 4. A origem das montanhas — 280

Capítulo XI. A significação e as origens do artificialismo infantil — 283
§ 1. A significação do artificialismo infantil — 283
§ 2. As relações entre o artificialismo e o problema do nascimento dos bebês — 290
§ 3. Os estágios do artificialismo espontâneo e suas relações com o desenvolvimento do animismo — 298
§ 4. As origens do artificialismo — 302
§ 5. As origens da identificação e as causas do declínio do artificialismo e do animismo — 309

Apêndice — 313
Nota sobre as relações da crença na eficácia com a magia, a propósito das seções 2 e 3 do Capítulo IV — 313

Índice de nomes de autores — 317

INTRODUÇÃO
Problemas e Métodos

O problema cujo estudo nos propomos a fazer é um dos mais importantes, porém um dos mais difíceis da psicologia da criança: quais são as representações do mundo criadas espontaneamente pelas crianças ao longo dos diferentes estágios de seu desenvolvimento intelectual? Esse problema apresenta-se sob dois aspectos essenciais. Trata-se de um lado da questão da modalidade do pensamento infantil: quais os planos de realidade em que se move esse pensamento? Em outras palavras, tem a criança, como nós, a crença num mundo real, e distingue ela essa crença das diversas ficções de sua brincadeira ou de sua imaginação? Em que medida a criança distingue o mundo exterior de um mundo interno ou subjetivo, e que separações ela faz entre o eu e a realidade objetiva? Todas essas questões constituem um primeiro problema: o da realidade na criança.

Uma segunda questão fundamental liga-se àquela: trata-se da referente à explicação na criança. Que uso dá a criança às noções de causa e de lei? Qual a estrutura da causalidade infantil? Estudou-se a explicação entre os primitivos,[1] a explicação nas ciências, os diversos tipos de explicação filosó-

---

[1] Sobre alguns critérios usados na tradução e outras observações relevantes: O livro foi escrito, como se sabe, em 1947, quando "primitivo", por exemplo, era usado sem as necessárias e justificáveis reservas de hoje. Deve-se tomar hoje esse termo, no sentido etimológico, de "próximo da origem", "originário". O mesmo ocorre com outras expressões que podem soar estranhas ao leitor de nossos dias ("homens" para designar "seres humanos", por exemplo). A manutenção deve-se ao fato de que, alterá-las, seria infidelidade aos modos de expressão da época. Uma tradução feita muitos anos depois do original altera inevitavelmente certos aspectos deste, mas o tipo de alteração aqui evitado seria uma distorção da própria história da psicologia e do pensamento dos autores na época de elaboração do original. Vê-se ainda o uso de "espírito" como palavra corrente, como o prova o fato de não haver uma explicação para seu uso, havendo outros casos aqui e ali. Por outro lado, "retardé(e)", que poderia gerar uma tradução objeto de censura mais grave, foi traduzido por "atrasado(a)", o que se refere à expectativa de desenvolvimento cognitivo da psicologia da época, e da piagetiana em particular, sendo pois cabível usar essa tradução e explicar o sentido e o motivo da escolha, evitando as conotações negativas da tradução literal, embora o termo tenha sido usado no Brasil então.
Outra observação que se precisa fazer é que, na tradução das transcrições, mantém-se, por exemplo, os "Sim" do original em respostas a perguntas, embora em português sejam típicas respostas como "é", ou que retomam parte da pergunta ("Você pensa? Penso."). Isso se deve ao fato de as entrevistas não terem sido feitas no Brasil e de todos os elementos das entrevistas serem importantes para as análises feitas. Alterar essas falas implicaria criar um livro diferente daquele que o autor descreveu. Por outro lado, foi usado "a gente" para "on", porque, em muitos casos, as falas de crianças de, por exemplo, 5 anos pareceriam estranhas ao desempenho lingüístico no Brasil se se usasse a forma verbal correspondente ao "nós". Foram feitos alguns outros ajustes nesse sentido, sem deturpar, no entanto, o material transcrito. Outro aspecto a assinalar é que não há informações no livro sobre se os sobrenomes das crianças entrevistadas, transcritos no livro, são verdadeiros ou supostos, embora haja indícios de que são reais, algo que contraria o procedimento moderno de omitir tudo o que possa levar a uma identificação dos sujeitos de pesquisa. Mais uma vez, a fidelidade determinou a opção por manter *ipsis literis*. "Nome" traduz "nom". Não se trata de substantivos, categoria gramatical, mas de designações das coisas, de palavras que se usam para *nomear* as coisas. N.T.

fica. A criança nos oferece um tipo original de explicação? Essas são questões que constituem um segundo problema: o da causalidade infantil. É da realidade e da causalidade na criança que pretendemos tratar neste livro, bem como numa obra ulterior, *La causalité physique chez l'enfant* (A causalidade física na criança). Como se evidencia, esses problemas diferem daqueles que estudamos numa obra anterior.[1] Enquanto nos propuséramos a analisar nesta última a forma e o funcionamento do pensamento infantil, abordamos aqui a análise de seu conteúdo. As duas interrogações tocam-se de perto, podendo, no entanto, ser distinguidas uma da outra sem demasiada arbitrariedade. Ora, a forma e o funcionamento do pensamento são descobertos cada vez que a criança entre em contato com outras crianças ou com o adulto: trata-se de um modo de comportamento social, podendo ser observado de fora. O conteúdo, pelo contrário, mostra-se ou não se mostra, a depender da criança e dos objetos da representação. Trata-se de um sistema de crenças íntimas, sendo necessária uma técnica especial para conseguir discerni-las. É sobretudo um sistema de tendências, de orientações do espírito, de que a própria criança nunca tomou consciência e de que nunca falou.

Assim sendo, é não apenas útil como indispensável que nos entendamos antes de tudo sobre os métodos que contamos empregar para o estudo das crenças infantis. Para julgar a lógica das crianças, basta com frequência discutir com elas; também é suficiente observá-las entre si. Para julgar suas crenças, é necessário um método especial, acerca do qual alertamos desde o início ser difícil, laborioso e que requer um ponto de vista que supõe ao menos um ou dois bons anos de treinamento. Os alienistas acostumados à clínica vão compreender imediatamente por quê. Para avaliar em seu justo valor uma dada proposta da criança, tem-se com efeito de tomar minuciosas precauções. Precauções acerca de que queremos dizer desde o começo algumas palavras, pois, se as ignorar, o leitor corre o risco de distorcer por completo os sentidos das páginas a seguir e, sobretudo, o risco de desnaturar as experiências que fizemos, caso decida, como o esperamos, retomá-las e controlá-las ele mesmo.

---

[1] *Études sur la logique de l'enfant*: vol. I.: *Le langage et la pensée chez l'enfant* [*A Linguagem e o Pensamento da Criança*. Trad. Manuel Campos. Rio de Janeiro: Fundo de Cultura, 1959] (que designaremos pelas iniciais *L.P.*); vol. II: *Le jugement et le raisonnement chez l'enfant* [edições brasileiras das partes do II vol.: *O Juízo Moral na Criança*. São Paulo: Summus, 1994; *O Raciocínio na Criança*. Trad. Valerie Rumjanek Chaves. Rio de Janeiro: Record, 1967] (que designaremos pelas iniciais *J.R.*). [As abreviaturas serão mantidas, e no caso de *J.R.* não será feita a identificação dos trechos correspondentes nas traduções brasileiras. N.T.]

§ 1. O método dos testes, a observação pura e o método clínico

O primeiro método que se tentou empregar para resolver o problema que nos ocupa é o dos testes, que consiste em submeter a criança a provas organizadas de modo a satisfazer às duas condições a seguir: de um lado, a pergunta é a mesma para todos os sujeitos e é sempre feita nas mesmas condições; do outro, as respostas dadas pelos sujeitos são remetidas a um padrão ou escala que permite compará-las qualitativa ou quantitativamente. As vantagens desse método são indiscutíveis para o diagnóstico individual de crianças. Para a psicologia geral, as estatísticas obtidas costumam trazer úteis ensinamentos. Para os problemas que nos preocupam, contudo, podem-se reprovar nos testes dois inconvenientes notáveis. O primeiro é que não permitem uma análise suficiente dos resultados obtidos. Operando-se sempre em condições idênticas, obtêm-se resultados brutos, interessantes para a prática, mas muitas vezes não utilizáveis pela teoria, à falta de suficiente contexto. Mas isso ainda não é nada, pois se pensa que, com engenhosidade, se chega a imprimir aos testes variações que permitem desvelar todos os componentes de uma atitude psicológica dada. A falha essencial do teste, nas pesquisas que fazemos, é distorcer a orientação de espírito da criança interrogada, ou ao menos correr o risco de fazê-lo. Propomo-nos, por exemplo, saber como a criança concebe o movimento dos astros celestes. Fazemos a pergunta "o que faz o sol avançar?" A criança nos responde, por exemplo, "é o bom Deus que o empurra" ou "é o vento que o empurra" etc. Haverá aí resultados que não se devem deixar de conhecer, embora se devam à fabulação, isto é, à tendência das crianças de inventar mitos quando estão embaraçadas por uma dada pergunta. Não obstante, se se tivessem testado assim crianças de todas as idades, não se teria avançado nada, pois pode ser que a criança nunca se tenha feito a pergunta da mesma maneira e até que ela jamais tenha essa pergunta. É bem possível que a criança conceba o sol como um ser vivo cujo movimento é evidente. Perguntando-se "o que faz o sol avançar?", talvez se sugira ao contrário uma preocupação com o "como" que também não existia na criança, provocando-se a criação de outros mitos: "o sol avança soprando", "com o calor", "ele rola" etc. O único meio de evitar essas dificuldades é variar as perguntas, fazer contra-sugestões, em suma, renunciar a todo questionário fixo.

O mesmo ocorre em patologia mental. Um demente precoce pode ter um vislumbre ou uma reminiscência suficientes para dizer quem é seu pai, embora creia habitualmente que vem de uma linhagem mais ilustre. Mas o verdadeiro problema é saber como essa questão se formou em seu espírito e se ela se formou. A arte do clínico consiste não em fazer responder, mas em levar a falar livremente e em descobrir as tendências espontâneas em vez de canalizá-las e barrá-las. Consiste em situar todo sintoma num contexto mental em lugar de abstrair esse contexto.

Em resumo, o teste é útil sob inúmeros pontos de vista. Mas, para nossos propósitos, envolve o perigo de falsear as perspectivas ao desviar a orientação de espírito da criança. Corre o risco de passar ao largo de questões essenciais, interesses espontâneos e empreendimentos primitivos.

Recorramos, pois, à observação pura. Toda pesquisa sobre o pensamento da criança deve partir da observação e a ela voltar para controlar as experiências que essa observação vier a inspirar. Ora, no tocante aos problemas que abordaremos em nossa pesquisa, a observação oferece uma fonte de documentação de primeira grandeza. Trata-se do estudo de perguntas espontâneas das crianças. O exame detalhado do conteúdo das perguntas revela os interesses das crianças em diferentes idades e nos indica muitos problemas que as crianças se formulam, problemas em que jamais teríamos pensado ou que nunca formularíamos nos mesmos termos. O estudo da própria forma das questões, sobretudo, mostra quais as soluções implícitas que as crianças criam para si, pois toda pergunta contém sua solução na maneira como é feita. Assim, quando a criança pergunta "quem fez o sol?", tem-se a forte impressão de que ela concebe o sol como resultado de uma atividade de fabricação. Ou então, quando a criança pergunta por que há dois (Montes) Salève, um grande e um pequeno, e dois Cervin, tem-se a forte impressão de que ela concebe as montanhas como dispostas segundo um plano que exclui todo o acaso.

Eis-nos, portanto, em condições de propor uma primeira regra de nosso método. Quando se faz uma investigação sobre tal conjunto de explicações de crianças, é preciso, para dirigir a pesquisa, partir de algumas perguntas espontâneas feitas por crianças de mesma idade ou mais jovens e aplicar a própria forma dessas perguntas àquelas que se pretendem fazer às crianças tomadas como sujeitos. Cumpre, sobretudo, quando se quer tirar conclusões dos resultados de uma investigação, buscar uma contraprova mediante o estudo das perguntas espontâneas de crianças.

Tomemos um exemplo. Vamos estudar, neste volume, o animismo infantil. Veremos que, quando se pergunta às crianças se o sol etc. é vivo, dotado de saber, de sentimento etc., as crianças de certa idade respondem afirmativamente. Mas é essa uma ideia espontânea ou antes uma resposta sugerida, de modo direto ou indireto, pelo interrogatório? Procura-se, então, nas coletâneas de perguntas de crianças se existe algum fenômeno análogo e vê-se que certa criança de seis anos e meio, Del (ver *L.P.*, cap. I, § 8), perguntou espontaneamente, ao ver uma bolinha rolar na direção da observadora: "Ela sabe que você está aí?" Vê-se também que Del fez muitas perguntas para saber quando um objeto, como uma folha, está morto ou vivo. Vê-se, mais do que isso, que para responder à afirmação de que as folhas mortas estavam bem mortas, Del replicou: "mas elas mexem com o vento!" (*Id.*, § 8). Há, portanto, crianças que, pela própria maneira de fazer suas perguntas, parecem equiparar a vida e o movimento. Esses fatos mostram que um interrogatório sobre o animismo, praticado de certa maneira (perguntando-se, por exemplo, à feição de Del, se um corpo em movimento "sabe" que avança), não é artificial, e que a equiparação entre a vida e o movimento corresponde a algo espontâneo na criança.

Ainda que vendo a necessidade da observação direta, vê-se também que obstáculos limitam forçosamente seu uso. O método da observação pura é não apenas laborioso, parecendo ainda não poder garantir a qualidade dos resultados, exceto em detrimento de sua quantidade (é com efeito impossível observar nas mesmas condições um grande número de crianças), como parece conter certos inconvenientes sistemáticos, de que abordamos os dois principais.

Em primeiro lugar, o egocentrismo intelectual da criança constitui um sério obstáculo para quem deseja conhecer esta última mediante a observação pura, sem questionar de maneira alguma a criança observada. Tentamos com efeito mostrar em outra obra (*L.P.*, cap. I-III) que a criança não busca espontaneamente ou não consegue comunicar todo o seu pensamento. Há dois casos: ou a criança está na companhia de seus pares, e a conversa está ligada às ações imediatas e à brincadeira, sem incidir sobre a fração essencial do pensamento que se acha apartada da ação e se desenvolve no contato com os eventos da atividade adulta ou da natureza e, por conseguinte, a representação do mundo e a causalidade física parecerão desprovidas de qualquer interesse para a criança; ou então ela está na companhia dos adultos, mas nessa circunstância pergunta sem cessar, sem exibir suas próprias explicações. Ela as cala primeiro porque acredita que todos as conhecem e, em seguida, por pudor, por medo de se enganar, por temor de desilusões. Cala-as, sobretudo, porque, sendo suas, essas explicações lhe parecem as mais naturais e mesmo as únicas possíveis. Em suma, mesmo o que se poderia explicitar em palavras permanece em geral implícito, simplesmente porque o pensamento da criança não é tão socializado quanto o nosso. Porém, ao lado dos pensamentos formuláveis, pelo menos com o recurso à linguagem interior, quantos pensamentos informuláveis não nos permanecem incognoscíveis quando nos pomos a observar a criança sem lhe falar? Entendemos por pensamentos informuláveis as atitudes de espírito, os esquemas sincréticos, visuais ou motores, todas as pré-ligações que se sente existirem quando se fala com a criança. São essas pré-ligações que é preciso conhecer antes de tudo e, para fazê-las aflorar, necessário se faz usar métodos especiais.

O segundo inconveniente sistemático da observação pura refere-se à dificuldade de discernir na criança o que é brincadeira e o que é crença. Eis uma criança que acredita estar só e que diz a um rolo compressor: "você esmagou bem pedras grandes?" Está ela brincando ou personifica de fato a máquina? É impossível dizê-lo nesse caso, por ser ele particular. A observação pura não pode distinguir a crença da fabulação. Os únicos critérios, como veremos adiante, fundam-se na multiplicidade de resultados e na comparação entre reações individuais.

É, pois, importante ir a todo custo além do método da observação pura e, sem recair nos inconvenientes dos testes, alcançar as principais vantagens da experimentação. Empregaremos para isso um terceiro método, que pretende reunir os recursos do teste e os da observação direta, evitando ao mesmo tempo seus respectivos inconvenientes: trata-se do método do exame clínico, que os psiquiatras empregam como meio de diagnóstico. Pode-se, por exemplo, observar certas formas paranóides durante meses, sem jamais ver aflorar a ideia de grandeza que, no entanto, pressentimos a cada reação bizarra. Por outro lado, não se têm testes diferenciais para as diversas síndromes mórbidas. Mas, ao mesmo tempo, o clínico pode: 1) conversar com o doente, acompanhando-o em suas próprias respostas, de modo a não perder nada do que poderia surgir de fato de ideias delirantes; e 2) conduzi-lo delicadamente a zonas críticas (seu nascimento, sua raça, seu destino, seus títulos militares e políticos, seus talentos, sua vida mística etc.), sem saber naturalmente onde a ideia delirante vai aflorar, porém mantendo constantemente a conversa num terreno fecundo. Assim, o exame clínico participa da experiência no sentido de que o clínico formula problemas, elabora hipóteses, promove variações nas condições envolvidas e, por fim, controla cada uma de suas hipóteses no contato com as reações provocadas pela conversa. Mas o exame clínico participa também da observação direta, dado que o bom clínico se deixa dirigir ao mesmo tempo em que dirige, levando em consideração todo o contexto mental em vez de ser vítima de "erros sistemáticos", como é muitas vezes o caso do experimentador puro.

Como o método clínico tem prestado grandes serviços num domínio em que, sem ele, tudo é só desordem e confusão, a psicologia da criança muito erraria se se privasse dele. Não há nenhum motivo a priori para não questionar as crianças sobre pontos com respeito aos quais a observação pura deixa a pesquisa em suspenso. Tudo o que se disse acerca da mitomania e da sugestionabilidade da criança, assim como dos erros sistemáticos que envolvem, não pode impedir o psicólogo de questionar a criança, salvo justamente se determinar, mediante o exame clínico, a parcela exata que cabe à sugestão ou à fabulação nas respostas obtidas.

É inútil citar exemplos aqui, pois essa obra se propõe sobretudo a constituir um apanhado de observações clínicas. É verdade que, por força das coisas, seremos obrigados a esquematizar nossos casos, não os resumindo (o que equivaleria a desnaturá-los), mas extraindo dos dados de conversações apenas as passagens que têm um interesse direto. De inúmeras páginas de notas feitas em cada caso, ficaremos somente com umas poucas linhas. Mas consideramos inútil dar aqui um exemplo completo de interrogatório, porque o método clínico só é aprendido mediante uma longa prática. Acreditamos mesmo que, tanto em psicologia infantil como em psicologia patológica, é necessário um ano de exercícios cotidianos para sair das inevitáveis hesitações do começo. É tão difícil não falar demais quando se questiona uma criança, sobretudo quando se é pedagogo! É tão difícil não sugestionar! É sobretudo muito difícil evitar tanto a sistematização devido a ideias preconcebidas como a incoerência decorrente da ausência de toda hipótese diretriz! O bom experimentador deve com efeito reunir duas qualidades frequentemente incompatíveis: saber observar, ou seja, deixar a criança falar, não calar nada, não desviar nada; e, ao mesmo tempo, saber buscar alguma coisa precisa, ter a cada momento alguma hipótese de trabalho, alguma teoria, verdadeira ou falsa, a controlar. É preciso ter ensinado o método clínico para compreender sua verdadeira dificuldade. Os alunos iniciantes ou sugerem à criança tudo o que eles desejam descobrir ou então não sugerem nada, mas neste caso porque não procuram nada e, portanto, também não descobrem nada.

Em suma, as coisas não são simples, e convém submeter a rigorosa crítica os materiais assim reunidos. O psicólogo deve, com efeito, compensar as incertezas do método de interrogação, aprimorando sua argúcia interpretativa. Ora, aqui também dois perigos contrários ameaçam o iniciante: atribuir a tudo o que diz a criança ou o valor *máximo* ou o valor *mínimo*. Os grandes inimigos do método clínico são os que tomam pelo valor de face tudo o que as crianças respondem e os que se recusam a crer em qualquer resultado provindo de um interrogatório. São naturalmente os primeiros os mais perigosos, mas todos procedem do mesmo erro: crer que aquilo que uma criança diz em quinze minutos, em meia hora ou em três quartos de hora que se conversa com ela deve ser situado no mesmo plano de consciência, o plano da crença refletida ou o da fabulação etc. A essência do método clínico é, pelo contrário, separar o joio do trigo e situar cada resposta em seu contexto mental. Ora, há contextos de reflexão, de crença imediata, de brincadeira ou de psitacismo, contextos de esforço e de interesse ou de fadiga, e há sobretudo sujeitos examinados que inspiram confiança de imediato, que vemos refletir e procurar, e indivíduos com relação aos quais se sente que estão zombando e não estão escutando.

É-nos impossível precisar aqui as regras desse diagnóstico das reações individuais. Essa é uma questão de prática. Mas o que precisamos tentar, para tornar inteligível o modo como fizemos a triagem das observações a seguir, dentre todas aquelas de que dispúnhamos (para este volume, fizemos pessoalmente mais de 600 observações e, em bom número de aspectos, nossos colaboradores examinaram por sua vez um grande número de sujeitos), é classificar, em algumas grandes categorias, os tipos de resposta que se puderam obter. Como esses tipos têm valor bem desigual, é vital ter no espírito um esquema claro dessa classificação, de modo a nuançar as interpretações.

§ 2. Os cinco tipos de reação observáveis no exame clínico

Quando a pergunta feita entedia a criança, ou, de modo geral, não provoca nenhum trabalho de adaptação, a criança responde qualquer coisa e de qualquer maneira, sem sequer chegar a se divertir ou a construir um mito. Designaremos essa reação com o termo cômodo, embora bárbaro, que devemos a Binet e Simon: o *não-importa-o-que-ismo*. Quando a criança, sem mais refletir, responde à pergunta inventando uma história na qual não acredita ou na qual crê por simples treinamento verbal, dizemos que há *fabulação*. Quando a criança se esforça por responder à pergunta, mas esta é sugestiva, ou então a criança busca simplesmente agradar ao examinador, sem recorrer a sua própria reflexão, dizemos que há *crença sugerida*. Fazemos entrar nesse caso a insistência, quando decorrente do fato de as questões serem apresentadas em séries sugestivas. Nos outros casos, a insistência é uma forma de "não-importa-o-que-ismo". Quando a criança responde com reflexão, extraindo a resposta de sua própria base, sem sugestão, mas a pergunta é nova para ela, dizemos que há *crença desencadeada*. A crença desencadeada é influenciada necessariamente pelo interrogatório, já que a própria maneira de se fazer e de se apresentar a pergunta à criança a obriga a raciocinar em certa direção e a sistematizar seu saber de certa maneira; mas ela é, não obstante, produto original do pensamento da criança, pois nem o raciocínio feito pela criança para responder à pergunta nem o conjunto de conhecimentos prévios que a criança usa para refletir são influenciados diretamente pelo experimentador. A crença desencadeada não é, portanto, nem propriamente espontânea nem propriamente sugerida, resultando de um raciocínio feito a partir de uma ordem, mas por meio de materiais (conhecimentos da criança, imagens mentais, esquemas motores, pré-ligações sincréticas etc.) e de instrumentos lógicos (estrutura do raciocínio, orientações do espírito, hábitos intelectuais etc.) originais. Por fim, quando a criança não precisa raciocinar para responder à pergunta, mas pode dar uma resposta pronta, porque já formulada ou formulável, há *crença espontânea*. Há, portanto, crença espontânea quando a pergunta não é nova para a criança e quando a resposta resulta de uma reflexão anterior e original. Excluímos naturalmente desse tipo de reação, como de resto de cada um dos precedentes, as respostas influenciadas por ensinamentos recebidos antes do interrogatório. Há aí um problema distinto e, como é natural, bem complexo, que consiste em discernir, nas respostas recebidas, o que provém da criança e o que foi inspirado pelo ambiente adulto. Voltaremos a essa questão. Vamos restringir-nos por agora em distinguir mais nitidamente os cinco tipos de reação que acabamos de descrever, começando pelos últimos.

Quando se pode identificar, no exame clínico, a existência de *crenças espontâneas* na criança e se consegue que a própria criança as desenvolva, elas são incontestáveis. Trata-se de crenças raras, por serem as mais difíceis de conseguir, mas existem. Veremos, por exemplo, que os meninos de 8 anos (em média) sabem dar a explicação verbal completa e o esboço completo do mecanismo da bicicleta. É evidente que esse resultado e um tal sincronismo nas respostas individuais denotam uma observação e uma reflexão anteriores ao interrogatório, mesmo que não tenhamos observado nenhuma pergunta da criança quanto aos detalhes da bicicleta. Veremos também que basta perguntar às crianças de 6-8 anos "o que faz o sol quando você passeia?", para que elas contem sem mais que o sol e a lua as seguem, andam e param quando elas andam e param. A constância das respostas e a espontaneidade do relato em comparação com o caráter vago da pergunta denotam claramente uma crença espontânea, isto é, anterior à pergunta. Por outro lado, não é tanto a existência de crenças espontâneas que o leitor será levado a discutir, mas sobretudo o limite a estabelecer entre as crenças espontâneas e as crenças desencadeadas. De fato, tem-se a impressão, a todo instante, de fazer às crianças perguntas em que elas nunca pensaram, mas o caráter imprevisto e a originalidade das respostas parecem indicar uma reflexão anterior. Onde está o limite? Perguntamos, por exemplo, às crianças "de onde vem a noite?" Feita assim, a pergunta não sugere nada. A criança hesita, foge à questão e por fim responde que são grandes nuvens negras que vêm formar a noite. Será essa uma crença espontânea? Ou será que é porque nunca se colocou a questão que, para respondê-la, a criança recorre à hipótese mais simples, mais econômica para sua imaginação? As duas interpretações são discutíveis e, mais do que isso, são verossimilmente exatas. De fato, há crianças que respondem, quando interrogadas sobre por que as nuvens avançam, "é para fazer a noite". Nesse caso, a explicação da noite mediante as nuvens é claramente espontânea. Noutros casos, tem-se a impressão de que a criança inventa na hora sua explicação. É por outro lado interessante ver que, num tal exemplo, a crença espontânea e a crença desencadeada coincidem, mas é evidente que em geral, e mesmo em casos particulares, elas não têm o mesmo valor para o psicólogo.

Perguntar às crianças se já pensaram sobre a questão que lhes foi apresentada é naturalmente em tudo e por tudo inútil. Elas nada sabem disso, à falta de memória e de introspecção.

Mas não tem, em suma, importância considerável poder ou não distinguir em cada caso crença espontânea de crença desencadeada. De fato, o estudo das *crenças desencadeadas* tem por si mesmo grande interesse. Vale insistir sobre isso, que é um aspecto capital para o esboço que nos propomos fazer. É uma razão de fato que prepondera sobre todo argumento teórico: as crenças desencadeadas são suscetíveis da mesma uniformidade que as crenças espontâneas. Por exemplo, concebemos a seguinte pequena experiência: pôr diante dos olhos da criança um pedregulho num copo d'água meio cheio e perguntar-lhe por que o nível da água se eleva. As respostas obtidas recorrem naturalmente às crenças desencadeadas, na maioria dos casos pelo menos, ou seja, quando a criança não sabia antes que o nível da água iria se elevar quando da imersão do pedregulho. Pois bem, todos os pequenos (com menos de 9 anos) declaram que a água sobe porque o pedregulho é "pesado" e a sequência do experimento mostra com clareza que elas não pensam no volume, mas apenas no peso do corpo imerso. Eis, pois, uma solução descoberta na hora, mas que apresenta notável uniformidade de uma criança para outra. Esta obra nos fornecerá muitos outros exemplos da uniformidade das crenças desencadeadas. Vê-se, portanto, que, mesmo quando uma solução é inventada pela criança durante a própria experiência, a invenção não vem do nada, mas supõe esquemas anteriores, uma orientação de espírito, de hábitos intelectuais etc. A única regra eliminatória é evitar a sugestão, quer dizer, evitar ditar uma resposta particular dentre todas as respostas possíveis. Mas, supondo que se consigam distinguir as crenças desencadeadas das crenças espontâneas, as primeiras merecem um estudo aprofundado, pois pelo menos revelam as atitudes mentais da criança.

Tomemos outro exemplo. Uma criança nos perguntou "quem fez o sol?" Retomamos a pergunta para fazê-la a várias crianças desta forma não sugestiva: "como o sol surgiu?" Todos os pequenos declaram que foram os homens que o fizeram. Suponhamos que tenha havido aí uma simples invenção de momento e que as crianças nunca tenham pensado nessa pergunta. Mas essa é uma solução que, de um lado, a criança encontrou, de preferência a várias outras, e que, por outro lado, ela não seja eliminada mesmo sob a pressão de nossas contra-sugestões. Há assim certas probabilidades de que a resposta artificialista da criança, mesmo tendo sido desencadeada, tenha um vínculo com um artificialismo latente, uma orientação de espírito artificialista. Resta fazer a prova, é claro, mas a postulação do problema não é difícil. Além disso, a criança não elimina sua hipótese na sequência do interrogatório, apesar de nossas tentativas. Há um segundo indício, o de que há poucas tendências antagônicas a essa atitude artificialista. Seria fácil, sem isso, desviar a criança, fazê-la inventar outra coisa etc.

Em resumo, podemos propor-nos estudar crenças desencadeadas. O método consiste em questionar a criança sobre tudo aquilo que a cerca. A hipótese consiste em admitir que o modo como a criança inventa a solução revela algo de suas atitudes de espírito espontâneas. Para que esse método produza algum resultado, é preciso regulá-lo naturalmente por meio de um controle rigoroso, tanto no que se refere ao modo de fazer as perguntas à criança como no que diz respeito à interpretação das respostas. São essas regras que buscaremos desvelar agora.

Mas se a fronteira que separa as crenças desencadeadas das crenças espontâneas tem importância relativa, é pelo contrário bem necessário distinguir nitidamente as crenças desencadeadas das *crenças sugeridas*. Ora, não vamos crer que a sugestão seja fácil de evitar. É necessário um longo aprendizado para aprender a reconhecer e a evitar as inúmeras formas possíveis de sugestão. Duas variedades são particularmente danosas: *a sugestão pela palavra* e *a sugestão por insistência*.

A primeira é bem fácil de caracterizar no atacado, mas bem difícil de discernir no varejo. O único meio de evitá-la é aprender a conhecer a linguagem infantil e a formular as perguntas nessa linguagem. É, pois, preciso, no início de cada nova pesquisa, fazer que as crianças falem com o único objetivo de constituir um vocabulário que evite toda sugestão. Sem isso, não se podem prever as repercussões que pode ter esta ou aquela expressão aparentemente inofensiva. Por exemplo, as palavras "avançar", "andar", "mexer" de modo algum são sinônimas para a criança; o sol avança, mas não se mexe etc. Se se empregar com imprudência uma palavra inesperada para a criança, corre-se o risco de provocar, por pura sugestão, reações animistas ou antropomórficas que se tomam depois por espontâneas.

A sugestão por insistência é ainda mais difícil de evitar, pois o simples fato de continuar a conversa, depois da primeira resposta da criança, leva a insistir no caminho que ela adotou. Além disso, todo questionário organizado em série provoca a insistência. Perguntar, por exemplo, à criança se um peixe, uma ave, o sol, a lua, as nuvens, o vento etc. são vivos, é impeli-la a dizer sim a tudo, por simples treinamento. Nesse caso, as respostas são naturalmente "sugeridas" e nem um pouco "desencadeadas" no sentido que damos ao termo.

Ora, a crença sugerida em nada interessa ao psicólogo. Enquanto a crença desencadeada revela hábitos de espírito anteriores ao interrogatório, embora sistematizados sob sua influência, a crença sugerida não revela senão a sugestionabilidade da criança, que não tem nenhuma relação com a representação do mundo.

Gostaríamos de poder proscrever a *fabulação* com a mesma severidade. Mas a questão da fabulação é uma das mais delicadas que o estudo clínico das crianças revela. Quando se interrogam crianças, principalmente antes dos 7-8 anos, ocorre muitas vezes que, mantendo um ar de candura e de seriedade, elas se divertem com o problema proposto e inventem uma solução apenas porque lhes agrada. A solução, nesse caso, não é sugerida, pois é totalmente livre e até imprevisível, e todavia não deve ser incluída entre as crenças desencadeadas, simplesmente porque não é uma crença. A criança limita-se a brincar, e se ocorre de crer no que diz, ela o faz por treinamento, e à maneira como crê em suas brincadeiras, pelo simples desejo de crer. Ora, é deveras delicado precisar a significação exata dessa fabulação. São possíveis três soluções. A primeira consistiria em equiparar a fabulação àquilo que, no adulto normal, se pode chamar de "farsa". A criança fabularia, assim, para zombar do psicólogo e, principalmente, para evitar refletir mais sobre uma pergunta que a entedia e a fatiga. Essa interpretação é por certo a boa na maioria dos casos — de resto bem raros — observados depois dos 8 anos. Antes dos 7-8 anos, porém, não explica tudo, e por isso há duas outras soluções.

A segunda solução consistiria em equiparar a fabulação à mitomania dos histéricos. A criança fabularia, assim, não tanto para zombar do mundo, mas porque esse seria um de seus processos de pensamento e o mais cômodo no caso de problemas incômodos. Nessa segunda solução, a criança seria, portanto, parcialmente tola e, seja como for, fabularia mesmo em particular, ou seja, quando resolve sozinha perguntas que faz a si em toda intimidade. É por certo o caso de boa parte dos pequenos que estão perto dos 4-5 anos. Conhecem-se casos, muito numerosos, de perguntas retóricas que as crianças fazem em voz alta, mas às quais respondem sozinhas imediatamente. Nagy[2] cita a pergunta "por que os ursos têm quatro patas?" O pequeno responde, logo depois, sozinho: "porque foram maus e o bom Deus os puniu". Trata-se de um puro monólogo e, no entanto, é fabulação.

Sob essa ótica, a fabulação apresenta algum interesse. Ela mostra que soluções a criança dá a si mesma quando não pode encontrar melhores. Trata-se de um indício totalmente negativo, mas cujo conhecimento é frequentemente útil. É nesse sentido que citaremos por vezes, no curso desta obra, respostas fabuladas entre crianças de 4-6 anos. Mas é evidente que se deve evitar extrair desses fatos outra coisa além de indícios negativos. Nesse sentido, o estudo da fabulação está longe de "render" tanto quanto o estudo das crenças desencadeadas.

Na terceira solução, por fim, pode ser que a fabulação contenha resíduos de crenças anteriores ou, o que é mais raro, esforços de criação de crenças futuras. Quando abandonamos uma crença que tínhamos e esse abandono não é brusco, ocorre de brincarmos com essa crença, com simpatia, porém sem crer. Guardadas todas as proporções, a fabulação infantil tem por vezes um papel análogo. A propósito do artificialismo (cap. XI, § 4), veremos o mito meio fabulado de um débil mental que situa seus pais na origem do mundo. Há nesse mito o resíduo da crença dos pequenos na onipotência dos pais.

Percebe-se a complexidade da questão. Evitemos, no começo de nossa pesquisa, prejulgar qualquer aspecto da natureza da fabulação. Ela pode ser interessante na medida em que não mantém, na criança, as mesmas relações com a crença propriamente dita que existe no caso dos adultos. É preciso, pois, estudá-la. Convém, no entanto, seja qual for o objetivo ao estudá-la, distingui-la muito cuidadosamente da crença desencadeada. É com esse objetivo que buscaremos estabelecer alguns critérios no próximo parágrafo.

Resta falar do *não-importa-o-que-ismo*. Quando se pergunta a um débil ou a uma criança muito jovem "quanto são 3 e 3?", a resposta é dada completamente ao acaso: 4 ou 10 ou 100. A criança, com efeito, raramente sabe

---

[2] NAGY. Die Entwicklung des Interesses. *Zeitschr. F. exp. Pad.*, vol. V, 1907.

se calar, preferindo inventar uma resposta a ficar muda. Não se trata de fabulação, pois não há nenhuma sistematização na invenção nem qualquer interesse envolvido. A criança fabula quando se diverte: o "não-importa-o-que-ismo" nasce do tédio.

Desse inventário de diferentes tipos de respostas possíveis, retenhamos, pois, o seguinte: as crenças espontâneas, isto é, anteriores ao interrogatório, são as mais interessantes. As crenças desencadeadas instruem na medida em que permitem identificar a orientação de espírito da criança. A fabulação pode dar algumas indicações, de resto sobretudo negativas, desde que interpretadas com a devida prudência. Por fim, as crenças sugeridas e o "não-importa-o-que-ismo" devem ser severamente eliminados: as primeiras só revelam o que o experimentador queria que a criança dissesse, e o segundo só testemunha a incompreensão do sujeito examinado.

§ 3. Regras e critérios que permitem o diagnóstico dos tipos precedentes de reação

Sabemos agora o que queremos pesquisar. Tentemos, então, formular algumas regras destinadas a selecionar as respostas interessantes. Ou seja, tentemos entender-nos acerca dos meios práticos de distinguir os cinco tipos de reação caracterizados *in abstracto* no parágrafo precedente.

Para começar, como reconhecer a crença sugerida e o "não-importa-o-que-ismo"? A crença sugerida é essencialmente momentânea; basta uma contra-sugestão, não imediata, mas não muito posterior, para abalá-la. Basta mesmo deixar falar por instantes e fazer à criança, indiretamente, as mesmas perguntas: a crença sugerida constitui um parasita no pensamento do sujeito, e este tende a se livrar sozinho desse corpo estranho.

Esse primeiro critério não é, porém, suficiente. Há crianças especialmente sugestionáveis que mudam com facilidade de opinião, seja qual for o objeto — sem que possamos servir-nos dessas oscilações como critério unívoco. O método a seguir consiste assim em continuar o interrogatório, aprofundando-o. É próprio das crenças sugeridas serem desvinculadas do resto das crenças do sujeito e, por outro lado, não terem analogias com as crenças de crianças da mesma idade e do mesmo ambiente. Disso decorrem duas regras suplementares. Em primeiro lugar, cavar ao redor da resposta de que se suspeita para ver se ela tem ou não raízes sólidas. Em seguida, multiplicar os interrogatórios, variando o enunciado das perguntas. A sugestão pode assim ser evitada, à força de paciência e de análise.

Esses três critérios valem a fortiori para eliminar o indivíduo, tipo de resposta que é bem mais instável que a própria crença sugerida. Quanto a distinguir o "não-importa-o-que-ismo" da fabulação, isso é fácil até independentemente do contexto: a fabulação é bem mais rica e sistematizada, ao passo que o "não-importa-o-que-ismo" não é senão um ponto morto sem ramificações.

Sendo as respostas sugeridas e o "não-importa-o-que-ismo" reconhecíveis dessa maneira, busquemos agora definir os critérios da fabulação. Na identificação desta, duas das regras precedentes são inoperantes. De um lado, a contra-sugestão não elimina a resposta fabulada, porque o fabulador enfrenta o contraditor e fabula tanto mais quanto mais fortes forem as objeções a ele apresentadas. Do outro, a análise das raízes da resposta dada é dificultosa, justo porque a resposta fabulada se ramifica e prolifera até se alterar, e parece solidamente integrada a um conjunto de crenças sistemáticas. Ao contrário da sugestão, a fabulação só se deixa reconhecer, portanto, com muita dificuldade no indivíduo isolado. O único meio de capturá-la é multiplicar os interrogatórios. Se se dispõe de um grande número de sujeitos, a fabulação se distingue então das crenças desencadeadas e das crenças sugeridas por meio dos três critérios a seguir.

Ao interrogar grande número de crianças da mesma idade, constata-se que a resposta incriminada é muito geral ou que ela é particular de uma ou duas crianças dadas. No primeiro caso, é muito provável que não tenha havido fabulação. De fato, sendo esta uma invenção livre e individual, são mínimas as condições para que todas as crianças inventem da mesma maneira quando respondem à mesma pergunta. Mas esse primeiro critério não basta, pois é concebível que a pergunta específica seja totalmente incompreensível numa idade determinada e só possa dar lugar à fabulação. Além disso, pode ser que a fabulação se oriente nesse caso na direção mais simples, o que explicaria sua uniformidade. Essa interpretação é particularmente plausível no que concerne ao artificialismo infantil. Por exemplo, pergunta-se a crianças de 4-6 anos como surgiu a lua. Suponhamos que a pergunta seja incompreensível para esses pequenos; eles vão então inventar um mito e, como o mais simples é recorrer aos homens, eles dirão que "é um senhor que fez a lua". Isso impõe, portanto, um critério mais sutil.

Um segundo critério nos parece poder cumprir esse papel suplementar. Quando se interroga um grande número de crianças de idades diferentes, pode ser que a resposta incriminada (que é assim, por hipótese, geral nas idades inferiores) desapareça de uma vez e ceda lugar a uma resposta de um tipo totalmente distinto. Pode-se, então, ter de dividir as crianças em dois estágios, sem estágio intermediário. Pode ocorrer, ao contrário, de a resposta incriminada só desaparecer aos poucos e só ser substituída por um tipo ulterior de resposta através de uma lenta maturação. Nesse caso, ter-se-á de dividir as crianças em três estágios, dois extremos e um intermediário. É evidente que, no segundo caso, as chances de fabulação são menores do que no primeiro. De fato, suponhamos que as crianças tenham tido sobre um dado assunto opiniões sistemáticas ou uma firme orientação de espírito. Quando a experiência ou a instrução vierem contestar essas opiniões, está claro que a revelação não será instantânea, mas progressiva. Contrariamente, a ausência de intermediários entre dois grupos sucessivos de respostas parece indicar firmemente que o primeiro grupo não tinha valor aos olhos da criança, falando assim em favor da hipótese de uma fabulação geral no primeiro estágio.

Por fim, é útil observar um terceiro critério: chegar à resposta justa. Com efeito, se as respostas das crianças mais jovens examinadas não são fabuladas, não só se deve constatar um desaparecimento progressivo, e não repentino, dessas respostas entre a série de crianças classificada por média de idade, como também observar que as representações primitivas também aderem às próprias primeiras respostas justas. Em outras palavras, se se distinguem três estágios num dado processo, um estágio intermediário, que é o tipo de resposta do primeiro estágio, deve fazer-se sentir não só durante o segundo estágio, mas até o começo do terceiro. Nesse caso, pode-se ter praticamente certeza de que as respostas do primeiro estágio não são fabuladas.

Eis um exemplo: as crianças do primeiro estágio afirmam que o lago de Genebra foi cavado por operários e que se colocou água dentro dele. As crianças do segundo estágio continuam a afirmar que o lago foi cavado, mas que a água vem das montanhas, e tem por origem a própria chuva. Por fim, durante o terceiro estágio, a criança admite que o lago se formou graças a um processo natural: os rios o cavaram e o alimentam de água. Pois bem, as respostas artificialistas do primeiro estágio são fabuladas? Não. Porque não somente elas são gerais, não apenas a existência do segundo estágio mostra que o artificialismo não desaparece de uma vez, como também encontramos, no começo do terceiro estágio, crianças que continuam a crer que Genebra é anterior ao lago e que este se encontra ao lado da cidade "porque é preciso uma cidade antes do lago". O começo do terceiro estágio ainda testemunha, por conseguinte, a persistência da orientação de espírito artificialista.

Vemos, em conclusão, ser relativamente fácil distinguir as crenças propriamente ditas da fabulação. A surpreendente semelhança entre as crianças, ao menos filhos de civilizados, seja qual for o ambiente social, o país ou a língua, permite de fato ver bem rapidamente se uma crença é geral, duradoura e resistente mesmo às primeiras lições do adulto.

Em contrapartida, é difícil — e esta é, coisa curiosa, a única dificuldade real que encontramos na aplicação de nosso método — distinguir, dentre as respostas obtidas, crenças sugeridas de crenças desencadeadas. Com efeito, a partir de tudo o que vimos até agora: 1) as duas resistem à sugestão; 2) as duas têm raízes profundas no pensamento do sujeito examinado; 3) as duas apresentam certa generalidade entre as crianças de uma mesma idade; 4) as duas duram vários anos e decrescem aos poucos em vez de ceder terreno bruscamente; e, por fim, 5) as duas se fundem com as primeiras respostas justas, ou seja, com as respostas devidas à pressão do ambiente adulto.

Iremos, então, considerar todas as respostas obtidas que satisfazem às cinco condições como decorrentes das crenças espontâneas das crianças? Em outros termos, teremos de admitir que tudo o que a criança diz foi formulado em seu pensamento antes do interrogatório? Não é preciso dizer que não. A única maneira de distinguir o espontâneo do desencadeado é recorrer à observação pura. É por esta que convém terminar cada pesquisa, assim como é na observação que convém inspirar-se para empreender toda pesquisa. O estudo das perguntas das próprias crianças é, quanto a isso, o principal auxiliar.

Não obstante, vimos que esse último procedimento tem emprego deveras restrito. Sobre grande número de pontos que geram respostas que parecem sistemáticas no exame clínico, não há da parte das crianças questionamento ou, se há, é muito pouco. Ora, isso com frequência decorre precisamente do fato de as crenças desencadeadas no exame clínico jamais serem postas em dúvida pelas crianças e, portanto, elas não fornecem matéria a questões. Contudo, nesses casos, não é de crenças que se deve falar, mas de tendências implicadas na orientação de espírito da criança, bem mais que extraídas e discutidas: trata-se de "atitudes" subconscientes, bem mais que formuladas, e bem mais ativas do que representativas. Como agir, nessas circunstâncias, para distinguir a crença ou a tendência espontânea da crença desencadeada? A questão não é mais da ordem de nossas regras de exame clínico, mas da ordem das regras de interpretação em geral, e são estas que nos cabe agora examinar.

§ 4. Regras destinadas à interpretação dos resultados

Em psicologia, assim como em física, não há "fatos" puros, se se entender por "fato" um fenômeno apresentado ao espírito pela própria natureza, independentemente de hipóteses que permitam interrogar esse fenômeno, princípios que governem a interpretação da experiência e do contexto e do contexto sistemático de proposições anteriores em que um observador insere, por uma espécie de pré-ligação, todo tipo de constatação nova. É também importante que ao menos precisemos os princípios gerais que nos vão guiar na interpretação das respostas de nossas crianças. Nisso, o leitor haverá de nos apresentar desde o inicio perguntas prejudiciais: qual a orientação de espírito que leva a criança antes a certas respostas do que a outras quando sua reação é do tipo "desencadeado"? Qual a influência do adulto nas crenças da criança? Etc.

Mas cumpre evitar um perigo contrário, o de prejulgar a natureza de nossos resultados antes de analisá-los. Temos, portanto, de buscar um conjunto de regras de interpretação que alie o máximo de flexibilidade ao máximo de rigor, desde que essas duas exigências sejam compatíveis. Dito de modo mais simples, convém investigar *que regras seguir para descartar o máximo de prejulgamentos.*

No tocante a isso, dois aspectos revestem-se de particular importância: em primeiro lugar, o das relações entre a fórmula verbal ou a sistematização consciente de que a criança reveste suas crenças, no momento do interrogatório, e a orientação de espírito pré-consciente que levou a criança, no todo ou em parte, a inventar esta em vez daquela solução. Eis o problema: uma criança nos dá uma resposta claramente desencadeada, isto é, vemos a crença se construir, por assim dizer, diante de nossos olhos. Devemos considerar essa resposta como sendo do tipo "espontâneo", ou fazer sua exegese, e considerar, menos a resposta em si, tomada literalmente, do que as tendências que determinaram a busca da criança? Neste último caso, todavia, como optar? Que tradução dar às tendências da criança a fim de não as trair? Essa questão é extremamente relevante. De sua solução depende todo o valor do método clínico.

Há para ela duas soluções extremas: a primeira é a de certos psicólogos da infância que rejeitam, como sendo desprovidos de significação, todos os resultados de um interrogatório propriamente dito (naturalmente tendo em vista que esse interrogatório se destina a identificar as representações ou as crenças das crianças em lugar de simplesmente as submeter a provas escolares ou mentais). Para esses autores, todo interrogatório falseia as perspectivas e só a pura observação permite uma visão objetiva das coisas. Mas é sempre possível opor a essas reservas o fato de os interrogatórios produzirem resultados constantes, ao menos em média. Quando se interrogam crianças sobre o que é o pensamento e o que são os nomes, todos os pequenos (ou pelo menos um número suficientemente elevado para permitir dizer "todos") respondem que pensamos com a boca e que os nomes estão situados às coisas etc. Essa uniformidade constitui um problema para os detratores do interrogatório, autorizando de imediato a continuidade das pesquisas.

A outra solução é a dos psicólogos que consideram toda resposta, ao menos toda resposta "desencadeada" (por oposição a respostas sugeridas, fabuladas ou dadas sem reflexão), como sendo expressão do pensamento espontâneo da criança. É o que parecem admitir, por exemplo, vários colaboradores da revista *Pedagogical Seminary*. A crer nesses autores, basta fazer às crianças um conjunto de perguntas, e colher as respostas, para conhecer as "ideias das crianças" ou as "teorias das crianças" etc. Sem desejar de modo algum negar o valor e o interesse de muitas pesquisas que gostaríamos de fazer, julgamos que o valor delas é com frequência bem distinto daquele em que creem os autores. Em outras palavras, consideramos deveras suspeito o princípio de acordo com o qual toda resposta, não sugerida nem fabulada, possui o mesmo coeficiente de espontaneidade de uma resposta do adulto normal, dada no curso de um exame qualquer ou de uma crença original da criança, observada sem intervenção nem interrogatório. Esse princípio pode evidentemente levar a algumas conclusões exatas. Mas isso se deve ao acaso, à maneira pela qual o verdadeiro pode sair do falso. Generalizado, esse princípio é totalmente errôneo, e trememos ao pensar nos exageros que se poderiam cometer ao interrogar as crianças sobre todas as coisas e ao considerar os resultados assim obtidos como dotados do mesmo valor e igualmente reveladores da mentalidade infantil.

Chegamos assim a uma pista. A regra a observar é a do justo meio: atribuir a toda crença desencadeada o valor de indício e buscar, por meio desse indício, a orientação de espírito assim desvelada. A pesquisa em si pode ser guiada pelo seguinte princípio: a observação mostra que a criança é pouco sistemática, pouco coerente, pouco dedutiva, em geral alheia à necessidade de evitar contradições, justapondo afirmações em vez de sintetizá-las e contentando-se com esquemas sincréticos em vez de proceder à análise dos elementos. Em outras palavras, o pensamento da criança aproxima-se mais de um conjunto de atitudes que se vinculam ao mesmo tempo com a ação e com o devaneio (e a brincadeira combina esses dois procedimentos, que são os mais simples para chegar à satisfação orgânica) do que do próprio pensamento consciente e sistemático do adulto. Assim, para identificar a orientação de espírito que uma crença desencadeada desvela, o princípio consiste em despojar essa crença de todo elemento sistemático.

Para fazê-lo, cumpre em primeiro lugar eliminar a influência da pergunta feita, ou seja, tirar da resposta dada pela criança seu caráter de resposta. Por exemplo, se perguntamos "como o sol surgiu?" e a criança responde "foram os homens que o fizeram", é preciso manter apenas esta indicação: há para a criança alguma vaga ligação entre o sol e os homens, ou que os homens estão por algum motivo na natureza do sol. Se perguntamos "como surgiram os nomes das coisas?" e "onde eles estão?", e a criança responde que os nomes vêm das próprias coisas e estão nas coisas, deve-se simplesmente concluir que, para a criança, os nomes participam mais das coisas do que do sujeito pensante, ou que a criança é realista por orientação de espírito. É preciso, pois, acautelar-se, nesses dois exemplos, de atribuir à criança um cuidado espontâneo em precisar a origem dos astros celestes (salvo se a observação pura mostra esse cuidado) ou a preocupação de localizar os nomes. Cumpre só reter da resposta, por assim dizer, sua direção: direção artificialista no que concerne ao primeiro exemplo e direção realista no tocante ao segundo.

É preciso em seguida despojar as respostas recebidas de todo o caráter lógico, evitando introduzir uma coerência artificial onde a coerência é de um tipo mais orgânico do que lógico. Assim, as crianças respondem que os astros, o céu, a noite etc. são feitos de nuvens e estas de fumaça. Os raios e os astros são feitos do fogo que sai dessa fumaça etc. Admirável sistema, para o qual a fumaça que sai pelo teto é o princípio da meteorologia e da astronomia. Só que não é um sistema! Há aí apenas ligações parcialmente sentidas, parcialmente formuladas, e bem mais esboçadas do que extraídas. Mais do que isso, essas ligações não excluem outras, e outras que nos parecem contraditórias com elas: nesse sentido, esses mesmos corpos são concebidos pela criança como vivos e conscientes etc.

Por fim, é preciso até tentar despojar as respostas de seu elemento verbal. Há por certo na criança todo um pensamento informulável feito de imagens e esquemas motores combinados. As ideias de força, de vida, de peso etc. vêm desse pensamento, ao menos parcialmente, e as relações dos objetos entre si são penetradas por essas ligações inexprimíveis. Quando se interroga a criança, esta traduz seu pensamento em palavras, mas essas palavras são necessariamente inadequadas. Assim, a criança dirá que é o sol que "faz" as nuvens avançarem. Qual o sentido dessa expressão: que o sol impele ou empurra as nuvens, ou que ele as persegue, como um policial persegue ladrões, e as "faz" assim se afastar? Tudo é possível. Aqui, mais uma vez, importa a atitude mais do que a fórmula e mais a direção seguida do que a resposta encontrada.

Em suma, o princípio da interpretação das respostas desencadeadas, e até, em parte, das respostas espontâneas, consiste em considerá-las mais como sintomas do que como realidades. Mas até onde vai esse trabalho de redução crítica? Cabe à observação pura decidir. Basta examinar grande número de perguntas de crianças e confrontar as respostas obtidas pelo exame clínico com essas perguntas espontâneas, a fim de ver até que ponto tal orientação de espírito corresponde a perguntas sistematicamente feitas. Logo, no que toca ao artificialismo, bastam poucas observações para perceber que a ligação entre as coisas e os homens assume com frequência e espontaneamente, na criança, o aspecto de uma relação de fabricação: a criança se faz espontaneamente certas perguntas sobre origem e as faz de uma maneira que implica de imediato a ideia de que são os homens que fizeram as coisas ou contribuíram para isso.

Mas as regras precedentes não bastam para resolver todos os problemas da interpretação de respostas. O estudo da criança comporta ainda, infelizmente, uma dificuldade bem mais grave: como distinguir, nos resultados dos interrogatórios, as descobertas originais da criança e as influências adultas anteriores?

Formulado desse modo, o problema é insolúvel. Ele envolve, com efeito, duas perguntas bem distintas. A história do desenvolvimento intelectual da criança é em grande parte a história da socialização progressiva de um pensamento individual, de início refratário à adaptação social, porém cada vez mais penetrado pelas influências adultas ambientes. Quanto a isso, todo o pensamento da criança se destina, desde os primórdios da linguagem, a se fundir progressivamente com o pensamento adulto. Isso traz um primeiro problema: qual é o processo dessa socialização? A simples existência da socialização progressiva faz que haja, a cada momento do desenvolvimento da criança, duas partes a distinguir no conteúdo do pensamento infantil: uma de influência adulta e uma de reação original da criança. Ou seja, as crenças infantis são o produto de uma reação influenciada, mas não ditada, pelo adulto. Podemos propor-nos a estudar essa reação, e é o que fazemos ao longo desta obra. Basta saber que o problema envolve três termos: o universo a que a criança se adapta, o pensamento da criança e a sociedade adulta que influi nesse pensamento. Mas, por outro lado, há nas crenças infantis dois tipos bem diferentes a distinguir. Algumas são, como acabamos de ver, influenciadas, mas não ditadas pelo adulto. As outras, pelo contrário, são simplesmente impostas, seja pela escola, pela família, pelas conversas dos adultos ouvidas pela criança etc. Naturalmente, estas últimas crenças não interessam em nada. Disso decorre o segundo problema, que é o mais grave do ponto de vista metodológico: como separar, na criança, crenças impostas pelo adulto e crenças que testemunham uma reação original da criança (reações influenciadas, mas não ditadas pelo adulto)? É evidente que esses dois problemas precisam ser distinguidos entre si. Examinemo-los, pois, em separado.

Quanto ao primeiro, ocorrem-nos duas soluções extremas. De acordo com uma, as crenças propriamente infantis não existem: só se encontram na criança vestígios de informações esparsas e incompletas, recebidas de fora, sendo necessário, para conhecer o real pensamento da criança, criar alguns órfãos numa ilha deserta. Essa é no fundo a solução implícita de muitos sociólogos. A ideia de que os primitivos nos ensinam mais do que as crianças sobre a gênese do pensamento humano, ainda que os primitivos sejam conhecidos de segunda ou terceira mão justo por aqueles que se põem a estudá-los cientificamente, repousa em grande parte na tendência a considerar a criança como totalmente moldada pela restrição social ambiente. Mas há fortes indícios de que a originalidade das crianças possa ser singularmente desconhecida pelo simples fato de a criança, sendo egocêntrica, nem pensar em nos convencer da justeza de suas atitudes de espírito nem, sobretudo, em tomar consciência para desenvolvê-las para nós. É bem possível que vejamos na criança somente suas dúvidas e hesitações precisamente, porque o que é evidente para ela não é objeto de suas propostas e sequer de sua atenção. É, portanto, legítimo recusar a admissão a priori da conformidade absoluta das representações da criança com as de seu ambiente adulto. Mais do que isso, se a estrutura lógica do pensamento da criança difere de nossa estrutura lógica adulta, como tentamos mostrar em outra obra, parece provável que o conteúdo do pensamento infantil será ele mesmo parcialmente original.

Deveríamos, então, adotar a outra solução extrema e fazer da criança uma espécie de esquizofrênico que vive apenas em seu autismo, embora aparentemente participe da vida do corpo social? Isso seria desconhecer o fato de a criança constituir um ser cuja principal atividade é a adaptação e que busca adaptar-se tanto ao mundo adulto que a cerca como à própria natureza.

A verdade, sem dúvida, encontra-se no meio. Stern seguiu, no estudo da linguagem infantil, um princípio diretor que podemos fazer nosso, alargando-o em favor da originalidade do pensamento da criança. O pensamento é, com efeito, bem mais original na criança do que a linguagem. De qualquer modo, o que Stern diz da linguagem vale a fortiori para o pensamento.

Admitamos, diz Stern, que a criança, em sua linguagem, limita-se a copiar em tudo o adulto. Permanece o fato de que essa cópia contém vários elementos de espontaneidade. De fato, a criança não copia tudo. Sua imitação é seletiva: alguns aspectos são copiados de imediato e outros eliminados ao longo dos anos. Mais do que isso, a ordem de sucessão dessas imitações é em média constante. As categorias gramaticais, por exemplo, são adquiridas numa ordem fixa etc. Ora, quem diz imitação seletiva e ordem fixa nas imitações diz reação parcialmente espontânea. Esses fatos mostram ao menos, de imediato, a existência de uma estrutura em parte independente da pressão exterior.

Há, contudo, mais elementos. Mesmo aquilo que parece copiado é na realidade deformado e recriado. As palavras, por exemplo, são as mesmas para a criança e para nós, mais seus sentidos são diferentes, mais ou menos amplos, a depender do caso. As ligações são outras. A sintaxe e o estilo são originais.

Stern formula então, e com bons motivos, a hipótese de que a criança digere aquilo que toma de empréstimo e o faz de acordo com uma química mental que lhe é própria. Com muito mais razão, essas considerações valem para o domínio do próprio pensamento, em que a parte da imitação, como fator de formação, é evidentemente bem mais fraca. Com efeito, deparamos a cada instante, no tocante às representações, com o que raramente vemos em relação à linguagem: reais conflitos entre o pensamento da criança e o do ambiente adulto, conflitos que desembocam na deformação sistemática das propostas adultas no espírito da criança. É preciso ter visto diretamente quantas das melhores lições não são compreendidas pelas crianças para avaliar o escopo desse fenômeno.

É verdade que se vai dizer que toda língua contém uma lógica e uma cosmologia, e que a criança, aprendendo a falar ao mesmo tempo em que aprende a pensar, ou antes disso, pensa em função do ambiente social adulto. Isso é em parte verdadeiro. Mas pelo próprio fato de a linguagem adulta não ser para a criança como é para nós uma língua estrangeira que aprendemos (ou seja, um sistema de signos correspondente ponto por ponto a noções já adquiridas), será possível distinguir as noções infantis das adultas pelo simples exame do uso que a criança dá a nossas palavras e noções. Vamos, então, perceber que a linguagem adulta constitui para a criança uma realidade muitas vezes "opaca" e que uma das atividades de seu pensamento é adaptar-se a essa realidade, assim como tem de adaptar-se à realidade física. Ora, a adaptação que caracteriza o pensamento verbal da criança é original, e supõe esquemas sui generis de digestão mental. Logo, mesmo quando a criança constrói uma dada noção ao ouvir uma palavra da linguagem adulta, essa noção pode ser inteiramente infantil no sentido de a palavra ser primitivamente tão opaca a sua inteligência quanto o é um dado fenômeno físico e de que, para compreendê-la, a criança a deformou e a assimilou nos termos de uma estrutura mental própria. Temos um excelente exemplo dessa lei estudando a noção infantil de "vida". A noção do "vivo" foi construída pela criança ao ouvir uma palavra adulta. Mas contém algo bem distinto da noção adulta de "vida" e testemunha uma representação do mundo inteiramente original.

O princípio a que vamos referir-nos consiste, pois, em considerar a criança não como um ser de pura imitação, mas como um organismo que assimila as coisas, submete-as a triagem e as digere segundo sua estrutura própria. Nesse sentido, mesmo aquilo que é influenciado pelo adulto pode ser original.

É, contudo, evidente que são costumeiras as puras imitações ou as puras reproduções. É comum que uma crença infantil não passe de réplica passiva de algo que ela ouviu. Mais do que isso, à medida que evolui, a compreensão que a criança tem do adulto aumenta e ela se torna capaz de assimilar as crenças ambientes sem mais as deformar. Como então discernir, no resultado do exame clínico, o que vem da própria criança e o que vem de propostas adultas antes ouvidas e que a criança incorporou? Todas as regras já descritas (§ 3) para distinguir as respostas espontâneas ou as respostas desencadeadas das respostas sugeridas durante a experiência nos parecem valiosas para resolver esse novo problema.

Em primeiro lugar, a uniformidade das respostas de uma mesma média de idade. Se, com efeito, todas as crianças da mesma idade mental chegam à mesma representação de um dado fenômeno, apesar dos acasos de suas circunstâncias pessoais, dos contatos que tiveram, das conversas ouvidas etc., temos aí um primeiro elemento em favor da originalidade dessa crença.

Em segundo, na medida em que a crença da criança evolui com a idade nos termos de um processo contínuo, há novas conjeturas em favor da originalidade dessa crença.

Em terceiro, se essa crença é de fato moldada pela mentalidade infantil, seu desaparecimento não será brusco, constatando-se em vez disso um conjunto de combinações ou de acordos entre ela e a nova crença que tende a implantar-se.

Em quarto lugar, uma crença de fato solidária de uma estrutura mental dada resiste à sugestão; e, em quinto, essa crença apresenta múltiplas proliferações e reage diante de um conjunto de representações vizinhas.

Esses cinco critérios, quando aplicados simultaneamente, bastam para mostrar se a crença é simplesmente tomada pela criança aos adultos por imitação passiva, ou se é em parte o produto da estrutura mental da criança. Não há dúvida de que esses critérios não permitem mais identificar o produto do ensinamento adulto na idade em que a criança compreende tudo o que lhe é dito (a partir de 11-12 anos). Mas é que, a essa altura, a criança já não é criança e sua estrutura mental torna-se a do adulto.

PRIMEIRA PARTE

O realismo infantil

Para situar exatamente as representações do mundo que a criança tem, a primeira questão a elaborar, sem dúvida, é esta: a realidade exterior é para a criança tão exterior e objetiva quanto é para nós? Ou seja, a criança é capaz de distinguir o mundo exterior de seu eu? Em estudo anterior sobre a lógica da criança, também deparamos, desde o começo, com o problema do eu. Fomos levados a admitir que a lógica se desenvolve em função da socialização do pensamento. Enquanto admite que todos pensam necessariamente como ela, a criança não procura espontaneamente convencer nem se conformar às verdades comuns, nem, sobretudo, demonstrar ou verificar o que diz. Pode-se assim sustentar que, se a lógica da criança não alcança rigor nem objetividade, a causa é um egocentrismo inato que se opõe à socialização. Para estudar as relações do pensamento infantil, não mais com o de outrem, mas com as coisas, vemo-nos imediatamente na presença de um problema análogo: poderá a criança sair de seu eu para construir para si uma representação objetiva da realidade? Essa pergunta parece fútil à primeira vista. A criança, tal como o adulto não cultivado, parece voltada apenas para as coisas. A vida do pensamento a deixa indiferente; a originalidade dos pontos de vista individuais lhe escapa. Seus primeiros interesses, suas primeiras brincadeiras, seus desenhos são essencialmente realistas e tendem unicamente à imitação daquilo que existe. Em suma, o pensamento da criança tem toda a aparência de um cuidado exclusivo com o realismo.

Há, contudo, duas maneiras de ser realista. Ou melhor, cumpre distinguir objetividade de realismo. A objetividade consiste em conhecer tão bem as mil intrusões do eu no pensamento de todos os dias e as mil ilusões disso derivadas — ilusões de sentido, de linguagem, de pontos de vista, de valores etc. — que, para permitir-se julgar, a pessoa começa por se libertar dos entraves do eu. O realismo, pelo contrário, consiste em ignorar a existência do eu e, assim, em tomar a perspectiva pessoal como imediatamente objetiva e absoluta. O realista é, por conseguinte, a ilusão antropocêntrica, o finalismo, todas as ilusões abundantes na história das ciências. Na medida em que não tomou consciência do eu, o pensamento se expõe, com efeito, a perpétuas confusões entre o objetivo e o subjetivo, entre o verdadeiro e o imediato; ele situa todo o conteúdo da consciência num único plano, no qual as relações reais e as emanações inconscientes do eu se confundem irremediavelmente.

Logo, não é absurdo mas, pelo contrário, indispensável precisar antes de tudo a fronteira que a criança estabelece entre seu eu e o mundo exterior. O método, por outro lado, não é novo. Há muito Mach e Baldwin são respeitados em psicologia. Mach mostrou que a delimitação entre o mundo interno, ou psíquico, e o mundo externo, ou físico, está longe de ser inata. É no seio de uma mesma realidade indiferenciada que a ação classificaria aos poucos as imagens, segundo esses dois polos, e que dois sistemas se constituiriam em correspondência um com o outro.

Baldwin denomina *projetivo* o estado primitivo em que as imagens são simplesmente "apresentadas" à consciência, sem que haja distinção entre um eu e um "não eu". Esse estágio projetivo caracteriza-se por seus "adualismos": o dualismo entre o interno e o externo e o dualismo entre o pensamento e as coisas ainda são, de modo particular, inteiramente ausentes, e é a obra do desenvolvimento lógico ulterior construí-los de modo gradativo.[1]

Mas essas perspectivas ainda são teóricas, a hipótese de Mach não se apóia numa verdadeira psicologia genética e a "lógica genética" de Baldwin é mais construtiva que experimental. Assim, quando se examinam mais de perto os engenhosos desenvolvimentos de M. Baldwin, descobre-se, não talvez sua fragilidade, mas ao menos sua complexidade.

O que é, por exemplo, a noção de "projeção"? Podem-se atribuir-lhe três sentidos distintos devido ao fato de ser muito difícil distinguir sempre a "projeção" da "ejeção". Por vezes, trata-se apenas de uma entre o eu e o mundo exterior: trata-se da ausência de consciência do eu. Assim, tem-se sustentado que a criança que se refere a si na terceira pessoa se ignora como sujeito e se vê como de fora. Haverá aí "projeção" no sentido de que ações próprias são narradas, e talvez concebidas, como se, com relação à criança que fala, essas ações fossem estranhas ao mundo interior.

Noutros casos, há projeção quando atribuímos às coisas características devidas ao eu ou ao pensamento. Assim, a criança que localiza o "nome do sol" no sol "projeta" uma realidade interna no mundo exterior.

Por fim, é difícil distinguir da "projeção" os casos em que atribuímos às coisas não nossas características, mas o correspondente a nossos estados de consciência: assim, a criança assustada diante do fogo vai supor que esse

---

[1] J.-M. BALDWIN. *La pensée et les choses*. Trad. CAHOUR. DOIN, 1908.

fogo tem intenções ameaçadoras. O que atribui ao fogo não é o sentimento de medo. Mas esse sentimento é objetivado, e a criança então projeta no fogo o estado correspondente a esse medo: a maldade.

É neste terceiro sentido que os psicanalistas empregaram a palavra "projeção". É um sentido distinto dos dois primeiros, mas é evidente haver um parentesco e até provavelmente uma completa continuidade entre os três. Pelo menos, há nos três sentidos "adualismo" entre o interno e o externo.

Qual é, portanto, o mecanismo da projeção? Haverá simplesmente aí uma falta de classificação dos conteúdos da consciência? É a impressão que deixa a leitura das obras de M. Baldwin. Vê-se com clareza, nessas obras, como os conteúdos se diferenciam e como os "dualismos" se constituem. Mas não se vê como os estados primitivos e adualistas se constroem. Isso se deve com certeza ao método de M. Baldwin. Em seus últimos escritos, esse arguto analista reconstitui na verdade a lógica genética como se praticasse psicologia da introspecção, isto é, tomando a consciência como um dado último e sem recorrer nem ao inconsciente ou à biologia. Mas se pode perguntar se a psicologia genética não supõe necessariamente dados biológicos. Pode-se perguntar em particular se a projeção não resulta de um processo inconsciente de assimilação, de modo que as coisas e o eu se condicionem mutuamente antes de toda tomada de consciência. Se esse é o caso, os diversos tipos de projeção seriam relativos a diferentes combinações possíveis de assimilação e de adaptação.

Mas para desvelar esses processos e rastrear suas peripécias, é absolutamente necessário um estudo minucioso dos fatos, e é esse estudo que gostaríamos de iniciar aqui no que se refere ao desenvolvimento da criança. Não é preciso dizer que um tal campo de estudos é ilimitado. Do mesmo modo, vamos limitar-nos à análise de alguns fatos bem definidos de maneira a lançar alguma luz sobre essas difíceis questões.

Seguiremos um método regressivo. Partiremos da descrição das representações que as crianças criam da natureza do pensamento (dualismo entre o pensamento e as coisas) para chegar, a partir daí, ao estudo dos limites que as crianças estabelecem, a propósito de palavras, nomes e de seus sonhos, entre o mundo exterior e o mundo interior, concluindo por fim com uma breve análise de alguns fenômenos conexos. A vantagem desse método regressivo é que, começando pelos fenômenos de mais fácil interpretação, extrairemos alguns fios condutores que nos faltariam caso seguíssemos a ordem cronológica.

Capítulo I

A noção de pensamento

Suponhamos que haja um ser que tudo ignora da distinção entre o pensamento e o corpo. Esse ser teria consciência de seus desejos e sentimentos, mas por certo teria de si mesmo uma noção bem menos clara que a nossa com relação a nós. Ele se sentiria, por assim dizer, menos interior a si do que nós, menos independente do mundo exterior. A consciência que temos de pensar nos distingue, com efeito, das coisas. Mas, sobretudo, os conhecimentos psicológicos de um tal ser seriam completamente distintos dos nossos. Os sonhos lhe pareceriam, por exemplo, uma irrupção do exterior no interior. As palavras estariam ligadas às coisas, e falar consistiria em agir diretamente sobre os corpos. Inversamente, os corpos exteriores seriam menos materiais, achando-se imbuídos de intenções e de vontade.

Buscaremos mostrar que esse é o caso da criança. A criança ignora toda a especificidade do pensamento, mesmo no estágio em que se deixa influenciar pelo que dizem os adultos sobre o "espírito", o "cérebro", a "inteligência".

A técnica a empregar, interrogar a criança, é, em poucas palavras, a descrita a seguir. Pergunta-se: "Você sabe o que é pensar? Quando você está aqui e pensa em sua casa, nas férias ou em sua mamãe, você sabe o que é pensar em alguma coisa?" Quando a criança entende, continua-se: "Muito bem! Com que a gente pensa?" Se ela não entende, o que é raro, desenvolvemos: "Quando você anda, anda com os pés. Pois bem! Quando você pensa, com que é que você pensa?" Seja qual for a resposta, insiste-se para ver o que há sob as palavras. Por fim, pergunta-se se, abrindo a cabeça sem ter morrido, se poderia ver o pensamento, tocá-lo ou senti-lo com o dedo etc. Claro que estas últimas perguntas, que envolvem sugestão, devem ser deixadas para o fim, ou seja, para o momento em que já não se quer fazer a criança falar por si mesma.

Por outro lado, quando a criança invoca palavras aprendidas, como "cérebro", "alma" etc., o que às vezes acontece, convém interrogá-la sobre essas palavras até que se tenha percebido como a criança as assimilou. Pode não haver aí mais do que verbalismo. Pode, pelo contrário, haver deformações bem sugestivas.

Dito isso, identificamos três estágios, sendo o primeiro fácil de distinguir dos dois outros, além de parecer conter um elemento puramente espontâneo. Nesse estágio, as crianças creem que pensamos "com a boca". O pensamento é idêntico à voz e nada se passa na cabeça nem no corpo. Naturalmente, o pensamento é confundido com as próprias coisas, no sentido de que as palavras fazem parte das coisas. Nada há de subjetivo no ato de pensar. A média de idade das crianças desse estágio é de 6 anos.

O segundo estágio é marcado pela intervenção do adulto. A criança aprendeu que se pensa com a cabeça, chegando às vezes a mencionar o "cérebro". Só três circunstâncias denotam certa espontaneidade na criança. Em primeiro lugar, a idade: é em crianças perto dos 8 anos que encontramos essas respostas. Mas é sobretudo a continuidade que existe entre o primeiro e o segundo estágios. Com efeito, o pensamento é frequentemente concebido como uma voz na cabeça, ou no pescoço, o que indica a persistência da influência das crenças anteriores da criança. Por fim, é a materialidade que a criança atribui ao pensamento: este é feito de ar, ou de sangue, ou então é uma bola etc.

O terceiro estágio, cuja média de idade é de 11-12 anos, marca a desmaterialização do pensamento. Sem dúvida, é difícil distinguir nitidamente esse terceiro estágio do segundo. O essencial para nós é, no entanto, distinguir o segundo do primeiro, ou seja, a contribuição do adulto para a crença da criança.

§ 1. O primeiro estágio: pensamos com a boca

A filha de Stern,[1] Hilda, acreditava que pensávamos com a língua e os animais com a boca. Ela admitia, por outro lado, que as pessoas pensavam quando falavam e deixavam de pensar quando fechavam a boca. Nossos materiais mostram que essas crenças infantis são bem generalizadas.

> MONT (7;0):[2] "Você sabe o que é pensar? — *Sim.*— Pode pensar em sua casa? — *Sim.* — Com que você pensa? — *Com a boca.* — Você pode pensar com a boca fechada? — *Não.* — Com os olhos fechados? — *Sim.* Com os ouvidos tapados? — *Sim.* — Feche a boca e pense em sua casa. Está pensando? — *Sim.* Com que você pensou? — *Com a boca*".
> PIG (9;6. Atrasado): "Você conhece a 'palavra' pensar?" — *Sim.* — O que é o pensamento? — *Quando alguém morre e pensamos nele.* — Você às vezes pensa? — *Sim. Em meu irmão.* — Você pensa na escola? — *Não.* — E aqui (estamos num gabinete do estabelecimento escolar)? — *Sim. Penso porque vocês me perguntam coisas.* — Com que você pensa? — *Com a*

---

[1] *Die Kindersprache*. Leipzig, 1907, p. 210. Ver também SULLY, *Études sur l'enfance* (trad. MONOD), p. 163.
[2] 7;0 = 7 anos, 0 meses de idade. Usamos itálico para as palavras da criança e cursivas para as do examinador. Todas as falas citadas são textuais. As aspas marcam o começo e o fim de uma conversa na qual não fizemos cortes.

boca e as orelhas. — E os bebês pensam? *— Não. —* Quando a mãe do bebê fala com ele, ele pensa? *— Sim. —* Com quê? *— Com a boca".*
ACKER (7;7): "Com que você pensa? *— Com a boca".* Essa afirmação retornou quatro vezes durante o interrogatório sobre o sonho que veremos adiante. Depois de questões sobre o animismo, acrescentamos: "Um cachorro pode pensar? *— Sim, ele escuta. —* Um pássaro pode pensar? *— Não. Ele não tem orelhas. —* Com que o cachorro pensa? *— Com as orelhas. —* Um peixe pensa? *— Não.—* E um caramujo? *— Não. —* Um cavalo pensa? *— Sim. Com as orelhas. —* E uma galinha? *— Sim, com a boca".*
SCHMI (5 ½): "Com que se pensa? *— Com a boca".*
MUY (6 anos): "Com que você pensa? *— Com qualquer coisa, com a boca!"*

Em algumas ocasiões, como acabamos de ver, não é só com a boca que se pensa, mas com os ouvidos.

BARB (5 ½): "Você sabe o que é pensar? *— Quando a gente não lembra mais de alguma coisa, a gente reflete. —* Com que você pensa? *— Com os ouvidos. —* Quando se tapam os ouvidos, você pode pensar? *— Sim... não..."*
REHM (5;11): "Você sabe o que acontece quando se pensa. *— Sim. —* Pense em sua casa. *— Sim. —* Com que se pensa? *— Com as orelhas. —* Quando você pensa em sua casa, é com as orelhas? *— Sim".*

A fórmula de Barb é notável: pensar é fazer reviver uma voz ou um som que se esqueceu. Esses casos fazem a transição com os seguintes, que são o próprio anúncio do segundo estágio: as crianças, cujas respostas vamos ler, já dizem que se pensa com a cabeça, mas o pensamento, em vez de interior, ainda é ligado à boca. Reservamos ao segundo estágio as crianças que já não falam da boca e que concebem o pensamento como uma pequena voz localizada na cabeça. Há entre os dois grupos todo o tipo de transição, sendo não obstante necessário, quando de sua classificação, parar em algum ponto. Deixamos, pois, no primeiro estágio, as crianças que pronunciam explicitamente a palavra "boca":

CERES (7 anos): "Com que você pensa? *— Não sei. —* Onde se pensa? *— Na cabeça. —* Onde? *— Na boca, dentro da cabeça".*
RATT (8;10): "Quando pensa em sua casa, onde você pensa? *— Na cabeça. —* O que tem na cabeça? *— Nada. —* Como você pode pensar em sua casa? *— Com a boca".* "Na cabeça tem palavras? *— Não. —* Tem voz? *— Sim. —* A voz e o pensamento são a mesma coisa? *— Sim."*
KENN (7 ½): "Com que se pensa? *— Em minha cabeça. —* Sua cabeça é vazia ou cheia? *— Cheia. —* Se abrir sua cabeça a gente vai ver quando

você pensa? — *Não, porque não se vê dentro da cabeça.* — Se a gente olhar em sua cabeça, sem você ter morrido, vai ver seu pensamento? — *Não o entendemos quando falamos suavemente.* — Com que se pensa? — *Com a cabeça.* — Com que na cabeça? — *Com a boca.* — O que tem na cabeça? Tem pensamento? — *Sim, quando a gente pensa em alguma coisa.* — O que tem na cabeça? — *Falamos.* — Quando está de boca fechada, você pensa? — *Sim, sem falar.* — Com que você pensa quando não fala? — *Com a boca.* — O que tem na cabeça quando se pensa? — *Nada.* — Você pode ver o pensamento? — *Não.* — Posso ouvir o pensamento? — *Não.* — Eu o sentiria se pusesse o dedo? — *Sim*".

Este último caso é excelente. Vemos nele a resistência e a espontaneidade da crença da criança: sem nenhuma sugestão, esta começa por dizer que não escutamos o pensamento quando falamos suavemente, e só depois ela percebe que pensamos com a boca. Logo, o pensamento é uma voz interior silenciosa. É digno de nota que se poderia sentir essa voz com o dedo. Kenn anuncia assim os casos nos quais o pensamento será explicitamente equiparado ao ar (o ar da boca quando fala).

Nas crianças anteriores, há uma crença espontânea, a julgar pelas respostas dadas. Em outras crianças, não há coisa alguma no começo do interrogatório, mas este desencadeia uma crença, no entanto, sem a sugerir e, o que é interessante, essa crença assemelha-se às precedentes:

MÉTR (5;9): "Quando pensa, com que você pensa?" — *Não sei.* — Com as mãos? — *Não.* — Com a cabeça? — *Não. Nunca vemos a cabeça pensar.* — Com que você lê? — *Com os olhos.* — Você pode pensar de olhos fechados? — *Sim.* — E com a boca fechada? — *Não posso.* — Com os ouvidos tapados pode? — *Sim.* — Os bebês pensam? — *Não. Eles não sabem. São muito pequenos.* — Com que se pensa? — *Não sei. Nunca vi o pensamento.* — Pensamos com a cabeça? — *Não.* — Com quê? — *Com a boca*".

Temos aí um excelente exemplo de crença desencadeada. Vemos a crença formar-se pouco a pouco, sem nossa intervenção direta, mas também sem que a criança descubra imediatamente uma solução.

Encontramos em algumas ocasiões variantes, mas estas são raras. Só uma criança (Go, 5;9) nos disse que se pensa *com o coração*. Mas essa deveria ser uma palavra aprendida, porque, no percurso, Go mudou de ideia e disse que se pensa com os ouvidos. Salvo essa criança, todos os sujeitos que pudemos classificar no segundo ou no terceiro estágios declararam que se pensa com a boca ou com os ouvidos. Seria de esperar que houvesse, entre nossos sujeitos, os voltados mais para o visual e os voltados mais para o auditivo, e que os primeiros acreditassem que se pensa com os olhos. Isso não sucedeu, e a questão das imagens não parece desempenhar nenhum papel. Pelo menos, as duas únicas crianças que disseram que se pensa com os olhos chegaram a essa resposta depois de ter sido interrogadas sobre os sonhos, o que anula o valor dessas respostas.

Como interpretar essa equiparação do pensamento à linguagem? É preciso dizer antes de tudo que a palavra "pensamento" tem para as crianças estudadas um sentido restrito: pensar é para elas refletir, é pensar com esforço. Mas isso se deve ao fato de não terem tido contato com nenhuma outra manifestação do pensamento além do sonho, que vamos abordar mais tarde. A palavra "memória" é de modo geral desconhecida de nossos escolares e, quando lhes é perguntado com que nos "lembramos", ou não compreendem ou então dizem também que é com a boca. Se o termo pensamento tem para as crianças sentido restrito, é ele o único que designa para elas uma atividade nitidamente mental. Ora, acabamos de ver que, na ideia delas, essa atividade mental tem por sede a boca. O que isso quer dizer?

Cumpre introduzir aqui uma distinção essencial: Stern[3] supunha que, por volta dos 3 anos de idade, ocorre uma diferenciação entre o psíquico e o físico, no sentido de que a criança usa, a partir desse momento, certas palavras que significam "crer", "achar", "parecer" etc., como no caso da frase: "Acho que ela está com dor de cabeça". A criança distinguiria assim o real percebido da interpretação ou hipótese, ou seja, distinguiria as coisas do pensamento. Mas é preciso acautelar-se do "sofismo do implícito", sendo conveniente separar o plano da ação e o da reflexão. Sobre o plano da ação, ou do direcionamento efetivo do pensamento, é de fato claro que as crianças das quais Stern fala começam a distinguir a percepção imediata da realidade suposta ou inferida. Isso constitui uma aquisição deveras notável. Mas não é um motivo para que essas crianças tenham tomado consciência dessa dualidade (isto é, que elas tenham percebido o que fazem implicitamente). E não é, sobretudo, motivo para que elas tenham retirado dessa dualidade a ideia de uma realidade percebida e de um pensamento que interpreta.

Por fim, não é uma razão para que tenham distinguido em geral o psíquico do físico. A única descoberta que essas crianças fizeram é a de que a realidade não obedece por inteiro aos desejos e às afirmações (ver *L.P.*, p. 300-301). Mas a realidade física pode muito bem permanecer, nesse estágio, penetrada de intenções, de psiquismo etc., assim como a criança pode muito bem ignorar ainda seu pensamento próprio ou concebê-lo como uma voz material.

Temos, portanto, o direito, se quisermos falar do desenvolvimento da noção de pensamento, de considerar primitiva a crença das crianças segun-

---

[3] Die Kindersprache, Leipzig, 1907.

do a qual se pensa com a boca. Quando surge, a noção de pensamento se confunde, por conseguinte, com a de voz, ou seja, de palavras que se está prestes a pronunciar ou a escutar.

Haverá, então, nesse estágio uma distinção entre o psíquico e o físico? Diríamos que sem dúvida isso ocorre, por ser a palavra atividade do eu. Mas duas restrições fundamentais nos impedem de exprimir as coisas dessa maneira: por um lado, as palavras, para a criança, fazem parte da realidade material e, por outro, o que a palavra contém de atividade subjetiva ou não é percebida pela criança ou é equiparada a um processo material, ao fato do sopro ou de emissão de ar. O pensamento consiste, assim seja, em palavras-coisas ou, mais raramente, em ar.

Com efeito, as palavras nada têm para a criança de interno ou psíquico. Adiante vamos tentar demonstrá-lo por meio de uma análise direta. Veremos que as palavras são parte das coisas e nelas se situam. Os ouvidos e a boca se limitam, por conseguinte, a colaborar com as coisas, a receber e a transmitir as palavras. Do mesmo modo, veremos que, em certo estágio, o sonho está "no quarto", estando o pensamento tanto fora da boca como na boca. Não há distinção nítida entre a interioridade psíquica e a exterioridade material.

Contentemo-nos no momento com uma primeira aproximação. Quando se pergunta à criança "de onde vem o pensamento?", dizendo que se pensa com a boca, elas não hesitam em atribuir ao pensamento uma origem exterior. Eis dois exemplos iniciais:

> ACKER (7;7) disse-nos quatro vezes, como veremos adiante, que se pensa com a boca. "Quando se pensa com a boca, de onde vem o pensamento? — *Dos olhos, de fora. A gente vê e depois pensa.* — Então, quando não se fala se pensa? — *Sim.* — Com quê? — *Com a boca.*" Um instante depois: "Quando não se diz anda, com que se pensa? — *Com o estômago*". Acker mostra-nos que designa por "estômago" o esôfago e a laringe. Trata-se sempre, portanto, da voz.
>
> RATT (8;10) disse-nos, como vimos, que não há nada na cabeça quando se pensa. "Podemos ver a voz? — *Não.* Podemos senti-la? — *Sim.* — As palavras têm força? — *Sim.* — Diga-me uma palavra que tem força. — *O vento.* — Por que a palavra 'vento' tem força? — *Porque ele anda depressa.* — É a palavra ou o vento que anda depressa? — *O vento.* — Diga-me uma palavra que tem força. — *Quando se dá um pontapé.* — Isso é uma palavra? — *Não.* — Diga-me uma palavra que tem força. — *...* — Com que se pensa? — *Com a boca.* — O que tem na cabeça quando se pensa? — *Nada.* — O que a voz faz? — *Ela fala.* — Você sabe o que são as palavras? — *Quando se fala.* — Onde está a palavra 'casa'? — *Na boca.* — Ela está na cabeça? — *Não.*"

Talvez se possa duvidar do valor desses exemplos sem ter visto os resultados relativos às palavras (§ 4 e cap. II). Não obstante, à luz desses resultados, os dois exemplos em questão são bem claros. Nenhuma das crianças distingue as palavras das coisas nomeadas. Acker acredita assim que basta ver uma casa para pensar imediatamente na palavra "casa", como se o nome estivesse inscrito nas coisas. Ratt não entende que são as coisas e não os nomes que têm força. Logo, o nome é percebido como estando na coisa: assim como os sensualistas[II] representavam o pensamento como mero jogo de imagens impressas no cérebro sob a pressão dos objetos, assim também a criança o representa como articulação de palavras depostas na boca sob a pressão das coisas.

Eis agora o caso de uma criança que tem uma concepção da memória que é característica do realismo de que falamos:

> SCHI (6 anos) pronuncia espontaneamente a palavra "memória". "O que é a memória? — *É quando a gente se lembra de alguma coisa.* — Como a gente se lembra? — *Ela volta de repente a nossa alma. Primeiro alguém nos diz alguma coisa, e isso vem a nossa alma, depois sai e volta.* — Sai? Vai para onde? — *Para o céu.* — Você acredita nisso? — *Sim, não sei, mas disse o que sei* (o que acredito ser)."

A migração da lembrança para o céu é, sem dúvida, fabulada. Restam, contudo, expressões dignas de nota: "sair" e "voltar". Temos de tomá-las literalmente, porque veremos que Schi nos dirá também que os sonhos "saem" quando dormimos (ver cap. III, § 2: *"Quando não se dorme, ele está em nossa cabeça. Quando se dorme, ele sai"* ... *"ele se bate na parede"*). Não se deve atribuir a Schi nenhuma precisão no que se refere ao "como" desses fenômenos: suas palavras significam simplesmente que ele não consegue representar as lembranças, as palavras ouvidas e os sonhos como "interiores". Veremos, a propósito do nome das coisas, outras coisas totalmente análogas de crianças que dizem que o nome "está no quarto" (ver o caso de Roc, cap. II, § 2).

Em suma, na medida em que é equiparado à voz, o pensamento participa das próprias coisas. Permitimo-nos simplesmente empregar os resultados do capítulo II para levar à admissão da legitimidade dessa conclusão. Quanto ao segundo aspecto do pensamento, o aspecto interior, que para a criança consiste essencialmente numa articulação da fala, tentemos agora demonstrar que é igualmente material e que também ele participa, curiosamente, do mundo exterior.

[II] Seguidores da doutrina segundo a qual o conhecimento provém apenas das sensações. N.T.

A bem dizer, a maioria das crianças não se deu conta dessa atividade interna. Pensar é falar, e falar ocorre isoladamente, mas algumas crianças notaram a existência de voz, razão pela qual equiparam essa voz, no curso desse primeiro estágio, ao "ar", tanto interno como externo, tanto respiração como vento.

> Rou (7 ½): "Pode-se ver o pensamento? — *Sim*. — Como? — *Na frente da gente*. — Onde? Ali (50 cm) ou lá longe? — *Tanto faz. O vento faz as ervas se mexer e a gente vê as ervas se mexendo. O pensamento é isso.* — Este está na sua frente ou no cérebro? — *No dois. Pode-se pensar de qualquer maneira.* — Podemos tocar o pensamento? — *De vez em quando, as coisas que são verdadeiras*".
>
> Brunn (11;11. Atrasado e com reações lentas): "O pensamento tem força? — *Não. Porque não é vivo*. — Por que não é vivo? — *É feito de ar*. — Onde está o pensamento? — *No ar, fora da gente*". Mas Brunn diz também que o pensamento está em nós: a memória, diz ele, "*é um pensamento*. — Onde ela está? — *Na cabeça*".
>
> Ris (8 ½), M.[4], de quem voltaremos a falar no tocante aos sonhos (cap. III, § 1), diz-nos, sem ter antes sido interrogada sobre o pensamento, que o sonho é formado "*por palavras*. — E as palavras são de quê? — *De voz*. — De onde vem a voz? — *Do ar*".

Veremos casos análogos no curso do segundo estágio (§ 3).

Também veremos, a propósito dos sonhos, frequentes equiparações entre o pensamento e o ar, o vento, o vento frio e até a "fumaça que sai da barriga" (a respiração). Que pensar desses fatos? À primeira vista, tem-se a impressão de que essas crianças foram influenciadas: alguém lhes teria dito que temos uma alma, ou espírito, que esse espírito é invisível como o vento, e elas terão concluído que se pensa com o ar. Durante o segundo estágio, veremos casos que provavelmente têm de ser assim entendidos. Os precedentes nos parecem resistir a essa interpretação. Essas crianças, de fato, não admitem a interioridade do pensamento: este se acha tanto dentro como fora. Rou, que é uma criança inteligente, é muito claro quanto a isso: ele confunde o pensamento com a coisa em que se pensa. É isso que o leva a dizer que, quando se pensa em "coisas que são verdadeiras", pode-se tocar o pensamento. Por outro lado, há demasiadas variedades de respostas que remetem, sem exceção, à voz e à respiração (o ar, o vento, a fumaça da barriga etc.) para que se possa admitir uma influência sistemática dos adultos que cercam a criança.

Em resumo, à medida que consiste em palavras, o pensamento participa

---

[4] M = menina.

das coisas nomeadas, e à medida que consiste em voz, o pensamento é equiparado a um vento tanto interno como externo. Nos dois casos não há, por conseguinte, fronteiras nítidas entre o eu e o mundo exterior.

§ 2. A visão e o olhar

Antes de dar prosseguimento ao estudo da noção de pensamento, convém fornecer uma breve contraprova para as interpretações precedentes. Encontramos a mesma confusão entre o interno e o externo nas representações de crianças relativas ao olhar e à visão? Não fizemos uma investigação sobre o assunto, que é um domínio por ser decifrado. Mas encontramos ao acaso, em nossas pesquisas, alguns fatos que valem a pena mencionar imediatamente, por serem eles intrinsecamente muito significativos. Eis primeiro uma pergunta citada por Stanley Hall[5] e a lembrança de um adulto:

> De um menino de 5 anos: *"Papai, por que nossos olhares não se misturam quando se encontram?"* (Trad. do inglês).
> De um de nós: *"Lembro-me de que, quando era menina, me perguntei como era possível que dois olhares que se cruzam não se chocassem em algum ponto. Achava que esse ponto fica a meio caminho entre as duas pessoas. Também me perguntei por que não se sente o olhar do outro no rosto, por exemplo, quando nos olham o rosto".*

Eis três casos totalmente espontâneos de confusão entre a visão e a luz, confusão observada a propósito de interrogatórios sobre as sombras ou os sonhos:

> PAT (10 anos) nos diz que uma caixa faz sombra *"porque as nuvens* (Pat acredita que as nuvens iluminam quando o sol está oculto) *não podem atravessar"* (porque as nuvens não podem atravessar a caixa). Mas no momento seguinte, diz de uma pasta que ela não faz sombra *"porque as nuvens não podem ver de lado"*. "Ver e clarear são a mesma coisa? — Sim. — Diga que coisas clareiam. — *O sol, a lua, as estrelas, as nuvens e depois o bom Deus.* — Você clareia? — *Não... sim.* — Como? — *Pelos olhos.* — Por quê? — *Porque (se) a gente não tivesse olhos não poderia ver claro."*
> DUC (6 ½) também diz que o dia não pode ver através da mão, por confundir "ver" e "clarear".

---

[5] STANLEY HALL. *Pedag. Semin.* Vol. X, 1903, p. 346.

Sci (6 anos) diz que os sonhos veem *"com as luzes"*. "Como é isso? — *A gente está na rua. As luzes* (os reflexos) *podem ver aí... eles (elas) veem pela terra".* "Diga-me que coisas clareiam. — *As luzes, as velas, os fósforos, o relâmpago, o fogo, os cigarros.* — Os olhos clareiam ou não? — *Eles clareiam.* — Eles clareiam a noite? — *Não.* — Por quê? — *Porque estão fechados.* — Quando estão abertos clareiam? — *Sim.* — Clareiam como as luzes? — *Sim, um pouquinho."*

Esses últimos fatos são interessantes por sua analogia com a teoria das percepções de Empédocles, que, como se sabe, explicava a visão mediante o encontro de um fogo que emana dos olhos com uma luz que emana dos objetos.[6]

Desses cinco fatos advém a mesma conclusão: para essas crianças, o olhar é em parte exterior ao olho. Ele sai do olho, clareia e não se percebe porque não o sentimos. Não sabemos se essas crenças são ou não gerais, mas por si sós mostram a possibilidade de um pensamento ao mesmo tempo interno e externo, confirmando assim a interpretação dos fatos do parágrafo precedente.

§ 3. O segundo e o terceiro estágios: pensamos com a cabeça

Podem-se considerar as crenças do primeiro estágio como sendo espontâneas, pois são gerais e não podem ter sido sugeridas, naquilo que têm de geral, pelo ambiente adulto da criança. As crenças que caracterizam o segundo estágio parecem, ao contrário, ter sido em parte impostas por esse ambiente. É difícil perceber como as crianças poderiam ter descoberto por si mesmas que se pensa com a cabeça. Não obstante, interessa constatar que é depois dos 7-8 anos (em alguns casos, depois dos 6) que a criança perguntou acerca do assunto e que assimilou o que lhe foi dito.

O que caracteriza o segundo estágio, por oposição ao terceiro, é que o pensamento, ainda que situado na cabeça, permanece material. Ou a criança (primeiro tipo) continua simplesmente a crer que o pensamento é uma voz e um sopro, ou, então (segundo tipo), ela procura compreender as palavras "cérebro", "inteligência" etc. e pensa em bolas, tubos, ventos etc.

Falq (7;3): "Você sabe o que é o pensamento? — *A gente pensa em alguma coisa que a gente quer fazer.* — Com que se pensa? — *Com alguma coisa.* — Com quê? — *Uma vozinha.* — Onde ela está? — *Aqui* (mostra

---

[6] Cf. Arn, Reymond. *Histoire des sciences exactes et naturelles dans l'antiquité gréco-romaine.* Blanchard, 1924, p. 43.

a testa)". "De onde vem essa pequena voz? — *Da cabeça*. — Como ela se move? — *Ela se move sozinha*. — O cavalo pensa? — *Sim*. — Com quê? — *Uma vozinha na cabeça*. — E os cachorros? — *Sim*. — Essa voz diz palavras? — *Sim*. — Por quê? Os cachorros não falam! — *Falam sim, e depois escutam*. — Onde? — *Aqui* (aponta para a testa). — Por quê? — *A gente tem alguma coisa*. — O quê? — *Uma bolinha*." Também há na cabeça *"uma boquinha"*. "Você acha isso agora? — *Sim*. — Acredita nisso? — *Sim*." Um instante depois, Falq nos fala da memória. "Onde ela está? — *Aqui dentro* (mostra a testa). — O que tem aí? — *Uma bolinha*. — O que tem aí dentro? — *O pensamento*. — O que a gente veria aí se olhasse? — *Fumaça*. — De onde ela vem? — *Da cabeça*." "De onde vem essa fumaça? — *Do pensamento*. — O pensamento é feito de fumaça? — *Sim*." "Por que o pensamento está na bola? — *É um pouco de vento e de fumaça que vem*. — De onde? — *De fora*. — De onde? — *O vento de fora e a fumaça da chaminé*. — O vento é vivo? — *Não, porque é o vento, e quando a gente pensa em alguma coisa, o pensamento vem com o vento e a fumaça*." "Como? — *O pensamento atrai o vento e a fumaça e eles se misturam*." "A fumaça é feita de quê? — *De sopro*. — E o vento? — *Também*." "Tem sopro em você? — *Não... sim, quando a gente respira*. — Quando a gente respira, o que entra e sai? — *O vento frio*. — Sai vento quando a gente respira? — *Sim*. —E fumaça? — *Não..., sim, vapor.*"

Vemos bem a analogia desse caso (a parte formada por fabulações dos detalhes, em particular, no que se refere à "bolinha") com Rou, Ris e Brunn (§ 1). Vemos sobretudo que o vento, a fumaça, a respiração e a voz se acham interligados. Falq está, portanto, no prolongamento bem direto do primeiro estágio, apresentando, contudo, além das crenças espontâneas, algumas noções adquiridas, como a bola que está na testa. Quanto à "boquinha" que está na cabeça, Falq lembra a criança, citada pela senhorita Malan, que dizia: *"É a boca lá de trás* (na cabeça)*que fala a minha boca da frente"*.

> REYB (8;7): "O que é o pensamento? — *Quando a gente pensa em alguma coisa*. — O que isso quer dizer? — *A gente queria ter essa coisa*. — Com que se pensa? — *Com o cérebro*. — Quem lhe disse? — *Ninguém...* — Onde você aprendeu essa palavra? — *Sempre soube*. — O que é o cérebro? — *Os tubos da cabeça*. — O que acontece nesses tubos? — *Alguma coisa*. — O quê? — *As coisas que a gente pensa*. — Podemos ver o pensamento? — *Não*. — E tocar? — *Não*. — Como ele é? — *Aquilo que a gente ouve*. — Você pode pensar de ouvidos tapados? — *Não*. — De olhos fechados? — *Não*. — De boca fechada? — *Não*. — Para onde vão os tubos? Eles entram por onde? — *Pelos ouvidos*. — E por onde saem? — *Pela boca*. — Quem falou a você dos tubos da cabeça? — *Ninguém*. — Você já ouviu falar deles? — *Não*".

Como se vê, é manifesta a influência adulta. Mas parece haver uma reação espontânea quando Reyb diz que o pensamento é "aquilo que a gente ouve".

> Grand (8 anos) nos diz, no curso de um interrogatório sobre o animismo, que a lua não sabe nada porque *"não tem orelhas"*. Isso é já uma indicação. Mais tarde: "Você sabe o que é pensar? — Sim. — Com que se pensa? — Com a cabeça. — O que é o pensamento. — Um vazio na cabeça. — Com que se pensa? — É uma vozinha".
> Menn (12 anos) também avalia que se pensa *"com a cabeça"*. "A gente pode ver o pensamento se abrir a cabeça? — *Não, ele não fica dentro* (da cabeça). — Eu poderia ver? — *Não.* — E tocar? — *Não. É uma coisa que se causa.* — Poderíamos sentir o pensamento? — *Não.* — Por quê? O que é o pensamento? — *Sim* (poderíamos sentir). *É nossa voz.*"

É notável este último caso que mostra bem que, se a criança localiza o pensamento na cabeça, ainda não tem domínio da questão do interno e do externo: o pensamento é na verdade "nossa voz" e essa voz "não fica dentro" (da cabeça).

Noutras localidades suíças, em que a senhorita Perret fez a mesma pesquisa, encontramos casos análogos:

> Nic (10;3), M., supõe que não se pode ver o pensamento porque *"é preciso que eu fale para vê-lo"*.
> E. Kun (7;4) e sua irmã M. Kun (8;4), M., foram interrogados um depois do outro sem ter tido tempo de combinar o que diriam. Os dois dizem que o pensamento está na cabeça e que é *"branco"* e *"redondo"*. M. Kun diz que é *"grande como uma maçã grande"* e E. Kun, *"pequena"*. Parece haver assim, nessas afirmações, vestígios de um ensinamento adulto sobre o cérebro. Mesmo assim, E. Kun afirma, em outros momentos, que pensamos *"com a boca"*. "Onde está o pensamento? — *No meio da boca.* — Podemos ver o pensamento? — *Sim.* — E tocar? — *Não.* — Por quê? — *Porque ele fica longe.* — Onde? — *No pescoço.*" Vemos claramente que o amálgama entre crenças espontâneas e ensinamento recebido.

Em suma, todos os casos mostram a continuidade entre as respostas do primeiro estágio e as do segundo estágio e, por conseguinte, o valor dessas respostas. Tivemos à primeira vista a impressão de que essas "vozes" eram a reminiscência de ensinamentos religiosos ("a voz da consciência" etc.), mas deixamos de lado essa interpretação devido à generalidade desses fatos.

Logo, nenhuma das crianças precedentes concebe o pensamento como distinto da matéria. Esse substancialismo também caracteriza os sujeitos a seguir, que deixaram de identificar o pensamento com a voz, sob a pressão de conceitos adultos. Veremos que estranha deformação esses conceitos sofreram. Essa deformação tem um sentido tão instrutivo quanto o têm as reações espontâneas das crianças precedentes.

> Im (6 anos): o pensamento é *"minha inteligência"*. É aquilo *"que nos faz pensar, que nos faz procurar"*. "Quem lhe disse isso? — *Não me disseram, mas eu sei.*" Ora, não se pode tocar essa *"inteligência porque ela está cheia de sangue"*.
> Duss (9 anos) identifica o pensamento com os *"miolos"*, que é grande *"como um gude"* (uma bolinha de gude). Duss acredita ainda que se sonha *"com a boca"*.
> Zimm (8;1): pensa com a *"inteligência"*, mas acredita que, abrindo-se a cabeça, se pode ver e tocar essa inteligência.
> Kauf (8;8), M., pensa com a memória. *"A memória é uma coisa que fica na cabeça e faz a gente pensar.* — Como você acha que ela é? — *É um quadradinho, feito de pele, um pouco oval, e dentro tem histórias.* — Como são essas histórias? — *Elas são escritas na carne.* — Com quê? — *Com um lápis.* — Quem as escreveu? — *O bom Deus. Antes de eu nascer ele fez."*

Fica claro que, no âmbito dos detalhes, Kauf fabula. É, não obstante, conveniente considerar como tendência espontânea de sua parte a de crer que "as histórias" são inatas. Essa crença relaciona-se em verdade com um fenômeno que observamos com frequência: a total amnésia das crianças quanto à origem de seus conhecimentos, mesmo dos adquiridos mais recentemente. Im, cujas respostas acabamos de ler, está convencido, por exemplo, de sempre ter sabido o que é "a inteligência". Reyb, "sempre soube" que tem um cérebro etc. (ver quanto a isso *J.R.*, cap. IV, § 1). Logo, é bem natural que, quando vêm a pensar na origem de seu saber, as crianças acreditem, como Kauf, que esse conhecimento é inato. Observaremos o mesmo com respeito à origem dos nomes. Foi-nos feita a observação de que essa tendência das crianças, no sentido de considerar como vindo de si mesmas aquilo que aprenderam, não deve ter deixado de influenciar a gênese psicológica de doutrinas como a da reminiscência platônica.

Eis agora crianças que identificam o pensamento com o ar, mas evidentemente por causa de uma influência adulta mais ou menos direta:

> Tann (8 anos) pensa com o "espírito". "O que é espírito? — *Alguém que não é como nós, sem pele, sem ossos, que é meio feito de ar, que não podemos ver. Depois de nossa morte, ele sai do corpo.* — Sai? — *Sai mas fica, e ao sair fica* (!). — O que fica? — *Fica mas ao mesmo tempo está no céu."*
> Percebe-se que o dualismo entre interno e externo ainda não se impõe irresistivelmente à inteligência de Tann...
> Peret (11;7): Pensamos *"com a testa"*. "O que tem dentro da testa? —

Nosso espírito." "Podemos tocar o espirito? — Não. — Por quê? — Não podemos tocar nele. Não podemos, não o vemos. — Por quê? — É feito de ar. — Por que você acha que é feito de ar? — Porque não se pode tocar nele."

É perceptível a diferença entre essas crianças e as do final do § 1 (Rou, Brunn e Ris, bem como Falq, § 3), que também equiparam o pensamento ao ar. Enquanto estes últimos revelam uma reflexão própria, sem apresentar indícios de palavras aprendidas, Tann e Peret se limitam, pelo contrário, a deformar conceitos impostos pelo ambiente adulto. Mas essas deformações são em todos os casos interessantes: mostram que, para a criança do segundo estágio, o pensamento ainda permanece material.

Não se pode, por conseguinte, dizer que, durante o segundo estágio, o pensamento já seja distinguido das coisas. Ou a criança, com efeito, simplesmente prolonga o primeiro estágio, identificando pensamento e voz, ou então mergulha num verbalismo mais ou menos completo. Em ambos os casos, o pensamento não se diferencia das coisas em que se pensa, nem as palavras se distinguem das coisas nomeadas. Há simplesmente conflito entre as crenças anteriores da criança e a pressão do ensinamento adulto, e é apenas essa crise que assinala um progresso, sem que o segundo estágio traga a criança alguma nova solução.

Em que momento se poderá dizer que a criança diferencia entre o pensamento e as coisas? Em outras palavras, em que momento se deve situar o começo do terceiro estágio? Não acreditamos que a técnica, até agora seguida, permita em nossos interrogatórios ser suficiente para permitir distinção tão sutil. Mas, ao lado de um interrogatório sobre os nomes e os sonhos, ela nos traz úteis ensinamentos. Propomos, pois, subordinar o diagnóstico do terceiro estágio ao emprego de três critérios simultâneos. Para que se possa admitir que a criança sabe distinguir o pensamento das coisas, é preciso: 1) que a criança seja capaz de situar o pensamento na cabeça e declarar ser ele invisível, impalpável etc., em suma, não material e diferente mesmo do "ar" e da "voz"; 2) que a criança possa distinguir a palavra e o nome das coisas em si; 3) que a criança seja, por fim, capaz de situar os sonhos na cabeça e de dizer que, se a cabeça for aberta, não será possível vê-los. (Quanto aos pontos 2 e 3, ver adiante a técnica que vamos indicar.) Nenhum desses procedimentos é por si só uma garantia, mas seu uso simultâneo é suficiente, a nosso ver, para caracterizar a chegada ao terceiro estágio.

Eis um exemplo relativo aos pontos 1 e 3:

Visc (11;1): "Onde fica o pensamento? — *Na cabeça.* — Se abrirmos sua cabeça, vamos ver seu pensamento? — *Não.* — Seria possível tocá-lo? — *Não.* — Senti-lo como ao ar? — *Não...* etc.". Mais tarde: "O que é um sonho? — *É um pensamento.* — Com que se sonha? — *Com a cabeça.* —

De olhos abertos ou fechados? — *Fechados*. — Onde fica o sonho enquanto você sonha? — *Na cabeça*. — Ele não fica em nossa frente? — *É como se* (!) *víssemos*. — Há algo em sua frente quando você sonha? — *Nada*. — O que há na cabeça? — *Pensamentos*. — São os olhos que veem alguma coisa na cabeça? — *Não*".

Podemos situar em termos aproximados o começo do terceiro estágio por volta dos 11 anos. Vemos em algumas ocasiões representantes de 10 e até de 9 anos. Mas é em média perto dos 11 anos que se têm de situar as descobertas essenciais: o pensamento não é uma matéria e se diferencia dos fenômenos a que representa.

§ 4. As palavras e as coisas

Duas confusões bem distintas, embora solidárias, caracterizam os dois primeiros estágios que acabamos de estudar. Trata-se, por um lado, da confusão entre o pensamento e o corpo: o pensamento é para a criança uma atividade do organismo — a voz. É, portanto, uma coisa entre as coisas, consistindo essencialmente em agir de modo material sobre os objetos ou as pessoas que são de nosso interesse. Mas há, por outro lado, a confusão entre significante e significado, entre o pensamento e a coisa pensada. Desse ponto de vista, a criança não distingue, por exemplo, uma casa real e o conceito, ou a imagem mental, ou o nome dessa casa. Resta-nos estudar este último ponto.

Como revelar essa diferenciação capital? Qual o primeiro elemento concebido pela criança como inerente ao sujeito pensante? Será o conceito, a imagem ou a palavra? Seja como for, o conceito não é, e não sabemos em que idade surge, a noção de "ideia". Há aí uma interessante pesquisa a fazer: em que momento surgem, por exemplo, locuções como "uma ideia falsa", "fazer uma ideia" etc.? O que sabemos a partir do material precedente é que, aos 7 anos, Rou (§ 1) ainda confunde a coisa e o conceito dessa coisa: diz que se pode tocar o pensamento porque este pode tocar "as coisas verdadeiras". É justo observar que essa crença supõe a existência de "coisas não verdadeiras", ou seja, justamente os objetos mentais: aquilo que as crianças chamam de "histórias" ou "coisas para rir". Porém, o estudo das explicações de crianças, com respeito ao sonho, vai mostrar-nos que esses objetos mentais são considerados não representações, mas coisas: imagens "de ar", palavras etc. O estudo dos sonhos nos esclarecerá ainda sobre o momento em que a criança concebe a existência de imagens mentais, e por isso não vamos abordar aqui o assunto.

Restam as palavras. Sabe-se que Sully e mais tarde Compayré,[III] ao lado

---

[III] Os textos clássicos são: SULLY. *Studies of Childhood*. COMPAYRÉ, *Intellectual and Moral Development of the Child*. N.T.

de muitos outros, têm sustentado, com bastante acerto, que todo objeto parece aos olhos da criança dotado de um nome primordial e absoluto, ou seja, um nome que faz parte da própria natureza desse objeto. M. Luquet mostrou que muitos desenhos infantis trazem uma legenda precisamente devido a essa particularidade: "A adição de uma legenda não tem, a nosso ver, outra função que a de exprimir o nome do objeto, considerado pelo autor do desenho como propriedade tão inerente a sua essência e tão digno de ser reproduzido quanto suas características visuais".[7]

Pode, pois, ser interessante investigar em que idade a criança poderá distinguir as palavras das coisas designadas. Usamos, para resolver esse problema, duas técnicas diferentes. A mais importante será exposta no curso do próximo capítulo: ela tem como alvo a origem e a localização do nome das coisas. A mais indireta delas, de que trataremos agora, é também a mais discutível. Consiste simplesmente em perguntar à criança se as palavras "têm força", e fazer-lhe ver seu sofismo, se ele cai na armadilha. O inconveniente desse procedimento é justo o fato de ele conter uma armadilha. Logo, não nos atreveríamos a concluir coisa alguma a partir dos resultados desse método, caso o tivéssemos empregado de modo exclusivo. Não obstante, unido aos métodos do capítulo II, ele tem sua relevância.

Encontramos três tipos de respostas correspondentes a três estágios sucessivos. No primeiro estágio (que vai até os 7-8 anos), as crianças de modo algum conseguem distinguir a palavra da coisa: o problema não é entendido por elas. No curso do segundo estágio (7-11 anos), as crianças compreendem o problema, mas não logram resolvê-lo sistematicamente. Durante o terceiro estágio (a partir dos 10-11 anos), a solução justa é informada pelas crianças.

Eis exemplos do primeiro estágio:

> BOURG (6 anos): "Uma palavra tem força? — *Não... Sim.* — Diga uma palavra que tem força. — *Papai, porque é um papai, e porque é forte.* — Quando digo 'nuvem', a palavra 'nuvem' tem força? — *Sim, porque ela clareia de noite* (é crença geral que as nuvens clareiam quando não há sol). — A palavra 'guarda-chuva', só a palavra, não o guarda-chuva, é forte? — *Um pouquinho, porque podemos enfiar nos olhos e isso pode nos matar*".
>
> BOV (6;5): "Quando digo 'guarda-chuva', digo uma palavra, ou 'gaveta' é uma palavra, não há nenhuma gaveta, só há palavras. Se eu não dissesse palavras a você, você não saberia o que eu quero dizer. Diga uma palavra... A palavra 'sol' é forte? — *Não, porque é leve* (o sol). — A palavra 'bater' é forte? — *Não, muito forte.* — Por quê? — *Porque às vezes faz*

---

[7] *Journal de Psychol.*, 1922, p. 207.

mal. — É a palavra 'bater' que é forte? Quando digo a palavra 'bater', com a boca, só a palavra, ela é forte? — *Não, porque a boca não pode gritar.* — Diga uma palavra forte. — *Quando o cavalo dispara".*

Cam (6 anos): "Se digo a palavra 'correr', não corro. Digo a palavra com a boca. Uma palavra é forte? — *Sim.* — Por quê? — *Porque a gente diz essa palavra.* — Se digo a palavra 'pular', ela é forte? — *Sim, porque as meninas pulam corda".*

Mas está claro que os casos desse primeiro estágio nada provam por si mesmos. É de fato possível que as crianças tenham a noção do que é uma palavra, mas que, não dispondo de vocábulo para designar essa noção, a palavra "palavra" implique para elas a presença da própria coisa. Se for esse o caso, nossa experiência não tem nenhum valor. Também é possível que não nos tenhamos feito compreender. Em suma, o único meio de provar que essas crianças confundem realmente a palavra e a coisa nomeada é mostrar que crianças de idade mais avançada conseguem entender o problema sem, no entanto, lograr resolvê-lo. É isso que nos vão mostrar os exemplos do segundo estágio.

O segundo estágio é, portanto, paradoxal. De um lado, a criança compreende o problema e, por conseguinte, distingue a palavra da coisa nomeada. Do outro, porém, essa distinção não basta para que a criança evite a armadilha que lhe armamos, ficando assim a cair nela repetidas vezes. Eis alguns exemplos disso:

Krug (6 anos): "Uma palavra é forte? — *Não, ela não faz nada.* — Há ou não palavras que têm força? — *Há palavras que têm força.* — Quais? — *A palavra 'forte', porque dizemos que uma coisa é forte.* — A palavra 'elefante' tem força? — *Sim, porque o elefante pode nos carregar.* — O elefante sim, mas e a palavra? — *Não, a palavra não é forte.* — Por quê? — *Porque ela não faz nada.* — O que não faz nada? — *A palavra.* — A palavra 'dormir' tem força? — *É fraca, porque quando a gente dorme a gente está cansado.* — A palavra 'correr' tem força? — *Sim, porque a gente é forte... porque a palavra 'correr' é forte".*
Aud (8;8): "As palavras têm força? — *Não, as palavras não são nada. Não têm força, não se pode colocar nada em cima delas.* — Diga uma palavra. — *'Papel-de-parede'. Isso não tem força, porque se subirmos em cima, ele se parte. Uma palavra não tem força, não podemos colocar nada em cima dela. A palavra é quando a gente pronuncia.* (A palavra) *'Papel', se a gente colocar alguma coisa em cima, vai se partir.* — Existem palavras que têm força? — *Não.* — Diga outra palavra. — *'Porta-guarda-chuva'. Ela tem força porque podemos colocar guarda-chuvas em cima ou dentro.* (Essa palavra foi escolhida por Aud, como o foi 'papel de parede', porque ele tem esses objetos sob os olhos na sala) — A gente coloca os guarda-chuvas

na palavra? — *Não.* — A palavra tem força? — *Não.* — E a palavra 'papel-de-parede', por que não tem força? — *Porque se parte muito facilmente.* — É a palavra que se parte? (Ele ri.) — *Não; é o papel de parede.* — A palavra "auto" tem força? — *A palavra não tem força; o automóvel tem força!* — Muito bem. Lá vai você. Diga outra palavra que não tem força. — *A teia de aranha, porque tem de colocar em cima coisas bem leves, e sem isso ela se parte.* — É a palavra que se parte? — *Não (ele ri).* — Seu bobinho, enganou-se de novo! — (Ele ri) *Sim.* — Diga uma palavra que não tem força. — *As árvores.* — É uma palavra que não tem força? — *Sim, porque não se pode colocar nada em cima dela.* — Em cima de quê? — *Das árvores".*

São notáveis esses casos. Krug e, sobretudo, Aud compreendem bem o problema. Por exemplo, Aud diz de imediato que uma palavra "é quando a gente pronuncia". Mesmo assim, vemos que ele acrescenta espontaneamente que a palavra "papel" não é forte porque o papel se parte! Vemos nitidamente nesses casos que a confusão não é totalmente verbal, remetendo ainda a uma dificuldade sistemática em distinguir entre o significante e o significado, ou entre o pensamento e as coisas em que se pensa.

Eis, por fim, como exemplo do terceiro estágio, uma criança que descobre aos poucos a armadilha do interrogatório e que passa assim, diante de nossos olhos, do segundo estágio para o terceiro. As respostas dessa criança são, como veremos, inteiramente espontâneas e foram elas que nos deram a ideia de fazer essa rápida pesquisa. Tendo a criança nos falado do "pensamento" como sendo uma coisa imaterial, tivemos a ideia de perguntar, a título de controle, se o pensamento tem força. A reação completamente original e inequívoca da criança nos deu a ideia de fazer a mesma pergunta sobre as palavras, bem como de apresentá-la a crianças mais jovens:

Tié (10;10): "O pensamento tem força? — *Não. Ele tem força e depois não tem.* — Por que tem? — *Depende do que a gente pensa.* — Quando se pensa em quê? — *Em alguma coisa que tem força.* — Se você pensar nesta mesa, ela tem força? — *Sim.* — Se você pensar no lago, ele tem força? — *Não.* — Se pensar no vento, ele tem? — *Sim".* (Ora, Tié nos havia dito há poucos instantes que a água do lago não tem força *"porque é calma"*, que o vento tem força *"porque derruba casas"* e que a mesa tem força porque suporta coisas.) "As palavras têm força? — *Depende da palavra.* — Que palavras têm força? — *A palavra 'bôxe'... Ah, não, elas não têm força (ele ri).* — Por que você achava que tinham? — *Me enganei. Pensei que era a palavra que batia!"*

Esse exemplo é por si só sugestivo. Em Tié, a confusão entre a palavra e a coisa se faz acompanhar, com efeito, de uma confusão explícita, e perfeitamente espontânea, entre o pensamento e os objetos em que se pensa. O fato de ele ter-se liberto de seu sofismo durante o interrogatório dá simplesmente mais valor a seu caso, porque mostra como um espírito refletido e investigativo tem dificuldades para responder corretamente.

É inútil dar prosseguimento à pesquisa, dado que o estudo sistemático do "realismo nominal", que vamos tentar ao longo do próximo capítulo, dar-nos-á as informações complementares que nos falam aqui. Os poucos fatos, cujas principais características acabamos de mencionar, bastam-nos por agora para considerar como estabelecido que, até os 10-11 anos, há confusão entre o significante e o significado. É por volta dos 11 anos, como vimos, que a noção de pensamento se desprende da noção de matéria física. É por volta dos 10-11 anos, vemos agora, que a criança toma consciência de pensamentos ou de palavras distintos das coisas em que se pensa. As duas descobertas são, na verdade, solidárias.

Até os 11 anos, em conclusão, pensar é falar — quer se pense com a boca, que o pensamento seja uma voz localizada na cabeça —, e falar consiste em agir sobre as próprias coisas por intermédio de palavras, participando as palavras, de alguma forma, das coisas nomeadas, bem como da voz que as pronuncia. Em tudo isso, ainda não há, portanto, senão substâncias e ações materiais. Há realismo, e um realismo decorrente de uma perpétua confusão entre o sujeito e o objeto, entre o interno e o externo.

Capítulo II

O realismo nominal

O problema dos nomes contém todas as dificuldades advindas do estudo do dualismo entre o interno e o externo na criança. Os nomes estão nos sujeitos ou nos objetos? São signos ou coisas? Descobrimo-los por meio da observação ou os escolhemos sem razão objetiva? A depender de como a criança resolva esse problema, numa ou noutra dessas duas direções, saberemos a extensão e o valor exatos do realismo de cuja existência o capítulo precedente nos fez pressentir.

O problema dos nomes acha-se imerso, em verdade, para a criança, no próprio cerne do problema do pensamento, dado que pensar é falar. Ora, se a "palavra" é talvez, entre os pequenos, um conceito mal definido (ao menos antes dos 7-8 anos, isto é, durante o primeiro dos estágios que distinguimos no § 4), o "nome" é, pelo contrário, um conceito bem claro. Todas as crianças com quem tivemos contato sabem o que é um nome: é algo que serve, dizem elas, "para chamar as coisas". Logo, nada mais fácil do que perguntar a elas como surgiram os nomes, onde eles estão, por que são como são etc. Mais do que isso, em certos casos será possível adicionar aos resultados assim obtidos, mediante a conversa com a criança, uma contraprova advinda do exame de perguntas espontâneas da criança. De fato, todos conhecem a existência de "perguntas sobre nomes" que caracterizam os estágios mais primitivos do interrogatório feito com crianças: "O que é isto?" Ora, um exame atento dessas questões mostra que, ao aprender o nome de uma coisa, a criança nesse estágio acredita ter feito mais do que isso, crê ter penetrado na essência das coisas e ter descoberto uma explicação real delas. Uma vez descoberto o nome, não mais há problema. Mais tarde, questões etimológicas vêm a fornecer, nesse sentido, úteis informações, mostrando a mesma tendência ao realismo nominal.

Eis duas propostas espontâneas que mostram esse interesse pelos nomes e, sobretudo, o aspecto quase mágico que o realismo nominal pode assumir na criança:

> Ar (6 ½) diz durante uma brincadeira de construção: *"E quando não tinha nomes..."* Bo (6 ½) responde: *"Se não tinha palavras, a gente ficava muito chateado. Não podia fabricar nada. Como é que a gente ia fabricar coisas... (se não houvessem nomes)?"*

Logo, o nome parece fazer parte da essência das coisas a ponto de condicionar a própria fabricação delas.

Em resumo, não nos encontramos aqui em terreno artificial, mas em pleno "centro de interesse" das crianças. A única dificuldade consiste em encontrar a maneira correta de fazer nossas perguntas. O critério que vamos adotar quanto a isso consiste, como de hábito, em só fazer perguntas às quais as crianças de mais idade possam dar uma resposta correta e às quais as mais jovens darão respostas que vão melhorando progressivamente com o passar da idade.

A técnica a que aderimos, depois de várias tentativas, é, em poucas palavras, a seguinte. Fazemos 8 tipos de perguntas, nesta ordem: 1) Tendo certeza de que a criança sabe o que é um nome, "diga seu nome" e, em seguida, "diga o nome disto" (mostramos diferentes objetos). "Muito bem, o que é um nome?" 2) Perguntamos "De onde vieram os nomes? De onde veio o nome do sol?" 3) Obtida a resposta, dizemos: "Pois bem, como é que ficamos sabendo que o sol se chamava assim?" 4) "Onde ficam os nomes? Onde fica o nome do sol? Onde fica o nome do lago" etc. 5) "As coisas sabem o nome delas? O sol sabe o nome dele? As nuvens sabem que se chamam nuvens ou não" etc. 6) "O sol existiu sempre com seu nome ou existiu primeiro sem nome e só depois passou a ter nome?" 7) "Por que chamamos o sol assim? Por que chamamos o Salève ou o Jura (cadeia de montanhas) assim? Etc. Por fim, 8) dizemos à criança: "Você se chama (Henri). Seu irmão se chama (Paul), não é? Muito bem, será que se podia no começo chamar o Salève de 'Jura' e o Jura de 'Salève'? Ou chamar o sol de 'Lua' e a lua de 'Sol'?"

Essas perguntas talvez pareçam sutis. Mas são todas resolvidas corretamente quando a criança está perto dos 11-12 anos. Logo, é legítimo investigar por que antes disso nunca são respondidas corretamente.

§ 1. A origem dos nomes

Trataremos aqui das perguntas 1, 2, 6 e 3. A questão da definição dos nomes é resolvida em todas as idades. Quanto à 2, ela enseja três tipos de resposta, correspondentes a cada um dos estágios. No primeiro estágio (5-6 anos), a criança considera os nomes uma propriedade das coisas, propriedade que emana diretamente delas. Durante o segundo estágio (7-8 anos), os nomes foram inventados pelos criadores das coisas: o bom Deus ou os primeiros homens. No caso dos primeiros homens, a criança avalia, em geral, que os homens que deram os nomes foram os mesmos que construíram as coisas: o sol, as nuvens etc. (a depender das crenças artificialistas que estudaremos na terceira parte). No terceiro estágio, que se manifesta por volta dos 9-10 anos, a criança avalia por fim que os nomes foram dados por homens quaisquer, sem que o nome esteja ligado à criação das coisas.

Passemos aos detalhes das respostas a essa pergunta 2. Primeiro, alguns exemplos do primeiro estágio: o nome emana diretamente da coisa.

Lav (6 ½) nos diz que os nomes *"são para chamar as coisas"*. "De onde vieram os nomes? De onde veio o nome do sol? — *Não sei.* — De onde veio seu nome, 'Jules'? Quem deu esse nome a você? Foi seu papai que deu? — *Não sei.* — Foi seu papai? — *Sim.* — E o nome do sol, de onde veio? — *Do céu.* — O que vem do céu é o sol ou o nome do sol? — *O sol.* — E de onde vem o nome do sol? — *Do céu.*" "Foi alguém que deu o nome ao sol ou ele mesmo se deu o nome? — *Alguém.* — Quem? — *O céu.*" "E o nome do rio Arve? — *Da montanha.*" "Diga-me: foram uns senhores que deram o nome ao Arve? — *Não.*" Etc.

Fert (7 anos), a propósito do nome do Salève: "De onde veio esse nome / como começa esse nome[IV]? — *Por uma letra.* — E de onde veio essa letra? — *Do nome.* — E o nome? — *Da montanha.* — Como o nome veio da montanha? — *Por uma letra.* — E de onde veio essa letra? — *Da montanha.* — As nuvens se chamam nuvens, não é? De onde vem o nome 'nuvens'? — *O nome? É o nome!* — Sim. De onde ele vem? — *Das nuvens.* — O que quer dizer que o nome vem das nuvens? De onde ele veio / como ele começou? — *Sozinho, sozinho.* — Sim, mas de onde veio o nome? — *Sozinho, sozinho*".

Vemos que as crianças distinguem bem o nome da coisa nomeada, mas não compreendem que o nome possa não vir da coisa. Eis um caso intermediário entre este estágio e o seguinte:

Stei (5 ½): "Você tem um nome? — *Sim. André.* — O que é isto? — *Uma caixa.* — E isso? — *Uma caneta.* Etc. — Para que serve ter um nome? — *Porque vemos aí fora todos os nomes.* (Stei acredita, por conseguinte, que basta olhar as coisas para 'ver' seu nome!) — Por que você tem um nome? — *Para saber como eu me chamo.* — E o que então são os nomes? — *Para saber como a gente se* chama. — De onde começou o nome do sol? — *Não sei.* — O que você acha? — *Porque é o sol que faz o nome, é o sol que o começou porque ele fez sol, depois é o sol que se chama de sol.* — E seu nome, de onde veio? — *É preciso nos batizar.* — Quem batizou você? — *O pastor.* — Foi você que escolheu seu nome. — *Foi o pastor que fez o nome para nós.* — Como a lua ficou com o nome de lua? — *A lua? É a lua que se chama de lua.* — Como a lua começou a se chamar lua? — *Foi o bom Deus que fez a lua começar a se chamar de lua.* — Como as nuvens começaram a se chamar nuvens? — *Foi o bom Deus que fez as nuvens*

[IV] A palavra em francês "commencer" pode indicar "vir de" e "começar". A criança a entendeu no segundo sentido. A seguir, o pesquisador especifica que fala de "vir de". Adiante, quando é o caso, alteram-se as formas a depender do diálogo específico do interrogatório. N.T.

começarem a fazer isso. — Mas o nome das nuvens e as nuvens são a mesma coisa? — *Sim, a mesma coisa.* — Como o Salève começou a ter o nome de Salève? — *Sozinho.* — Foi o Salève que deu esse nome a ele mesmo ou alguém deu esse nome a ele? — *Ele sempre se chamou Salève".* Stei volta então à ideia de que o nome emana da coisa.

No segundo estágio, essa crença, indicada de passagem por Stei, vai enfraquecendo-se cada vez mais: o nome vem do criador da coisa, estando, por conseguinte, ligado desde a origem à própria coisa:

FRAN (9 anos): "Você sabe o que é um nome? — *É para saber como os alunos se chamam.* — De onde vêm os nomes? Como isso começou? — *Porque foi o bom Deus, ele disse: 'Agora é preciso fazer crianças e depois é preciso chamar as crianças pelos nomes'* — O que quer dizer 'chamar pelos nomes'? — *É para saber quem são os alunos.* — E o nome da mesa, de onde veio? — *Foi o bom Deus que disse: 'É preciso fazer mesas para comer nelas. É preciso saber o que é a mesa'".*
BAB (8;11): "De onde veio o nome do sol? — *Disseram que era preciso chamá-lo assim.* — Quem disse? — *Pessoas.* — Que pessoas? — *Os primeiros homens".* Etc.

Todas as respostas se assemelham. Inútil insistir nisso para mostrar que, para a maioria das crianças, foram os primeiros homens que fabricaram o sol, o céu, as montanhas, os rios etc. Trata-se de uma crença que vamos estudar adiante (terceira parte).

Por fim, no curso do terceiro estágio, os nomes foram dados não pelos criadores dos objetos, mas por quaisquer homens: sábios e assim por diante.

CAUD (9 ½): *"Foi um senhor que chamou o sol de 'sol', e depois disso ficamos sabendo.* — Quem é esse senhor? — *Um sábio.* — O que é um sábio. — *Um senhor que sabe tudo".* "Como ele fez para encontrar os nomes? Se você fosse um sábio, o que teria feito? — *Eu procuraria um nome.* — Onde? — *Procuraria na minha cabeça."* Caud nos diz depois que foi Deus quem fez o sol, o fogo etc., e que são os sábios que lhes dão nomes.

A evolução das respostas dadas a pergunta 1 parece, portanto, marcar um gradual decréscimo do realismo nominal. No primeiro estágio, o nome está na coisa. Durante o segundo estágio, o nome vem dos homens, mas foi criado junto com a coisa. É por conseguinte consubstancial, por assim dizer, com a coisa, sendo bem provável que ainda esteja dentro dela. No curso do terceiro estágio, o nome é finalmente considerado como o devido ao sujeito que reflete sobre a coisa.

O estudo da questão 6 confirma plenamente essas ideias. A pergunta consiste, recordamos, em perguntar se as coisas sempre tiveram um nome ou se existiam antes de o ter. Essa pergunta, como vemos, serve de contraprova a pergunta 2. É também importante não fazer a pergunta 6 imediatamente depois da 2, pois a criança simplesmente chegaria a conclusões a partir do que acabasse de dizer, sem refletir sobre o novo problema que lhe é apresentado. Em contrapartida, fazendo-se as perguntas na ordem que indicamos, a criança considera a pergunta 6 um novo problema. A resposta dada à pergunta 6 permite, por conseguinte, julgar o valor das respostas dadas à 2.

Na grande maioria dos casos, os resultados das perguntas 2 e 6 exibiram perfeita concordância, ou seja, as crianças do primeiro e do segundo estágios afirmaram que as coisas não existiam antes de ter um nome, enquanto as do terceiro estágio afirmaram o contrário. Logo, a pergunta 6, tal como a 2, só é resolvida por volta dos 9-10 anos.

Eis exemplos de crianças que avaliam que as coisas sempre tiveram seu próprio nome:

> Zwa (9 ½): "O que existia antes, as coisas ou os nomes? — *As coisas.* — O sol existia antes de ter seu nome? — *Não.* — Por quê? — *Porque não se sabia que nome lhe dar* (porque não se teria sabido que nome lhe dar; as crianças têm dificuldades para manejar o condicional). — Mas antes de o bom Deus lhe ter dado o nome, o sol existia? — *Não, porque ele não sabia de onde tinha de sair* (a ideia do nada é de difícil manejo!) — Mas já existia? — *Não.* — E as nuvens, existiam antes de ter nome? — *Não, porque não havia ninguém na terra*" (!) Tentamos então uma pergunta não prevista, mas a que a metafísica de Zwa nos incita naturalmente: "Uma coisa que não existe pode ter nome? — *Não, senhor.* — Os homens antigos acreditavam que havia um peixe no mar. Eles deram a ele o nome de 'quimera'. Mas ele não existe... Então as coisas que não existem não podem ter um nome? — *Não, porque o bom Deus, quando viu que havia coisas que não existiam, não deu nome a elas*". "As fadas têm um nome? — *Sim.* — Então há coisas que não existem e têm um nome? — *Não há apenas as fadas*". "Por que há coisas que não existem e que têm um nome? — *O bom Deus inventou outros nomes que não existem*" (cf. os nomes que não existem).

Essa incapacidade de dissociar o ser e o nome é notável. Devemos a nosso colega doutor Naville a observação a seguir, que fala em tudo e por tudo no mesmo sentido: "Papai, Deus existe?" — pergunta uma menininha de 9 anos. O pai responde que não tem certeza. A isso a pequena replica: *"Mas ele tem de existir, porque tem um nome!"*

MART (8;10): "O sol sempre teve seu nome? — *Sim, ele sempre teve seu nome desde que nasceu.* — Como o sol nasceu? — *Como nós*". Mart deu as mesmas respostas para as nuvens, o Salève etc.

PAT (10 anos): "Antes de ter seu nome, o sol já existia? — *Sim, senhor.* — Como ele se chamava? — *O sol.* — Sim, mas antes de se chamar sol ele já existia? — *Não*".

NAB (8;11), cujas respostas à pergunta 2 vimos acima, diz-nos: "O sol sempre teve seu nome ou existia antes de ter seu nome? — *Ele sempre teve seu nome.* — Quem lhe deu seu nome? — *Uns senhores.* — E antes de esses senhores lhe darem seu nome, ele já existia? — *Sim.* — Como ele se chamava? — *Sol.* — Quem lhe deu esse nome? — *Esses senhores*".

Eis agora casos de crianças que conseguem conceber que as coisas existiam antes de ter um nome. Elas têm 9 e 10 anos e são quase todas do terceiro estágio que distinguimos há pouco.

MEY (10 anos): "Diga-me: o sol existia antes de ter seu nome? — *Sim, foram os homens que lhes* (sic) *deram* (que lhe deram seu nome). — E as nuvens, existiam antes de ter seu nome? — *Claro!*"

VEIL (9 ½): "O sol existia antes de ter seu nome? — *Ele já existia* (antes) — Como ele se chamava? — *Ele ainda não tinha nome*".

Passemos agora ao estudo da pergunta 3. Como até os 9-10 anos o realismo nominal está assentado no espírito da criança, a ponto de tornar ininteligível para ela a existência de objetos que ainda não tinham nome, a pergunta 3, ou seja, a questão de saber como aprendemos o nome das coisas, vai parecer a nossos escolares uma pergunta muito natural. Devemos à gentileza das diretoras da *Maison des Petits* (escola de aplicação do *Institut J.-J. Rousseau*), as senhoritas Audemars e Lafendel, o conhecimento de que essa é na verdade uma pergunta que as crianças fazem espontaneamente, por vezes a propósito da origem da escrita, que de resto constitui outro assunto sobre o qual adoram perguntar. No caso em que as crianças nos dizem que esse nome emana das coisas, ou que foi Deus que batizou os objetos, chega mesmo a ser imperativa uma pergunta sobre como soubemos que o sol tem esse nome etc. Por conseguinte, não se pode dizer que essa pergunta 3 é uma pergunta que implica sugestão, dado que ela depende do realismo nominal. Deve-se antes dizer que ela constitui a sequência natural da pergunta 2. Por outro lado, é também por volta dos 9-10 anos que a pergunta 3 é, assim como a 2, resolvida.

Os estágios que descobrimos por meio da pergunta 3 são os seguintes: num primeiro estágio (5-6 anos), as crianças sustentam que soubemos o nome das coisas simplesmente olhando para elas: basta ver o sol para descobrir que se chama "sol". Num segundo estágio (7-8 anos), as crianças alegam que foi Deus que nos disse o nome das coisas. No curso do terceiro estágio (a partir dos 9-10 anos), as crianças descobrem, por fim, que os nomes tiveram de ser transmitidos de pai para filho a partir do momento em que foram inventados.

Como vemos de imediato, esses três estágios correspondem, lógica e cronologicamente, aos três estágios que definimos a propósito da pergunta 2. Todavia, não há correspondência necessária no que concerne aos detalhes. Eis exemplos do primeiro estágio: soubemos, ao olhar para o sol, que ele se chamava "sol".

STEI (5 ½) nos disse, como lembramos, que os nomes emanam das próprias coisas ou do bom Deus. "Como ficamos sabendo que o sol se chamava assim? — *Não sei; é porque o vemos.* — Como você soube que ele tinha esse nome? — *Eu o vejo. Foi minha mamãe que disse.* — E como sua mamãe soube que ele se chamava assim? — *Porque ela viu o sol!... É na escola que a gente aprende isso*". O nome do Salève vem do próprio Salève, diz-nos Stei. "Como ficamos sabendo que ele se chamava Salève? — *Porque é uma montanha grande.* — Por isso ele se chama 'Salève'? — *Foi minha mamãe que me disse.* — E como sua mamãe soube? — *Não sei. É na escola.* — E os senhores da escola, como eles sabem que ele se chama Salève? — *Porque eles viram o Salève.*" Quanto à lua, "*é porque vimos a lua que ficamos sabendo que ela se chamava lua*".

FERT (7 anos) nos disse, como lembramos, que o nome do Salève vem "da montanha". "Quando os primeiros homens chegaram, como eles souberam que ele se chamava Salève? — *Porque era o lado (porque ele está inclinado!).* — Como eles souberam que o sol se chama assim? — *Porque ele brilhava.* — Mas de onde veio esse nome? — *Veio sozinho.*"

Para FRAN (9 anos), como lembramos, os nomes vêm do bom Deus. "De onde vem o nome do sol? — *Do bom Deus.* — Como nós ficamos sabendo que o sol se chama sol? — *Porque ele está no céu. Não está na terra. Ele nos ilumina no céu.* — Sim, mas como nós soubemos? — *Porque ele é uma bola grande. Tem raios. Ficamos sabendo que se chama 'sol'.* — Como sabemos que temos de chamá-lo de 'sol'. Poderíamos chamar de outra coisa! — *Porque ele nos ilumina.* — Como os primeiros homens souberam que ele se chama sol e não outra coisa? — *Porque dentro da bola grande é amarelo, e os raios são amarelos... e depois eles disseram que assim ele seria o sol, depois ele era o sol* (aqui parece que Fran suspeita do caráter arbitrário dos nomes e de eles resultarem de uma decisão, mas a sequência mostra que é só aparente ou que, ao menos, Fran não tira nenhum partido de sua descoberta). — Quem deu esse nome ao sol? — *Foi o bom Deus que disse que ele seria o sol.* — E os primeiros homens, como souberam que era preciso chamá-lo de sol? — *Porque ele fica no ar. Fica nas alturas.* — Mas eu, quando olhei para você, não vi seu nome. Você me disse que se chama Albert. Como os primeiros homens souberam o nome do sol? — *Porque eles viram o sol.* — O bom Deus disse isso aos homens ou eles descobriram sozinhos? — *Os homens descobriram.*"

Lav (6 ½), por fim, que vimos considerar os nomes como emanando das coisas, está convencido de ter descoberto sozinho os nomes dos astros celestes, mas não nomes difíceis como o do Salève: "Você descobriu sozinho o nome do sol? — *Sim.* — E o Salève? Como você soube que ele se chama Salève? Descobriu sozinho ou lhe disseram? — *Me disseram.* — E o sol? — *Sozinho.* — E o nome do Arve? — *Sozinho...* — E as nuvens? — *Me disseram.* — E o nome do céu? — *Também me disseram.* — O nome da lua? — *Descobri sozinho*". "Sua irmãzinha descobriu sozinha ou lhe disseram? — *Descobriu sozinha.*"

Essas respostas são deveras sugestivas, porque, levando o realismo nominal a seu auge, nada têm de absurdas. De fato, se, para essas crianças, basta olhar as coisas para ver seu nome, não é preciso de modo algum crer que, para elas, o nome esteja inscrito de alguma maneira na coisa. O que é preciso dizer é que, para essas crianças, o nome é parte da essência da coisa: o nome Salève implica uma montanha inclinada, o nome sol implica uma bola amarela e brilhante, raios etc. Mas se tem de acrescentar imediatamente que, para essas crianças, a essência da coisa não é um conceito, mas a própria coisa. Há uma completa confusão entre o pensamento e as coisas nas quais se pensa. O nome está, por conseguinte, no objeto, não a título de etiqueta colada a ele, mas a título de caráter invisível. Para sermos exatos, cumpre que digamos, portanto, que o nome "sol" implica uma bola amarela etc., mas que a bola amarela que é o sol, na realidade, implica e contém o nome "sol".

Há um fenômeno a esse "realismo intelectual" que M. Luquet descreveu muito bem a propósito dos desenhos das crianças: elas desenham aquilo que sabem do objeto, a expensas daquilo que veem desse objeto, mas acreditam desenhar exatamente aquilo que veem.

Passemos agora ao segundo estágio (7-8 anos em média): não podemos ver o nome das coisas limitando-nos a olhar para elas; é "o bom Deus que nos disse os nomes".

Zwa (9 ½): "Como os primeiros homens ficaram sabendo que o sol se chamava sol? — *Porque o bom Deus disse a Noé.* — E o Salève, como ficamos sabendo que se chamava 'Salève'? — *O bom Deus disse a Noé e ele disse aos sábios.* — Mas Noé morava neste país? — *Sim, senhor*". "Se trouxéssemos uma criança negra que nunca viu Genebra, nem o Salève, ela poderia descobrir seu nome? — *Não.* — Por quê? — *Porque ela nunca viu Genebra.* — E olhando o sol, ela saberia o nome? — *Sim.* — Por quê? — *Porque viu o sol em seu país.* — Mas ela poderia descobrir que ele se chama 'sol'? — *Sim, porque ela se lembra.* — E um senhor que nunca viu o sol, saberia seu nome olhando? — *Não.*"

É, contudo, suficiente abalar a convicção da criança para que ela volte às soluções do primeiro estágio. Eis uma dessas crianças hesitantes:

> Mart (8;10): "Como ficamos sabendo que o sol se chama assim? — *Porque alguém nos disse.* — Quem? — *Foi o bom Deus que nos disse.* — Ele nos diz coisas, o bom Deus? — *Não.* — Como sabemos o nome das coisas? — *Nós vimos.* — Como vimos que o sol se chama assim? — *Nós vimos.* — Vimos o quê? — *O sol.* — Mas como ficamos sabendo seu nome? — *Nós vimos.* — Vimos o quê? — *Seu nome.* — Onde vimos seu nome? — *Quando o tempo estava bom.* — E como ficamos sabendo que as nuvens se chamam nuvens? — *Porque o tempo estava ruim.* — Mas como ficamos sabendo que se chamam assim? — *Porque vimos.* — Vimos o quê? — *As nuvens*". Etc.

Por fim, algumas crianças, que desejam afastar as dificuldades, recorreram, com esse fim, a soluções prontas da teologia corrente. Essas crianças não hesitam, por conseguinte, em atribuir a origem da linguagem a uma inspiração literal tal como a concebeu o Cardeal francês Louis de Bonald:

> Pat (10 anos): "E o sol, quem lhe deu esse nome? — *Foi o bom Deus.* — E como ficamos sabendo seu nome? — *O bom Deus deu esse nome na cabeça dos senhores.* — Se o bom Deus não tivesse dado o nome, eles poderiam dar outro nome? — *Poderiam.* — Eles sabiam que ele se chamava sol? — *Não.* — E o nome dos peixes? — *Foi o bom Deus que deu esse nome na cabeça dos senhores*".

Quanto ao terceiro estágio (9-10 anos), eis um exemplo:

> Mey (10 anos): "E então, como ficamos sabendo os nomes? — *É* (sic) *transmitido de pai para filho*". Lembramos que para Mey os nomes foram inventados pelos homens, bem depois da origem das coisas.

O estudo dessa questão, sem dúvida, desnudou, ao lado de inúmeras ideias espontâneas, certas noções prontas ou devidas indiretamente à influência dos adultos. Não obstante, as respostas do primeiro estágio são completamente originais, e a sucessão dos três estágios obedece a uma progressão regular, o que mostra bem uma parcela de reflexão própria da criança. É, com efeito, apenas no momento em que a criança está suficientemente evoluída, para abandonar as crenças do primeiro estágio, que ela busca outra coisa e recorre a ideias religiosas vindas de fora. Por outro lado, é igualmente de maneira bastante espontânea que a criança rejeita a ideia de uma linguagem devida diretamente a Deus, a fim de passar a soluções mais simples de que é testemunha o terceiro estágio.

§ 2. O lugar dos nomes

Na opinião dos mais jovens de nossos sujeitos, foi suficiente ver o sol para descobrir que ele se chamava "sol". Pode-se, por conseguinte, perguntar "onde estão os nomes". Essa é nossa pergunta 4. A fim de apresentá-la corretamente, basta lembrar aos sujeitos que um objeto e seu nome não são a mesma coisa e acrescentar sem mais: "Muito bem, onde está o nome?" Como vem depois da pergunta 3, a pergunta 4 não é absurda. Diríamos que é bem mais difícil. Mas ela é resolvida, como todas as perguntas precedentes, a partir dos 9-10 anos, e sem que façamos sugestões. Por outro lado, ela não é resolvida de uma vez por todas numa determinada idade, como o seria uma pergunta durante muito tempo ininteligível, que depois se torna repentinamente clara após descobertas que são as únicas capazes de levar a sua solução. Pelo contrário, entre as respostas mais primitivas e as respostas corretas há uma progressão insensível. Isso prova, sem dúvida, que se pode fazer a pergunta. Além disso, no interior de cada estágio, há uma completa convergência entre respostas individuais.

Descobrimos três estágios. Durante o primeiro estágio (5-6 anos), o nome das coisas está nas coisas. No decorrer do segundo estágio (7-8 anos), o nome das coisas está em todo lugar, ou em parte alguma, o que, como se verificará, vem a dar no mesmo. Por fim, ao longo do terceiro estágio (9-10 anos), os nomes estão em nossa voz, depois em nossa cabeça e no próprio pensamento. Não há aí nenhuma falsa simetria. Quando se calcula a média de idade dos indivíduos incluídos em cada um dos estágios, chega-se a 6 anos no caso do primeiro, 7 $^2/_3$ anos no caso do segundo e 9 ½ anos no caso do terceiro.

Eis exemplos do primeiro estágio. O nome está nas coisas. Citamos em primeiro lugar um caso nuançado, o que nos mostrará de imediato em que consiste o fenômeno:

> FERT (7 anos), como recordamos, estima que os nomes emanam das coisas e que foi suficiente ver as coisas para que se descobrisse o nome delas. O nome do sol, afirma ele, mesmo depois dos interrogatórios que lemos, surgiu "sozinho". "Você acredita que isso acontece... — *No sol*". Um instante depois: "Onde está o nome do sol? — *Dentro.* — Como? — *Dentro do sol.* — Onde está o nome do Salève? — *Dentro.* — Como? — *Dentro do Salève.* — Onde está o nome das nuvens — *Também dentro.* — Onde está seu nome? — ... — Diga-me, meu velho Fert, onde está seu nome? — *Me deram um nome.* — Sim, mas onde está seu nome? — *Escrito.* — Onde? — *No livro.* — E o nome do Jura, onde está? — *Dentro*

do Jura. — Como é que o nome do sol está dentro do sol? Como é isso? — *Porque está quente* (!). — Se a gente abrisse o sol, a gente ia ver o nome dele? — *Não.* — E o nome do Salève, por que ele está dentro do Salève? — *Porque têm pedras lá.* — E por que o nome das nuvens está nas nuvens? — *Porque elas são cinzas.* — E a palavra lago, onde está? — *Em cima.* — Por quê? — *Porque não está dentro.* — Por quê? — *Porque há água.* — Por que ele está em cima? — *Como ele não pode entrar, não vai para dentro.* — Mas a palavra 'lago' está em cima? O que isso quer dizer? Está escrito? — *Não.* — Por que está em cima? — *Porque não vai para dentro.* — E vai para cima? — *Não.* — Onde ele está? — *Ele não tem lugar onde ficar!*"

Vemos bem nitidamente o que Fert quis dizer até aqui. A palavra está na coisa porque faz parte da essência da coisa. Ela não está escrita; está no sol porque o sol é quente; está no Salève porque o Salève é de pedra etc. Há, portanto, aí realismo nominal no sentido definido no parágrafo precedente: a coisa abrange seu nome a título de caráter intrínseco, embora invisível. Não obstante, a propósito do lago, Fert se inclina a um realismo mais material: hesita em colocar o nome na água! Essa hesitação é a das mais sugestivas e mostra melhor do que todo o resto a força do realismo infantil. Contudo, sob a pressão dos absurdos a que o conduzimos, Fert acaba por recorrer à hipótese que caracteriza o segundo estágio: o nome não está na coisa. Ressalve-se que essa crença é desencadeada por nosso interrogatório e é ainda tão instável que vamos ver Fert rejeitá-la imediatamente depois. É preciso saber que, no momento em que Fert pronunciou suas últimas palavras, a campainha do recreio soou. Fert foi brincar, voltou 20 minutos depois e continuamos:

"Onde está a palavra lago? — *Está dentro porque há água* (!)". Fert equipara, portanto, o caso do lago ao do sol, das nuvens etc. Tentamos então uma sugestão às avessas: "Como é isso de se dar um nome ao sol e depois ele entrar no sol? — (Ele ri) *Não, somos só nós que sabemos.* — Então onde está o nome do sol? — *Ele não tem lugar onde ficar.* — Onde ele estaria se tivesse um lugar? — *Somos só nós que sabemos.* — Onde está o nome quando se pensa nele? — *No sol. No sol pensamos...* — Mas o nome, onde está quando pensamos nele? — *No sol.* — Onde está o pensamento quando se pensa? — *É aquilo que a gente pensa.* — Onde está aquilo que a gente pensa? — *Não importa o quê* (ele confunde o objeto com o pensamento). — Com que se pensa? — *Quando a gente se lembra... com a memória.* — Onde está a memória? — *...* — Nos pés? — *Não.* — Onde? — *...* — Na cabeça? — *... Sim* (hesitando bastante). — E onde estão os nomes? Quando você pensa no nome do sol, onde está o nome do sol? — *Somos nós que sabemos.* — Sim, mas onde ele está? — *Ele não tem lugar onde ficar.* — Ele está na cabeça? — *Não.* — Por que não? — *Porque somos nós que pensamos nele* (nova confusão entre o objeto e o pensamento: quando pensamos no sol, o sol não está em nossa cabeça). — Mas se o nome estivesse na cabeça, não poderíamos pensar nele aí? — *... Sim* (hesitante). — Então o nome está na cabeça? — *... Na cabeça* (sem nenhuma convicção). — Você não tem certeza? — *Não.* — Por que acha que está na cabeça? — *Porque ele está no sol!*"

Observam-se a admirável resistência que Fert opõe a nossas sugestões, cada vez mais insistentes, e a admissão final de um realismo que não cedeu: para pensar no sol, é preciso que o nome do sol esteja "no sol"!

Os outros exemplos são todos do mesmo tipo:

> Horn (5;3) diz que um nome "*serve a nós. Quando queremos dizer, quando querem chamar a gente*". "Onde está o nome do sol? — *Está no alto, no céu.* — Onde? — *No sol.* — Onde está seu nome? — *Aqui* (mostra o tórax)." Mas, em seguida, Horn responde que o nome do Salève esteja no Salève, "*porque não se pode ir em cima dele*". "Em cima de quê? — *Do nome.*" Depois Horn passa a respostas de estágios ulteriores.
>
> Mart (8;10): "Onde está o nome do sol? — *No céu.* — É o sol que está no céu ou o nome do sol? — *O nome*". "Por que no céu? — *Porque ele está no céu...*"
>
> Pat (10 anos) está no limite entre esse estágio e os seguintes: "Onde estão os nomes? — *Na nossa cabeça.* — Onde está o nome do sol? — *Está na cabeça dele*". Pat acabara de nos dizer, um instante antes, que o sol sabia seu nome (do sol), mas nós tentamos resolver seu engano: "Ele não sabe seu nome, não é? — *Sim, o sol não sabe.* — Então o nome dele onde está? — *Na minha cabeça* (terceiro estágio!). — E o nome da lua, onde está? — *Está na cabeça dela.* — E o nome do sol? — *Está na cabeça dele* (!)".

Em resumo, o estudo do primeiro estágio confirma plenamente o que vimos no parágrafo precedente: o nome das coisas faz primitivamente parte das coisas. Mas isso não significa dizer que esteja inscrito ou representado materialmente na coisa; faz parte da essência da coisa. É um caráter, não psíquico, dado que a voz não é considerada pela criança estranha à matéria, porém invisível.

Durante o segundo estágio (7-8 anos), o nome se aparta das coisas. Mas nem por isso a criança o localiza no sujeito pensante. O nome está, propriamente falando, em toda parte, ou melhor, em toda parte em que tenha sido pronunciado. Ele está "no ar"; ele circunda as pessoas que dele se servem. Outras crianças dizem que ele "não tem lugar onde ficar", como Fert o indicou agora mesmo por um curto período de tempo. Esse qualificativo não significa que o nome seja imaterial, devendo ser localizado no espírito, porque as crianças que chegam aí (terceiro estágio) dizem de imediato que o nome está na cabeça ou na voz. "Não tem lugar onde ficar" quer dizer, portanto, simplesmente, que o nome não mais está localizado na coisa. Trata-se de uma resposta ainda primitiva que só encontramos entre as crianças que apresentam vínculos com o primeiro estágio.

Roc (6 ½), M., é um dos casos típicos desse segundo estágio. "Diga-me então, onde está o nome do sol? — *No céu.* — É o sol que está no céu. Mas onde está o nome? — *No céu.* — Onde? — *Em todo lugar.* — Onde é isso? — *Em todas as casas.* — O nome do sol está aqui? — *Sim.* — Onde? — *Nas escolas, nas classes.* — Em que lugar das classes? — *Em todo lugar.* — Está nesta sala? — *Sim.* — Onde mais? — *Nos cantos.* — Onde mais? — *Nos pequenos cantos* (ela faz um gesto em direção ao ar ambiente). — Onde está o nome do Salève? — *Nas casas.* — Onde ele está nesta casa? — *Nas classes.* — Ele está aqui? — *Sim.* — Em que lugar? — *Ali* (ela olha para o teto). — Onde? — *No espaço.* — O que é o espaço? — *São os pequenos caminhos para passar* (cf. esta etimologia espontânea: espaço, passar). — Podemos ver o nome do Salève? — *Não.* — Tocá-lo? — *Não.* — Ouvi-lo. — *Não.*" O nome do Reno também está aqui, assim como o deste caderno etc. "E seu nome, onde está? — *Na casa.* — Em que casa? — *Em todas as casas que o saibam* (que o sabem). — Ele está nesta casa, aqui? — *Sim.* — Por quê? — *Porque o dizemos.* — Onde ele está então? — *Na escola.* — Onde? — *Nos cantos.* — Você vê aquela casa (uma casa que vemos pela janela)? Seu nome está lá? — *Não.* — Por quê? — *Porque lá há pessoas que não conhecemos.* — Se alguém entrasse aqui, saberia que seu nome está nesta sala? — *Não.* — Poderia saber? — *Se alguém dissesse.* — Desde quando seu nome está nesta sala? — *Depois de hoje, depois de agora.* — E vai ficar até quando? — *Até a noitinha.* — Por quê?— *Porque todo o mundo estará longe.* — Vamos embora às quatro. Até quando o nome estará aqui? — *Até às quatro.* — Por quê? — *Porque estou aqui.* — E se você for embora e nós ficarmos, seu nome vai ficar aqui? — *Vai.* — Até quando? — *Até vocês irem embora.*" "Onde vai ficar seu nome quando formos embora? — *Com as outras pessoas.* — Quem? — *As pessoas que conhecemos.* — Como ele vai chegar até as outras pessoas? — *Ele passa pela janela.* — E na casa onde vou estar, seu nome estará lá? — *Sim.* — Onde? — *Na cozinha* (Roc está em casa, na cozinha). — Onde? — *Nos cantinhos.* — Seu nome não está em nossa cabeça? — *Sim.* — Por quê? — *Porque eu o disse* (eu disse meu nome)." "Ele não está mais nos cantinhos? — *Sim, ele está nos cantinhos.*"

A ideia de Roc parece, sob seu aspecto paradoxal, bem nítida. O nome já não está nas coisas, mas vinculado às pessoas que o sabem. Trata-se de um enorme progresso com relação ao primeiro estágio. Mas ele não está em nós, porém localizado na voz: no lugar em que o pronunciamos, ele está no ar, ele nos está circundando. Quando Roc nos diz que o nome nos acompanha, que passa pela janela etc., ela não enuncia, sem dúvida, nada em que não possa crer literalmente. O fato de não poder representar para si de outra maneira o modo como nossos conhecimentos verbais nos acompanham decorre simplesmente do fato de ela nunca se ter feito essa pergunta. O que, portanto, é preciso conservar desse caso é que o nome (1) está ligado ao sujeito pensante e não ao objeto nomeado, mas (2) que o nome é exterior ao sujeito e se localiza na voz deste, ou seja, tanto no ar ambiente como em sua boca. O final do interrogatório é bem claro no tocante a isso: Roc acaba por admitir, seguindo nossa sugestão, que seu nome está em nossa cabeça, mas nem por isso renuncia a crer que ele está "nos cantinhos".

> STEI (5 ½) nos diz espontaneamente que o nome da lua *"não está na lua".* "Onde ele está? — *Ele não tem lugar.* — O que isso quer dizer? — *Isso quer dizer que ele não está na lua.* — E onde ele está então? — *Não tem lugar onde ficar."* "Mas se você o disser, onde ele está? — *Ele está na lua* (retorno ao primeiro estágio!). — E onde está seu nome? — *Comigo.* — E o meu? — *Com o senhor.* — E depois que eu sei seu nome, onde ele fica? — *Com o senhor, quando o senhor sabe.* — E o nome da lua? — *Com ela.* — E quando você sabe o nome da lua? — *Ele fica com a gente.* — Onde ele está quando fica com a gente? — *Em toda parte.* — Onde é isso? — *Na voz."*

Esse segundo estágio é interessante do ponto de vista do dualismo entre o interno e o externo, confirmando bem o que vimos a propósito da noção de pensamento: o pensamento está ao mesmo tempo em nós e no ar ambiente. É verdade que, no caso de palavras e de nomes, essa crença é num dado sentido legítima, pois efetivamente a palavra tem de atravessar o ar para chegar aos ouvidos dos interlocutores.

Mas uma divergência fundamental separa de nós a criança do segundo estágio: se admite que os nomes estão no ar, essa criança ignora por completo que eles vêm de dentro. O processo é centrípeto e não centrífugo. O nome vem do objeto e chega a nós por meio da voz, e depois é, deve-se reconhecer, relançado ao exterior pela voz, mas em nenhum caso emana diretamente de um "pensamento" interior.

O terceiro estágio, pelo contrário, caracteriza-se pela descoberta de que os nomes estão em nós e de que vêm de dentro. A criança declara de imediato que os nomes estão "na cabeça". Esse é o estágio dos 9-10 anos.

Não obstante, nem sempre é fácil distinguir o terceiro estágio do segundo estágio. Eis, por exemplo, três casos intermediários, que localizam os nomes na boca e na voz:

Bab (8;11): "Onde está o nome do sol? — *Está lá.* — Lá onde? — *Na direção da montanha.* — É o sol que está lá ou o nome do sol? — *O sol.* — E o nome do sol, onde está? — *Não sei... Em lugar nenhum.* — Quando nós o chamamos, onde está o nome do sol? — *Lá na direção da montanha.* — É o nome ou o sol que está lá? — *O sol.* — Quando falamos, onde está o nome do sol? — *Na nossa boca.* — E o nome do Salève? — *Na nossa boca.* — E o nome do lago? — *Na nossa boca*".
Mey (10 anos): "Onde está o nome do sol? — *Na nossa voz. Nós dizemos*".
Caud (9 ½): "Onde está a palavra 'Salève'? — *A palavra 'Salève' está em toda parte.* — O que isso quer dizer? Ele está nesta sala? — *Sim.* — Por quê? — *Porque nós o dizemos.* — Onde ele está nesta sala? — *Ele está na nossa cabeça.* — Ele está em nossa cabeça ou está na sala? — *Ele está na nossa cabeça e na sala*".

Na verdade, a única maneira de interpretar essas respostas é recorrer ao contexto. Ora, vimos (§ 1) que Bab julga que os nomes são contemporâneos das coisas e são criados com as coisas, assim como vimos que Caud e Mey sempre dão demonstrações de interpretações bem evoluídas. Podemos, por conseguinte, admitir, sem cometer imprudência, que Caud e Mey estão no terceiro estágio, mas que Bab considera ainda que os nomes vêm das coisas por meio da voz (segundo estágio). Todavia, Caud ainda está próximo do segundo estágio e deve definitivamente ser considerado como estando numa fase intermediária.

Eis um caso claro do terceiro estágio:

Bus (10 anos): "Onde estão os nomes? O nome do sol, por exemplo? — *Na cabeça.* — Em qual cabeça? — *Na nossa, em todas, menos nas de quem não sabem*".

Vemos, em suma, que esta pergunta 4 produziu respostas que regulam progressivamente com a idade do sujeito e que confirmam por inteiro os resultados de perguntas precedentes. Passemos agora à pergunta 5, ou seja, à questão de saber se as coisas sabem seu nome: "O sol sabe que se chama sol?" etc. Com efeito, podemos perguntar-nos se não haverá no realismo nominal dos primeiros estágios um elemento de animismo. Em outras palavras, não será em parte porque as coisas sabem seu nome que o nome das coisas está situado nelas? O caso de Pat é nítido no tocante a isso: Pat avalia, como vimos, que os nomes estão "na cabeça" das coisas, isto é, que as coisas o sabem. Na verdade, não descobrimos nenhuma relação constante entre o realismo nominal e a consciência atribuída às coisas: Fert, por exemplo, que localiza o nome nas coisas, avalia que nenhum objeto sabe seu próprio nome etc.

Não obstante, a pergunta 5 produziu resultados interessantes. Encontramos quatro tipos de respostas. Há em primeiro lugar algumas crianças que atribuem a todas as coisas a consciência de seu próprio nome:

FRAN (9 anos): "Um peixe sabe seu próprio nome? — *Sim, porque podemos chamá-lo de salmão ou de truta.* — Uma mosca sabe seu próprio nome? — *Sim, porque podemos chamá-la de mosca, de abelha ou de vespa".* Obtêm-se as mesmas respostas para um pedregulho, uma mesa etc. "Um lápis sabe seu próprio nome? — *Claro que sabe.* — Como? — *Porque o nome vem escrito em cima ou vem da fábrica.* — Ele sabe que é preto? — *Não.* — Sabe que é comprido? — *Não.* — Sabe que tem um nome? — *Sim, porque uns senhores disseram que ele ia se chamar lápis.*" As nuvens não podem nos ver "*porque não têm olhos*", mas sabem seu próprio nome "*porque sabem que são chamadas de nuvens*" etc.

Há, em seguida, crianças bem mais numerosas e mais interessantes (porque se é mais levado a crer que estão isentas de fabulação) que reservam esse saber apenas aos corpos em movimento:

MART (8;10): "Um cão sabe seu próprio nome? — *Sim.* — Um peixe sabe que se chama peixe? — *Claro!* — O sol sabe seu próprio nome? — *Sim, porque sabe que tem um nome.* — As nuvens sabem que se chamam 'nuvens'? — *Sim, como têm nomes, elas sabem seus nomes.* — Os fósforos sabem que se chamam fósforos? — *Não, sim.* — Sim ou não? — *Não, porque não são vivos.* — A lua sabe seu próprio nome? — *Sim.* — Por quê? — *Porque é viva; ela anda* [!]. — O vento sabe seu próprio nome? — *Sim.* — Por quê? — *Porque faz ventar.* — O Reno sabe seu próprio nome? — *Sim, porque é ele que é o Reno* [!]. — Ele é vivo? — *Sim, porque vai para o Arve.* — O lago sabe seu próprio nome? — *Sim, porque ele anda.* — Ele sabe que anda? — *Sim, porque é ele quem* [!] *anda*".

Vêm depois as crianças que avaliam que só os animais e as plantas, ou unicamente os animais, sabem seu próprio nome. Encontramos até inteligências avançadas, como Mey, que sustentam que as árvores talvez saibam seu nome:

MEY (10 anos): "Um cachorro sabe seu próprio nome? — *Sim.* — E um peixe? — *Sim, como tudo sabe seu nome* (como sabemos que somos homens), *os peixes devem saber!* — E o sol sabe que se chama sol? — *Não.* Por quê? — *Porque ele não é vivo.* — O vento sabe seu próprio nome? — *Não.* — As árvores sabem que se chamam árvores? — *Não, porque a gente não pode ensinar a elas.* — Por quê? — *Elas não entendem.* — E então elas não são seu próprio nome? — *Pode ser, pode não ser.* — Por que 'pode não ser'? — *Elas veem outras árvores como elas e acham que são a mesma coisa.* — E o que isso faz? — *É porque elas sabem que são um carvalho, mas elas não podem ver eles*".

Há, por fim, crianças que recusam a todas as coisas o conhecimento de seu próprio nome. Estas últimas tinham em média 9-10 anos. As crianças que vinculam o conhecimento dos nomes ao movimento (como Mart) tinham em média 7 anos. Há aí uma evolução que lembra bem de perto o que veremos adiante (segunda parte), no curso de um estudo direto do animismo infantil.

§ 3. O valor intrínseco dos nomes

Estudamos até agora aquilo que poderia ser denominado o problema ontológico dos nomes: sua existência, seu lugar, sua origem. Permanece o problema lógico: serão os nomes signos quaisquer ou têm eles um valor lógico intrínseco? Os dois problemas dependem estreitamente um do outro e é evidente que os nomes, na medida em que se situem nas coisas, devem ser considerados absolutos. Mas se as raízes do realismo ontológico e do realismo lógico dos nomes são as mesmas, é possível que a persistência desses dois realismos seja distinta. Gostaríamos de mostrar justamente que o realismo lógico dura bem mais do que o realismo ontológico. Com efeito, as perguntas 7 e 8 só vêm a ser resolvidas quando a criança tem 10-11 e 12 anos, e mesmo as crianças que localizam o nome na cabeça e que acreditam na origem recente dos nomes continuam a acreditar que os nomes implicam não mais a coisa nomeada, mas a ideia desta: o sol se chama assim porque é brilhante e redondo etc.

Comecemos pela pergunta 8: seria possível mudar os nomes? Vamos fazer uma distinção entre dois estágios. Antes dos 10 anos, as crianças declaram que não. Depois dos 10 anos, concordam, em média, que sim. Entre esses dois grupos encontram-se alguns casos intermediários. Eis, para começar, alguns exemplos do primeiro estágio:

> FERT (7 anos): "Seu nome é Albert? — *Sim*. Poderíamos chamar você de Henri, já que ninguém ia saber disso? — *Não*. — Poderíamos chamar o Jura de 'Salève' e o Salève de 'Jura'? — *Não*. — Por quê? — *Porque não é a mesma coisa*". "E poderíamos chamar a lua de 'sol' e o sol de 'lua'? — *Não*. — Por quê? — *Porque o sol esquenta e a lua serve para clarear.*"
> ROC (6 ½): admite que Deus poderia ter mudado os nomes.

ROC (6 anos e meio): admite que Deus poderia ter mudado os nomes. – "Isso seria certo ou errado? – Errado. – Por quê? – Porque a lua tinha de ser a lua, e não o sol, e o sol tinha de ser o sol."

> FRAN (9 anos): "Poderíamos dar outro nome ao sol? — *Não*. — Por quê? — *Como não há nada como o sol, não poderíamos dar outro nome*".
> ZWA (9 ½) sabe um pouco de alemão e por esse motivo deveria compreender a relatividade dos nomes. Isso não acontece. "Poderíamos ter mudado os nomes, dar outros nomes? Você se chama Louis, poderíamos chamar você de Charles? — *Sim*. — Poderíamos chamar esta cadeira de 'Stuhl'? — *Sim, porque é uma palavra alemã.* — Por que há outros nomes em alemão? Por que eles não falam a mesma coisa que nós? — *Porque eles podem falar de outro jeito.* — As coisas têm vários nomes? — *Sim*. — Quem deu

os nomes alemães? — *O Bom Deus e os alemães.* — Você diz que se poderiam mudar os nomes. Poderíamos chamar o sol de 'lua' e a lua de 'sol'? — *Não.* — Por quê? — *Porque o sol brilha mais do que a lua.* — Você tem um irmão? — *Gilbert.* — Poderíamos chamar Gilbert de 'Jules'? — *Sim.* — Então! Poderíamos chamar o sol de 'lua'? — *Não.* — Por quê? — *Porque o sol não pode mudar, ele não pode ficar menor."* "Mas e se todo o mundo tivesse chamado o sol de 'lua' e a lua de 'sol', poderíamos saber que isso era errado? — *Sim, porque o sol é sempre maior. Ele fica como é e a lua fica como é.* — Sim, mas não mudamos o sol, mudamos o nome. Poderíamos chamar... etc. — *Não.* — Como poderíamos saber que era errado? — *Porque a lua aparece à noite e o sol aparece de dia."*

Bus (10 anos) afirma que não poderíamos mudar nada *"porque eles quiseram dar o nome de sol ao sol"*. "Se os primeiros homens, no princípio, tivessem dado outros nomes, perceberíamos logo que era errado ou nunca veríamos isso? — *Teríamos visto.* — Como? — *Porque o sol é quente e a lua não é quente."*

Eis agora um caso intermediário para o qual seria possível mudar os nomes, mas "isso não estaria muito certo":

Dup F. (7 ½. Muito avançado): "Poderíamos ter chamado o sol de 'stoll'? — *Sim.* — Ninguém teria percebido nada? — *Não.* — Poderíamos ter chamado a mesa de 'cadeira'? — *Sim, não.* — Poderíamos ou não? — *Sim, poderíamos".* "Chamamos 'estrela' uma estrela *porque se pensou que seria melhor assim.* Por quê? — *Não sei.* — Poderíamos ter chamado 'estrela' de 'prego'? — *Isso não seria muito certo."* Etc.

Dup mostra um grande progresso sobre os sujeitos anteriores em virtude de ter parcialmente compreendido o caráter decisório dos nomes. Ela compreendeu sobretudo que, se tivéssemos mudado os nomes, ninguém teria percebido. No entanto, a menina mantém a impressão de que existe um acordo entre o nome e a ideia da coisa (é o instinto etimológico do qual veremos muitos exemplos), sem ousar esclarecer qual.

Temos por fim crianças do segundo estágio, isto é, crianças que entenderam de fato o caráter, não digamos ainda "arbitrário", mas decisório dos nomes.

Mey (10 anos): "Poderíamos ter chamado você de Henri? — *Sim.* — Poderíamos ter chamado o Jura de 'Salève' e o contrário? — *Sim, porque os homens poderiam ter mudado os nomes ou fazer o contrário.* — Poderíamos ter chamado o sol de 'lua'? — *Por que não?!* — Teria sido possível? Não poderíamos ter chamado isto (mesa) de cadeira e isto (cadeira) de mesa? — *Sim.* — Se tivéssemos chamado o sol de 'lua', veríamos que estava errado? — *Não.* — Por quê? — *Não poderíamos saber que isso era errado.* — Por que não? — *Porque eles teriam dado ao sol o nome de 'lua'.*

Eles não poderiam ter visto".
Bab (8;11), depois de nos ter dado uma série de respostas primitivas, de repente descobriu seus sofismas e adaptou-se de modo muito correto à última questão: "Poderíamos ter chamado o Salève de 'Jura' e o Jura de 'Salève'? — *Sim.* — Por quê? — *Porque é a mesma coisa.* — Poderíamos ter chamado o sol de 'lua' e a lua de 'sol'? — *Sim.* — Poderíamos ter visto que eles mudaram os nomes? — *Sim.* — Por quê? — *Porque não nos teriam dito.* — Se ninguém tivesse dito nada, a gente saberia? — *Não.* — Por quê? — *Porque os nomes não são marcados!"*

Vemos assim que, por volta dos 9-10 anos, ou seja, precisamente na idade em que são resolvidas as questões precedentes, a criança admite que se podem mudar os nomes e que ninguém o perceberia. Mas essa resposta ainda não prova por si só que o nome não tem valor intrínseco. Prova apenas o declínio do realismo ontológico: os nomes deixam de estar ligados às coisas.

Com efeito, a pergunta 7, "Por que tal objeto tem tal nome?" só é resolvida depois da pergunta 8, sendo por isso a mais difícil de nossas perguntas.

A resolução da pergunta 8 mostra simplesmente que, para a criança, o nome é "decisório": decidiu-se chamar o sol de "sol", mas na verdade nada nos indica que o sol seja chamado assim. Mas o nome ainda não é arbitrário: não é um signo puro. Pelo contrário, ele se legitima por razões etimológicas. A palavra "sol" implica a ideia de algo brilhante, redondo etc. Só por volta dos 11-12 anos vem a criança a renunciar a essas justificativas e só então vem a pergunta 7, por conseguinte, a ser resolvida.

Os estágios que a pergunta 7 suscita são os seguintes: até por volta dos 10 anos, todos os nomes contêm as ideias das coisas que designam; no curso de um segundo estágio (10-11 anos), há simplesmente acordo entre o nome e a ideia da coisa designada: o nome "cai bem" etc. Isso significa que ele ainda contém um pouco a ideia da coisa designada, mas que é possível encontrar outros nomes que contêm a mesma ideia. Por fim, depois dos 11-12 anos, o nome não contém coisa alguma em si. É puro signo.

Eis exemplos do primeiro estágio:

Horn (5;3): "Por que o sol se chama 'sol'? — *Porque 'sol' funciona como se fosse o sol".*

Roc (6 anos): "Por que chamamos o sol de 'sol'? — *Porque ele brilha.* — O Salève? — *Porque é uma montanha.* — Por que chamamos as montanhas de 'montanhas'? — *Porque elas são todas brancas".*

Bab (8;11) resolve a questão 8, mas não a 7: "Por que chamamos o sol de 'sol'? — *Porque ele é todo vermelho.* "Por que chamamos a lua de 'lua'? — *Porque ela é toda amarela.* — E o Salève? — *Porque o chamamos de Salève.* — Por quê? — *Porque...* — Por causa de alguma coisa ou por coisa nenhuma? — *Por causa de alguma coisa.* — Por quê? — ... — Por que chamamos as nuvens de 'nuvens'? — *Porque elas são todas cinzas.* — Isso quer dizer que são todas 'nuvens' cinzas? — *Sim*".

Veil (9 ½) também resolve a pergunta 8. Mas acredita que chamamos o sol de sol *"porque ele aquece"*, uma mesa de mesa *"porque serve para escrever"* etc.

Bus (10 anos): o Salève tem esse nome *"porque sobe"*, as estrelas se chamam estrelas *"porque têm forma de estrela"*, um bastão se chama bastão *"porque é grosso"*. "Isso quer dizer que o nome do bastão é grosso? — *Ele é longo.*"

Fran (9 anos): o Salève se chama Salève *"porque é uma montanha inclinada de todos os lados"* (ver o caso de Fran, § 1).

Poderíamos multiplicar os exemplos ao infinito. Eles lembram estranhamente os casos de sincretismo que estudamos anteriormente (*L.P.*, cap. VI) e, em particular, os casos de "justificativa a qualquer custo", que seguem o mesmo princípio: uma palavra é sempre associada a seu contexto a ponto de ser concebida como implicando todo esse contexto.

Evidencia-se ser no sincretismo verbal, e no realismo nominal a que está ligado, que se devem procurar as origens daquilo que M. Bally denominou "instinto etimológico", em outras palavras, a tendência de atribuir a todo nome uma origem que o justifica.

No segundo estágio, podemos agrupar às crianças que não afirmam tão temerariamente a ligação entre os nomes e seu conteúdo, mas que demonstram simplesmente o sentimento de que há uma concordância entre eles.

Dup, menina (7 ½): "Por que chamamos as estrelas de 'estrelas'? — *Porque achamos que era melhor assim.* — Por quê? — *Não sei*". (Ver anteriormente as respostas de Dup à pergunta 8.) O nome "sol" foi dado ao sol, *"porque o sol tem mais luz (do que a lua), e acho também que o nome 'sol' é melhor para o sol, porque quem descobriu esse nome achou que era melhor"*.

Mey (10 anos), tendo resolvido a questão 8, diz-nos, contudo, que o sol recebeu esse nome *"porque acharam que era um belo nome e porque ele brilhava"*.

Dup e Mey não dizem que o nome do sol implica a luz solar. Dizem que deve haver uma relação entre o sol e a luz solar. A bem dizer, isso é exato, mas, na verdade, não se trata naturalmente de resultado de uma suposição histórica, mas simplesmente do último resultado do realismo nominal.

Quanto às crianças que resolveram a pergunta 7, encontramos, entre os sujeitos examinados até o momento, que Mey o conseguiu, mas só ao final do interrogatório, e depois das respostas que acabamos de ler. Os outros que o conseguiram tinham pelo menos entre 11 e 12 anos:

Mey (10 anos): "A lua é chamada assim por quê? — *Porque é, por nada, sem motivo!* — Por que chamamos o Salève assim? — *É um nome que se encontrou.* — Seria possível chamar de 'Nitchevo'? — *Claro que sim, porque este também é um nome!*"

GEN (11 anos): "Por que chamamos o sol de 'sol'? — *Porque sim; este é um nome*. — E a lua? — *Porque sim. Podemos dar os nomes que quisermos*".

Por conseguinte, só depois de a criança resolver a pergunta 7, podemos considerar que ela compreendeu o caráter arbitrário dos nomes. A partir dos 9-10 anos, o realismo nominal, em sua forma ontológica, é abandonado. Somente por volta dos 11-12 anos o realismo de forma lógica está em vias de desaparecer. Em suma, o realismo lógico vem do realismo ontológico, porém dura mais tempo.

§ 4. Conclusões

Resta-nos mostrar as relações desta pesquisa sobre o realismo nominal com nossa pesquisa sobre a noção de pensamento.

Para a criança, pensar é manejar palavras. Há envolvidas nessa crença três confusões, e da eliminação dessas confusões vão nascer três dualismos. A primeira é a confusão entre signo e coisa: o pensamento é considerado ligado ao objeto.[1] Há confusão entre o interior e o exterior: o pensamento é considerado situado tanto no ar como na boca. E há por fim confusão entre a matéria e o pensamento: o pensamento é considerado um corpo material, uma voz, um sopro etc.

Será que o estudo do realismo nominal confirma a existência dessas confusões? Permite ele ver a maneira pela qual a criança vem a ter consciência dos dualismos correspondentes a cada uma delas? Ao que parece, sim.

Em primeiro lugar, a confusão entre o signo e a coisa parece tão implicada na própria natureza do realismo nominal que nem vale a pena insistir nela.

A confusão entre o interior e o exterior, por outro lado, revela-se menos evidente a uma primeira abordagem. Não obstante, a existência do segundo estágio, relativo a localização dos nomes, é uma clara manifestação dessa confusão. Com efeito, no momento em que aparta o nome da coisa nomeada, a criança não o situa de início na cabeça: a criança começa por situá-lo no ar ambiente, "em toda parte" em que se fala dele. Em outras palavras, a voz está ao mesmo tempo em nós e fora de nós. Foi exatamente isso que vimos ocorrer a propósito do pensamento, que se acha simultaneamente "fora" da boca e na boca.

Quanto à terceira confusão, embora não possamos ter identificado nenhuma manifestação sua, ela está claramente implicada na segunda.

Ora, se examinarmos agora as idades nas quais aparecem os três dualismos correspondentes, compreenderemos de imediato como ocorre a descoberta do caráter não material do pensamento. Até por volta dos 6-7 anos, os nomes emanam das coisas; descobrimo-los contemplando as coisas, eles estão nas coisas etc. Essa primeira e grosseira forma da confusão entre o signo e a coisa desaparece por volta dos 7-8 anos. Quanto à confusão

---

[1] Há, como o diz M. DELACROIX (*Le langage et la pensée*), uma "aderência do signo".

entre o interior e o exterior, seu desaparecimento deve ser situado por volta dos 9-10 anos, no momento em que os nomes são localizados "na cabeça". Ora, vimos, a propósito da noção de pensamento, que é por volta dos 11 anos que o pensamento é considerado não material.

Tudo se passa como se a criança descobrisse em primeiro lugar que os signos diferem das coisas e como se essa descoberta o levasse a interiorizar cada vez mais o pensamento. Depois disso, é como se essa diferenciação contínua e progressiva dos signos e das coisas, unida à interiorização do pensamento, levasse a criança a conceber pouco a pouco o pensamento como imaterial.

Quanto à progressiva distinção entre signos e coisas, a que fatores psicológicos convém atribuí-la? Muito provavelmente à tomada de consciência pela criança de seu pensamento próprio. Essa tomada de consciência ocorre precisamente a partir dos 7-8 anos. Estudamos alhures suas modalidades (J.R., cap. IV, § 1 e 2). Ora, essa tomada de consciência depende por sua vez, como tentamos demonstrar, de fatores sociais: é o contato com outrem e a prática da discussão que forçam o espírito a tomar consciência de sua subjetividade e a observar assim os processos do pensamento próprio.

Capítulo III
Os sonhos

A criança é realista, e o é porque ignora a existência do sujeito e a interioridade do pensamento. É, por conseguinte, de esperar que ela encontre enormes dificuldades para dar a si mesma uma explicação sobre o fenômeno mais subjetivo que existe, o fenômeno do sonho. O estudo das representações das crianças quanto ao sonho nos parece, por esse motivo, sobremodo interessante e de um duplo ponto de vista: a explicação do sonho supõe, de um lado, o dualismo entre o interior e o exterior e, de outro, o dualismo entre pensamento e matéria.

Para sermos bem-sucedidos nessa pesquisa, convém, como de hábito, esquecer o que nos ensinou a análise da mentalidade primitiva, de modo particular os memoráveis trabalhos de M. Lévy-Bruhl. Não há dúvidas de que depararemos a cada momento com analogias entre a criança e o primitivo. Não é, porém, indo em busca delas que as encontraremos, mas estudando sobretudo a criança em si mesma, sem nenhuma espécie de pressuposto.

A técnica a seguir, voltada para identificar as ideias reais que as crianças têm sobre o sonho, é mais delicada do que a usada em nossas pesquisas anteriores. Com efeito, é provável que as crianças questionem muito acerca de seus sonhos e que recebam as mais disparatadas explicações, particularmente no que se refere aos pesadelos. Ainda assim, é necessário manter sempre reservas e fazer esforços para confirmar cada resultado por meio de perguntas complementares.

O procedimento que nos pareceu mais vantajoso consiste num interrogatório que incide sobre quatro pontos, que é conveniente manter numa dada ordem fixa. O primeiro ponto é a origem do sonho. Pergunta-se: "Você sabe o que é um sonho? Você sonha de noite? Muito bem, diga-me então de onde vêm os sonhos". Em geral, essa pergunta é suficiente para fazer a criança falar, particularmente quando os sonhos vêm "da cabeça". Quando a origem dos sonhos é considerada exterior, é preciso prosseguir, fazer que a criança explique "como" etc. Uma resposta particularmente equívoca é: "É a noite que faz sonhar". Algumas crianças querem dizer com isso que se sonha de noite. Outras, pelo contrário, admitem que a noite, isto é, uma fumaça negra (ver o cap. IX, § 2), provoca no quarto (e não na cabeça) a formação de sonhos, isto é, de pequenas imagens enganosas. Em suma, é preciso aprofundar tudo, mas sem nada sugerir por meio da própria pergunta, nem cansar a criança e impeli-la ao "não-importa-o-queísmo".

Um segundo ponto vem a completar o primeiro, fornecendo-lhe um controle indispensável: trata-se do lugar do sonho. Quando a criança diz que os sonhos vêm "da cabeça", há duas possibilidades que muito diferem entre si. Ou a criança pensa que o sonho está na cabeça ou supõe que a cabeça produz um sonho no quarto. Do mesmo modo, quando os sonhos vêm de Deus ou da noite, é-lhes possível ser internos ou externos. É, por conseguinte, sobremodo necessário saber onde a criança situa o sonho. Há, por outro lado, uma pergunta que complementa as perguntas que se referem ao lugar do pensamento e ao lugar dos nomes, perguntas essas que já estudamos. Mas, no caso dos sonhos, é difícil fazer essa pergunta. Pergunta-se: "Quando você sonha, onde fica o sonho?" Mas o perigo é, naturalmente, que a criança, embora saiba que o sonho fica na cabeça, responda "diante de nós", por acreditar que lhe perguntamos onde o sonho *parece* ficar. A resposta "diante de nós" significa, por conseguinte, ora que o sonho é concebido como estando efetivamente diante de nós, ora que o sonho simplesmente parece estar diante de nós. Isso torna imperativo aprofundar cuidadosamente esse ponto. Dizemos "sim, diante de nós, mas ele fica verdadeiramente (ou "para valer") diante de nós ou só parece estar diante de nós?" Com as crianças menores, dizemos: "Mas ele fica mesmo diante de nós ou não fica, e nós só dizemos" etc. Porém, a maioria das crianças que situam o sonho "diante de nós" são justamente incapazes de distinguir entre "ser" e "parecer", e por esse motivo não entendem a questão de controle. O problema reside no fato de ser necessário demonstrar isso em cada caso particular.

Por outro lado, é vital iniciar o interrogatório pelo primeiro ponto, antes de perguntar "onde ficam os sonhos". Do contrário, pode ocorrer sugestão por insistência, no sentido de que a criança que situa o sonho "diante de nós" poder ser tentada, em seguida, a buscar a origem do sonho no exterior, quando não o iria fazer se se tivesse começado por fazer a pergunta originária.

O terceiro ponto refere-se ao órgão do sonho. Pergunta-se: "Com que sonhamos?" O quarto ponto é, por fim, o relativo ao "porquê" dos sonhos. Há nesse sentido uma pergunta sugestiva, tendo em vista que perguntar "Por que você sonhou com sua mamãe, com a escola etc." é supor que haja aí um objetivo. Na verdade, as crianças com idade superior a 7-8 anos nos responderam mediante uma explicação causal ("porque pensei nisso durante o dia", ao passo que as pequenas deram ao "porquê" um sentido pré-causal. Essa é, portanto, uma pergunta a manter.

Convém observar que, para evitar a sugestão por insistência, só fizemos perguntas acerca dos sonhos a crianças a que não tínhamos dirigido perguntas acerca dos nomes, com duas ou três exceções. Por outro lado, a metade das crianças interrogadas sobre os sonhos não é formada por aquelas a quem fizemos perguntas sobre a noção de pensamento.

As respostas que obtivemos podem ser divididas em três estágios bem distintos. Durante o primeiro estágio (por volta dos 5-6 anos), a criança acredita que o sonho vem de fora, que se situa no quarto e que, assim, sonhamos com os olhos. Por outro lado, o sonho traz em si uma dada carga afetiva: os sonhos com frequência vêm para "nos censurar", "porque fizemos coisas que não se devem fazer" etc. No curso do segundo estágio (7-8 anos em média), a criança avalia que o sonho vem da cabeça, do pensamento, da voz etc. Mas o sonho está no quarto, diante de nós. Sonhamos com os olhos: contemplamos uma cena exterior. Exterior não significa verdadeiro: o sonho é falso, mas consiste numa imagem que existe fora de nós, como pode existir a imagem de um ogro sem corresponder a coisa alguma. Por fim, no decurso do terceiro estágio (por volta dos 9-10 anos), o sonho vem do pensamento, está na cabeça (ou nos olhos), e sonhamos com o pensamento ou então com os olhos, mas interiormente.

§ 1. O primeiro estágio: o sonho vem de fora e permanece exterior

É totalmente verossímil que a criança, ao sonhar pela primeira vez, confunda os sonhos com a realidade. Quando ela desperta, o sonho continua a ser considerado verdadeiro, objetivo e, sobretudo, a lembrança do sonho confunde-se com as lembranças da vigília. No tocante aos pesadelos, isso parece claro. É bem conhecida a dificuldade que se tem com frequência para se acalmar uma criança que acaba de sair de um pesadelo, bem como a impossibilidade em que nos vemos de fazer que ela renuncie à crença na existência dos objetos com que sonhou. Quanto às confusões entre os sonhos e as lembranças correspondentes ao estado de vigília, registramos, entre nossas próprias lembranças da infância, alguns dados bem típicos.

> De um de nós: *"Acreditei durante toda a infância ter passado realmente por baixo de um trem. Lembro-me do lugar exato em que se passou a aventura: uma passagem de nível que de fato existe nas proximidades da casa de meus pais. Em minha falsa lembrança, minha mãe acabava de transpor a passagem, levando um bebê no carro, quando um trem veio em cima de mim a toda velocidade. Mal tive tempo de me deitar de costas e ainda vejo os vagões passando acima de minha cabeça, velozmente. Escapei são e salvo e fui ao encontro de minha mãe. Eis a falsa lembrança que tomei por verdadeira durante toda a minha infância. Só por volta dos 12 anos, tendo um dia me vangloriado (pela primeira vez!) de ter passado sob um trem, meus pais me fizeram perceber meu engano. A precisão dessa recordação me faz crer que se tratou de um sonho que tive e que amalgamei essa imagem com a da passagem de nível que eu conhecia bem".*

Do mesmo modo, um de nós acreditou ao longo de boa parte de sua infância que seus pais tinham tentado afogá-lo no mar. Nesse caso, uma vez mais, a precisão visual da lembrança parece indicar com clareza que se tratou de um sonho.

A senhorita Feigin teve a feliz ideia de estudar de que maneira a criança vem a distinguir progressivamente o sonho da realidade. Ela descobriu que, até por volta dos 9 anos de idade, os absurdos presentes aos sonhos não eram invocados como critério dessa distinção. São invocadas, em vez disso, de modo mais imediato, as contradições entre o sonho e os dados da realidade, a par do confronto com o pensamento de outras pessoas. Não obstante, em todos os casos, a pesquisa mostrou que a distinção entre o sonho e a realidade nem sempre surge com facilidade e que, sobretudo, os sonhos emotivos tendem a ser completamente confundidos com a realidade.

De que modo então a criança vai explicar o sonho da primeira vez em que tiver condições de distingui-lo da realidade? Ela evidentemente dirá a si mesma que o sonho é uma espécie de realidade, enganosa — tal como o pode ser uma imagem de Epinal ao representar coisas que não existem —, mas objetiva, do mesmo modo como a imagem do livro é, sem dúvida, feita de papel e de cores que de fato existem. É justamente isso que se pode observar. Sully[1] cita a seguinte proposta espontânea de uma criança que não desejava voltar a um quarto *"porque ele está cheio de sonhos"*.

BANF (4 ½) nos diz que o sonho são *"luzes"* que se acham no quarto. Essas luzes são *"pequenas lâmpadas, como as dos velocípedes"* (como lampiões que se veem à noite sobre as bicicletas). Elas vêm *"da lua. Elas se dividem. Essas luzes vêm durante a noite"*. Em outras palavras, Banf atribui as "luzes" de que são feitos os sonhos à fonte luminosa mais marcante: a lua, que se divide em quartos.

HAD (6;6): "Você sabe o que é um sonho? — *Quando a gente dorme e vê alguma coisa.* — De onde isso vem? — *Do céu.* — Podemos ver? — *Não (!) ... sim, quando se dorme.* — Eu poderia ver se estivesse lá? — *Não.* — Por quê? — *Porque não está dormindo.* — Podemos tocar o sonho? — *Não.* — Por quê? — *Porque ele fica diante de nós (!)*". E, mais uma vez: *"Quando se dorme, se sonha e se vê (os sonhos), mas quando não se dorme não se vê"*.

KUN (7;4) diz que os sonhos vêm *"da noite"*. "E vão para onde? — *Para todo lugar.* — Com que se sonha? — *Com a boca.* — Onde fica o sonho? — *Em todo o lugar, nas casas, nos quartos.* — Em que lugar? — *Nas camas.* — Podemos ver os sonhos? — *Não. Porque eles só estão na noite.*

---

[1] *Études sur l'enfance* (trad. A. MONOD), p. 146.

Alguém podia ver você sonhando? — *Não, porque eles ficam perto de nós.* — Podemos tocá-los? — *Não, porque quando se sonha se está dormindo.* — O sonho é como o pensamento? — *Não.* — E onde fica o sonho? — *Na noite.* — Onde? — *Perto de nós.* — É como o pensamento com que refletimos? — *Não.*" E, mais uma vez: "Podemos ver o sonho? — *Não, porque se a gente olhar para ele, ele vai embora*".

Sci (6 anos): "De onde vêm os sonhos? — *Da noite.* — O que é isso? — *É a tardinha.* — Como é a noite? — *Escura.* — Como os sonhos surgem? — *Surgem quando a gente fecha os olhos.* — Como é isso? — *Não sei.* — Onde surgem os sonhos? — *Lá fora* (aponta para a janela). — De que os sonhos são feitos? — *De escuro.* — Sim, mas de que são feitos? — *De luz.* — De onde o sonho vem? — *Das luzes lá de fora.* — Lá de fora onde? — *Eles estão lá adiante*" (mostra as reverberações). "Por que criamos sonhos? — *Porque é a luz que cria sonhos.*" (Ver sobre a luz o que Sci nos disse da visão, cap. I, § 2.) Sci nos diz adiante que o sonho vem "*do céu*". "Quem envia os sonhos? — *As nuvens.* — Por que as nuvens? — *Eles vêm.*" Trata-se, com efeito, de uma crença frequente a ideia de que a noite vem das nuvens (Ver o capítulo IX, § 2). Sci retoma, portanto, aqui sua ideia de que o sonho vem da noite.

Bourg (6 anos): "Quando você sonha? — *À noite.* — Onde está o sonho quando você sonha? — *No céu.* — E depois? — *... Ele vem à noite*". "Você pode tocar o sonho? — *Não, não vemos o sonho e depois* (porque) *dormimos.* — E se você não dorme? — *Não, porque não se vê o sonho.* — Quando você dorme, outra pessoa pode ver seu sonho? — *Não, porque a gente dorme.* — Por que não se vê o sonho? — *Porque é à noite.* — De onde vêm os sonhos? — *Do céu.*" Para que se tenha um sonho, é preciso, portanto, que haja alguma coisa no quarto. Mas não vemos essa coisa precisamente porque dormimos e é noite. Porém, na verdade, seria possível vê-la.

Barb (5 ½): "Você já sonhou? — *Sim, sonhei que tinha um buraco na mão.* — Os sonhos são verdadeiros? — *Não, são imagens que vemos* (!). — De onde vem isso? — *Do bom Deus.* — Você tem os olhos fechados ou abertos quando sonha? — *Fechados.* — Eu posso ver seu sonho? — *Não, você está muito longe de mim.* — E sua mãe? — *Sim, mas ela acende a luz.* — O sonho está em seu quarto ou em você? — *Sim, ele não está em mim, sem isso eu não o veria* (!) — E sua mãe poderia ver? — *Não, ela não está na cama. Só minha irmã mais nova dorme comigo*".

Zeug (6 anos): "De onde vêm os sonhos? — *Vêm da noite.* — Como? — *Não sei.* — O que significa 'vêm da noite'? — *É a noite que faz o sonho*". "O sonho se faz sozinho? — *Não.* — O que o faz? — *A noite.*" "Onde o sonho está? — *No quarto, ele se faz.*" "De onde vem a noite? — *Do céu.* — Há no céu um sonho completo? — *Não.* — Onde ele se faz? — *No quarto.*"

Ris (8 ½), M.: "De onde vêm os sonhos? — *Da noite.* — Onde está o sonho enquanto você sonha? — *Em minha cama.* — Onde? — *No quarto. Bem pertinho, ao lado.* — De onde vem o sonho? — *Da noite.* — Eu teria visto seu sonho se estivesse perto de você? — *Não.* — E você o vê? — *Não* (! cf. Bourg). — Então como é? — ... — Ele está em alguma coisa ou absolutamente em nada? — *Em alguma coisa.* — No papel? — (Ela ri) *Não.* — Em quê? — *Em palavras.* — E as palavras estão onde? — *Na voz".* "De onde vêm as palavras do sonho? — *Do céu.* — De onde no céu? — ... — Como elas se fazem no céu? — ..." "O sonho vem sozinho ou alguma coisa o enviou? — *Ele vem sozinho.* — Por que se sonha? — *Quando se pensa em alguma coisa.*" Portanto, Ris avançou! Mas ela identifica o pensamento com a voz e continua a acreditar que o sonho vem de fora: "Onde está a voz? — *No ar.* — De onde ela vem? — *Do ar.* — E o sonho? — *Do céu".*

Mont (7 anos) afirma que as coisas que vemos nos sonhos estão *"na parede".* "Eu as veria se estivesse lá? — *Sim.* — De onde elas vêm? — *De fora.* — Quem as manda? — *Cavalheiros".* "Com que você sonha? — *Com um homem esmagado.* — Esse sonho estava diante de você ou dentro de você? — *Diante de mim.* — Onde? — *Embaixo de minha janela.* — Eu o teria visto se estivesse lá? — *Sim.* — E sua mãe? — *Sim.* — Você o teria visto pela manhã? — *Não.* — Por quê?— *Porque era um sonho.* — De onde vem esse sonho? — ... — Foi você que o fez ou outra pessoa? — *Outra pessoa.* — Quem? — *Um homem que conhece meu pai* (o homem esmagado). — Ele faz todos os sonhos? — *Só uma vez.* — E os outros? — *Os outros homens."*

Engl (8 ½): "De onde vêm os sonhos? — *Não sei.* — Diga o que você acha. — *Do céu.* — Como? — ... — Onde eles chegam? — *Em casa.* — Enquanto sonhamos, onde está o sonho? — *A nosso lado.* — Você fica com os olhos fechados quando sonha? — *Sim.* — Onde está o sonho? — *Em cima.* — Podemos tocá-lo? — *Não.* — E podemos vê-lo? — *Não.* — Alguém perto de você poderia vê-lo? — *Não".* "Com que se sonha? — *Com os olhos."*

Tivemos de multiplicar esses exemplos para mostrar como essas respostas, tão diferentes em termos de detalhes, são no fundo constantes. Para todas essas crianças, o sonho é, com efeito, uma imagem ou uma voz que vem de fora colocar-se diante de nossos olhos. Essa imagem não é verdadeira, no sentido de que não representa acontecimentos reais, mas existe objetivamente enquanto imagem: é exterior à criança e nada possui de um objeto mental. É necessário elucidar em algumas palavras a natureza dessa crença.

Em primeiro lugar, observemos nossa pergunta: "Alguém perto de você poderia ver o sonho?" A ela as crianças mais realistas, como Had e Mont, respondem afirmativamente. Isso porque representam o sonho como uma imagem inteiramente feita, que emana das coisas com as quais se sonha e vêm pôr-se a nosso lado. Outras crianças, pelo contrário, como Bourg, Engl etc. respondem que não. Porém, coisa interessante, admitem que também eles não veem "o sonho". Isso porque, no momento em que lhes fazemos a pergunta, pensam não nas sensações propriamente ditas que constituem o que se vê em sonhos, mas em algo que, pretensamente, fabrica o sonho no quarto: "Não se vê o sonho, diz Bourg..., porque é noite". Aqui, a criança é menos realista. O que situa no quarto é simplesmente a causa do sonho. Isso significa que ela localiza as imagens na cabeça? Em absoluto. Embora saibam que têm os olhos fechados, todas essas crianças acreditam ver "com os olhos" as imagens fabricadas no exterior pela causa do sonho. Há ao lado delas uma espécie de presença que age sobre seus olhos, mas que é invisível a todos. Eis aí um primeiro grau de subjetivismo, caso compararmos essas crianças com Mont e seu grupo, mas não se sai do âmbito do realismo. Se as comparamos nos estágios seguintes, as crianças do primeiro grupo são ainda vítimas de um realismo primário, enquanto as do segundo grupo o são de um realismo decorrente das necessidades da explicação, isto é, de um realismo mais derivado. Além disso, as duas variedades de respostas devem evidentemente coexistir em cada criança.

Do ponto de vista da localização do sonho, esses dois grupos de respostas correspondem a dois tipos distintos de crenças. De acordo com certas crenças (Mont etc.), o sonho localiza-se no lugar ao qual nos transporta: se se sonha com um homem que está na rua, o sonho está na rua, "embaixo de minha janela". No entanto, nada existe aí de verdadeiro, visto tratar-se de um sonho, isto é, uma imagem falsa. Mas a imagem, enquanto imagem, existe materialmente "embaixo de minha janela". Há, por conseguinte, realismo primário ou confusão do "ser" e do "parecer": o sonho parece estar na rua, logo ele está na rua. Mas é necessário insistir reiteradamente neste ponto: essa confusão nunca é pura nas crianças que sabem que o sonho é enganador. Em outros termos, as mesmas crianças que localizam o sonho na rua acreditam também (por participação e a despeito das contradições) estar ele no quarto. É o que ocorre com Mont, que situa os sonhos ao mesmo tempo "na parede de seu quarto" e na rua. Encontraremos casos como esses logo adiante (ver os casos de Metr e de Giamb), o que torna inútil insistir nisso por ora.

A segunda variedade de crenças consiste simplesmente em admitir que o sonho se encontra no quarto. Há aí um realismo muito mais interessante, já que depende de modo direto das ilusões do próprio sonho. Parece, com efeito, que as crianças deveriam situar os sonhos ou nas coisas, por realismo primário (o que Mont fez em parte), ou na cabeça. De fato, as crianças situam o sonho a seu lado, dado que são ao mesmo tempo bastante avançadas para não crerem mais na verdade do sonho, mas não o suficiente para conceberem as imagens como representações subjetivas e internas. Situar o sonho no quarto é, portanto, um compromisso entre o realismo integral e o subjetivismo. É não mais confundir "o ser" e o "parecer", mas ainda não é compreender a interioridade das imagens.

Ora, essa crença na exterioridade das imagens que constituem o sonho é extremamente resistente. À primeira vista se poderia admitir que as crianças nos compreenderam mal e julgaram que perguntávamos onde parece estar o sonho. Mas não é em absoluto o que acontece. Barb, por exemplo, depois de ter definido o sonho — "são imagens que vemos" —, recusa claramente, apesar de nossa sugestão, situar neles essas imagens: "Ele está em mim (o sonho) sem que eu o veja". Eis sobretudo um caso decisivo, pois se trata de uma criança adiantada, que se acha prestes a se desembaraçar das crenças do primeiro estágio e que formula de maneira quase espontânea a hipótese — para de resto rejeitá-la — que o sonho está em si:

> METR (5;9): "De onde vem o sonho? — *Acho que a gente dorme tão bem que sonha.* — Ele vem de nós ou de fora? — *De fora.* — Com que se sonha? — *Não sei.* — Com as mãos? — *...* — Com nada? — *Sim, com nada.* — Quando você está na cama e sonha, onde está o sonho? — *Em minha cama, na coberta. Não sei. Se estivesse em minha barriga (!), haveria os ossos e a gente não o veria.* — O sonho está ali quando você dorme? — *Sim, está na minha cama a meu lado".* Tentamos sugestionar Metr: "O sonho está na cabeça? — *Eu estou no sonho; ele não está em minha cabeça (!). Quando sonhamos, não sabemos que estamos na cama. Sabemos que andamos. Estamos no sonho. Estamos na cama e não sabemos que estamos ali.* — Duas pessoas podem ter o mesmo sonho? — *Nunca há dois sonhos (idênticos).* — De onde vêm os sonhos? — *Não sei. Eles se fazem.* — Onde? — *No quarto e logo depois vêm na direção das criancinhas. Vêm sozinhos.* — Você vê o sonho quando está no quarto. Então, se eu também estivesse no quarto, eu o veria? — *Não, os cavalheiros nunca sonham.* — Duas pessoas podem ter o mesmo sonho? — *Não, nunca.* — Quando está no quarto, o sonho está perto de você? — *Sim, ali! (30 cm diante dos olhos)".*

Esse caso é notável. Ele contém uma afirmação decisiva: "Estou no sonho: ele não está em minha cabeça"; em outras palavras: estou totalmente dentro do conjunto do sonho e não posso ao mesmo tempo conter esse conjunto em mim! Essa fala e o comentário que a segue logo depois são extremamente instrutivos. Por um lado, Metr estabelece uma clara distinção entre "estar em sua cama" e "saber que se sabe que está nela": "Estamos na cama e não sabemos que estamos ali". Mas, por outro lado, Metr (que, diga-se de passagem, só possui uma palavra para "crer" e "saber") dá, como prova de que o sonho está nele, o fato de que ele, Metr, está "em seu sonho". E, para demonstrar que está efetivamente em seu sonho, acrescenta que, ao sonhar, "sabe", isto é, crê, que anda etc. Ou seja, embora saiba que o sonho é enganador (e embora admitindo que é o único a ver seu sonho), Metr se crê representado em seu sonho, talvez a título de imagem, mas de imagem que emana de si. Como Mont, Metr crê, portanto, que há participação entre a imagem sonhada e a própria coisa. Metr está, de resto, exatamente no mesmo caso, do ponto de vista de sua argumentação, de uma criança do segundo estágio, Fav, que estudaremos adiante. De todos os casos vistos até agora, concluímos assim, no que diz respeito à localização das imagens, que o sonho é concebido como um quadro situado a nosso lado, mas como um quadro que participa das coisas que representa e, por consequência, que emana em parte do próprio lugar em que estão as coisas.

Passemos a um segundo ponto: a substância do sonho. As respostas das crianças do primeiro estágio são, no que se refere a isso, idênticas às das crianças do segundo, exceto num caso, aquele em que o sonho é considerado como estando na "noite" ou na "escuridão". Essa afirmação acha-se diretamente ligada à crença na origem exterior do sonho: o sonho vem de fora, da noite (isto é, de uma fumaça negra), logo está "na noite". Nos outros casos, o sonho tem como substância o corpo que possui em grau mais elevado seus atributos. As crianças que foram atingidas pelo caráter visual dos sonhos — e se trata de longe das mais numerosas — julgam que o sonho está "na luz". Aquelas que ouviram vozes no sonho consideram este como estando "em palavras", isto é, em suma, "no ar".

Se passamos agora à origem do sonho, encontramos dois tipos de respostas que coexistem na maioria das crianças. São, por um lado, as respostas que não fornecem nenhuma explicação propriamente dita ou que fornecem uma explicação que apenas prolonga o que a criança pensa da substância do sonho. Por exemplo, a criança dirá que o sonho sai "do céu", "de fora", "da noite", "do quarto", uma série de afirmações que praticamente se equivale. Quando insiste no caráter luminoso do sonho, a criança recorre, para explicar as origens, a fontes de luz como a lua ou as reverberações.

Por outro lado, e isto é mais interessante, algumas crianças parecem crer que são as pessoas com que se sonha que produzem o sonho. Desse modo, Mont parece admitir que é o homem com quem sonhou (o homem esmagado, que é um conhecido de seu pai) que desencadeou ele próprio o sonho. A senhorita Rodrigo, que de bom grado quis fazer nossas perguntas a uma centena de crianças espanholas, obteve um grande número de respostas, segundo as quais são não apenas Deus ou o diabo que enviam os sonhos (o que ainda não prova nada), mas sobretudo "os lobos" (a criança sonhou com lobos), "o rei" (a criança sonhou com ele), "alguns homens", "os pobres" (a criança sonhou com ciganos) etc. Parece, pois, voltar a haver aí participação entre a pessoa com quem se sonha e o próprio sonho; em outros termos, parece que a pessoa com quem se sonha é em parte causa do sonho, embora não aparecendo no sonho em carne e osso.

Mas, no que se refere a isso, evitemos atribuir à criança uma teoria sistemática e procuremos extrair a verdadeira importância dessas respostas. Convém antes abordar a questão do "porquê" dos sonhos. Parece com efeito, como tentaremos mostrá-lo, que os sonhos são considerados por algumas crianças como uma espécie de punição, e que é o caráter de sanção que leva essas crianças a pressupor que as pessoas com quem se sonha não são estranhas à gênese do sonho. Eis alguns exemplos.

Sci (6 anos), como vimos, atribui os sonhos às reverberações, mas isso não o impede de ver neles algumas intenções: "Por que se sonha? — *Porque é a luz que os faz.* — Por quê? — *Porque eles* (os sonhos) *querem vir.* — Por quê? — *Para nos aborrecer.* — Por quê? — *Para que a gente acorde*".

Bag (7 anos): "De onde vêm os sonhos? — *É a noite. Do bom Deus. O bom Deus os faz vir.* — Como? — *Ele baixa a noite e nos fala nos ouvidos*". "Como o sonho se faz? — *Ele se faz com palavras...* — Onde o sonho está? — *Está em letras.*" Pedimos a Bag que falasse de um de seus sonhos: ele sonhou com ladrões. "De onde veio esse sonho? — *Do bom Deus.* — Por que o bom Deus lhe enviou esse sonho? — *Porque é uma infelicidade. Porque não se foi gentil.*" "O que você fez para ter um sonho? — *Fiz coisas ruins. Fiz mamãe chorar. Eu a fiz correr em volta da mesa.*" Este último evento não é tirado de um sonho, diz-nos Bag, mas da realidade: Bag, depois de uma tolice qualquer, tentou, para escapar à mãe, "correr em volta da mesa"!

Giamb (8 ½): "De onde vêm os sonhos? — *Quando a gente fez alguma coisa e se sabe disso muitas vezes.* — O que isso quer dizer? — *A gente fez alguma coisa e sonha com isso todos os dias*". Giamb parece, pois, ser do segundo estágio, mas veremos que está entre os dois; para ele, esse sonho é ao mesmo tempo de origem interna e externa. "Onde está o sonho enquanto se sonha? — *Quando se fez alguma coisa.* — E você, quando sonha, onde está? — *Na cama.* — Onde está o sonho? — *Em nós.* — Onde então? — *Em casa, onde se fez alguma coisa* (!). — Onde está o sonho? — *No quarto.* — Onde? — *Na cama.* — Onde? — *Bem em cima, por toda a cama.*" "De onde vem o sonho? — *De onde a gente foi passear.* — Quando você sonha com a Senhorita S. (a professora), de onde vem o sonho? — *Da escola.* — Quem tem esse sonho? — *Talvez a gente esteja na classe, depois se fez alguma coisa e se sonha.*" "Por que você sonha com os companheiros? (Ele sonhou com os colegas.) — *Porque eles fizeram coisas que não deviam fazer.* — Por que você sonhou com isso? — *Porque eles fizeram coisas que não se devem fazer.*" "O que faz os sonhos? — *É o que a gente viu quando sonha com isso.* — Com que se sonha? — *Com os olhos.* — De onde vem o sonho? — *Dos alunos que fizeram. É isso, foram os alunos que fizeram.* — O sonho sai da cabeça ou de fora?

(Sugestionamos então Giamb.) — *Da cabeça.* — Por que da cabeça? — *Porque a gente fez coisas que não se devem fazer."* "Quem disse a você que se sonha com o que não se devia fazer? — *Porque às vezes a gente tem medo* (o medo é sentido como sanção)." Logo depois, fazemos esta pergunta sugestiva: "Quem envia os sonhos? — *Foram os colegas que nos fizeram sonhar".*

Vê-se com clareza nesses exemplos que o sonho não é para a criança um fenômeno qualquer, mas na verdade um acontecimento carregado de afetividade. É possível que alguns pais cometam a tolice de tirar partido do sonho dos filhos para fazê-los crer num castigo, mas, nos casos que acabamos de citar, a crença da criança na intencionalidade dos sonhos parece bem espontânea: Sci, por exemplo, não mistura nenhuma ideia moral ao sonho, mas o considera dotado de intenções; Giamb vincula seu sonho a faltas que ele próprio não cometeu, e vê no medo provocado pelo sonho a prova de seu caráter moral. Ora, dessa intencionalidade à ideia de que o sonho emana das pessoas com quem se sonha, não há mais que um passo. Esse passo é dado por Giamb, embora essa criança pertença praticamente ao segundo estágio.

Mas, por outro lado, as respostas de Giamb se assemelham singularmente às de Mont e de Metr, que citamos antes. O que constitui o cerne das afirmações de Giamb, como de Mont, é com efeito um realismo da imagem, análogo ao realismo nominal, e tal que a imagem seja concebida como necessariamente ligada à coisa por ela representada. Na realidade, Giamb diz em vão que o sonho vem do fato de que "se sabe alguma coisa", assim como aceita em vão nossa sugestão, segundo a qual o sonho sai da cabeça; ele não deixa de situar o sonho no quarto e no próprio lugar "em que se fez alguma coisa", isto é, no local onde está a coisa com que se sonha. Além disso, admite que as pessoas com quem se sonha são a causa do sonho, porque fizeram "coisas que não se deviam fazer". O sonho, diz Giamb, vem "dos alunos que fizeram".

Em resumo, e para tomar dessas respostas tão-somente seu aspecto negativo, sem atribuir à criança nenhuma teoria sistemática, pode-se concluir o seguinte. A criança, embora considerando o sonho como falso, isto é, como uma imagem que vaga diante de nós para nos iludir, continua a admitir que a imagem faz parte da pessoa que representa e emana materialmente dos fatos que foram vistos. Assim como a palavra está ligada à coisa nomeada e situada ao mesmo tempo nela e perto de nós, assim também a imagem participa da pessoa imaginada e é situada a um só tempo nela e em nosso quarto. Há confusão do signo e do significado. Não pensamos, portanto, que a criança considera a pessoa com quem se sonha como a causa consciente e como a única causa do sonho: cremos apenas que a criança não tem ainda a capacidade de conceber como interna, e como produzida pelo pensamento, a imagem de uma pessoa que efetivamente se viu. Essa imagem é concebida como emanando da pessoa, à maneira pela qual os nomes emanam das coisas (cap. II), tanto mais na medida em que algumas razões afetivas e morais suscitam na criança o pensamento de que essa imagem não vem para nos perseguir ao acaso, mas para nos punir.

São essas razões afetivas que explicam que seja quase sempre a pessoas, e não a coisas, que as crianças atribuem a participação das imagens com que sonham. Quando diz que a noite ou a lua enviam sonhos, a criança não sonhou com a noite ou com a lua; pelo contrário, quando diz que determinada pessoa envia um sonho, isso ocorre porque sonhou com ela. Ora, evidentemente, é mais fácil conservar a atitude do realismo das imagens diante das pessoas do que diante das coisas: a imagem de uma pessoa é mais carregada de afetividade do que a de uma coisa, parecendo assim muito mais emanar da pessoa representada do que a imagem de um objeto parece emanar deste. A atitude das crianças diante dos quadros é, com efeito, bem conhecida:

> Dₐₙ, criança de 14 anos que citaremos logo em seguida, lembra-se de ter acreditado na infância *"que as estátuas e as imagens das pessoas não eram vivas, mas podiam pensar e ver. Não se estava só quando se tinha uma gravura no quadro"*.
> Dᴇʟ (6 ½) (ver L.P., p. 269) diante de uma estátua: *"Ela está morta?"*
> Dᴀʀ (2 anos) começa a chorar porque uma fotografia pendurada na parede acaba de cair, e diz que as damas se machucaram ao cair!

Em suma, afora as razões afetivas que acabamos de recordar, a participação das imagens e das pessoas representadas deve ser concebida do mesmo modo que a participação dos nomes e das coisas nomeadas. Desse ponto de vista, as crenças de crianças que estudamos parecem fáceis de interpretar. A interpretação que propomos é, além disso, tanto mais aceitável na medida em que, quando de seus primeiros sonhos, todas as crianças consideram esses sonhos como verdadeiros. Em ampla medida, são o meio social e os pais que desenganam as crianças. Sem essa influência, a participação entre as pessoas vistas em sonho e as pessoas reais seria muito mais vivaz.

É possível, contudo, encontrar crianças que admitam sistematicamente essas participações e que acreditem assim sistematicamente em seus sonhos, prontas a pô-los num plano diferente da realidade? Sully diz que isso "parece provado" (trad. Monod, p. 147). Temos tão-somente um caso propício a citar, e ainda um caso bastante duvidoso, porque não se trata senão de lembranças. É preciso, entretanto, mencioná-lo, dado que ele poderia ser valorizado se alguém tivesse a sorte de encontrar por observação direta coisas análogas.

DAN (14 anos) ignora tudo acerca da sociologia dos povos primitivos e pertence a uma família alheia a toda superstição. Está vinculado com um de nós por laços de confiança e de amizade, que excluem qualquer deformação intencional. Ele nos conta suas lembranças de infância. Os sonhos, para ele, *"eram verdadeiros"*. Eles constituíam *"uma espécie de outro mundo. Todos se deitavam* (na realidade) *mais ou menos à mesma hora e partiam ou então tudo mudava"*. Dan não desconhecia em absoluto que permanecia em sua cama, *"mas todo o meu eu estava fora"* (Veremos as mesmas expressões numa criança de 8 anos, Fav, no próximo parágrafo). O mundo dos sonhos estava organizado como um país e era possível, afirma Dan, encontrar os mesmos lugares, de um sonho ao outro. *"Eu tinha na maioria das vezes o mesmo sonho, sobre gatos. Havia um muro, um trenzinho, muitos gatos sobre o muro e todos os gatos corriam atrás de mim."* Esse sonho dos gatos assustava Dan. Mas, para voltar ao mundo real, ele tinha um procedimento que empregava em seu próprio sonho: *"Eu me lançava por terra* (em sonho). *Então eu acordava. Tinha ainda muito medo* (uma vez desperto). *Eu achava que fora comido pelos gatos."*
Coisa interessante, Dan usava essas ideias para explicar alguns relatos que ouvia e, inversamente, empregava esses relatos para coordenar seu mundo dos sonhos. Assim ele se explicava, como de resto quase todas as crianças que interrogamos antes, que as fadas, os ogros etc. devem ter existido no tempo, já que se fala deles ainda nos contos de hoje. Ora, dizia Dan a si mesmo, esse mundo das fadas sobrevivia no mundo dos sonhos. Em particular, a viagem por meio da qual deixávamos nossa cama para ir ao encontro dos sonhos, *"isso se relacionava com os contos de fada"*. "As viagens instantâneas" dos contos devem ter sido reais outrora, visto que eram possíveis em sonhos.
Além disso, Dan teve quando criança a ideia, que está ligada aos sentimentos de alheamento e de despersonalização apresentados por muitas crianças, de que tudo devia acontecer necessariamente, de que tudo estava decidido de antemão, de que não se era responsável por aquilo e de que as punições não deveriam existir. Ora, Dan atribuía a mesma propriedade ao mundo dos sonhos: nele, todos os eventos se davam necessariamente, mas sem relação com o mundo real. Era *"como uma vida dupla"*, mas uma vida organizada de antemão independentemente da vontade do sonhador.
Por fim, o que parece mostrar com clareza que essas afirmações corresponderam a crenças efetivas no espírito de Dan, quando criança (e não são unicamente sistematizações devidas à retrospecção de Dan com 14 anos), é que essa crença no país dos sonhos desapareceu de uma vez no momento em que Dan entrou na escola e teve contato com outros meninos. Com efeito, Dan recorda de ter perguntado aos colegas se eles também iam ao país dos sonhos e, como constatou que isso não existia, sua própria crença desapareceu definitivamente.

Não podemos saber o que é verdadeiro nessas lembranças de Dan. Mas, ao que parece, podemos ver nelas o indício de que, sem o meio social adulto, as crianças teriam acerca dos sonhos concepções que testemunhariam participações bem mais fortes do que aquelas que analisamos há pouco. Mas, seja qual for a extensão dessas participações (que nos são difíceis de atingir de modo direto na criança, em virtude de sua tonalidade afetiva), resta o fato de que, durante o primeiro estágio, as imagens do sonho são concebidas como permanecendo exteriores ao espírito e como emanando do exterior, seja das pessoas e das próprias coisas, seja de matérias como a noite, a luz etc.

§ 2. O segundo estágio: o sonho vem de nós, mas nos é exterior

A melhor prova da legitimidade das interpretações precedentes é a existência do segundo estágio. Este último é, sob certos aspectos, mais interessante do que o primeiro, pois nos mostra o realismo infantil sob sua forma mais tenaz e mais evoluída. As crianças desse estágio, com efeito, descobriram ou aprenderam que o sonho vem de nós, do pensamento, da cabeça etc. Mas, como não chegam a compreender que uma imagem possa ser "exterior" no momento em que é observada, elas a situam, como no primeiro estágio, no quarto, a nosso lado.

Parece de fato que, em grande número de casos, a criança chega por si mesma à ideia de que sonhamos com a cabeça e com o pensamento. As contradições do sonho com a realidade efetivamente obrigam pouco a pouco a criança a distinguir a imagem da coisa representada, bem como a considerar assim a imagem, se não como um objeto mental, ao menos como um objeto destacado do real e ligado à voz, à visão, ao pensamento etc. Trata-se da mesma evolução que constatamos a propósito dos nomes, quando estes chegam a desvincular-se da coisa nomeada.

Eis em primeiro lugar alguns casos intermediários entre o primeiro e o segundo estágio, casos nos quais se acredita discernir hesitações espontâneas para desembaraçar-se da ideia de uma origem exterior do sonho:

HORN (5;3): "Você sabe o que é um sonho? — *Sim. É quando vemos pessoas.* — Onde está o sonho? — *Na fumaça.* — Em que fumaça? — *Na fumaça que sai de nosso edredom.* — De onde vêm os sonhos? — *Vêm daqui* (mostra seu ventre). — Então, como é isso de eles estarem no edredom enquanto se sonha? — *Porque a gente sabe disso*". Horn acrescenta que o sonho vem para diante dos olhos, a alguns centímetros. Horn não acredita que se pensa com a boca, mas localiza o pensamento no tórax. Será, portanto, a fumaça com a qual ele identifica o sonho a respiração? A comparação do caso de Horn com o de Ris (§ 1) e o de Falq (ver cap. I, § 3) parece de fato indicar que sim, sendo o sonho, enquanto pensamento, tomado pela voz, pelo ar e pelo sopro respiratório.

Dug (6 ½): "O que é um sonho? — *Sonhamos à noite. Pensamos em alguma coisa* (!). — De onde vem isso? — *Não sei.* — O que você acha? — *Somos nós que os fazemos* (!)". "Onde está o sonho enquanto sonhamos? — *Fora.* — Onde? — *Aqui* (mostra a rua, através da janela). — Por que fora? — *Porque somos levados.* — E então? — *Ele partiu.* — Onde está o sonho enquanto sonhamos? — *Em nós.* — Onde? — *Em nossa cama.* — Onde? — *Bem perto.* — Se estivesse lá, eu o veria? — *Não... Sim, porque você estava bem perto da cama.*" "De onde vem o sonho? — *De nenhum lugar* (!) — De onde eles saem? — *De nossa cama.* — Como eles chegaram lá? — *Porque sonhamos.*" "Onde o sonho se faz? — *Na cama.* — Como? — *Porque há vento* (cf. Horn). — De onde vem esse vento? — *De fora.* — Por quê? — *Porque a janela está aberta.* — Por que nós sonhamos? — *Porque ontem* (a véspera) *a gente estava no banho e teve medo.*" "Há alguma coisa que envia o sonho? — *Sim, os pássaros.* — Por quê? — *Porque eles gostam muito do vento*". Dug conta-nos então que sonhou com soldados. "De onde veio esse sonho? — *De fora.* — De onde então? — *De longe, daqui* (mostra pela janela). — Por quê? — *Por causa do vento do norte.* — Quem envia os sonhos? — *O vento.* — E depois? — *Os pássaros.* — E depois? — *Os pombos.* — E depois? — *Só isso.* — Por que os pombos? — *Porque eles ficam muito contentes se há o vento do norte.* — Os pombos fazem alguma coisa para enviar sonhos? — *Não.* — Eles sabem que os enviam? — *Não.* — Então por que eles enviam os sonhos? — *Porque há vento.* — É o pombo que faz o sonho? — *Sim.* — Como? — *Porque ele traz o vento.* — Se não há vento, podemos sonhar? — *Não, porque o sonho não consegue.*"

Esses casos singulares recordam sumamente as explicações que as crianças do fim do primeiro e do começo do segundo estágio dão do fenômeno do pensamento: o pensamento é do domínio da voz, isto é, do ar e da fumaça, sendo ao mesmo tempo externo e interno (ver Rou etc., § 1, cap. I, e Falq, § 3). É interessante observar que Dug, como as crianças que começam a destacar das coisas o nome para fazer dele um objeto mental, afirma em primeiro lugar que o sonho não está "em nenhum lugar", para em seguida recair no realismo do primeiro estágio.

Eis outros casos intermediários entre o primeiro e o segundo estágio.

Pig (9 ½): "De onde vêm os sonhos? — *Quando dormimos, cremos que há alguém a nosso lado. Quando vemos alguma coisa de dia, sonhamos com ela à noite.* — O que é o sonho? — *Alguma coisa.* — De onde ele vem? —

> *Não sei. Vem sozinho.* — De onde? — *De nada.* — Onde ele se faz? — *No quarto.* — Onde? — *Onde a gente se deita.* — Onde o sonho se faz, no quarto ou em você? — *Em mim... fora.* — O que você acha? — *Fora*". "De onde vem o sonho, do quarto ou de você? — *De mim.*" "Onde ele está, fora de você ou em você? — *A meu lado.* — Onde? — *Em meu quarto.* — A que distância? (Ele mostra cerca de 30 cm com os olhos.)"
> Dus (9 anos) é um caso análogo. Ele também crê que o eu participa da formação do sonho: "De onde vêm os sonhos? — *Quando se está doente*". Mas a origem do sonho é também exterior a nós: "De onde eles vêm — *Vêm de fora de nós*". Sonha-se "com a boca", mas o sonho está "na cama". "Onde então? Na cabeça ou fora? — *Fora.*"

Em suma, por um lado o sonho é exterior ao corpo, por outro sua origem é a um tempo interna (a boca) e externa. É o correspondente do que vimos nas crianças que julgam pensar com a boca, embora considerando o pensamento idêntico ao ar exterior. Quanto a Pig, progrediu muito, no primeiro estágio, ao admitir que sonhamos com coisas vistas e que assim participamos da formação de nossos sonhos, mas ainda está afastado da ideia de que o sonho vem de nós, isto é, que tem uma origem interna.

Passemos agora aos casos propriamente do segundo estágio: o sonho vem de nós, mas é exterior enquanto se sonha.

> Schi (6 anos) é um menininho muito inteligente que respondeu a nossas perguntas com um vivo interesse. Do mesmo modo, suas respostas têm um valor especial: "Você já sonhou? O que é um sonho? — *Durante a noite, pensamos (!) em alguma coisa.* — Com que se sonha? — *Com a alma, o pensamento.* — De onde vem o sonho? — *Durante a noite. É a noite que nos representa o sonho.* — O que isso significa? Onde está o sonho enquanto sonhamos? — *Ele está em nossa...* (ia dizer 'cabeça'), *ele está entre a noite e nossa cabeça* (!). — Enquanto sonha, você tem os olhos abertos ou fechados? — *Fechados.* — Então onde está o sonho? — *É quando se vê preto que o sonho vem.* — Onde ele está? — *Enquanto não dormimos, ele está em nossa cabeça. Quando dormimos, ele sai* (!). *Quando é de noite, é de noite, mas enquanto dormimos, não é mais de noite.* — Quando sai, onde ele fica? — *Diante dos olhos e vai contra a parede.* — Seu pai o veria? — *Não.* — Ninguém mais que você? — *Sim, porque sou eu que durmo*".

O caso de Schi dá-nos a chave de todos os fenômenos do segundo estágio. Schi sabe que o sonho está no "pensamento" e que somos nós que produzimos o sonho. Mas ainda não consegue compreender que o sonho seja interior com relação ao corpo. Para ser visto, mesmo com os olhos fechados, é preciso que esteja "entre a noite e nós". De igual modo, Schi é levado a admitir que o sonho "sai" enquanto se dorme. Evitemos atribuir a Schi uma teoria sobre a natureza dessa emanação: Schi limita-se a traduzir sua impressão imediata, segundo a qual só é possível ver objetos exteriores. Seu realismo o impede de distinguir com clareza entre "parecer exterior" e "ser exterior". Se se restringisse a pensar que o sonho "parece exterior", ele não o teria situado "contra a parede". Schi o teria localizado ou na cabeça ou nos objetos sonhados (na escola, no lago etc.). No entanto, Schi sabe que é o único a ver seu sonho. Recordamos além disso que Schi defendia, a propósito do pensamento, coisas análogas: *"quando nos disseram alguma coisa, isso vem em nossa alma, depois sai e torna a vir"* (cap. I, § 1).

Temos agora um caso observado por ocasião de um desenho espontâneo feito antes de nosso questionário:

> Fav (8 anos) faz parte de uma classe escolar cuja professora tem o excelente hábito de dar a cada criança um "caderno de observações", no qual esta última anota todos os dias, com ou sem desenho como apoio, um acontecimento observado pessoalmente fora da escola. Certa manhã, Fav observou, de modo espontâneo como sempre: "Sonhei que o diabo queria me cozinhar". Ora, Fav acrescentou a essa anotação um desenho cuja cópia oferecemos aqui: vê-se à esquerda Fav em sua cama, no centro, o diabo e, à direita, Fav de pé, de pijama, diante do diabo que vai cozinhá-lo. Foi-nos forçoso considerar o desenho e fomos encontrar Fav. Seu desenho ilustra, com efeito, e mesmo com certo poder, o realismo infantil: o sonho está ao lado da cama, diante do sonhador que o contempla. Além disso, Fav está de pijama em seu sonho, como se o diabo o tivesse tirado da cama.
> Eis o que encontramos. No que diz respeito à origem do sonho, Fav desvinculou-se das crenças do primeiro estágio. Como Schi, ele sabe com clareza que o sonho vem do pensamento: "O que é um sonho? — *É um pensamento.* — De onde ele vem? — *Quando vemos alguma coisa e depois pensamos".* "Isso vem de nós? — *Sim.* — Vem de fora? — *Não."* Fav sabe também que pensamos "com o cérebro, com a inteligência". Além disso, Fav, tal como Schi e todas as crianças desse estágio, sabe bem que é o único a ver seu sonho: nem nós nem ninguém poderíamos ter visto o sonho do diabo, no quarto de Fav. Mas o que Fav não compreende é a interioridade do sonho: "Onde está o sonho quando sonhamos? — *Diante de nossos olhos.* — Onde? — *Quando estamos em nossa cama, diante dos olhos.* — Onde, muito perto? — *Não, no quarto".* Mostramos a Fav sua imagem, em II. "O que é? — *Sou eu".* "Qual mostra você de maneira mais verdadeira, este (I) ou este (II)? — *No sonho* (mostra II). — É alguma coisa (II)? — *Sim, sou eu. Eram, sobretudo, meus olhos que tinham ficado lá dentro* (mostra I) *para ver* (!). — Como seus olhos estavam lá? — *Eu estou inteiro, sobretudo meus olhos.* — E o resto? — *Estava*

dentro também (na cama). — Como isso pode acontecer? — *Eu estava duas vezes? Eu estava em minha cama e olhava durante todo o tempo.* — Com os olhos abertos ou fechados? — *Fechados porque eu estava dormindo.*" Um instante depois, Fav parece ter compreendido a interioridade do sonho: "Quando sonhamos, o sonho está em nós ou somos nós que estamos dentro do sonho? — *O sonho está em nós, porque somos nós que vemos o sonho.* — Ele está na cabeça ou fora? — *Na cabeça.* — O que você viu estava na cabeça ou fora? — *Na cabeça.* — Você disse agora mesmo que estava fora, o que isso quer dizer? — *Não se via o sonho nos olhos.* — Onde está o sonho? — *Diante de nossos olhos.* — Há alguma coisa 'de verdade' diante dos olhos? — *Sim.* — O quê? — *O sonho*". Portanto, Fav sabe que há algo de interior no sonho, sabe que a aparência de exterioridade do sonho se deve a uma ilusão ("não se via o sonho nos olhos") e, não obstante, admite que, para que houvesse ilusão, era preciso que houvesse "de verdade" alguma coisa diante de nós:

"Você estava lá (II) 'de verdade'? — *Sim, estava de verdade duas vezes* (I e II). — Se eu estivesse lá, teria visto você? — *Não.* — O que significa: 'eu estava de verdade duas vezes'? — *Porque quando eu estava em minha cama, eu estava de verdade; e, depois, quando estava em meu sonho, estava com o diabo, de verdade também.*"

Podem-se extrair dessas respostas as seguintes conclusões. Fav não sabe distinguir a aparência de exterioridade do sonho da própria exterioridade. Ele concede que haja alguma coisa na cabeça "porque somos nós que vemos o sonho". Temos aí um grande progresso com relação ao primeiro estágio. Ele chega a admitir que, vendo o sonho no exterior, somos vítimas de uma ilusão: "Não se via o sonho nos olhos", ou seja, ao sonhar, vê-se alguma coisa de externo e não de interno. Mas, para Fav, a ilusão decorre do fato de que *somos enganados* por imagens materiais, que existem objetivamente diante de nós, mas que tomamos não como imagens, mas como pessoas. Porém, Fav não contesta a existência dessas imagens exteriores. Dizemos — nós, adultos — que há uma falsa percepção: Fav diz que há percepção verdadeira de algo enganador. Portanto, o sonho é para Fav como uma projeção imaterial: como uma sombra ou uma imagem num espelho. Sem isso, não se compreenderia em absoluto a afirmação espontânea: "eram, sobretudo, meus olhos que tinham ficado lá dentro (I) para ver". Em suma, Fav parece oscilar entre afirmações contraditórias, mas, para ele, elas talvez não o sejam; basta recordar que Fav representa o pensamento como uma coisa material, para compreender o paradoxo de suas afirmações: por um lado, projetamos fora algo que vem de nossa cabeça, mas, por outro lado, o que projetamos existe materialmente no quarto.

Esses fatos nos permitem compreender melhor as participações entre as imagens com que se sonha e as pessoas por elas representadas, participação de que vimos alguns exemplos no decorrer do primeiro estágio. Com efeito, Fav parece realmente admitir que a imagem II contém alguma coisa de si mesmo. É isso o que explica que Fav declare que em sua cama tinham "permanecido" "sobretudo" seus olhos (cf. a expressão de Metr, no mesmo § 1: "eu estou no sonho, ele não está em minha cabeça"). É evidente que essa afirmação de Fav não constitui senão uma maneira confusa de falar e que o menino não pressupõe um "duplo" saindo de si, como os etnógrafos que se apressaram a atribuir a ideia aos primitivos (somente os primitivos raciocinam como Fav ou como os etnógrafos?). Mas de onde vem essa confusão? Ocorre justamente que a imagem II é concebida como exterior ao sujeito I. A participação de II e de I advém, pois, do realismo de Fav. Para nós, não há nenhuma participação entre a imagem e a pessoa representada, porque a imagem não passa de uma representação interna, mas, para um espírito realista que situa a imagem no quarto, a imagem deve de fato conservar algo da pessoa. Corresponde exatamente ao que vimos a propósito dos nomes, que participam das coisas nomeadas na medida em que não são concebidos como objetos mentais e interiores.

Para mostrar que essas interpretações não são fantasiosas, enumeramos agora casos menos ricos do que os de Schi e de Fav, mas igualmente claros sobre o ponto fundamental da exterioridade do sonho:

Mos (11;6) diz que o sonho "*é algo que se pensa quando se dorme, e que se vê.* — De onde vem isso? — *É algo que se pensou durante o dia.* — Onde está o sonho? — *Diante de nós.* — Podemos vê-lo? — *Oh! Não.* — Por quê? — *Ele é invisível* (esta afirmação é muito comprovadora: ela mostra bem que Mos não fala das imagens que cremos ver fora, mas de algo de invisível que é projetado pelo pensamento e que produz as imagens fora). — Ele está diante dos olhos? — *Não.* — Onde? — *Um pouco mais distante de nós.* — Onde então? — *São coisas que passam e que não vemos*".

Mith (7 ½): "Você sabe o que é sonhar? — *Sim.* — Com que se sonha? — *Com os olhos.* — De onde vem isso? — *Do coração.* — Onde está o sonho enquanto se sonha? — *No sonho, em nossa consciência.* — É 'de verdade'? — *Não.* — Onde ele está? — *Fora.* — Onde? — *No quarto*".

Card (9 ½): O sonho "*é quando pensamos que a casa está pegando fogo, quando pensamos que vão nos queimar.* — O sonho é verdadeiro? — *Não, porque estamos dormindo.* — O que é? — *Fogo. É quando pensamos em alguma coisa*". "De onde vem o sonho? — *Da cabeça.* — Com que se sonha? — *Quando pensamos.* — Com o quê? — *Com a inteligência.* — Onde o sonho está? — *Na cama.*" "Está em nós ou diante de nós? — *No quarto.* — Onde? — *Bem perto.* — Você pensou nisso agora? — *Não, eu já sabia.*"

Gren (13;6. Atrasado): "De onde vem o sonho? — *Quando pensamos. Ele vem 'de nós'* (Gren mostra a testa)". "Onde está o sonho? — *Aqui* (mostra uma distância de 30 cm dos olhos)."

Kenn (7 ½): o sonho é que "se inventam coisas". O sonho vem "da boca". "Você tem os olhos abertos ou fechados quando sonha? — *Fechados.* — Eu veria o sonho se estivesse lá? — *Não. Não o vemos porque ele não está perto de nós.*" "Por que não o vemos? — *Porque não está perto de nós.* — Onde ele está? — *Não está próximo de nós.* — Onde ele está? — *Mais distante.* — Onde você acha que ele está? — *... Ele vem em nossa direção.*" "De onde eles vêm? — *Da boca.* — Quando você sonha com a escola, onde está o sonho? — *Na escola, porque se diria que estamos na escola.* — O sonho está na escola de verdade ou se diria somente que está na escola? — *Ele está na escola.* — De verdade? — *Não.* — Ele está na escola ou em sua boca? — *Em minha boca.* — Você me disse que ele está distante. Não é verdade ou é verdade? — *Ele está distante.*"

Zimm (8;1), ao contrário de Kenn, não crê que o sonho esteja na escola, mas o situa diante dos olhos. Quando sonha com a escola, diz Zimm, "*creio que eu estou lá.* — Quando você sonha, o sonho está na escola ou em você? — *Em meu quarto*". Bar (7 anos) enquadra-se no mesmo caso. Os sonhos "vêm de nós". "Quando você sonha que está na escola, onde está o sonho? — *Diante de mim.*" "Fora de você? — *Sim.* — No quarto? — *Diante de mim.*"

Vê-se com bastante clareza que a descoberta de que o sonho é devido ao pensamento modifica pouco os fenômenos de localização que observamos durante o primeiro estágio. Assim, por mais que diga que sonhamos com a boca, Kenn dá — coisa notável — como prova de que outra pessoa não pode ver os sonhos o fato de que o sonho se situa no local ao qual nos transporta. Nossas sugestões opostas a isso não desenganam Kenn. Naturalmente, Kenn não acredita em absoluto que o sonho nos transporte "à escola"; ele julga simplesmente que a imagem da escola, imagem vista em sonho, está "na escola", tal como as crianças de sua idade acreditam que, quando se fala, o nome do sol está "no sol". Para a maioria das crianças do segundo estágio, no entanto, o sonho está a nosso lado, em geral a 30 cm diante de nossos olhos.

Mas antes de ter como certas nossas interpretações, é conveniente questionar, em conformidade com nosso critério habitual, crianças mais avançadas, que estão prestes a chegar à resposta certa, a fim de verificar se verdadeiramente foram vítimas das ilusões que cremos ter percebido nas mais novas. Eis três casos desse tipo.

> DRAP (15 anos, mas um pouco atrasado) disse-nos espontaneamente a propósito de nossas perguntas sobre o pensamento: "Pode-se ver o pensamento? — *Sim, ao sonhar.* — Por quê? — *Sonhamos alguma coisa e a vemos diante de nós.* — (Continuamos então no caminho indicado por Drap): Com que você sonha? — *Com a memória.* — Onde está o sonho? — *Em lugar nenhum.* — Onde ele está, na cabeça ou diante dela? — *Diante. Nós o vemos, mas não podemos tocá-lo*". "Por que diante? — *Porque dentro não se pode ver*" (cf. a observação de Barb no primeiro estágio).

Drap parece avançado com relação aos casos precedentes, no sentido de que situa o sonho "em lugar nenhum". Mas ele quer simplesmente dizer com isso que o sonho é imaterial. O contexto mostra bem que Drap crê ainda que o sonho está diante de nós. A prova disso é a sequência de sua fala:

> Tentamos fazer Drap compreender a interioridade do sonho. "Agora você me vê, e você se lembra, você me viu no ano passado. Você se lembra de mim? — *Sim.* — Onde está aquilo de que nos lembramos? — *Diante dos olhos.* — Por quê? — *Porque na cabeça não se pode ver. É como se* (!) *estivesse diante de nós.*" Depois de ter compreendido a diferença entre o ser e o "como se", Drap admite enfim que a imagem está na cabeça. Diz-nos então que pela primeira estava compreendendo que o sonho está na cabeça.

Essa surpresa provocada em Drap por nossa explicação mostra bem que antes Drap não conseguia distinguir o "ser" do "parecer".

Pug (7;2): o sonho é *"quando se veem assuntos que não são de verdade.* — Quem disse isso a você? — *Ninguém.* — De onde vêm os sonhos? — *Não sei.* — Da cabeça ou de fora? — *Da cabeça.* — Onde está o sonho? — *Diante de mim.* — Onde? — *Bem perto* (mostra uma distância de cerca de 30 cm de seus olhos). — Ele está verdadeiramente lá ou parece estar lá? — *Não sei.* — Eu o veria se estivesse lá? — *Não, porque você não está dormindo.* — E sua mãe o veria? — *Não.* — Mas como, então, você me disse que ele está fora? — *Não, ele não está fora.* — Onde ele está? — *Em parte alguma.* — Por quê? — *Não é nada.* — Ele está fora ou na cabeça? — *Na cabeça.* — Então ele não está diante de você? — *Está sim, ele está mesmo assim diante de mim* (!)". "O sonho está em sua cabeça? — *Sim.* — Então, ele não está diante de você? — *Sim, ele está em todo lugar."*

Esse caso mostra que a sugestão tem pouco poder sobre uma criança desse estágio. Pug deseja de fato admitir que o sonho está em sua cabeça. Mas continua a crê-lo fora e em todo lugar. É completamente análogo ao caso de Roc (cap. II, § 2) no que diz respeito aos nomes: Roc quer realmente admitir que os nomes estão na cabeça, mas não deixa de acreditar que eles permanecem no quarto.

Grand (8 anos): "Você sabe o que é sonhar? — *Uma vez eu vi um homem que me deu medo de dia e sonhei à noite.* — De onde vem o sonho? Onde ele se faz? — *Em nossa cabeça.* — Onde está o sonho enquanto sonhamos? — ... — Na cabeça ou fora? — *Parece* (!) *que está fora".* Grand parece, portanto, considerar a exterioridade do sonho como uma ilusão. Mas continuamos: "Onde está o sonho? — *Nem fora nem dentro.* — Onde ele está? — *No quarto.* — Onde? — *Em volta de mim.* — Longe ou bem perto? — *Bem perto; meu irmão, quando sonhou, tremeu".*

O irmão de Grand teve tremores, portanto o sonho é alguma coisa de imaterial talvez, mas do exterior. Veremos que a sequência do questionário levou Grand a passar ao terceiro estágio, por ruptura brusca com o anterior.

Esses últimos interrogatórios, no decorrer dos quais a criança raciocina e busca respostas, mostram com clareza que as crianças desse segundo estágio não dizem que o sonho está no quarto por simples incompreensão verbal da pergunta. Elas distinguem bem "ser" e "parecer". Duvidam da exterioridade do sonho, mas não podem prescindir disso para explicar a si mesmas que se "vê alguma coisa"; "dentro da cabeça não é possível ver!"

Em resumo, o realismo desse segundo estágio é bem mais refinado do que o do primeiro. Trata-se de um realismo mais intelectual e menos imediato. Mas, como tal, esse realismo nos permite confirmar nossas interpretações dos fenômenos do primeiro estágio. Com efeito, suprimamos das afirmações do segundo estágio a descoberta essencial de que o sonho se deve ao sujeito pensante; eis o que resta: 1) que o sonho é exterior; 2) que a imagem de um personagem deve estar ligada a esse personagem por participação, na medida em que ela não é uma representação subjetiva do dormidor. É de fato o que veremos, e aquilo cujas características acabamos de encontrar em todo o decorrer deste segundo estágio.

§ 3. O terceiro estágio: o sonho é interior e de origem interna

Permanecem dois problemas a discutirmos: a interiorização progressiva das imagens e as conexões que existem, para a criança, entre o pensamento e os sonhos.

Examinemos em primeiro lugar alguns casos intermediários entre o segundo e o terceiro estágio:

> GRAND (8 anos) é especialmente interessante, pois, depois de ter dado as razões vistas em favor da exterioridade do sonho, chega espontaneamente à seguinte ideia: "*Em nossos olhos, quando os viramos* (quando os esfregamos), *vejo uma especie de cabeça* (os fosfenos). — O sonho está dentro ou fora? — *Creio que ele não está nem em torno de mim nem em meu quarto.* — Onde está? — *Em meus olhos*".
>
> PASQ (7 ½): "Onde está o sonho enquanto se sonha, no quarto ou em você? — *Em mim.* — Foi você que o fez ou ele veio de fora? — *Fui eu que o fiz.* — Com que se sonha? — *Com os olhos.* — Quando você sonha, onde está o sonho? — *Nos olhos.* — Ele está no olho ou por detrás do olho? — *No olho*".
>
> FALQ (7;3): "De onde vem o sonho? — *Dos olhos.* — Onde está o sonho? — *Nos olhos*". "Na cabeça ou nos olhos? — *Nos olhos.* — Mostre onde. — *Lá atrás* (ele mostra o olho). — O sonho pertence ao pensamento? — *Não, é alguma coisa.* — E o quê? — *Uma história.* —Se pudéssemos ver por detrás dos olhos, veríamos alguma coisa? — *Não, é uma pequena pele.* — O que há sobre essa pele? — *Pequenas coisas, pequenos quadros*".

É interessante observar que Grand e Falq estão entre as crianças que acreditam que o pensamento é "uma voz na cabeça". Recordamos que as crianças creem no princípio que pensam com a boca e identificam o pensamento com palavras e nomes ligados às próprias coisas. Depois, quando descobrem que o pensamento é interior, elas fazem dele inicialmente uma "voz" situada no fundo da boca, na cabeça. O mesmo ocorre, exatamente, com as representações relativas ao sonho. O sonho é no começo um quadro exterior, produzido pelas coisas, depois pela cabeça. Em seguida, quando começam a descobrir a interioridade do sonho, as crianças representam-no como uma imagem, uma "história", diz-nos Falq, que será gravada no olho ou detrás do olho, em suma, que o olho "vê" interiormente, tal como o ouvido "escuta" a voz interior do pensamento.

No caso dos sonhos como no da fala, o pensamento é, portanto, ainda confundido com a matéria física. Mesmo as crianças mais avançadas, isto é, nos casos claros do terceiro estágio, aquelas que consideram o sonho como simplesmente pensado, e pensado interiormente, ainda deixam amiúde escapar crenças na materialidade desse pensamento.

> TANN (8 anos): "De onde vêm os sonhos? — *Quando se fecham os olhos: onde for noite, veem-se coisas.* — Onde elas estão — *Em nenhum lugar. Elas não existem. É nos olhos.* — Os sonhos vêm de dentro ou de fora? — *De fora. Quando se vai caminhando e se vê alguma coisa, isso fica marcado em nossa testa sobre pequenos glóbulos de sangue.* — O que acontece quando dormimos? — *Vemos isso.* — Esse sonho está na cabeça ou fora? — *Vem de fora e quando se sonha com isso, vem da cabeça*". "Onde estão as imagens quando se sonha? — *Dentro do cérebro, elas vêm para dentro dos olhos.* — Há alguma coisa diante dos olhos? — *Não.*"
>
> STEP (7 ½): O sonho está "em minha cabeça. — Na cabeça ou diante de seus olhos? — *Diante de meus olhos. Não, ele está em minha cabeça*". Mas o sonho é "*quando falamos a nós inteiramente sozinhos e depois dormimos.* — De onde vem o sonho? — *Quando falamos sozinhos.*"

Tann está evidentemente permeado por ensinamentos adultos, mas a maneira pela qual ele os assimilou não deixa por isso de ser interessante.

Eis, pelo contrário, sujeitos mais avançados, que não procuram mais materializar nem o pensamento nem as imagens interiores. Por conseguinte, esses sujeitos devem ser postos no terceiro dos estágios, que distinguimos a propósito da noção de pensamento. Deve-se observar que essas crianças têm precisamente 10 a 11 anos em geral, o que confirma a idade que encontramos para esse estágio:

> Ross (9;9): o sonho é "*quando se pensa em alguma coisa.* — Onde está o sonho? Está diante de você? — *Em minha cabeça.* — Há algo como uma espécie de imagens na cabeça? Como isso se faz? — *Não, representamos o que fizemos antes*".
>
> VISC (11;1): sonha-se "com a cabeça" e o sonho está "em nossa cabeça". "Ele não está diante? — *É como se (!) o víssemos.* — Há algo diante de você? — *Nada.* — O que existe na cabeça? — *Pensamentos.* — São os olhos que veem alguma coisa na cabeça? — *Não.*"
>
> BOUCH (11;10): "Se sonha que está vestido, você vê uma imagem. Onde ela está? — *Estou vestido como os outros, depois ela (a imagem) está em nossa cabeça, mas se crê (!) que ela está diante de nós*".

CELL (10;7) diz também: "*parece que a vejo* (a casa) *diante de mim*", mas ela está na cabeça.

Vemos com nitidez que, às mesmas perguntas e até a questões mais sugestivas, essas crianças reagem de maneira diferente da dos estágios anteriores. As expressões "crê-se que", "parece", "é como se", para designar a exterioridade do sonho, são novas, sendo muito características desse estágio.

§ 4. Conclusões

Resta-nos destacar as relações existentes entre os resultados que acabamos de analisar e os resultados de nosso estudo sobre os nomes e a noção de pensamento. São muito íntimas essas relações, e verifica-se um notável paralelismo entre esses dois grupos de fenômenos. Três variedades de realismo, ou, se se prefere, três "adualismos", surgiram diante de nós, com efeito, para caracterizar as ideias das crianças sobre o pensamento e as palavras. Os três são encontrados a propósito dos sonhos e desaparecem pouco a pouco, na mesma ordem da referente aos nomes.

Em primeiro lugar, as crianças confundem o signo e o significado, ou o objeto mental e a coisa por ele representada. No que diz respeito ao pensamento em geral, a ideia e o nome do sol, por exemplo, são concebidos como fazendo parte do sol e como emanando dele. Tocar no nome do sol é tocar o próprio sol. No que tange ao sonho, encontramos algo muito semelhante: considera-se que a imagem sonhada emana da coisa ou da pessoa que representa essa imagem. O sonho com um homem esmagado vem do próprio homem etc. Além disso, quando se sonha na escola, o sonho está "na escola", tal como, quando se pensa no sol, a palavra e o nome que se pensam estão "no sol". Há confusão entre o sonho e a coisa com que se sonha.

Nos dois casos, esse realismo suscita sentimentos de participação. O nome do sol parece à criança implicar o calor, a cor, a forma do sol. Parece, sobretudo, constituir a ponte entre o sol e nós, por participação imediata. De outra parte, o sonho com um homem esmagado parece emanar dele, estando sobretudo carregado de afetividade; ele vem "para nos aborrecer" ou "porque se fizeram coisas que não deviam ser feitas" etc.

Mas a confusão entre o signo e o significado desaparece mais cedo no caso do sonho do que no caso dos nomes e dos pensamentos, pela razão bem simples de que o sonho é enganador, o que obriga o signo a destacar-se das coisas que representa. É de resto esse caráter enganador e assustador dos sonhos que explica que as participações se matizem de uma tonalidade mais afetiva no caso dos sonhos do que no dos homens.

Uma segunda confusão é a que se dá entre o interno e o externo. As palavras são situadas primitivamente nas coisas, depois em todos os lugares, em particular no ar ambiente, depois na boca isoladamente e por fim na cabeça. Os sonhos obedecem a um processo exatamente semelhante: no princípio situados nas coisas (mas não por muito tempo, dadas as circunstâncias que acabamos de ver), eles são em seguida localizados no quarto e ao mesmo tempo emanam da cabeça (como as palavras são situadas no ar ambiente e a um só tempo emanam da boca); os sonhos são por fim localizados nos olhos e, em suma, no próprio pensamento e na própria cabeça.

No caso do pensamento, essa confusão entre o interno e o externo gera, nos estágios primitivos, crenças paradoxais como aquela segundo a qual o pensamento é um sopro situado ao mesmo tempo na cabeça e fora. As ideias das crianças acerca dos sonhos confirmam por inteiro essa interpretação: para algumas, o sonho é uma voz ou o ar ao mesmo tempo externo e interno.

Enfim, uma terceira variedade de realismo provoca uma confusão entre o pensamento e a matéria. O pensamento, para as crianças que se questionaram sobre isso, é um sopro, considerando-se que se pensa com a voz. Ele é também uma fumaça, levando por isso o hálito a ser confundido com a voz. O sonho, para as crianças que se perguntaram sobre o assunto, está igualmente no ar ou na fumaça. Entre as criancinhas que ainda não compreenderam a origem subjetiva dos sonhos (primeiro estágio), ele está simplesmente "na noite" ou "na luz".

Ora, ao estudar as representações relativas aos nomes, chegamos à conclusão de que a confusão do signo e do significado desaparece primeiro (por volta de 7-8 anos). Esse desaparecimento impulsiona a distinção entre o interno e o externo (por volta de 9-10 anos) e, por fim, essa distinção engendra a ideia de que o pensamento não é tão-somente um corpo material. No que diz respeito às concepções relativas aos sonhos, esse processo é ainda mais claro. A confusão correspondente entre a imagem e o objeto não tarda a desaparecer (por volta de 5-6 anos). Na medida em que ela desaparece, o sonho deixa de ser localizado nas coisas. A distinção entre o interno e o externo é assim esboçada, tornando-se completa aos 9-10 anos, aproximadamente (início do terceiro estágio). Finalmente, é apenas por volta dos 11 anos que essa distinção entre o interno e o externo leva a criança a compreender de uma vez por todas que o sonho não é uma imagem material, mas simplesmente um pensamento.

Há, portanto, paralelismo completo entre as representações das crianças relativas aos nomes e ao pensamento e as representações relativas aos sonhos. Ora, é evidente que, nos estágios primitivos, as crianças não veem por si mesmas nenhuma analogia nem nenhum vínculo entre o sonho e a fala. Como nem as imagens nem os nomes são considerados objetos mentais, não podem ter, aos olhos da criança, nenhum parentesco. A similitude dos fenômenos observados nos dois casos, assim como dos processos de evolução desses fenômenos, afiança-nos, pois, a legitimidade de nossos interrogatórios e de nossas interpretações. Permanecem, sem dúvida, por confirmar estas últimas, retomando os questionários em diferentes países para destacar com mais clareza a parte das influências adultas e a parte das crenças espontâneas e constantes da criança. Mas a comparação que pudemos estabelecer entre nossos materiais genoveses, as respostas obtidas em Neuchâtel e no Jura de Berna pela Senhorita Perret, e as respostas compiladas em Madri e em Santander pela Senhorita Rodrigo, leva-nos a pensar que o elemento constante e espontâneo que supusemos na criança é com efeito preponderante.

Capítulo IV
O realismo e as origens da participação

Vamos agora tentar extrair as possíveis consequências do realismo que analisamos nos capítulos precedentes.

Convém, no entanto, antes de tudo, precisar o real alcance de nossas pesquisas sobre a noção de pensamento, sobre o realismo nominal e sobre a explicação dos sonhos na criança, sem o que a interpretação de nossos materiais poderia ensejar os mais graves mal-entendidos. Poder-se-ia ter a impressão de que atribuímos às crianças, se não teorias, ao menos ideias claras e espontaneamente formuladas acerca da natureza do pensamento, dos nomes e dos sonhos. Nada está mais longe de nossa intenção! Reconhecemos de bom grado que as crianças nunca ou quase nunca refletiram sobre os tópicos acerca dos quais fizemos nossos interrogatórios. As experiências que fizemos consistiram, por conseguinte, não no exame das ideias já formadas em nossas crianças, mas na verificação de como se constroem suas ideias sobre as questões que lhes foram apresentadas e, sobretudo, em que direção são as crianças levadas por sua orientação de espírito espontânea.

Nessas condições, o resultado de nossos interrogatórios só pode ser negativo, não positivo. Em outras palavras, uma explicação fornecida por uma criança, em resposta a nossas perguntas, não pode ser considerada "uma ideia de criança", mas simplesmente a indicação de que a criança não procurou sua solução na mesma direção que nós o fazemos, mas recorreu a determinados postulados implícitos que diferem dos nossos.

Os únicos elementos que nos interessam são esses pressupostos. Como decorrência, vamos abstrair os detalhes de nossos resultados precedentes (dado ser necessário evitar tomar esses detalhes ao pé da letra), conservando tão-somente a seguinte conclusão: a criança é realista, visto que pressupõe que o pensamento está ligado a seu objeto, que os nomes estão ligados às coisas nomeadas e que os sonhos são exteriores ao sonhador. Seu realismo consiste numa tendência espontânea e imediata de confundir o signo com o significado, o interior com o exterior, e igualmente o psíquico com o físico.

Ora, são duplas as consequências desse realismo: de um lado, o limite entre o ego e o mundo exterior é na criança bem mais impreciso do que em nós; e, do outro, o realismo se prolonga em "participações" e atitudes mágicas espontâneas.

São esses os aspectos que nos cabem agora examinar.

§ 1. O realismo e a consciência de si

O problema da consciência de si na criança tem um alcance considerável e um caráter deveras complexo, o que nos induz a evitar abordá-lo em termos gerais. Faz-se necessário, para criar as condições de chegar a uma síntese, instituir, no que se refere a todos os conteúdos da consciência infantil, pesquisas análogas às que fizemos acerca de pensamento, de nomes e de sonhos. Precisamos, contudo, abordar o problema, visto ser dele que dependem as questões relativas à participação e à causalidade mágica na criança.

Seguiremos um método regressivo. Vamos limitar-nos a traçar a curva de transformação dos processos estudados nos capítulos anteriores, extrapolando essa curva a fim de conjeturar sobre quais são os estágios originais. O método é perigoso, mas talvez seja o único possível.

Ao que parece, pode-se chegar a duas conclusões acerca das análises anteriores. A primeira é que a criança não é nem um pouco menos consciente de seu pensamento do que nós. Ela se deu conta da existência de seu pensamento, dos nomes e dos sonhos, tendo chegado a observar inúmeras particularidades sobremodo sutis. Uma criança nos disse que sonhamos com aquilo que nos interessa, outra afirmou que quando pensamos em coisas, fazemo-las porque "gostaríamos de ter essas coisas" e outra ainda alegou que sonhou com a tia por ter ficado contente de revê-la. Na maioria das vezes, as crianças acreditam que sonharam porque tiveram medo etc. Há por outro lado toda uma psicologia na criança, bastante nuançada, com frequência astuciosa, e que constitui em todos os casos o testemunho de um vívido sentimento da vida afetiva. Sustentamos antes (J.R., cap. IV, § 1) que a criança maneja com dificuldades a introspecção. Isso nada tem de contraditório com o que apresentamos aqui. Pode-se sentir intensamente o resultado de um processo mental (raciocínio lógico ou raciocínio afetivo), sem por isso se saber de que modo se chegou a esse resultado. É justo isso o que ocorre com a criança, e é esse fator que nos leva a falar da "intuição" infantil: percepção exata dos dados da consciência, mas inconsciência do percurso que levou à percepção desses dados — este é o paradoxo dessa "intuição".

Trata-se de um paradoxo que tem estreitas ligações com a particularidade de que vamos falar agora (esta vai ser nossa segunda conclusão). Se tem consciência dos mesmos conteúdos do pensamento que nós, a criança os situa de modo completamente distinto: ela situa no universo ou nas outras pessoas aquilo que situamos em nós, e situa em si mesma aquilo que localizamos nos outros. A esse problema da localização dos conteúdos resume-se o problema da consciência de si na criança, e é por não propô-lo claramente que se simplifica algo que é, na verdade, sobremodo complexo. Pode-se, com efeito, supor um espírito deveras sensível às mínimas ocorrências da vida afetiva, muito observador no que concerne às particularidades da linguagem dos costumes e do comportamento em geral, porém muito pouco consciente de seu próprio ego, visto que toma sistematicamente como objetivo cada um de seus pensamentos, e como comum a todos cada um de seus sentimentos. A consciência do ego nasce, com efeito, da dissociação com respeito à realidade tal como a concebe a consciência primitiva, em vez de advir da associação de conteúdos determinados. Observar na criança um vívido interesse por si mesma, um egocentrismo lógico e, sem dúvida, moral, não equivale a provar que a criança seja consciente de seu ego, mas, pelo contrário, indicar que ela confunde seu ego com o universo, ou seja, que ela é inconsciente de si mesmo. Eis o que é preciso tentar mostrar.

Nos capítulos anteriores, falamos apenas de instrumentos do pensamento (conceitos, imagens, palavras etc.), sem mencionar as representações nem, de modo particular, a vida afetiva. Esses instrumentos são assim quase tão bem percebidos pela criança quanto o são por nós, mas sua localização é toda outra. Para nós adultos, uma ideia ou uma palavra estão no espírito, e a coisa representada está no universo sensível. Por outro lado, as palavras e certas ideias estão no espírito de todos, ao passo que outras só se encontram no pensamento próprio. Para a criança, os pensamentos, as imagens, as palavras distinguiram-se bem, em parte, das coisas, mas se acham situadas nestas últimas. Se dividirmos o processo contínuo dessa evolução em fases sucessivas, obteremos, por conseguinte, quatro fases: 1) uma fase de *realismo absoluto*, durante a qual os instrumentos do pensamento em nada se distinguem e em que só parecem existir coisas; 2) uma fase de *realismo imediato*, durante a qual os instrumentos do pensamento se distinguem das coisas, mas estão situados nelas; 3) uma fase de *realismo mediato*, durante a qual os instrumentos do pensamento ainda são concebidos como espécies de coisas e se acham situados tanto no corpo como no meio ambiente; e, por fim, 4) uma fase de *subjetivismo* ou de *relativismo*, durante a qual os instrumentos do pensamento são situados em nós. Em certo sentido, a criança começa, por conseguinte, confundindo seu ego — ou seu pensamento — com o mundo e mais tarde distingue os dois termos.

Ora, parece possível estender essa lei ao próprio conteúdo das representações, incluindo as percepções mais simples. Em outras palavras, toda representação é primitivamente sentida pela criança como absoluta, como algo que permite ao espírito penetrar na própria coisa, e depois a criança vai concebendo progressivamente a representação como relativa a um dado ponto de vista. Num novo sentido, a criança começa assim confundindo seu ego com o mundo — isto é, no caso particular, o ponto de vista do sujeito e o dado exterior a ele — e mais tarde distingue seu próprio ponto de vista de outros pontos de vista possíveis. Com efeito, a criança sempre começa tomando seu ponto de vista como absoluto. Veremos adiante grande número de exemplos disso: a criança acredita que o sol a segue, que as nuvens a seguem, que as coisas são sempre tais como ela as vê (independente da perspectiva de visão, do afastamento etc.). Na medida em que ignora a subjetividade de seu ponto de vista, ela crê encontrar-se no centro do mundo, disso decorrendo um conjunto de concepções finalistas, animistas e quase mágicas de que veremos exemplos a cada página. Essas concepções testemunham por si sós a ignorância em que a criança se acha quanto à existência de sua subjetividade.

Mas a consciência da subjetividade do ponto de vista próprio é apenas um elemento mínimo da consciência de si. Esta última é constituída antes de tudo por um sentimento de originalidade da vontade, dos desejos, das afeições etc. Contudo, também nesse caso, serão os primeiros sentimentos de sofrimento e de prazer, os primeiros desejos, sentidos pela criança como pessoais ou como sendo comuns a todas as pessoas? É extremamente provável que sigam a mesma lei, e que a criança comece convicta, visto que nunca se questionou a esse respeito, de que tudo o que sente existe por si só, objetivamente. Mediante uma série de decepções, e devido à experiência de resistências da parte de outrem, vai ela aprender a subjetividade desses sentimentos. Também nessa situação o ego resulta de uma dissociação da consciência primária: a consciência primária, ou consciência do "isto é desejável", do "isto é doloroso", é projetada diretamente no real, primeiro mediante um realismo absoluto, mais tarde de um realismo imediato, e é somente por meio do apartar-se desse real que vai nascer o duplo sentimento de um dado objetivo e de uma emoção própria que o avalia.

Em suma, parece que, se quisermos conjeturar sobre as coisas de modo grosseiro, e sem precisar os detalhes, à falta de dados diretos, todo o conteúdo da consciência infantil seja primitivamente projetado no real (nas coisas e nos outros), o que equivale a uma completa ausência de consciência de si. Três tipos diferentes de indícios nos levam a pensar assim.

Em primeiro lugar, não é possível separar os elementos representativos dos elementos afetivos. Por mais primitivo que seja, todo sentimento é acompanhado da consciência de um objeto ou constitui ele mesmo seu objeto. Ora, acabamos de admitir que, em virtude dos fenômenos observados nos capítulos anteriores, toda representação é primitivamente realista.

Em segundo, sabe-se, a partir de Baldwin e sobretudo de Pierre Janet,[v] que a imitação se deve a uma espécie de confusão entre o eu e o outro. Em outras palavras, o som que a criança ouve provoca nela o movimento necessário a sua continuação, sem que a criança diferencie o som independente

---

[v] Cf., por exemplo, BALDWIN, A. L. *Teorias do Desenvolvimento*. São Paulo: Pioneira, 1973; Pierre Janet foi médico e psicólogo experimental e professor de Freud e de Jung. N.T.

dela e o som que ela mesma produz. Ocorre incessantemente, em casos de imitação involuntária, de nos identificarmos a tal ponto com aquele a quem imitamos que não mais sabemos o que vem dele e o que a ele atribuímos. Discutimos no capítulo I (§ 3) o caso de crianças que creem ter descoberto sozinhas aquilo que lhes dissemos. Inversamente, as crianças sempre acreditam que aquilo que ignoram e que sempre ignoraram foi "esquecido"! Saber tudo se afigura à criança uma invenção adequada, e toda ignorância lhe parece esquecimento. Esses fenômenos parecem decorrer de uma hipertrofia do sentimento de si mesmo: na verdade, são simplesmente indícios da ausência de uma distinção nítida entre o exterior e o interior. A imitação não ocorre sem projeção. Ora, sendo assim, a recíproca deve ser verdadeira: as intenções e a vontade do ego devem ser atribuídas aos outros tanto quanto os gestos de todos são atribuídos ao ego.

Por fim, e sobretudo, sabe-se que na criança de pouca idade a localização das sensações orgânicas não ocorre de maneira espontânea. Uma dor no pé não atrai imediatamente a atenção para o pé etc.; a dor flutua, sem localização, e a criança julga que todos a sentem. Mesmo quando localizada, a dor deve ser sentida pela criança durante muito tempo como comum a todos: as crianças pequenas não sabem espontaneamente que só elas a podem sentir. Em suma, entre o corpo próprio visto do exterior e o corpo próprio sentido do interior não há, para a consciência primitiva, a mesma relação que existe para nós: tanto o que chamamos de interior como o que chamamos de exterior devem por um longo tempo ser considerados algo comum a todos.

É infelizmente impossível controlar essas hipóteses por meio de uma análise direta. Mas a extrapolação dos resultados obtidos entre 4-5 anos e 11-12 anos parece mostrar bem que a consciência da interioridade não resulta de uma intuição direta, as de uma construção intelectual, e que esta construção só é possível graças a uma dissociação de conteúdos da consciência primitiva.

Além disso, se a consciência primitiva não pode ser analisada sem hipótese, a dissociação de que falamos pode ser diretamente observada. No tocante a isso, uma recordação de infância de E. Gosse é para nós uma enorme contribuição. Depois de uma mentira que não foi punida, E. Gosse percebeu que o pai não sabia tudo. Ora, foi essa descoberta do fato de ser o único a saber certas coisas que parece ter reforçado nele a consciência de seu ego:

> "A crença na onisciência e infalibilidade de meu pai foi então morta e enterrada. Ele provavelmente sabia bem poucas coisas, porque, nessa circunstância, não soubera de um fato de tal importância que, se não se sabia isso, pouco importava o que se soubesse... Mas, dentre todos os pensamentos que, naquela crise, afloraram em meu cérebro ainda não primitivo e tão pouco desenvolvido, o mais curioso foi ter encontrado

em mim mesmo um companheiro e um confidente. Havia um segredo neste mundo, e esse segredo me pertencia e pertencia a quem quer que vivesse em meu corpo. Éramos dois e podíamos discutir um com o outro. É difícil definir sentimentos tão rudimentares, mas não há dúvida de que é por meio dessa forma de dualismo que o sentido de minha individualidade surgiu de repente, naquele momento, sendo igualmente certo que foi um grande consolo ter encontrado em mim mesmo alguém que podia me compreender".[1]

Percebe-se como esse relato é interessante. Enquanto a criança acreditava na onisciência do pai, seu próprio ego era inexistente no sentido de seus pensamentos e ações lhe parecerem, se não comuns a todas as pessoas, ao menos conhecidos dos pais em todos os detalhes. No dia em que percebe que os pais não sabem tudo, a criança descobre ao mesmo tempo a existência de sua subjetividade. Esse fato produziu-se, sem dúvida, tarde e só tem relação com o plano superior da personalidade. Não obstante, mostra com clareza o ponto até o qual a consciência de si é o produto de uma dissociação do real, em vez de resultar de uma intuição primitiva; mostra ainda que essa dissociação decorre de fatores sociais, ou seja, da diferenciação entre os pontos de vista dos outros e ponto de vista próprio.

A propósito das relações entre o corpo próprio visto do exterior e o corpo próprio sentido do interior, pode ser interessante retomar a questão do emprego da primeira pessoa na criança. Sabe-se que as crianças falam de si mesmas na terceira pessoa antes de empregar o pronome "eu". Assim, o imbecil descrito por H. Wallon[2] diz, ao ser corrigido: *"Veja o que aconteceu com Fernand!"* (ele mesmo). Do mesmo modo, uma menininha que observamos disse aos 2;9: *"Você é uma senhorita, não sou?"* para dizer "Sou uma senhorita, não sou?" Baldwin e muitos outros sustentaram haver aí um indício da existência do estágio projetivo: a criança vê a si mesma como exterior a seu pensamento, como "projetada" num espelho sob seus próprios olhos, sem ter o sentimento de sua subjetividade. Muitas foram as contestações dessa interpretação. Rasmussen só vê nisso a imitação das pessoas que cercam a criança, que designam forçosamente a criança por um nome e não usando "eu". M. Delacroix, em seu belo livro *Le langage et la pensée* (A linguagem e o pensamento), considera o "eu" mero instrumento gramatical.

Mas nos parece que, por trás da questão gramatical, há uma questão de lógica das relações. Quando a criança, ainda aos 8-9 anos, diz "tenho um irmão, Paul", sua conclusão é a de que Paul não tem irmão (*J.R.*, cap. II e

---

[1] E. GOSSE. *Père et fils*. Trad.: A. MONOD e H. DAVRAY, pp. 53-54. [Edmund William Gosse (1849-1928), crítico inglês que em sua autobiografia examinou suas relações com os pais em termos de temperamentos. N.T.]
[2] H. WALLON. *Journal de Psych.*, vol. VIII, 1911, p. 436.

III), dado que não distingue seu ponto de vista do de outrem. Por que não ocorreria o mesmo com o emprego da primeira pessoa? Com efeito, a dificuldade da criança atinge quanto a isso todos os termos possessivos. Egger já observara que, quando se pede a uma criança de 1;6: "mostre meu nariz, minha boca" etc., a criança mostra os dela. É preciso dizer: "mostre o nariz de papai" para ser compreendido.

Ora, dessa ótica o fenômeno permanece interessante. Não é preciso dizer que a criança que fala de si na terceira pessoa localiza em seu próprio corpo aquele de quem fala. Mas ela talvez não compreende que a representação que tem de si mesma é diferente daquela que outra pessoa pode ter dela. Ela certamente não tenta, para falar de si, colocar-se no ponto de vista de outrem, mas acredita que se põe no único ponto de vista possível, o ponto de vista absoluto. Ora, esse é um fato dotado de importância. Mostra que a dor de Fernand e o juízo que ele faz dela não são para ele igualmente interiores: só a dor se localiza no corpo, ao passo que o juízo é feito de um ponto de vista comum e indiferenciado. Fernand não sabe ser ele quem julga a si mesmo. Se lhe perguntássemos onde está seu "ego", ele designaria apenas a metade de sua consciência, a metade que sente a dor, mas não a metade que vê o outro sofrer.

Em resumo, a criança que fala de si mesma na terceira pessoa, sem dúvida, já dispõe em parte de um sentimento de seu "ego" — e nesse aspecto Baldwin evidentemente exagerou —, mas talvez não o sentimento de seu "eu", se por "eu" denominarmos, seguindo W. James, o elemento do ego que vê o outro viver. Mas basta este fato para confirmar o que acabamos de dizer acerca das dificuldades que tem a criança para estabelecer os limites entre o mundo interior e o mundo comum a todas as pessoas.

§ 2. Os sentimentos de participação e as práticas mágicas na criança

Insistimos, nas páginas precedentes, nas particularidades da consciência do ego na criança, visto que consideramos esses fenômenos capitais para o esclarecimento da origem da causalidade. As formas mais primitivas da causalidade na criança parecem, de fato, decorrentes de uma confusão entre realidade e pensamento, ou, de modo mais preciso, de uma constante assimilação dos processos externos aos esquemas fornecidos pela experiência externa. É o que convém esboçar nos dois parágrafos a seguir, com a disposição de desenvolver essas ideias na sequência desses estudos. Neste parágrafo, vamos limitar-nos a enumerar alguns casos de sentimento de participação ou de magia, bem como simplesmente anunciar os casos mais sistemáticos que pudemos observar durante pesquisas a que mais tarde faremos referência.

Denominamos "participação", nos termos da definição dada por M. Lévy-Bruhl, a relação que o pensamento primitivo crê perceber entre dois seres ou dois fenômenos que considera ou parcialmente idênticos, ou como exercendo um sobre o outro uma estreita influência, ainda que não exista entre eles quer uma ligação espacial quer uma conexão causal inteligível. Pode-se questionar a aplicação desse conceito ao pensamento da criança, mas se trata de mera questão de palavras. Pode ser que a participação na criança difira da participação no primitivo. Há, contudo, semelhanças, bastando esse fato para nos autorizar a escolher nosso vocabulário entre as expressões mais adequadas que encontrarmos para designar o pensamento primitivo; nem por isso prejulgamos haver identidade entre as diferentes formas de participação que podemos distinguir.

Denominamos "magia" o uso que o indivíduo crê poder fazer das relações de participação a fim de modificar a realidade. Toda magia supõe uma participação, mas a recíproca não é verdadeira. Neste caso, mais uma vez, podemos lamentar o uso do termo "magia" ao nos referirmos à criança, mas de modo algum consideramos de antemão haver a identidade entre a magia na criança e a magia no primitivo.

É por outro lado conveniente distinguir a participação e a magia do animismo infantil, isto é, da tendência que a criança exibe no sentido de emprestar vida e consciência aos seres inanimados. Os dois grupos de fenômenos se tocam de perto. Assim sendo, as crianças acreditam que o sol as segue. O animismo manifesta-se quando as crianças acentuam a espontaneidade do sol que as segue. Quando as crianças acreditam serem elas quem faz o sol avançar, estamos diante da participação e da magia. Por conseguinte, é evidente que essas crenças são deveras próximas entre si. É, contudo, proveitoso diferenciá-las, visto que seremos levados a admitir que o animismo deriva da participação e não o contrário. Ou, pelo menos, que é no momento em que os sentimentos de participação atualizam-se sob a influência da diferenciação entre o ego e o mundo exterior que o ego atribui a si mesmo poderes mágicos e que, em contrapartida, os seres são dotados de consciência e de vida.

Empenhemo-nos agora em classificar os diferentes tipos de participação na criança e as práticas mágicas a que dão lugar alguns desses tipos de participação. Naturalmente, excluímos dessa relação tudo aquilo que tem relação com a brincadeira propriamente dita. Esta acha-se penetrada de participações, mas num plano distinto do da crença, devendo-se por isso deixar de lado o problema.

Podem-se classificar as participações e as práticas mágicas da criança, seja do ponto de vista do conteúdo, do interesse dominante, ou do ponto de vista da estrutura da relação causal. Da perspectiva do conteúdo, encontram-se relações mágicas ligadas ao medo, ao remorso (onanismo), ao desejo propriamente dito e, em quarto lugar, ao sentimento da ordem reinante na natureza. Veremos claramente esses quatro interesses envolvidos nos exemplos que vamos citar em breve. Mas o ponto de vista da estrutura das ligações tem para nós aqui maior relevância, e por isso classificaremos os fatos que reunimos nas quatro categorias a seguir.

1) Há em primeiro lugar a *magia por participação entre os gestos e as coisas*. A criança faz um gesto ou executa mentalmente uma operação (contar etc.) e admite que esses gestos ou essas operações exercem por participação uma influência sobre um dado evento desejado ou temido. Esses gestos tendem a assumir caráter simbólico, visto que se separam de seus contextos primitivos da mesma maneira como os reflexos condicionados se apartam das coisas e se tornam simples signos; 2) há *magia por participação entre o pensamento e as coisas*: a criança tem a impressão de que um pensamento, uma palavra, um olhar etc. vai modificar a realidade. Ou então esse pensamento etc. materializa uma qualidade, por exemplo, a preguiça etc., como se um ser preguiçoso emanasse uma substância ou uma força que agiriam por si mesmas. Mais uma vez a participação entre o pensamento e as coisas dá ensejo a atos que tendem a tornar-se simbólicos; 3) há uma *magia por participação entre substâncias*: considera-se que dois ou mais corpos agem uns sobre os outros, que se atraem, se repelem etc., por simples participação, consistindo a magia em fazer uso de um desses corpos a fim de agir sobre os outros; 4) há por fim a *magia por participação entre intenções*. Nesse caso, julgam-se os corpos dotados de vida e de intenções. Há animismo. A participação consiste em acreditar que a vontade de um corpo age sem mais sobre a vontade dos outros, consistindo a magia no uso dessa participação. A forma mais habitual é a *magia mediante ordem*: ordenar às nuvens, ao sol etc. que nos sigam ou que vão embora. Também nesses últimos casos se observa por vezes uma tendência ao simbolismo.

Eis em primeiro lugar exemplos do primeiro grupo, o da *magia por meio de gestos*. Não pudemos naturalmente registrar quanto a isso mais do que lembranças de infância, visto que as criança evitam revelar suas práticas mágicas na época em que delas se servem. Comecemos pela citação de um interessante caso que, com efeito, se acha a meio caminho entre esse grupo de práticas mágicas e o seguinte, mas que mostra imediatamente até onde pode ir a magia infantil.

Trata-se do caso de E. Gosse.[3] Sabe-se bem, graças à pungente e escrupulosa autobiografia que é *Père et fils* (Pais e filhos), até que ponto a educação recebida pela criança o levava bem pouco naturalmente à magia. Os pais de E. Gosse haviam proscrito rigorosamente toda a vida imaginativa. Nunca lhe contaram uma história. Suas únicas leituras eram religiosas ou científicas. Sua religião era rigorista e desprovida de todo misticismo. A criança não

---

[3] E. Gosse. *Père et fils*. Trad.: A. Monod e H. Davray, Paris, 1912, pp. 58-59 e p. 123.

tinha amigos. Ora, quando a criança contava com 5-6 anos, sua vida intelectual, não encontrando uma válvula de escape, visto carecer de poesia ou de educação concreta, desenvolve-se em termos de uma eflorescência de magia que parece ter sido singularmente rica:

> "Meu espírito, na época a um só tempo tão sujeito a restrições quanto ativo, refugiou-se numa espécie de magia deveras natural, deveras infantil. Essa magia chocava-se com ideias religiosas absolutas, que meus pais continuavam, com uma persistência demasiado maquinal, a me inculcar à força, e se desenvolveu paralelamente a elas. Eu criava estranhas superstições que só me é dado tornar inteligíveis mediante alguns exemplos concretos. Persuadi-me de que, se lograsse encontrar as palavras desejadas ou as senhas necessárias, seria capaz de infundir as magníficas aves e as maravilhosas borboletas dos manuais ilustrados de meu pai à faculdade de retomar vida e, voando, sair do livro, deixando atrás de si perfurações. Acreditava que, na capela, ao elevarmos em tom lento e monótono ardentes cânticos de experiência religiosa e de humilhação, eu poderia fazer minha voz ressoar como a de várias dezenas de cantores, bastando para tal descobrir a fórmula mágica. No curso das orações vespertinas, que eram extremamente longas e fatigantes, acreditava que um de meus dois eu mesmo (a criança acredita ser duas: 'éramos dois e podíamos discutir um com o outro', p. 54) poderia voejar até uma das cornijas e contemplar meu outro eu mesmo e as pessoas da casa, desde que lograsse descobrir a chave do segredo. Empenhava-me durante longas horas em buscar fórmulas cabalísticas (no sentido genérico do termo), imaginando, para alcançar esses fins, meios em tudo e por tudo irracionais. Estava convicto de que, por exemplo, se me fosse possível fazer cálculos sem jamais cometer enganos, estaria, ao pronunciar algum número bem elevado, imediatamente de posse do grande mistério. Estou persuadido de que coisa alguma vinda do exterior me sugerira essas ideias de magia... Toda essa fermentação intelectual passava totalmente despercebida de meus pais. Mas quando comecei a crer que, para o sucesso de minha magia prática, me era necessário infligir tormentos a mim mesmo, e quando passei, em grande segredo, a enfiar alfinetes na carne e a golpear com livros minhas articulações, a ninguém surpreende que minha mãe logo se chocasse com minha aparência 'frágil'" (pp. 58-59).

Os exemplos que vamos citar agora são em sua maioria menos evidentes, mas buscamos precisamente localizar, entre casos refinados como o que acabamos de ver e casos mais simples e menos "mágicos", todas as variações intermediárias. O que classificamos como magia mediante gestos, no caso de Gosse, são naturalmente as práticas do final do relato (os alfinetes e os golpes). Não obstante, podemos igualmente incluir na mesma rubrica a magia mediante cálculos: contar sem cometer erros e muito rapidamente a fim de alcançar um dado fim. Essa magia fundada na operação de calcular ou na enumeração é bastante frequente. Eis outros casos:

> De um de nós. *"A fim de realizar todos os projetos que me iam ao coração (ganhar no jogo, que fizesse bom tempo no dia em que fosse passear etc.), eu empregava o seguinte procedimento: retinha a respiração por um dado período de tempo e, se conseguisse contar, sem voltar a respirar, até dez (ou algum outro número, mais ou menos difícil de alcançar, a depender da importância do projeto), tinha a certeza de que conseguiria o que desejava."*

O fato de conseguir contar antes de soltar a respiração é, portanto, concebido aqui como a um só tempo signo e causa do sucesso nos projetos.

> Um menino de mais ou menos dez anos, entregue ao onanismo, costumava contar até um dado número (10 ou 15) quando lhe fazíamos perguntas, ou em quaisquer outras circunstâncias, para evitar dizer bobagens ou para obter o que desejava. A origem desse hábito, nesse caso específico, parecia ser a seguinte: ocorrera a essa criança, nas horas de tentações, contar até um dado número e se entregar, ou não, a sua tentação, o que dependia de conseguir ou não chegar a esse número em determinadas condições. O hábito generalizara-se e passara a ser primordialmente um método de decisão, depois um signo e, por fim, um procedimento mágico.

Aqui, mais uma vez, a operação de contar é ao mesmo tempo signo e causa. Descobre-se naturalmente, dessa maneira, a versão negativa dos casos precedentes: a operação serve não apenas para conseguir algo como também para evitar um determinado malefício. Esse procedimento é frequente sobretudo entre crianças, bem mais numerosas do que se julga, que são atormentadas diariamente pelo medo da morte, de sua própria morte ou da dos pais. Um de nós tem lembranças bem claras quanto a isso:

> *"Quando tinha uns 6-8 anos, todas as tardes, apavorava-me a ideia de não despertar na manhã seguinte. Sentia meu coração disparar e buscava perceber, pondo a mão sobre a pele, se ele não tinha parado. Sem dúvida, foi por isso que comecei a contar para me tranquilizar. Contava rapidamente entre cada batimento, e quando conseguia ultrapassar um dado número antes desse batimento, ou lograva fazer os batimentos coincidirem com os números pares ou ímpares etc., tranquilizava-me. Não me recordo dos detalhes dessas operações. Lembro-me muito bem, contudo, da que descrevo agora. Produzia-se a intervalos regulares, no tubo do aquecedor de meu quarto, um estalo brusco e sonoro que me fazia estremecer. Eu me servia desse indício para saber se morreria ou não: contava rapidamente entre um estalo e o seguinte,*

> *e, se ultrapassasse um dado número, salvava-me. Usei o mesmo procedimento para saber se meu pai, que dormia ao lado, estava ou não prestes a morrer".*

Vemos a semelhança entre esse fato e as manias de obsedados e seus meios de defesa. Mas este exemplo é apenas o negativo dos casos precedentes de magia.

Eis uma lembrança que data da idade de 9 a 11 anos do sujeito:

> *"Costumo acompanhar meu pai a seus exercícios de tiro. Enquanto meu pai atira, sento-me num banco. Ele me dá o charuto para segurar. Penso que determino quão bom é o tiro pela posição do charuto. Conforme este se ache em posição quase vertical (com a brasa virada para baixo), com inclinação de 90°, 120° ou 180°, o tiro não é bom, é bom ou é muito bom. O alvo é sempre atingido, porque meu pai é bom atirador. Por outro lado, tendo determinado dois ou três tiros bons, baixo um pouco o charuto, tendo o sentimento de que os tiros não podem ser bons o tempo inteiro".* Nosso informante nos confirmou que não se tratava apenas de uma brincadeira, mas que, ao impor ao charuto uma dada posição, acreditava de fato que influenciava o tiro do pai.

Outras operações ou gestos mágicos baseiam-se no prazer do ritmo ou em outro prazer estético que dá lugar ora a atos positivos de magia, ora a obsessões que são o lado negativo desses atos. É o caso do bem conhecido prazer que consiste em evitar pisar nos interstícios das lajotas da calçada, saltar uma lajota a cada passo dado etc.

Há aí, na origem, um prazer todo estético, ou completamente lúdico. Basta, contudo, que a criança deseja intensamente algo ou tema alguma coisa para que a brincadeira se torne uma prova e para que o êxito ou o fracasso sejam entendidos como signo e causa da realização daquilo que se deseja ou que se teme:

> De um de nós: *"Com frequência, ao desejar intensamente alguma coisa, eu percorria as calçadas e só pisava em lajotas alternadas. Se me era possível fazer isso até o final da calçada, era sinal de que meu desejo seria realizado. Ou então eu tocava as pedras de um muro roçando com o dedo cada terceira pedra da série; se conseguisse assim tocar na última pedra do muro, tinha certeza de meu sucesso e assim por diante".*
>
> Outro de nós sentia-se ameaçado por algum perigo caso pisasse nos interstícios das lajotas da calçada. Se tivesse começado por pisar num desses interstícios, seguia esse procedimento até o final para que o malefício se reduzisse.

Eis outro exemplo de gestos rítmicos destinados a assegurar a realização de um dado evento:

> Uma criança onanista, a quem vamos dar o nome de Clan, temia cair num estado de preguiça ou de "apatetamento". Seus devaneios e projetos futuros apresentavam em consequência disso uma tendência sobrecompensatória, que o fazia projetar tornar-se um "grande homem". Para atingir esse fim, ele se dedicava à seguinte prática, o que ocorreria durante um longo espaço de tempo: *"Ao atravessar X (uma praça pública de Zurique), eu batia, com minha carteira de passe ferroviário, em cada um dos arcos entrecruzados que circundavam o gramado. Isso me obrigava a me inclinar (para alcançar os arcos). Eu o fazia todas as manhãs com o fim de me tornar um grande homem".*

Eis um caso mais próximo da obsessão propriamente dita do que da magia, mas que parece ser o lado negativo do caso de magia que vimos antes.

> Uma de nós se lembra, além do rito da calçada, de que tinha ímpetos de recolocar no lugar toda pedra deslocada involuntariamente enquanto andava, pois do contrário o desejo que eventualmente tivesse poderia não se realizar.

É provavelmente necessário registrar aqui a curiosa recordação que Flournoy relata da infância da senhorita Vê:

> *"Uma de minhas mais antigas lembranças refere-se a minha mãe. Ela se achava bem doente, estando de cama há semanas, e um empregado me dissera que morreria em poucos dias. Eu devia ter uns 4 ou 5 anos. Meu mais valioso pertence era um pequeno cavalo de pau marrom coberto de 'cavalos de verdade'... Um curioso pensamento me veio à mente: que eu deveria renunciar a meu cavalo para que minha mãe se curasse. Não o fiz, porém, imediatamente. A coisa toda me custou terrivelmente. Comecei por lançar ao fogo a brida e a sela, pensando que 'quando ele ficar bem feio, poderei conservá-lo'. Não me lembro exatamente da marcha dos eventos; mas sei que, com um grande desespero, acabei por fazer em pedaços meu cavalo, e que, vendo poucos dias depois minha mãe de pé, mantive durante muito tempo a convicção de que meu sacrifício lhe tinha proporcionado uma misteriosa cura".*[4]

---

[4] *Arch. De Psychol.*, t. XV, 1915, pp. 1-224.

Essa ideia da eficácia mágica do sacrifício é reencontrada numa forma mais simples — a eficácia das ações penosas ou tediosas como meio de obter o que se deseja. Eis um caso do gênero:

> Um menino tinha o costume, destinado a evitar que fosse interrogado em sala de aula ou chateado pelo professor, de pôr as botas duas ou três vezes pela manhã antes de sair. Tinha a impressão de que, quanto mais tedioso de realizar fosse esse rito, tanto maior as chances de ser favorecido pela sorte.

Existem por fim inúmeros ritos destinados a conjurar o perigo:

> Um menino que morava numa casa um tanto isolada ficava muito temeroso nas noites em que os pais se ausentavam. Antes de se deitar, ele baixava as cortinas desenrolando uma espécie de rolo. Tinha a impressão de que, se lograsse baixar as cortinas com bastante rapidez, os ladrões não iriam aparecer. Se as cortinas demorassem para se desenrolar, a casa estava ameaçada.

Esse fato, assim como os próximos, esclarece bem a origem dos sentimentos de participação e de magia mediante gestos. A maioria das meninas experimenta à noite, quando deitadas, violentos temores do escuro e de toda sorte de ruídos. Recorrem então, por vezes, a diferentes precauções, como se esconder sob os cobertores, deitar de costas para a porta, puxar o cobertor até cobrir exatamente o queixo etc. Nada disso tem caráter mágico, dado que constitui simples recursos de proteção. Mas alguns desses gestos, saindo de seu contexto primitivo, tornam-se rituais, como ocorre com o gesto da cortina que vimos de citar, assumindo desse modo valor intrínseco. É nesse momento que a magia começa a manifestar-se:

> Uma de nós se sentia protegida desde que tivesse os braços apertados ao corpo.
> Outra se sentia abrigada sempre que, entrando no quarto, encontrasse a cama completamente feita e ela pudesse rolar sem desarrumar os cobertores. Quando, por acaso, encontrava a cama desfeita ou ela mesma a desfazia, sentia-se ameaçada.

Percebe-se claramente a origem desses gestos: baixar as cortinas, proteger-se com os cobertores ou constatar que ninguém tocou a cama. Mas na medida em que perde sua significação primeira e passa a ser eficaz em si mesmo, o gesto se torna mágico.

Passemos agora aos casos de *magia por participação entre o pensamento e as coisas*. Entre eles e os precedentes, há todo o tipo de casos intermediários, como nos mostraram os exemplos de magia mediante numeração. Porém, os casos de que vamos falar agora recorrem a elementos mentais ainda mais ligados ao pensamento do que aos números, por exemplo, os próprios nomes e as palavras em geral. Trata-se, pois, de casos advindos diretamente do realismo infantil, cuja análise empreendemos nos capítulos anteriores. Por outro lado, já vimos ao longo desses capítulos inúmeros casos de sentimento de participação entre as coisas e o pensamento: os nomes estão ligados às coisas nomeadas, os sonhos às coisas com as quais sonhamos etc. A melhor prova de que as participações cujo alcance entrevimos são espontâneas, em vez de produzidas por nossos interrogatórios, é o fato de darem lugar aos casos mais autênticos de magia que encontramos nas lembranças de infância que reunimos, isto é, aos casos de magia mediante o nome. Eis alguns exemplos:

> A primeira crise de onanismo de Clan, a criança de que já falamos, ocorrera em Mayens-le-Sion. Voltando para casa, Clan tenta, tomado pelos remorsos, não suprimir a lembrança, mas o próprio evento, ou suas consequências, isto é, suprimir o "apatetamento" que temia (ver antes). Para isso, foi ao próprio nome Mayens-le-Sion que ele recorreu: *"Esforcei-me por vencer o nome de Mayens-le-Sion"*. Para fazê-lo, ele simplesmente o deformava. Repetia-o em voz alta, pronunciando-o ao estilo alemão, *"Máyenserséyens"*, além disso acentuando as duas sílabas "máy" e "séy". Do mesmo modo, Clan, tendo sido alvo das zombarias de um professor, repetia no quarto, ao deixar a companhia deste, o sobrenome do professor, não apenas para zombar dele, mas principalmente (na medida em que essa lembrança seja exata), para subtrair-se a sua influência.
>
> Um naturalista, cujas obras são hoje célebres, contou-nos a seguinte recordação de infância: estando a 50 cm de distância de seu gato, e fixando o animal nos olhos, ele pronunciava muitas vezes a fórmula *"Tin tin, pin pin de l'o — ü — in, pin pin, tin tin, pin pin de l'o — ü — in, pin pin"* etc. Na medida em que a lembrança seja exata, essa fórmula tinha o objetivo de permitir que a criança "se introjetasse no gato": pronunciando-a, a criança sentia que penetrava no gato e o dominava, dessa maneira, por participação.
>
> Uma de nós adorava brincar sozinha no pré-primário. Dava boas notas aos companheiros de que gostava e notas ruins aos inimigos etc., tudo isso, é claro, falando apenas com carteiras vazias. No dia seguinte, na sala de aula, mostrava-se convicta de ter influenciado as perguntas feitas, de ter ajudado os amigos a dar boas respostas e de ter prejudicado os inimigos.

Outros eventos de participação entre pensamento e as coisas repousam numa espécie de confusão ou de indiferenciação entre as qualidades psíquicas e as materiais:

Como todos os onanistas, Clan temia perder as faculdades intelectuais e de ficar "preguiçoso". Disso decorria o seguinte ritual: *"Quando me achava na companhia de um menino preguiçoso, eu lhe dava a mão. Quando voltava para casa, eu dizia a mim mesmo: dar a mão a um menino preguiçoso é ficar preguiçoso. Eu fazia qualquer coisa contra isso".* Clan lavava então as mãos vigorosamente.

Por outro lado, certos ritos consistem simplesmente em pensar em alguma coisa para que o evento se produza ou não se produza (trata-se da "onipotência do pensamento" de que falou Freud):

> É muito comum que as crianças venham a pensar, como sucede de resto com muitos adultos, o contrário daquilo que desejam, como se a realidade se dedicasse a frustrar intencionalmente os desejos.
> Do mesmo modo, ocorre por vezes (a julgar por recordações de infância que registramos) de, para não ter pesadelos — e lembramos que, para os pequenos, os sonhos se devem a causas exteriores —, as crianças se aplicarem a pensar imediatamente em coisas assustadoras, e no conteúdo habitual dos pesadelos, a fim de evitar que o sonho venha.

Eis mais dois casos de sentimentos de participação ligados à eficácia do pensamento:

> A primeira crise de onanismo de Clan foi desencadeada pela visão de uma menininha que ele não conhecia e que o olhara de longe com certo ar indiscreto. Depois do episódio, Clan se perguntou "se a menininha não teria um bebê". Clan fez a si mesmo uma pergunta análoga depois de olhar por um buraco de fechadura.

Eis por fim um caso intermediário entre o grupo de sentimentos de participação e o grupo seguinte:

> Um de nós se recorda de que, quando jogava com bolas de gude, dava um jeito de jogar, para ganhar mais facilmente, com a bola de que se servira para ganhar o jogo precedente. Era como se a habilidade do jogador conferisse uma eficácia permanente à bola ou como se esta se imbuísse de eficácia por si mesma.

Todos esses casos consistem, portanto, em considerar um dado elemento mental, os nomes, a preguiça, o pensamento e os sonhos, a habilidade etc. como estando ligado às próprias coisas e como dotado de certa eficácia. Advém disso o terceiro grupo, isto é, o da *magia por participação entre substâncias*. Há aí todo o tipo de casos intermediários, como acaba de nos mostrar o exemplo da bola mágica, no qual a eficácia é considerada decorrente, não da habilidade do jogador, mas da bola. O que caracteriza o terceiro grupo é que a ação mágica não mais emana diretamente de um gesto ou de um pensamento do sujeito, o que ocorria nos dois grupos precedentes de ligação, mas de um corpo, de um lugar etc. de que se serve o sujeito para agir sobre outro corpo ou sobre um evento. Eis dois exemplos claros, nos quais a escolha do corpo mágico parece ser determinada pela semelhança entre esse corpo e aquele sobre o qual o sujeito busca agir:

> Uma de nós conta esta lembrança falando de si mesma na terceira pessoa: *"Uma menininha de seis anos, a cada vez que passava com sua governanta por um tanque em que floresciam nenúfares raros, jogava na água diminutos pedregulhos (que ela escolhia brancos e redondos), fazendo-o de modo a impedir sua governanta de perceber. Ela acreditava que na manhã seguinte apareciam nenúfares no mesmo lugar em que os pedregulhos caíam. Por isso, na esperança de poder depois alcançar as flores, lançava os pedregulhos perto da borda do tanque".*
> De outra de nós: *"Quando se planta uma flor num vaso, põe-se uma pedrinha para facilitar a irrigação. Percebi esse uso, mas lhe falseei a significação. Escolhia minha pedrinha de certa maneira, pensando que de sua cor ou de sua forma dependia a vida da planta. Tratava-se tanto da ação da pedra sobre a planta como de uma espécie de empatia entre a planta e eu: a pedra se ligava a mim para fazer a planta crescer".*

Eis outro fato, cuja ocorrência pode com muita certeza ser fixada entre os 10 e os 11 anos:

> Um de nós colecionava as conchas do lago e dos caracóis de tamanho bem diminuto. Ao passear, experimentava vários sentimentos de participação que testemunhavam a um só tempo a tendência das crianças de ver signos em todas as coisas e de confundir o signo e a causa do evento, sendo esta, no caso, de caráter mágico. Assim, quando procurava um dado tipo raro de concha e, no caminho, encontrava uma outra espécie interessante, concluía disso que iria encontrar, ou não encontrar, a depender do caso, a espécie procurada. Não se baseava, ao agir assim, de modo algum na analogia das circunstâncias de habitat das espécies, mas unicamente em ligações ocultas: uma tal descoberta inesperada deveria provocar uma outra descoberta ao longo do dia. Ou então, quando acreditava ver de longe uma dada espécie e, ao se aproximar, constatava que se enganara, concluía disso que não iria encontrar, naquele dia, a espécie que desejava especialmente.

Podemos aproximar desses eventos as ligações de participação devidas a lugares, lugares propícios e lugares nefastos:

> De um de nós: *"Quando, a caminho do dentista, passava por dada rua e depois sofria no consultório, eu tomava o cuidado, na vez seguinte, de ir por outro caminho para sofrer menos".*

Podemos ainda classificar nesse grupo de fatos os numerosos sentimentos de participação a que dão lugar as crenças relativas ao ar e ao vento. Como veremos (*C.P.*,[5] cap. I), as crianças de 4-6 anos, e mesmo algumas crianças mais velhas, acreditam que não existe ar nos quartos, mas que basta mexer as mãos, ou agitar um leque, para "fazer ar" e para atrair por meio disso o "vento" de fora, através das janelas fechadas. Trata-se de uma verdadeira participação, dado que a criança não consegue nem procura conceber o "porquê" de semelhante fenômeno: aos olhos da criança, basta mexer as mãos para que o vento acorra e há, sobretudo, uma ação imediata do vento produzido pelas mãos sobre o vento produzido no exterior.

Do mesmo modo, quando se faz funcionar um pequeno motor a vapor diante de uma criança de 4-6 anos, esta explica o movimento da roda exterior como resultante de uma ação direta do fogo, mesmo a distância (quando se põe o fogo a 50 cm). Ora, ocorre com frequência de a criança admitir que o vento de fora vem ajudar o fogo, mais uma vez graças a uma atração imediata e ininteligível (*C.P.*, seção IV): há participação entre o vento produzido pelo fogo e o vento de fora.

Noutro domínio, a sombra que se produz quando se está à mesa costuma ser explicada pelos pequenos como decorrente de uma participação com a sombra da noite, ou com a sombra da parte de baixo das árvores: acreditam as crianças que essas sombras acorrem quando colocamos a mão sobre o papel e se forma a sombra dos dedos etc. (*C.P.*, seção III). Aqui, mais uma vez, a criança diz claramente que a sombra das árvores "vem", mas não precisa "como" isso acontece: afirma simplesmente que a sombra das mãos vem tanto das mãos como das árvores. Não se trata de uma identidade lógica (como se se dissesse: "a sombra da mão tem a mesma natureza da sombra das árvores"), nem de uma ligação causal inteligível, mas de simples participação.

Citemos por fim um exemplo intermediário entre esse grupo de fatos e o seguinte. Trata-se do caso de uma menininha que atribuía a suas bolas de gude a possibilidade de agir umas sobre as outras, tanto por decorrência de uma espécie de comunidade de essência (as bolas do mesmo clã se atraem necessariamente) como de uma espécie de participação de intenções análogas às do quarto grupo:

---

[5] Designamos pelas iniciais *C.P.* nossa obra *La causalité physique chez l'enfant*.

> De uma de nós: "*Quando ocorria de ganhar bolas de gude* (de as tomar dos adversários no jogo), *eu não gostava tanto das bolas ganhas. Acreditava serem maiores as possibilidades de as perder do que de perder outras, pois a meu ver essas bolas estavam ligadas a suas antigas companheiras e tinham a tendência de voltar a sua antiga proprietária*".

Há por fim um quarto grupo de participações, *as participações por comunidade de intenções* que dão lugar a atos de *magia mediante ordem*. Os eventos desse grupo recorrem tanto à magia como ao animismo infantis. Há em seu ponto de partida dois sentimentos fundamentais: o egocentrismo, que faz a criança acreditar que o mundo gira em torno de si, e o respeito aos pais, que leva a criança a julgar que o mundo obedece a leis que são de cunho mais moral do que físico. O animismo e o artificialismo infantis derivam dessa atitude de espírito, uma vez que ela vem a se cristalizar em representações. Mas, antes de toda reflexão, essa atitude já enseja sentimentos de participação entre as coisas e nós, inúmeros sentimentos que são relevantes apontar desde já, antes de seu exame mais profundo a propósito de cada grupo de fenômenos.

Há em primeiro lugar as participações vinculadas com a materialidade do pensamento. Sendo idêntico à voz, o pensamento é por vezes tomado pelo ar, ar que é a um só tempo interior e exterior. Disso decorrem as crenças segundo as quais o vento e a fumaça vêm em nós e participam de nossa respiração e de nosso pensamento (ver o cap. I, § 2 e 3). Essas mesmas crenças são sustentadas a respeito dos sonhos. Como vimos, todas as crenças se devem a um realismo relativamente simples e resultam sem mais da indiferenciação entre o pensamento e as coisas.

Há em seguida as participações, bem mais numerosas, que se acham ligadas à ideia de obediência das coisas. As coisas podem obedecer tanto à própria criança como aos adultos. Eis exemplos do primeiro tipo, a começar por duas lembranças:

> Um professor de nossos amigos manteve durante muitos anos a crença (que ocultou de todas as pessoas antes de nos contar) de que era o "dominador" do mundo, em outras palavras, que podia conduzir a seu bel-prazer o sol, a lua, as estrelas e as nuvens.
> Clan também tinha a ideia de que as nuvens eram sua "propriedade".

Citamos essas duas recordações para mostrar como elas se conformam com as crenças que pudemos observar diretamente. Veremos com efeito (cap. VII, § 2) que a maioria das crianças acreditam, antes dos 8 anos, que os astros as seguem. Ora, para muitas crianças, a ênfase é posta menos na espontaneidade dos astros do que no poder delas mesmas. Eis alguns exemplos relativos a isso, exemplos incidentes tanto sobre o movimento das nuvens como sobre o dos astros:

NAIN (4 ½): "A lua pode se mover ou quer se mover, ou é alguma coisa que a faz se mover? — *Sou eu, quando ando*". Em outro ponto: "*Ela vem comigo; ela nos segue*".

GIAMB (7 anos): "A lua se move ou não se move? — *Ela nos segue.* — Por quê? — *Quando andamos, ela anda*". "O que faz a lua se mover? — *Nós.* — Como é isso? — *Andando. Ela se move sozinha.*" Depois Giamb inventa que o vento empurra o sol e a lua, mas sustenta que somos nós que governamos esse movimento: "Se não nos movimentássemos, a lua andaria ou não andaria? — *Ela pararia.* — E sol? — *Ele também anda quando andamos*".

TAG (6 ½): "Você já viu as nuvens se moverem? — *Sim.* — Você pode fazer as nuvens se moverem? — *Sim, quando a gente anda.* — O que acontece quando a gente anda? — *Isso faz as nuvens se moverem.* — O que faz as nuvens se moverem? — *Nós, porque andamos, e depois elas seguem a gente.* — Como é que elas nos seguem? — *Porque andamos*". "Como você sabe disso? — *Porque quando olhamos as nuvens no ar, elas avançam.* — Se quiser fazer as nuvens irem para o outro lado, você pode? — *Nos viramos e depois andamos para trás.* — E o que as nuvens fazem? — *Elas vão atrás de nós.* — O que podemos fazer se mover, de longe, sem tocar? — *A lua.* — Como? — *Quando andamos, ela nos segue. As estrelas também.* — Como? — *Quando andamos, elas também nos seguem.* — E você pode fazer as estrelas se moverem? — *Todo o mundo pode, quando anda.*"

TULI (10 anos) diz que as nuvens andam quando o bom Deus anda, e acrescenta espontaneamente: "*Mesmo quando as pessoas andam também na rua, isso faz as nuvens andarem.* — Então você pode fazer as nuvens andarem? — *Sim. Quando ando, olho às vezes para o céu. Vejo as nuvens se movendo, depois vejo também a lua, quando ela está no céu*".

Vemos em que consistem as referidas participações e atitudes mágicas. Não há aí uma participação direta em termos de substâncias, mas simplesmente uma participação nos movimentos e sobretudo nas intenções: podemos dar ordem aos astros e às nuvens, porque suas intenções participam das nossas. Ora, pode ocorrer de essa participação dinâmica implicar uma participação em termos de substâncias. É notadamente o caso no que se refere ao ar, à sombra etc. Para a criança, temos o poder de atrair o ar ou a sombra etc., produzindo-os nós mesmos. Classificamos esses fatos no grupo de participação entre substâncias (terceiro grupo), mas sua origem decorre evidentemente de uma simples participação dinâmica do gênero das precedentes. Um fato citado por Sully e classificado com acerto entre as atitudes mágicas por Leuba e por Delacroix[6] mostra bem o parentesco entre partici-

---

[6] Cf. DELACROIX. *La religion et la foi.* Alcan, 1924, pp. 27-42. Cf. ainda as relações estabelecidas por Delacroix entre a magia e o desejo. Cf. também LEUBA. *La psychologie des phénomènes religieux.* Trad.: CONS. Alcan, 1914, cap. VIII.

pação dinâmica e participação substancial: "Uma menininha — diz Sully — passeava com a mãe certo dia em que soprava um vento deveras violento. Num primeiro momento, a menininha se encanta com esse vento forte e impetuoso, mas logo se cansa e diz: 'Este vento desarruma os cabelos da mamãe; Babba (nome da menininha) vai arrumar os cabelos da mamãe, e aí o vento vai parar de soprar'. Três semanas depois, a criança demorou a chegar em casa por causa da chuva e disse à mãe: 'Mamãe, enxugue as mãos de Babba que a chuva pára'. A menininha, acrescenta Sully, considerava o vento e a chuva como crianças más e que era possível transformá-los em sábios, fazendo desaparecer os efeitos de suas maldades: ou seja, é preciso impedi-los de voltar a fazer mal por meio de uma manifestação visível e decisiva de uma proibição superior e decisiva".[7] Esse comentário mostra à excelência a origem moral e dinâmica dessas participações. Mas da participação dinâmica, que consiste em vincular as intenções do vento a nossas próprias intenções, à participação substancial, que consiste em vincular o ar que podemos produzir com as mãos ao ar do próprio vento, não há com certeza muita distância.

Eis um bom caso de participação dinâmica que se torna substancial, chegando mesmo a aproximar-se das mais audaciosas formas da participação entre os primitivos.

> James cita o caso de um surdo-mudo, que se formou professor e relatou (na terceira pessoa) suas próprias recordações. Apresentamos aqui um excerto de lembranças relativas à lua:[8] "*Em terceiro lugar, ele se pergunta, espantado, por que a lua surgia regularmente no céu. Pensa que ela devia sair apenas para vir ao encontro dele. Põe-se ele então a dirigir-se a ela e imagina que a vê sorrir ou franzir o cenho. Por fim, descobre que, na maioria das vezes em que era castigado, a lua estava visível. Era como se ela o vigiasse e denunciasse malfeitos à tutora (o menino era órfão). Pergunta a si mesmo, com frequência, quem a lua poderia ser. E por fim chega à firme conclusão de que a lua era sua mãe, porque enquanto a mãe vivera ele não tinha visto a lua*". Ele ia aos domingos à igreja, "*porque imaginava ser desejo da lua que ele fosse, como era costume de ele ir com a mãe*". Sua consciência moral se desenvolveu: "*sobretudo graças à influência da lua (era plenilúnio na noite em que descobri que o dinheiro sumira)*" (quando o dinheiro que ele furtara tinha desaparecido da carteira dele).

Esse processo nos faz compreender as participações ligadas à origem das coisas, participações nas quais a ação mágica é atribuída bem mais aos

---

[7] SULLY. *Études sur l'enfance*. Trad.: MONOD. Alcan, 1898, p. 115.
[8] Para o começo deste texto e as referências, ver o cap. VII, § 10.

adultos do que às crianças, ou então às próprias coisas. Nesses casos, há igualmente passagem da participação dinâmica à participação substancial. Nos estágios mais primitivos, a criança simplesmente tem a impressão de que seus pais mandam no mundo. Entre o sol e os homens, por exemplo, há participação no sentido de que o sol não tem razão de ser nem outra atividade senão a de ocupar-se de nós. Além disso, quando se pergunta, ou quando lhe perguntamos, de onde vieram os astros, a criança diz a si mesma que evidentemente o sol foi feito pelo homem, que ele "nasceu" do homem etc. A crença numa comunidade de origem advém da ideia de participação dinâmica.

Veremos inúmeros exemplos desses sentimentos de participação que precedem e anunciam as crenças artificialistas propriamente ditas. Eles caracterizam aquilo que denominamos estágio do "artificialismo difuso". Vamos mencioná-los a partir de agora, porque também eles originam, senão práticas mágicas, ao menos atitudes mágicas. Citam-se com frequência crianças que imploravam aos pais que fizessem cessar uma tempestade, ou que lhes pediam toda e qualquer coisa, como se os pais fossem onipotentes. Assim, a senhora Klein viu o filho pedir que se transformassem, por meio do cozimento, espinafres em batatas.[9] Oberholzer cita uma menininha que pediu a tia que fizesse chover.[10] Bovet lembrou a estupefação e o escândalo de Hebbel quando criança ao ver o pai desolado diante dos estragos causados por uma tormenta: foi assim que Hebbel se deu conta de que o pai não era o todo-poderoso![11] Reverdin[12] teve ocasião de surpreender diretamente a ocorrência do evento a seguir: passeando no jardim com o filho de 3 anos e 4 meses, Reverdin observa umas cinquenta pequenas contas espalhadas no cascalho. A criança não as vira. Para fazer que as encontrasse, Reverdin traçou, no meio do cascalho, uma circunferência ao redor de algumas contas e disse ao pequeno que este encontraria uma conta no meio do "redondo". Passados uns instantes, a criança quis assumir o papel principal: "pôs-se a traçar ela mesma circunferências, crendo que as contas iriam aparecer necessariamente nelas". Claro que podemos ver nisso apenas um caso de "mau raciocínio"[13]: o aparecimento da conta se segue ao traçado de um círculo e, portanto, o traçado é a causa do aparecimento daquela. Mas há bons indícios de que, nesse caso específico, se adiciona a isso a fé implícita do pequeno no poder do adulto.

---

[9] *Imago*. Vol. VII, p. 265.
[10] SPIELREIN. *Arch. de Psychol.*, XVIII, pp. 307.
[11] BOVET. *Rev. de théol. et de philos.* Lausanne, 1919, pp. 172-173.
[12] *Arch. de Psychol.*, XVII, p. 137.
[13] Ver I. MEYERSON. *Année psychol.* XXIII, pp. 214-222.

§ 3. As origens da participação e da magia infantis

Tal como o animismo e como o artificialismo de que trataremos mais tarde, a participação e a magia parecem ter na criança dupla origem. Elas se explicam, de um lado, graças a um fenômeno de ordem individual que é o realismo, isto é, a confusão entre o pensamento e as coisas, ou entre o ego e o mundo exterior, e, do outro, devido a um fenômeno de ordem social, que é a transposição para o mundo físico das atitudes que provocam na criança suas relações com as pessoas que a cercam.

Examinemos primeiro o papel do realismo e estudemos, no tocante a isso, duas teorias psicológicas da magia recentemente elaboradas.

Em primeiro lugar, como todos sabem, M. Frazer via na magia a simples aplicação, à causalidade externa, das leis de semelhança e de contigüidade que governam nossas associações de ideias. Mas é evidente que isso explica sobretudo a forma assumida pela magia: essa concepção não dá conta nem da crença na eficácia de que se acompanha o ato mágico, nem da irracionalidade das ligações que essa crença supõe.

Para explicar a crença na eficácia, Freud propôs a seguinte teoria: a crença é produto do desejo. Há no fundo de toda magia uma afetividade especial. Trata-se daquilo que encontramos entre os obsedados: o obsedado acredita que basta pensar numa coisa para que esta venha a acontecer ou a não acontecer. Como disse um doente a Freud, há em tal atitude a crença na "onipotência do pensamento". Ora, qual pode ser a atitude afetiva que leva a essa crença? Por meio da análise de seus doentes, Freud foi levado a considerar a magia resultado do "narcisismo". O narcisismo é um estágio de desenvolvimento afetivo, estágio durante o qual a criança só tem interesse por sua própria pessoa, por seus desejos e pensamentos. É o estágio que antecede toda fixação de interesse ou de desejo na pessoa dos outros. Ora, diz Freud, sendo o narcisista apaixonado por si mesmo, seus desejos e vontades pessoais lhe parecem dotados de um valor particular, disso decorrendo a crença na eficácia necessária de cada um dos pensamentos que tem.

Essa teoria freudiana tem incontestável interesse, e a relação que estabelece entre a magia e o narcisismo nos parece bem fundada. Mas a maneira como Freud expõe e concebe essa relação parece pouco inteligível.

Com efeito, atribuem-se ao bebê narcisista as características de um adulto apaixonado por si mesmo e que sabe que o está, como se o bebê distinguisse claramente seu ego da pessoa de outrem. E, por outro lado, parece que se afirma que basta atribuir um valor excepcional a um desejo para crer em sua realização necessária. Há aí uma dupla dificuldade.

O que realmente nos impede de acreditar na realização automática de nossos desejos? O fato de sabermos que são subjetivos. O fato de os distinguirmos dos desejos alheios e das realidades que o mundo nos obriga a reconhecer. Se o bebê narcisista acredita na onipotência de seu pensamento, é que, evidentemente, ele não distingue o seu do pensamento alheio, nem seu ego do mundo exterior. É, portanto, porque ele não tem consciência de seu ego. Se é apaixonado por si mesmo, não é por conhecer seu ego, mas porque ignora tudo o que for alheio a seus desejos e a seus sonhos.

O narcisismo, isto é, o egocentrismo absoluto, produz sem dúvida a crença mágica, mas somente na medida em que implica a ausência de consciência de si. Falou-se do "solipsismo" do bebê. Mas um verdadeiro solipsista não se sente só nem conhece seu ego, pela simples razão de que nos sentimos sós apenas depois de deixar a companhia dos outros e de que, quem nunca teve ideia da pluralidade possível, não tem nenhum sentimento de sua individualidade. É, pois, provável que o solipsista sinta-se idêntico às imagens que percebe: ele não tem nenhuma consciência de seu ego: *ele é o mundo*. Pode-se, por conseguinte, falar de narcisismo e sustentar que o bebê está voltado apenas para seu próprio prazer, mas desde que nos lembremos de que o narcisismo se acompanha do mais absoluto realismo no sentido de o bebê não dever fazer nenhuma distinção entre um ego que manda e um não ego que obedece. O bebê distingue no máximo um desejo, que surge sabe-se lá de onde, e os eventos que vêm realizar esse desejo.

Ora, se admitimos essa assimilação do mundo ao ego, e do ego ao mundo, a participação e a causalidade mágica tornam-se inteligíveis. Por um lado, os movimentos do corpo próprio devem ser confundidos com um movimento exterior qualquer. Por outro lado, os desejos, os prazeres e os sofrimentos devem estar situados não num ego, mas no absoluto: num mundo que, do ponto de vista adulto, diríamos ser comum a todos, mas que, do ponto de vista do bebê, é o único mundo possível. Disso decorre que o bebê, ao dar ordens ao corpo, deve crer que as dá ao mundo. Assim sendo, quando se veem bebês se comprazendo com os movimentos dos próprios pés, tem-se a impressão de que eles experimentam o júbilo de um deus que dirigisse à distância o movimento dos astros. Inversamente, quando se compraz com movimentos situados no mundo exterior, como o movimento das fitas no berço, o bebê deve sentir uma ligação imediata entre esses movimentos e o prazer que sente com eles. Em suma, para um espírito que não diferencia ou pouco diferencia o ego do mundo exterior, tudo participa de tudo e tudo pode agir sobre tudo. Ora, pode-se dizer que a participação resulta de uma indiferenciação entre a consciência da ação de si mesmo sobre si mesmo e a consciência da ação que se exerce sobre as coisas.

Intervém aqui o segundo fator essencial que explica a participação e a magia: o papel do ambiente social ou o papel dos pais. Com efeito, a vida do bebê não se distingue, na origem, da vida de sua mãe. Seus mais fundamentais desejos e necessidades levam necessariamente a uma resposta da mãe ou dos circunstantes imediatos. Cada choro do bebê se prolonga numa ação dos pais, e mesmo os desejos mais inexpressos são sempre levados em conta. Em resumo, se o pequeno bebê distingue mal seus movimentos próprios dos movimentos externos, deve haver para ele completa continuidade entre a vida dos pais e a afetividade pessoal.

Disso advêm duas consequências: em primeiro lugar, os sentimentos de participação se acham evidentemente reforçados por essa incessante resposta daqueles que cercam o bebê. Por outro lado, as pessoas concedem aos poucos ao bebê o hábito de ordenar. Os pais, assim como as partes do corpo próprio e como todos os objetos que os pais ou o corpo próprio podem mover (alimentação, brincadeiras etc.), constituem a classe de coisas que obedecem aos desejos, e sendo essa classe de longe a mais interessante, todo o universo é concebido em termos desse tipo fundamental. E essa é a origem dos hábitos mágicos de dar ordens às coisas.

Deixemos, porém, de lado esse estágio primitivo, cuja descrição deve naturalmente ser considerada completamente esquemática. Os estágios ulteriores, durante os quais o ego vai pouco a pouco se distinguindo do mundo exterior, na verdade nos oferecem dados bem suficientes acerca da natureza dos processos sobre cuja gênese acabamos de conjeturar.

Vimos nos capítulos anteriores que os diferentes conteúdos do pensamento e das experiências da criança não se localizam simultaneamente no mundo interno ou psíquico. As palavras e os sonhos, por exemplo, só tardiamente são atribuídos ao pensamento e ao ego. Por conseguinte, enquanto certos conteúdos são projetados nas coisas e outros são concebidos como interiores, a criança deve necessariamente sentir que há entre ela e as coisas todo tipo de participação. O realismo implica, com efeito, um sentimento de participação entre o mundo e o ego: a partir do momento em que o realismo consiste em considerar como pertencentes às coisas e como delas emanando aquilo que, na verdade, resulta da atividade própria, é evidente que a atividade própria é concebida, em contrapartida, como capaz de afetar imediatamente as coisas e como a todo-poderosa no tocante a elas. Esse vínculo entre realismo e participação mágica manifesta-se de três maneiras diferentes.

A primeira, ou seja, a de mais fácil interpretação, é aderência do pensamento, e de seus instrumentos, às coisas mesmas, aderência constatada na magia por participação entre o pensamento e as coisas (o segundo dos quatro grupos que distinguimos no § 2). De fato, a partir do momento em que confunde o pensamento, ou os nomes etc., com as coisas, por não se ter dado conta do que há de interior e de subjetivo no ato de pensar, é natural que a criança utilize os nomes ou o pensamento para agir sobre as coisas. No tocante a isso, todos os casos do segundo grupo citados no parágrafo precedente são facilmente explicáveis. Deformar um nome para suprimir as conseqüências de uma ação praticada, para se defender de um professor etc., é algo evidente se considerarmos os nomes ligados às próprias coisas ou às pessoas. Lavar as mãos para evitar o contágio da preguiça é evidente se confundirmos o psíquico e o físico à maneira das crianças que estudamos no capítulo I. Pensar o contrário do que se deseja ou pensar em coisas assustadoras para não sonhar constituem, sem dúvida, um comportamento de mais difícil interpretação, visto supor que se atribuam intenções ao destino ou aos sonhos. Nesse caso, o realismo é acompanhado pelo animismo. Há, não obstante, na base desses eventos, certo realismo análogo ao que caracteriza os eventos precedentes: trata-se da ideia de que o pensamento penetra diretamente o real e influi sobre o que nele acontece.

A segunda maneira de apresentação do vínculo entre realismo e magia é a aderência entre o signo e a realidade, aderência que se manifesta na magia mediante o gesto (primeiro grupo distinguido no § 2). De fato, os gestos são símbolos ou signos ao mesmo título que o são as palavras, os nomes, as imagens etc., e como para a criança todo signo participa do que é significado ou todo símbolo adere às próprias coisas, esses gestos são concebidos como tão eficazes quanto as palavras ou os nomes. Esse realismo do gesto não é assim nada mais do que um caso particular do realismo dos signos. Tentemos analisar essas relações entre a magia mediante o gesto e o realismo infantil em geral.

Podem apresentar-se dois casos: aquele em que o gesto mágico é a reprodução simbólica de um ato que, tomado em si mesmo, é razoável e aquele em que o gesto mágico é desde o começo simbólico. Nos dois casos, a magia nasce de uma confusão entre o signo e a causa, sendo decorrente de um realismo do signo.

Os exemplos do primeiro caso são os mais raros. Podem-se citar, no entanto, os exemplos de magia relativos ao medo citados no § 2. O processo de formação desses casos de magia parece ser o seguinte: a criança começa por executar ações que nada têm de mágicas e que, inseridas em seu contexto, são simplesmente atos corriqueiros de proteção contra ladrões ou malfeitores: baixar as cortinas para não ser visto de fora, verificar se a cama está feita para saber se não há pessoa alguma escondida nela ou sob ela, apertar os braços junto ao corpo para sentir coragem ou ficar menor. Não obstante, ao se repetirem, esses atos perdem toda a relação racional com seu contexto inicial e passam a ser simplesmente rituais. Não é mais para determinar se alguém se escondeu no quarto que a pequena verifica se a cama está feita, mas tão-somente por ser esta uma ação habitual que faz parte do conjunto da situação e que seria imprudente deixar de realizar no momento adequado. É assim que, quando ficamos inquietos, passamos a observar ritualmente cada um de nossos pequenos hábitos, dado que não sabemos as repercussões passíveis de advir da negligência de um dentre eles, e porque, como o temor nos faz parar de refletir, tornamo-nos bem mais conservadores (o automatismo dos gestos compensa a falta de ação inteligente). Para uma mentalidade racional, isto é, no caso específico, para um sujeito consciente de si mesmo e que distingue de maneira mais ou menos nítida a parcela dos hábitos subjetivos e a parcela de sequências causais ligadas aos eventos externos e ao mundo exterior, manifesta-se apenas um conservadorismo destinado a nos tranquilizar, podendo cada gesto constituir a prova de que nos comportamos com a mesma normalidade habitual. Mas, para uma mentalidade realista, isto é, uma mentalidade que confunde o interior com o exterior, cada um desses mesmos gestos assume caráter simbólico e passa então a ser considerado a um só tempo causa física e signo: o fato de a cama estar bem-arrumada não mais é concebido apenas como signo, porém igualmente como causa da segurança. Ou melhor, o gesto assumiu caráter simbólico enquanto ritual e tornou-se causa na medida em que passou a ser considerado ligado aos próprios eventos. Esse processo fica deveras claro no caso citado no § 2, em que a rapidez com que ocorria o ato de descer a cortina se transformou em recurso mágico de proteção, meio simbólico, porque retirado de seu contexto primitivo, porém eficaz devido ao fato de o símbolo permanecer aderido àquilo que representa.

Os exemplos do segundo caso, isto é, daqueles em que o gesto mágico é simbólico desde o início, são explicados de maneira análoga, ainda que o gesto esteja ligado ao contexto primitivo por simples associação e não mais mediante uma relação da parte com o todo. Examinemos o caso dos gestos rítmicos (citados no § 2), que são os mais simples. Seu ponto de partida é uma ação lúdica ou um prazer estético: divertir-se ao andar sobre as lajotas da calçada sem tocar as linhas intersticiais, divertir-se com o tocar os arcos de uma barreira, repor em seu devido lugar as pedrinhas deslocadas por uma necessidade de ordem etc. Suponhamos agora que a criança entregue a esses hábitos experimente num dia dado desejo ou temor. Ela vai observar nesse dia esses costumes com a mesma necessidade de conservação de que acabamos de falar,[14] de modo que o gesto e a situação afetiva vão formar um conjunto, estando o gesto ligado a esse conjunto por uma espécie de reflexo condicionado ou simplesmente por sincretismo. Para uma mentalidade a um só tempo sincrética e realista, esse vínculo leva à magia, porque o gesto se torna simbólico e todo símbolo de sucesso (sic) se transforma em causa de sucesso. Conseguir andar na calçada, sem tocar as linhas intersticiais, torna-se sinal de que aquilo que se deseja vai acontecer, e mais tarde esse gesto simbólico se reveste de eficácia, na medida em que todo o signo está ligado às próprias coisas.

Em suma, os casos de magia por participação entre os gestos e as coisas são explicados da mesma maneira que os de participação entre o pensamento e as coisas. Devem-se eles à atitude realista, isto é, à projeção nas coisas de ligações mentais: todo o signo é concebido como estando vinculado com as próprias coisas que designa e tende assim a se tornar causa.

---

[14] Cf. sobre o papel da necessidade de conservação, I. MEYERSON. *Année psychol.*, XXIII, pp. 214-222. — Cumpre alegar, no tocante a isso, que o que pode haver de correto neste parágrafo deve-se a I. Meyerson. O resto é de nossa lavra. Ver Apêndice, p. 415 e ss.

Mas há uma terceira forma de prolongamento do realismo em magia, que é a crença na participação entre as próprias substâncias (o terceiro grupo diferenciado no § 2). Aqui, as coisas são mais complexas: o sujeito age sobre um corpo, por meio de outro corpo, e concebe os dois corpos como participando um do outro. Poder-se-ia dizer, com Frazer, que há nisso uma simples associação por semelhança ou contigüidade, concebendo-se a associação como objetiva. Essa solução é, contudo, demasiado simples, visto que resta mostrar como as associações de ideias podem ser objetivadas até se tornarem relações causais. O que é preciso dizer é que o realismo implica uma indiferenciação entre relações lógicas e relações causais. Para nós, adultos, há uma realidade externa formada por conexões causais e um sujeito interno que tenta, primeiro mediante analogias e mais tarde mediante leis, representar o real para si mesmo. Para um espírito realista, tudo parece real ao mesmo título e tudo se acha no mesmo plano exterior. Disso decorrem a pré-causalidade e o sincretismo, que analisamos em outro trabalho (L.P., cap. IV e V), e consistem em situar nas coisas as ligações totalmente subjetivas sugeridas à criança por sua atitude egocêntrica. A magia mediante participações substanciais é apenas o termo desse processo. Consiste em conceber os corpos individuais como estando ligados materialmente uns aos outros, em vez de subsumidos sob as leis e os conceitos concebidos pelo espírito.

Tomemos um exemplo: o da criança que acredita que quando se produzem sombras se atrai a noite. O postulado dessa crença consiste em dizer que a sombra é constituída pela noite, que ela participa da noite. Para espíritos não realistas, essa proposição teria o seguinte sentido: a sombra é produzida pela tela constituída pela mão, assim como a noite é produto da tela chamada terra, sendo a sombra e a noite análogas em termos de que resultam de uma mesma lei. Há analogia por haver subsunção a uma lei geral. Ora, como tentamos mostrar (J.R., cap. IV), um espírito realista, ou seja, que ignora a existência da subjetividade de seus pontos de vista, não raciocina por meio de relações lógicas, nem, por conseguinte, mediante generalizações e deduções necessárias, mas recorrendo a esquemas sincréticos e à transdução, isto é, por meio da identificação direta de casos individuais. Assim, identificar sombra com noite não é, para um espírito realista, estabelecer entre as duas uma analogia sustentada por uma lei, mas admitir uma identidade imediata de casos individuais, em outras palavras, uma participação material; é, portanto, dizer que a sombra "vem" da noite. A transdução[VI], ou fusão de casos individuais, é, com efeito, um raciocínio

---

[VI] Observe-se que "transdução" refere-se aqui não a processos físicos (conversão de dados sensoriais, tradução de sinais de um domínio para outro), químicos (transmissão de sinais por receptores como os neurotransmissores) ou biológicos (transferência gênica de DNA entre linhagens de bactérias), mas se refere a uma operação de raciocínio mediante a qual dois (ou mais) fatos são vistos numa relação de mútua implicação sem que haja relações lógicas entre eles. N.T.

realista e não formal. Quando opera sobre sequências causais diretamente observáveis, parece racional porque chega às mesmas conclusões que uma dedução formal que parta das mesmas premissas. Mas como age sobre casos individuais separados no tempo e no espaço, leva ao sincretismo e, em casos extremos, à participação.

Vemos nitidamente que essa explicação da participação substancial mediante a transdução e o realismo lógico comporta hipóteses, mas nós retomamos menos sumariamente essa questão ao tratar da questão da causalidade física na criança.

Em conclusão, o realismo, isto é, na origem, a indiferenciação entre o ego (ou o pensamento) e o mundo exterior, prolonga-se necessariamente em participações e em magia, ocorrendo isso de três maneiras: mediante a confusão entre o pensamento e as coisas; mediante o realismo do signo, concebido como aderente e eficaz; e, por fim, de modo mais geral, mediante a fusão sincrética de substâncias individuais.

O realismo, contudo, não é suficiente para explicar toda a magia infantil. Grande número de participações concebidas pela criança supõe o animismo, e sendo o animismo, como o veremos, uma consequência do realismo egocêntrico, é ele o produto de participações que a criança sente existir desde a origem entre os pais e ela. De fato, por um lado, sem ter distinguido o psíquico do físico, a criança vê todo o fenômeno físico como estando pleno de intenções; por outro, a criança concebe toda a natureza como obediente a todas as pessoas e a seus pais. A maioria dos corpos ou eventos sobre os quais a criança procura agir magicamente (quando não pode agir de outra forma) vão lhe parecer por esse motivo penetrados de sentimentos e de intenções, propícios ou hostis. Isso dá origem a duas classes de fatos. De um lado, inúmeros dos ritos que acabamos de descrever desdobram-se em procedimentos destinados a captar a benevolência ou a frustrar a malevolência. Assim, a criança que põe as botas duas vezes para não ser interrogada na sala de aula supõe de certa maneira que o destino tem caráter moral e que haverá de levar em conta o esforço tedioso de que a criança se desincumbe, como o é calçar-se duas vezes. Do mesmo modo, a criança que pensa o contrário daquilo que deseja supõe um destino voltado para ler seus pensamentos a fim de frustrar os desejos etc. Por outro lado, haverá aí todo um grupo de participações propriamente animistas (descrito no § 2), ou grupo de ações mágicas mediante participação entre intenções. Todavia, mesmo nos fenômenos desse quarto grupo, identifica-se, naturalmente, um elemento de realismo, elemento sem o qual não haveria magia.

Com efeito, os casos do quarto grupo são facilmente explicados graças à conjunção dos dois fatores a seguir. Há antes de tudo, como sempre, uma indiferenciação ou confusão entre o ego e o mundo exterior, nas circunstâncias particulares, entre o ponto de vista próprio e os movimentos externos: assim, a criança tem a impressão de que, quando ela se desloca, os astros e as nuvens também o fazem. Há em seguida a explicação animista: a criança diz a si mesma que os astros são vivos porque a seguem. Produz-se, por conseguinte, a magia mediante ordem: basta dar ordens às coisas, mesmo a distância, para que elas obedeçam.

É nos casos do quarto grupo que a tendência dos gestos ou das palavras mágicas a se tornar simbólica é naturalmente mais fraca, porque a magia desse tipo se exprime por uma espécie de ordem tão real quanto a que se daria a um ser vivo. Mas, como vimos, essas participações entre intenções se prolongam em magia por meio do pensamento ou do gesto, magia que tende sempre a assumir caráter simbólico.

Em conclusão, parece que a evolução dos atos mágicos, seja qual for a origem da participação em que se fundam, segue a lei que Delacroix examinou em profundidade a propósito da linguagem. Os signos lingüísticos começam por fazer parte das coisas ou por ser desencadeados na presença das coisas à maneira de simples reflexos condicionados. Por outro lado, acabam por ser apartados das coisas e liberados pela inteligência, que faz deles ferramentas móveis e indefinidamente maleáveis. Não obstante, entre ponto de partida e ponto de chegada, há um período no curso do qual os signos são aderentes às coisas, e delas participam, ao mesmo tempo em que já se acham parcialmente apartados das coisas.[15]

Porém, se toda magia tende ao simbolismo, ocorre que, como Delacroix justamente o demonstrou, todo pensamento é simbólico. O que há de específico no estágio mágico, em oposição aos estágios ulteriores, é precisamente que os símbolos ainda são concebidos como participando das coisas. A magia é, portanto, o estágio pré-simbólico do pensamento. Desse ponto de vista, a magia na criança é um fenômeno exatamente da mesma ordem que o realismo do pensamento, dos nomes e dos sonhos estudado nos capítulos anteriores. Para nós, os conceitos, as palavras e as imagens vistos no sonho são, em diversos graus, os símbolos das coisas. Para a criança, são emanações das coisas. A razão disso está no fato de distinguirmos o subjetivo do objetivo, ao passo que a criança situa nas coisas aquilo que decorre da atividade de seu eu. Do mesmo modo, os gestos mágicos são, para o observador, símbolos, mas, para o sujeito, têm uma eficácia, o que decorre precisamente porque ainda não têm para ele caráter simbólico e a seu ver participam das coisas.

§ 4. Contraprova: as atitudes mágicas espontâneas no adulto

Antes de concluir este capítulo, tentemos verificar se, no adulto normal e civilizado, restam vestígios das atitudes mágicas que acabamos de estudar

---

[15] H. DELACROIX. *Le langage et la pensée*. Ver em particular a "Remarque Finale". Por outro lado, Delacroix indicou bem nitidamente o parentesco entre a magia e o realismo (*La religion et la foi*, p. 38).

na criança e se são igualmente resultado das confusões entre o ego e o mundo exterior, que por vezes reaparecem momentaneamente nos fenômenos de imitação ou de emoção. Naturalmente, vamos referir-nos apenas à magia estritamente individual, à magia que podemos identificar nos intelectuais, deixando de lado toda "superstição", ou seja, todo o uso ou a crença suscetível de se transmitir.

Deparamos com três casos em que o limite entre o ego e o mundo exterior torna-se momentaneamente fluido no adulto, sem mencionar, naturalmente, a paixão ou o sonho, nos quais seria demasiado fácil identificar inúmeros sentimentos de participação. Trata-se da imitação involuntária, da inquietação e do estado de desejo monomaníaco (ideia fixa). Vamos empenhar-nos por mostrar que, nos três casos, a despersonalização prolonga-se em realismo e, este, em atitudes mágicas mais ou menos definidas.

A imitação involuntária consiste em primeiro lugar numa adaptação ideomotora aos movimentos percebidos, de modo tal que o sujeito que imita sente como seu algo que pertence a outrem ou ao mundo material. Trata-se, como o disse Janet, de uma confusão entre o ego e o mundo exterior. Ora, não é difícil encontrar numerosos casos em que a simpatia imitativa se acompanha de uma atitude complementar, que consiste em procurar agir sobre o mundo exterior mediante uma ação exercida sobre o corpo próprio. Essa atitude, na verdade, aproxima-se da magia infantil. Eis alguns casos, do mais simples para o mais complexo:

> Alguém está com o nariz tapado. Experimentamos imediatamente a necessidade de assoar-nos para desobstruir o nariz de nosso interlocutor. A voz do interlocutor é emitida com dificuldade. Sentimos vontade de pigarrear, mais uma vez com a tendência de desobstruir por meio disso a garganta do interlocutor. Alguém fica sem voz. Falamos em voz mais alta, não para estimulá-lo, mas para dar-lhe voz.

Esses casos são pouco claros, porque a atitude implícita é imediatamente racionalizada: parece que nos empenhamos apenas em dar o exemplo ao outro. Na verdade, uma simples observação é suficiente para perceber que não raciocinamos dessa maneira ao agir: buscamos simplesmente nos desembaraçar do incômodo que sentimos ao ver ou ao escutar o outro.

> Um de nós espera, para sair com a esposa, que esta acabe de fumar um cigarro. Ele está fumando cachimbo. Ora, ele se surpreende ao ver que está pitando seu cachimbo com mais intensidade para que sua mulher acabe mais rapidamente de fumar! Por um curto período de tempo, essa ilusão foi completa, durando até o momento em que ele tomou consciência disso.

Muitas vezes também procuramos agir sobre as coisas. Por exemplo, jogando bola ou bilhar, quando a bola não parece estar de fato indo alcançar o alvo, inclinamo-nos incontidamente, com uma forte sensação de tensão muscular, a fim de desviar a bola para a direção desejada. Não se tem nenhuma ideia clara de que se está fazendo isso, mas é evidente que nos identificamos com a bola a ponto de desejar dirigir sua trajetória com esse gesto. A imitação prolonga-se assim em atitude de participação.

Quando, na rua, vemos dois ciclistas que vão um na direção do outro, fazemos um movimento de recuo para impedir que as bicicletas se choquem.

Parece, portanto, claro que as confusões por imitação prolongam-se em atitudes mágicas, imediatamente contidas por nossos hábitos de pensamento, mas que, em espíritos menos conscientes de seu ego, espontaneamente se desenvolveriam. Não há dúvida de que só descobrimos casos bem distantes da magia propriamente dita. Mas eles ao menos constituem, e era isso o que nos interessa conseguir, um caso claro de transição entre o realismo decorrente da confusão entre o ego e o mundo exterior e a magia ou a participação.[16]

Nos estados de inquietação, identifica-se por vezes em adultos o processo que acabamos de descrever na criança: o desejo de observância de todos os hábitos mais insignificantes a fim de evitar que o equilíbrio das coisas sofra perturbações. Assim sendo, antes de fazer uma conferência, faz-se a caminhada habitual etc. Ora, ocorre de, em estados de particular ansiedade, reaparecer a confusão infantil entre a ação destinada a tranquilizar o próprio sujeito e a ação destinada a manter o real em equilíbrio. Em outras palavras, ressurge a atitude mágica. Eis um exemplo indubitável, observado no sujeito que já revelara alguns casos precedentes:

> Estando prestes a fazer uma conferência e não isento de apreensão, ele fazia sua caminhada seguindo um percurso habitual. Quando se encontrava bem próximo do ponto em que tinha o hábito de parar, ele ia dar meia volta antes de alcançar o local exato, quando sentiu a obrigação de ir até o fim (50 m adiante) *para que a conferência fosse bem-sucedida*, como se o descumprimento de algum componente de sua caminhada pudesse provocar uma reviravolta do destino!

Em outros estados de temor, vemo-nos tomados por sentimentos de participação misturados com atitudes animistas, como ocorre em estados de desejo. Examinemos estes últimos. Basta, de modo geral, desejar ardentemente alguma coisa que não está a nosso alcance de influenciar (como o

---

[16] Ver H. Delacroix. *La religion et la foi*, p. 41.

bom tempo ou tudo o que depende da sorte ou do acaso), para sentirmos uma espécie de força hostil pronta a agir contra nossos interesses. O desejo de hipostasia, portanto, nas coisas, animando por projeção o destino ou os eventos. É suficiente essa tendência realista para fazer ressurgir todo o tipo de atitude mágica:

> Um de nós viajava à noite de bicicleta. Já havia percorrido vários quilômetros e estava longe de seu destino. O vento, bem como a iminência de uma tempestade, deixava-no nervoso. Uma grande quantidade de automóveis passava por ele e ofuscava sua visão. Ocorreu-lhe a ideia de que, para completar, os pneus podiam furar. Então, ele sentiu claramente a necessidade de afastar essa ideia *para que o pneu não furasse*, com a clara impressão de que a ideia de um pneu furado seria suficiente para produzir o próprio evento!

Há aí um estado intermediário entre o realismo do pensamento (a "onipotência das ideias" de Freud) e a conjuração de nuança animista. Eis casos nos quais predomina esta última:

> A mesma pessoa, ao procurar cogumelos, já trazia nas mãos alguns agáricos e estava prestes a guardá-los na sacola. Disse a si mesmo que ia esperar até encontrar mais alguns antes de guardar o total. Mas, no mesmo momento, sentiu a obrigação de guardar os que já encontrara, para não dar a impressão de que já contava com novos agáricos, que por certo lhe seriam recusados caso ele se mostrasse demasiado certo de que os encontraria! De outra feita, disse a si mesmo, enquanto seguia caminho, que guardaria o casaco na sacola quando encontrasse alguns cogumelos (para não perder tempo em abrir duas vezes a sacola). Ora, no momento seguinte, como ainda não havia encontrado cogumelos e sentindo-se incomodado pelo calor que o casaco causava, já ia guardá-lo, quando se sentiu tentado pela ideia de que era melhor não o guardar, por medo de não mais encontrar cogumelos!

Não é preciso dizer que o sujeito em questão nunca fora supersticioso, nem lhe fora transmitido, no curso de sua educação religiosa (protestante), nenhum germe de rito mágico. As observações registradas aqui são tendências mais ou menos conscientes que todos podem ver manifestas em si mesmo.

> Um amigo, professor de psicologia, observou em si mesmo os três fatos a seguir. Estando a caminho, depois da chuva, ele tem a tendência de não guardar a capa na sacola para evitar que volte a chover...
> Estando a ponto de fazer uma visita a pessoas que espera não encontrar,

ele exibe a tendência de trocar de colarinho (móvel) e de roupas a fim de não as encontrar. Se ele vai com as roupas habituais, tem em vez disso a certeza de que as encontrará!

Antes de uma festa ao ar livre em sua casa de campo, ele se recusou a cuidar do jardim, para evitar que chovesse, convicto de que se se pusesse a recolher as folhas caídas e a arrancar as ervas daninhas, choveria o dia inteiro.

O sujeito resume esses casos da seguinte maneira: *"Tenho a tendência de não me preparar para as coisas que desejo com medo de que venha a acontecer aquilo que temo"*.

É também conhecida a magia dos jogadores.[17]

Vemos com muita clareza que todos esses exemplos derivam da confusão entre o ego e o mundo exterior, havendo em alguns casos uma tendência animista agindo a título de fator secundário. Todos os últimos casos arrolados resultam da extensão ao mundo exterior de experiências que o sujeito pôde fazer consigo mesmo. Quando a pessoa tem uma ideia, esta sugestiona, e disso advém a tendência de suprimi-la, mesmo que ela se relacione com um pneu de bicicleta. Basta não fazer a caminhada habitual para ficar fora de forma: disso decorre a ideia de que a caminhada tem de ser feita até o final do percurso, 50 metros adiante, para que o público de uma conferência seja favorável à pessoa e assim por diante.

Em resumo, esses poucos fatos confirmam aquilo que supusemos acerca da criança: todo realismo se prolonga em magia. No adulto, permanece algo de realismo na imitação, no temor ou no desejo. Ora, esse realismo, ainda que infinitamente menos amplo do que o da criança, é suficiente para desencadear algumas atitudes de nítida participação e mesmo de magia.

§ 5. Conclusão: egocentrismo lógico e egocentrismo ontológico

Nos três primeiros capítulos dessa seção, procuramos mostrar que a distinção entre o pensamento e o mundo exterior não é inata na criança, constituindo antes algo a ser lentamente extraído e construído. Disso advém uma consequência capital do ponto de vista do estudo da causalidade: o pensamento da criança é realista, e o progresso consiste em se desembaraçar desse realismo inicial. Com efeito, no curso dos estágios primitivos, como a criança não tem consciência de sua subjetividade, toda a realidade se vê disposta num mesmo plano devido à confusão entre as contribuições do

---

[17] H. DELACROIX. *La religion et la foi*, Paris, 1924, p. 43ss.

exterior e as contribuições do interior. O real acha-se impregnado de aderências do ego, e o pensamento é concebido em termos das espécies da matéria física. Do ponto de vista da causalidade, o universo inteiro é considerado em comunhão com o ego e a ele obediente. Há tanto participação como magia. Os desejos e as ordens do ego são tidos por absolutos, porque o ponto de vista próprio é julgado o único possível. Devido à falta de consciência do ego, há um egocentrismo integral.

Chegamos assim a uma conclusão paralela àquela a que fomos conduzidos por nossos estudos sobre a lógica infantil. Na maneira de raciocinar, a criança igualmente pensa apenas por si mesma, ignorando em maior ou menor grau os pontos de vista das outras pessoas. Mas tanto nesse caso quanto no da lógica, se a criança permanece inteiramente restrita a seu ponto de vista, é por acreditar que todas as pessoas pensam como ela. A criança não descobriu a multiplicidade de perspectivas e mantém-se encerrada na sua como se esta fosse a única possível. Desse modo, afirma sem provas, dado que não sente a necessidade de convencer. Disso advém a brincadeira; a fabulação; a tendência à crença imediata; a ausência de raciocínio dedutivo; o sincretismo, que permite vincular tudo a tudo ao sabor de pré-ligações subjetivas; a ausência de relatividade das noções; e, por fim, o raciocínio transdutivo, que conclui do singular ao singular, mediante sincretismo, sem alcançar a necessidade lógica nem as leis gerais, devido à falta do sentimento da reciprocidade das relações.

Há, por conseguinte, dois egocentrismos: o egocentrismo lógico e o egocentrismo ontológico. Assim como cria sua própria verdade, a criança cria sua própria realidade: seu sentimento de resistência das coisas é tão inexistente quanto o da dificuldade das demonstrações. A criança afirma sem provas e manda sem limitações. A magia no plano ontológico e a crença imediata no plano lógico, a participação no plano do ser e a transdução no plano do raciocínio são consequentemente os dois produtos convergentes do mesmo fenômeno. Na base da magia e da crença imediata, está a mesma ilusão egocêntrica: a confusão entre o pensamento próprio e o pensamento dos outros e a confusão entre o ego e o mundo exterior.

O egocentrismo ontológico é capital para a compreensão do universo infantil. Assim como o egocentrismo lógico nos proporcionou a chave do julgamento e do raciocínio infantis, o egocentrismo ontológico vai oferecer-nos a da realidade e da causalidade na criança. Com efeito, a pré-causalidade e o finalismo derivam diretamente desse egocentrismo, visto que consistem em confundir as ligações causais e físicas com ligações de motivação psicológica, como se o universo tivesse os seres humanos como centro. O animismo e o artificialismo são as justificações dessas ligações primitivas. O dinamismo integral, de que estão impregnadas a meteorologia e a física da criança, constitui-se, por fim, a partir dos resíduos dessas crenças iniciais.

SEGUNDA PARTE

O animismo infantil

Se a criança não distingue o mundo psíquico do mundo físico, se mesmo no começo de sua evolução ela não observa limites precisos entre o ego e o mundo exterior, é cabível esperar que ela considere vivo e consciente um grande número de corpos que, para nós adultos, são inertes. É esse fenômeno que vamos buscar estudar na criança e que designaremos pelo termo corrente "animismo".

Não ignoramos as objeções que se podem fazer ao emprego dessa palavra, mas cremos ter condições de responder a duas das principais.

Eis a primeira: os antropólogos ingleses usaram o termo "animismo" para designar as crenças segundo as quais os primitivos preencheriam a natureza de "almas", "espíritos" etc., a fim de atribuir causas aos fenômenos físicos. Logo, o primitivo teria chegado à noção de alma, mediante percursos que tentamos imaginar, e essa noção seria o ponto de partida das crenças animistas. Sabe-se bem, em nossos dias, que essa descrição da mentalidade primitiva é superficial e tem como contexto nossa mentalidade contemporânea. A profunda crítica feita por Levy-Bruhl e as contribuições de Baldwin mostraram de modo bem fundamentado que a marcha feita pelos primitivos foi precisamente o inverso daquilo que lhes atribuímos. Os primitivos não distinguiram o espírito da matéria, e por não terem feito essa distinção é que todas as coisas se afiguraram a eles como dotadas simultaneamente.

SEGUNDA PARTE

O animismo infantil

Capítulo V
A consciência atribuída às coisas

No decorrer dos dois próximos capítulos, faremos uso de uma técnica muito sujeita a críticas, mas cujos resultados podem fornecer algumas indicações se levadas em conta as reservas que faremos.

Começamos por nos servir da seguinte questão: "Se eu picar você com um alfinete, você sentirá alguma coisa. E se eu picar esta mesa, ela sentirá alguma coisa?" Aplicamos em seguida a questão às pedras, às flores, ao metal, à água etc., perguntamos o que aconteceria se pudéssemos picar o sol, a lua, as nuvens. Convém naturalmente — e reside aí a parte mais importante do interrogatório — perguntar a propósito de cada uma das respostas da criança: "Por que sim?" ou "Por que não?" Com efeito, o essencial é ver se a criança responde arbitrariamente ou em conformidade com um sistema e encontrar, no segundo caso, a concepção latente da criança.

É evidente que o maior perigo desta técnica é a sugestão, sugestão simples ou sugestão por insistência. Para evitar a sugestão simples, é preciso fazer perguntas de forma não tendenciosa. Não se deve dizer: "A mesa sente alguma coisa?"; mas "Ela sente alguma coisa ou não sente absolutamente nada?" Porém, como pudemos observar, não é a sugestão simples que constitui o verdadeiro perigo, é a insistência. Se disser de início "sim" (por exemplo, a flor sentirá a picada), a criança será levada a continuar a dizer "sim" a tudo. Se começou por dizer "não", tenderá igualmente a perseverar nisso. Devemos, portanto, tomar duas precauções. A primeira é pular continuamente de um extremo ao outro: depois de perguntar se um cachorro pode sentir, é necessário passar de imediato a um seixo ou a um prego (que são em geral considerados destituídos de consciência), depois voltar a uma flor, para passar em seguida a uma parede ou a um rochedo etc. Só depois de ter constatado que a criança evita toda insistência, podemos abordar os objetos mais controversos, como os astros, as nuvens etc. E ainda nesse contexto, não se deve proceder por ordem, mas evitar toda continuidade. A segunda precaução consiste em observar constantemente a sistematização implícita da criança. Isso não é fácil, porque as crianças mais novas não sabem nem justificar suas afirmações (J.R., cap. I, § 4), nem tomar consciência de seu próprio raciocínio ou de suas definições (J.R., cap. IV, § 1 e 2). Mais ainda, a criança não sabe nem multiplicar nem adicionar suas afirmações, nem evitar as contradições (J.R., cap. IV, § 3-2), o que obriga o pesquisador a um trabalho imediato de interpretação, sempre bastante delicado. No entanto, a prática permite eliminar com bastante rapidez as crianças que respondem ao acaso e compreender as que têm verdadeiramente sistematizações latentes. Entre as duas reações, há uma diferença às vezes evidente desde o princípio do interrogatório. Além disso, é bom rever, com algumas semanas de intervalo, as mesmas crianças, para constatar se suas sistematizações se mantiveram.

Mas nós não tardamos a perceber que a questão da picada era demasiadamente restrita. Por mais animistas que sejam, as crianças não são tão antropomórficas quanto se poderia crer. Em outros termos, elas recusam facilmente admitir que o sol sentiria uma picada, mas nem por isso deixam de acreditar que o sol sabe que avança ou que sabe quando é dia e quando é noite. Elas rejeitam que o sol sinta dor, mas lhe concedem uma consciência de sol. Portanto, convém variar as perguntas a propósito de cada objeto, em função da atividade do objeto. É possível que surja, por exemplo, a pergunta acerca das nuvens: "Quando faz frio, elas sentem frio ou não sentem absolutamente nada?", "quando avançam, elas sabem que avançam ou não?" etc. Ademais, pode ser útil começar o interrogatório por uma série de questões baseadas no verbo "sentir", depois recomeçar, a título de controle, uma série fundada sobre o verbo "saber".

Cremos que, manejando essas diversas questões com a devida prudência, conseguimos evitar a insistência. Mas a crítica que se pode fazer a essa técnica é mais profunda. Sabemos suficientemente, a partir das pesquisas de Binet sobre o testemunho na criança, que as perguntas feitas sob a forma de alternativas são perigosas, visto que obrigam a resolver um problema que talvez não fosse em absoluto apresentado espontaneamente da mesma maneira. De igual modo, deveremos tirar partido de nossos resultados com uma prudente reserva. Temos de advertir o leitor desde já, para que ele não nos atribua, ao ler a exposição dos fatos, interpretações prematuras.

Entre as respostas obtidas, podemos, sem demasiada arbitrariedade, distinguir quatro grupos que correspondem, *grosso modo*, aos quatro estágios sucessivos. Para as crianças do primeiro estágio, tudo o que tem uma atividade qualquer é consciente, ainda que seja imóvel. Para as crianças do segundo estágio, a consciência é reservada aos corpos em movimento. O sol e uma bicicleta são conscientes; uma mesa e um seixo não o são. Durante um terceiro estágio, faz-se uma distinção essencial entre o movimento próprio e o movimento recebido do exterior. Os objetos dotados de movimento próprio, como os astros, o vento etc., são a partir daí os únicos tidos por conscientes, enquanto os objetos cujo movimento é recebido de fora, como as bicicletas etc., são desprovidos de consciência. Por fim, ao longo de um quarto estágio, a consciência é reservada aos animais.

Digamos já que, fazendo a crítica de nossos materiais, seremos levados a considerar esse esquema como válido, isto é, como caracterizando efetivamente o desenvolvimento do animismo espontâneo na criança. Mas, levando-se em conta os defeitos de nosso procedimento de interrogação, julgamos difícil classificar com inteira certeza determinada criança em determinado estágio. Deve-se reconhecer a existência nesse contexto de duas questões bem distintas. A primeira é de algum modo estatística, e sua solução é possível apesar das imprecisões de detalhe; a segunda é da ordem do diagnóstico individual, e sua solução pressupõe uma técnica muito mais refinada.

Ainda duas observações. O esquema que acabamos de esboçar deixa escapar alguns detalhes. Com efeito, é possível ocorrer que algumas crianças incorporem a sua concepção da consciência certos atributos, tal como o fato de ter sangue, o fato de falar, o fato de ser visível (no caso do vento) etc. Mas, trata-se aí de visões individuais, sem generalidade, e podemos negligenciá-las aqui.

Por outro lado, não distinguiremos as concepções infantis relativas ao verbo "sentir" e as concepções relativas ao verbo "saber". Os matizes que pudemos observar parecem sobretudo verbais. Talvez o "sentir" seja atribuído por mais tempo, pela criança, às coisas do que o "saber". Mas não procuramos verificar essa impressão, visto que não nos importa muito aqui.

§ 1. O primeiro estágio: tudo é consciente

A criança deste estágio não declara de modo algum que tudo é integralmente consciente. Afirma simplesmente que todo objeto pode ser sede de consciência em determinado momento, isto é, quando o objeto for ativo em qualquer grau, ou quando for sede de uma ação. Assim, um seixo pode não sentir nada, mas se o deslocamos, ou o molhamos etc., ele o sentirá. Eis alguns exemplos que escolhemos entre as crianças mais velhas deste estágio:

> VEL (8 ½) afirma que só os animais podem sentir uma picada, o que mostra que ele é capaz de matizar suas respostas. Isso quer dizer, com efeito, que só os animais são capazes de sofrer. Por exemplo, as nuvens não sentiriam a picada. "Por quê? — *Porque é ar.* — Elas sentem o vento ou não? — *Sim, ele as empurra.* — Elas sentem calor? — *Sim.*" Mas no que diz respeito à simples consciência, todo corpo pode ser consciente por alguns instantes: "O banco sente alguma coisa? — *Não.* — Se o queimamos, ele sente? — *Sim.* — Por quê? — *Porque diminui.* — Uma parede sente alguma coisa? — *Não.* — Se nós a derrubamos, ela sente isso? — *Sim.* — Por quê? — *Porque é quebrada*". Um momento depois: "Se arranco este botão (botão da jaqueta), ele o sente? — *Sim.* — Por quê? — *Porque o fio se parte.* — Isso lhe faz mal? — *Não, mas ele sentirá que se rasga*". "A lua sabe que avança ou não? — *Sim.* — Este banco sabe que está aí? — *Sim.* — Você acredita nisso? Você está seguro ou não seguro? — *Não estou seguro.* — Por que você crê um pouco que o banco

não sabe? — *Porque ele é de madeira.* — E por que você acredita um pouco que ele o sabe? — *Porque ele está aqui.* — Quando o vento sopra contra o Salève, ele sente que há uma montanha ou não? — *Sim.* — Por quê? — *Porque ele passa por cima.*" "Uma bicicleta sabe que roda? — *Sim.* — Por quê? — *Porque ela rola.* — Ela sabe disso quando está parada? — *Sim.* — Com que ela sabe disso? — *Com seus pedais.* — Por quê? — *Porque não andam mais.* — Você acredita nisso? — *Sim.* (Nós rimos.) — E quanto a mim, você acha que eu acredito nisso? — *Não.* — Então você acredita nisso? — *...* — O sol pode nos ver? — *Sim.* — Você já pensou nisso? — *Sim.* — Com que ele nos vê? — *Com seus raios.* — Ele tem olhos? — *Não sei.*"

Esse caso de Vel é interessante porque se mostra matizado. Apesar de nossa contra-sugestão final, Vel atribui uma visão ao sol. O menino acha que um botão não sente dor, mas lhe atribui a consciência de ser arrancado etc. Sem dúvida, Vel nunca se fez as perguntas que lhe formulamos, mas isso parece resultar do precedente: se ele não as fez a si é precisamente porque confunde ainda "agir" e "saber que se age" ou "ser" e "saber que se é". Talvez ponhamos em dúvida mesmo esta interpretação prudente. Só no caso de Vel temos uma contraprova. Mais de um ano depois desse interrogatório, revimos Vel para questioná-lo sobre pequenos problemas físicos. É evidente que não recordamos em absoluto a Vel seu interrogatório do ano anterior, e que ele tinha esquecido por completo. Eis uma das reações espontâneas de Vel com 9 anos e meio:

> Suspendemos uma caixa metálica com um barbante duplo e torcemos o barbante, diante de Vel, de maneira que, soltando a caixa, o barbante se desenrola arrebatando a caixa num movimento giratório. "Por que isso vira? — *Porque o barbante está enrolado.* — Por que vira então? — *Porque o fio (o barbante) quer se desfazer.* — Por quê? — *Porque estava desfeito* (Ele quer retomar sua posição inicial, posição na qual o fio estava 'desfeito', isto é, não torcido). — O fio sabe que está enrolado? — *Ele sabe.* — Por quê? — *Como ele quer se desenrolar, ele sabe que está enrolado!* — Ele sabe de verdade que está enrolado? — *Sim... Não estou seguro.* — Como você acha que ele sabe disso? — *Porque ele sente que está enroscado.*"

Essa conversa não é nem de uma criança sugestionada, nem de uma fantasiosa. Eis outros casos:

> KEN (7 ½): "Se damos uma picada neste seixo, ele a sentirá? — *Não.* — Por quê? — *Porque ele é duro*". "Se o pusermos no fogo, ele sentirá? — *Sim.* — Por quê? — *Porque isso o queima.* — Ele sentirá o frio ou não? — *Sim.*" "Um barco sente que está na água? — *Sim.* — Por quê? — *Porque*

ele está pesado quando está em cima (ele sente a pressão das pessoas que estão dentro). — A água sentirá uma picada? — *Não.* — Por quê? — *Porque ela é fina* (não consistente). — Ela sente o calor sobre o fogo ou não sente nada? — *Sim* (ela sente). — O sol sentiria se o picássemos? — *Sim, porque é gordo*." "A grama sente quando é arrancada? — *Sim, porque é tirada.*" "Se levamos esta mesa até o outro canto do quarto, ela sentirá? — *Não, porque ela é leve* (ela não oferece resistência, porque não tem peso). — E se a quebramos? — *Ela sente* (ela o sente)."

Vê-se a tendência de Ken a avaliar o grau de consciência mediante o esforço feito pelas coisas: um barco sente seus passageiros, mas uma mesa leve não sente que é carregada. A grama sente que é tirada etc.

Juill (7 ½): um seixo não sente nem o calor nem o frio. "Se cai no chão, ele o sente? — *Sim.* — Por quê? — *Porque isso o quebrou.*" "Uma mesa pode sentir alguma coisa? — *Não.* — Ela sente se a quebramos? — *Ah, sim!*" "O vento sente quando sopra contra uma casa? — *Sim.* — Ele o sente ou não o sente? — *Ele o sente.* — Por quê? — *Porque isso atrapalha. Ele não pode passar. Ele não pode ir mais longe.*" "Diga-me coisas que não podem sentir nada. — ... — As paredes podem sentir? — *Não.* — Por quê? — *Porque elas não podem andar* (esta resposta anuncia o segundo estágio). — Elas sentem se as derrubamos? — *Sim.*" "A parede sabe que está numa casa? — *Não.* — Ela sabe que é alta? — *Sim.* — Por quê? — *Porque está bem em cima, ela sabe que é alta!*"
Reyb (8;7): "A água sente alguma coisa? — *Não.* — Por quê? — *Porque a água se separa* (ela é líquida). — Se a pomos no forninho, ela sente o calor? — *Sim.* — Por quê? — *Porque a água é fria e o fogo é mais quente.* — A madeira sente alguma coisa? — *Não.* — Quando está queimando, ela sente ou não? — *Sim, porque a madeira não pode se defender* (!). — Então ela sente ou não? — *Ela sente*".

Todos esses casos são análogos e excluem a hipótese de uma simples sugestão. Com efeito, esses casos são bastante matizados. A criança atribui de fato consciência a tudo, mas não atribui a tudo a consciência de qualquer coisa. Ela se recusa, por exemplo, a admitir que um seixo sente uma picada, que o sol sabe quantos somos nesta sala, que botões ou lunetas sabem onde estão etc. Pelo contrário, desde que haja uma atividade qualquer, e sobretudo resistência, existe consciência: para Ken, um barco sabe que suporta uma carga, mas uma mesa não sabe que a carregamos; para Juill, o vento sente um obstáculo, uma mesa não sabe nada exceto se for quebrada; para Reyb, a madeira sente que está sendo queimada "porque não pode se defender" etc. Casos desse tipo são de fácil interpretação. É falso dizer que a criança "atribui uma consciência" às coisas, ou ao menos trata-se aí de uma expressão inteiramente metafórica. De fato, ela nunca, ou muito raramente, se perguntou se os objetos são conscientes ou não (no entanto, isso vem a acontecer (ver *L.P.*, p. 264). Mas não tendo nenhuma noção de uma distinção possível entre o pensamento e os objetos físicos, ela ignora que pode haver aí ações não acompanhadas de consciência. A atividade, para ela, é necessariamente atividade intencional e consciente. Uma parede não pode ser derrubada sem o sentir, um seixo não pode ser quebrado sem o saber, um barco não pode transportar carga sem fazer esforço etc. Há nesse contexto uma indissociação primitiva entre a ação e o esforço consciente. Portanto, o verdadeiro problema reside em saber como a criança chegará a conceber uma ação inconsciente, dissociando a noção do ato e a noção da consciência do ato, e não em saber por que na criança a ação e a consciência parecem necessariamente ligadas.

Se se buscasse uma analogia entre as respostas e as crenças dos primitivos, não seria por conseguinte no animismo carregado de afetividade, de que são testemunhas os ritos sociais, que se deveria pensar, mas no pouco que conhecemos da física primitiva. Mach recorda a esse propósito a história do chefe índio Chuar, que explicava por que seus homens não conseguiam jogar uma pedra na outra borda de um precipício: é — dizia ele — porque a pedra é atraída pelo vazio, tal como nós mesmos, quando somos tomados de vertigem, e assim perde as forças que lhe seriam necessárias para atingir a outra borda.[1] Mach, a respeito disso, observa que se trata de uma tendência invencível para o pensamento primitivo considerar cada sensação subjetiva como universal.

Permanece, contudo, uma dificuldade em nossa interpretação. Com efeito, podemos perguntar-nos se verdadeiramente as respostas que acabamos de analisar são primitivas e constituem o primeiro estágio do animismo infantil. Na realidade, encontramos no período entre 5 e 6 anos sujeitos excepcionais que se achavam em estágios ulteriores e, sobretudo, aconteceu-nos encontrar entre 4 e 5 anos crianças aparentemente muito pouco animistas.

GONT (4 anos) nos diz, por exemplo: "O sol sabe que você está aí? — Sim. — Ele sabe que você está dentro do quarto? — *Não sabe de modo algum*". "Ele sabe quando você se deita? — *Oh, Sim!* — Ele sabe quando é noite? — *Oh, não!*" Etc.

Mas, analisando essas respostas, e uma vez consideradas as dificuldades de interrogação nessas idades (dificuldades consideráveis com nossa presente técnica), percebe-se que as resistências da criança são de ordem sobretudo verbal. Nos menores, os termos "saber" e "sentir" são mal compreendi-

---

[1] MACH. *La connaisance et l'erreur*. Trad. DUFOUR, p. 126.

dos e têm um sentido mais restrito do que nos mais velhos. "Saber" significa algo como "ter aprendido" ou "saber à maneira dos adultos". Eis o motivo por que Gont recusa o saber a um banco, porque "o banco não é um homem". De igual modo, "sentir" significa "prejudicar-se", "gritar" etc. Essas crianças pequenas provavelmente não têm, pois, uma palavra para dizer "ter consciência de". Daí as anomalias reveladas pelo interrogatório durante essas idades.

Podemos então admitir que as respostas desta categoria caracterizam bem um primeiro estágio. Durante esse estágio, todos os corpos podem ser conscientes, até mesmo os objetos imóveis, mas a consciência é ligada a uma atividade qualquer, quer esta última emane dos próprios objetos, quer os objetos a sofram a partir do exterior. Em média, pode-se dizer que o estágio se estende até 6-7 anos.

§ 2. O segundo estágio: tudo o que se move é consciente

Já durante o primeiro estágio, a consciência estava ligada, para a criança, a certo movimento, na medida — ao menos — em que a atividade envolve um movimento. Mas qualquer corpo podia estar consciente: uma parede, uma montanha etc. O que, pelo contrário, caracteriza o segundo estágio é que a consciência doravante está reservada aos móveis, isto é, não mais aos corpos que são, no momento, a sede de um movimento qualquer, mas aos que costumam estar em movimento, ou cuja atividade própria é estar em movimento. Assim, serão considerados conscientes os astros, as nuvens, os rios, o vento, os veículos, o fogo etc.

> MONT (7;0): "O sol sabe que ilumina? — *Sim.* — Por quê? — *Porque é fogo*". "Ele sabe que estamos aqui? — *Não.* — Ele sabe que o tempo está bonito? — *Sim.*" Da mesma maneira, o vento, as nuvens, os regatos, a chuva são conscientes. "O vento sente alguma coisa quando sopra contra uma casa? — *Sim, ele sente que pode ir mais longe.*" "Uma bicicleta sabe que está andando? — *Sim.* — Ela sabe quando corre? — *Sim.* — Ela pode andar sozinha? — *Não*. Etc." Ao contrário, os bancos, as paredes, os seixos, as flores etc. não sabem nem sentem nada. "Este banco sabe que está nesta sala? — *Não.* — Por quê? — *Ele não pode falar.* — Ele sabe que você está sobre ele? — *Não.* — Por quê? — ... — Ele sabe se você bate nele, se você o quebra? — *Não*. Etc."

A escolha de Mont é bem clara, embora ele próprio não nos dê suas razões. Nos casos seguintes, a criança é mais explícita:

> KAE (11 anos) liga espontaneamente a consciência ao movimento: "O sol sabe alguma coisa? — *Sim, ele esquenta.* — Ele sabe que se oculta à

noite? — *Sim, porque ele vê nuvens diante de si... não, ele não sabe, porque não é ele que se oculta. São as nuvens que passam pela frente dele*". Então, se fosse ele que se ocultasse, ele o saberia, mas como ele se oculta sem ter de agir por si mesmo, ele não o sabe. "A bicicleta sabe que anda? — *Sim, ela sente a terra*." "Um automóvel sabe que anda? — *Sim, ele sabe que não está mais no mesmo lugar*."

Vog (8;6): "A lua sabe que brilha? — *Sim*. — Por quê? — *Porque ela nos guia à noite* (a lua nos segue; ver cap. VII, § 2). — O vento sabe que sopra? — *Sim, porque fica muito vento*. — A bicicleta sabe que anda? — *Sim*. — Por quê? — *Porque ela pode correr*". Mas as pedras etc. não sabem nem sentem nada.

Pug (7;2): "O sol sabe que vai se ocultar? — *Sim*. — Ele sabe que ilumina? — *Não*. — Por quê? — *Porque ele não tem olhos, ele não pode sentir isso*". "Uma bicicleta sabe alguma coisa? — *Não*. — Por quê? — *Quero dizer que ela sabe quando corre e quando anda lentamente*. — Por que você acha que ela sabe? — *Não sei. Acho que ela sabe*. — Um carro sabe que anda? — *Sim*. — Ele é vivo? — *Não, mas sabe*. — É o motorista que sabe ou é o carro? — *É o motorista*. — E o carro? — *Também*." Os bancos, as mesas, as pedras, as paredes etc. não sentem nem sabem nada.

Sart (12 ½): "A água pode sentir alguma coisa? — *Sim*. — O quê? — *Quando tem vento, isso faz ondas*". "*Porque o vento faz ondas, então a água sente alguma coisa*." As pedras, as paredes, as mesas etc. não sentem absolutamente nada. "Um relógio sabe alguma coisa? — *Sim, porque ele nos mostra as horas*. — Por que ele sabe? — *Porque são os ponteiros que nos mostram a hora*. Etc." (Sart tem 12 anos!)

É inútil multiplicar exemplos desse tipo, em primeiro lugar porque são todos semelhantes, mas sobretudo porque esse estágio é essencialmente um estágio de transição. Com efeito, ou as crianças atribuem consciência a todas as coisas, ou a limitam ao movimento, como se todo movimento fosse a manifestação de um esforço voluntário. Mas elas não tardam a descobrir que o movimento de certos corpos, como o de uma bicicleta, é um movimento inteiramente recebido de fora, por exemplo, da pessoa que pedala. Logo que essa distinção é feita, a criança reserva a consciência aos corpos, cujo movimento é próprio, passando assim ao terceiro estágio.

Por conseguinte, há tão-somente uma diferença de grau entre o segundo e o terceiro estágios. Para exprimir essa diferença, não seria preciso dizer, apesar das aparências, que a criança começa por atribuir consciência a todos os corpos em movimento (segundo estágio), em seguida reserva-a aos corpos cujo movimento é próprio (terceiro estágio). Na realidade, durante os dois estágios, a criança considera a consciência como ligada ao movimento próprio, e quando atribui consciência às bicicletas, durante o segundo estágio, isso se deve, na maioria dos casos, ao fato de ela representar as bicicletas como dotadas de certa força intencional e independente do ciclista.[2] A diferença entre o segundo e o terceiro estágio decorre, portanto, tão-somente do fato de que a criança descobre a existência de corpos cujo movimento não é autônomo. Essa descoberta leva a criança a distinguir dois tipos de corpos e, assim, a reduzir progressivamente o número dos corpos cujo movimento é próprio. As máquinas são os primeiros objetos diferenciados dos corpos vivos e conscientes. Depois, costumam vir as nuvens, os riachos etc.

Segundo os resultados obtidos por meio da presente técnica, o que acabamos de afirmar nos será confirmado em seguida, graças a uma técnica muito mais segura destinada ao estudo da causa do movimento (ver *C.P.*). Veremos que, nos estágios primitivos, a criança concebe todo o movimento como devido, em parte, a um motor externo, mas também como decorrente necessariamente de um motor interno, isto é, de uma força espontânea e intencional. É apenas mais tarde (depois de 7-8 anos) que esse dinamismo animista é substituído por uma explicação mecânica do movimento, mesmo no que diz respeito às máquinas. Essa pesquisa sobre o movimento, aplicada a crianças que não analisamos aqui, constitui a melhor contraprova que encontramos do valor dos resultados apresentados neste contexto.

Digamos por fim que o segundo estágio se estende, em média, de 6-7 anos a 8-9 anos, e o terceiro, de 8-9 a 11-12 anos.

§ 3. O terceiro estágio: os corpos dotados de um movimento próprio são conscientes

Este estágio é o mais sistemático e o mais interessante dos que encontramos. A maioria das crianças que o representa mostra um animismo mais refletido e mais motivado do que os anteriores. Com efeito, as respostas dos estágios precedentes testemunham muito mais uma orientação de espírito do que crenças sistemáticas. De acordo com nossa terminologia, trata-se muito mais de "crenças desencadeadas" do que de "crenças espontâneas".

>   Ross (9;9) começa por atribuir consciência aos animais, mas a recusa à mesa: "Uma mesa sentiria se eu a picasse? — *Não*. — Por quê? — *Porque ela não é uma pessoa*". "O fogo sente alguma coisa? — *Não*. — Se lhe pomos água em cima, ele a sente? — *Não*. — Por quê? — *Porque não é uma pessoa*. — O vento sente alguma coisa quando há sol? — *Sim*. — Ele sabe que sopra? — *Sim*. — O sol sente alguma coisa? — *Sim*. — O que ele sente? — *Ele sente que esquenta*. Etc." Ross atribui também cons-

---

[2] Veremos o porquê, no decorrer de um estudo especial das explicações relativas à bicicleta (*C.P.*, seção IV).

ciência às estrelas, à lua, à chuva e aos riachos, mas a recusa às bicicletas, aos automóveis e aos navios. "Você tem certeza ou não muita de tudo isso? — *Não muita.* — Você já pensou nisso? — *Não.* — Por que você não tem certeza? — *Porque não aprendi.* — Você me diz que o vento sente algo, mas não tem muita certeza. Diga-me o que você acha, por que pensa um pouco que o vento não sente que sopra? — *Porque ele não é uma pessoa.* — E por que você acha um pouco que ele sente? — *Porque é ele (!) que sopra*"; cf. essa resposta de Mart (8;10) (ver cap. II, § 6): "O lago sabe seu nome? — *Sim, porque ele anda.* — Ele sabe que anda? — *Sim, porque é ele que anda".* Ver todo o interrogatório de Mart.

Há nas palavras "é ele que sopra" ou "é ele que anda" todo o terceiro estágio e, portanto, todo o animismo infantil sob sua forma mais pura. A primeira dessas expressões possui tanto mais valor na medida em que emana de um pesquisado que "não tem muita certeza" de que ele anda e que sabe muito bem que o vento "não é uma pessoa". Mas nenhuma causa exterior determina o vento, logo o vento sopra por si mesmo e deve estar consciente de seu movimento. "O vento pode fazer o que deseja?", perguntamos em seguida a Ross. "Se quiser, ele pode parar de soprar? — *Sim.* — Ele pode soprar quando quer? — *Sim.*" Então como não considerar o vento animado? É verdade que Ross não estava decidido, mas é justamente sua indecisão que nos é valiosa, pois desnuda os móveis de seu pensamento.

CARD (9 ½) atribui consciência tanto aos astros e às nuvens como aos animais, mas a recusa às pedras etc. e mesmo ao vento: "O vento sabe que sopra? — *Não.* — Por quê? — *Porque é a nuvem que o faz soprar*". Há aí a expressão espontânea de uma das numerosas explicações dadas pelas crianças para a origem do vento: o vento é produzido pelo movimento das nuvens (ver *C.P.*). Tem pouca importância aqui o conteúdo dessa teoria. Deve-se apenas observar que, para Card, como o movimento do vento não é espontâneo, o vento é privado de consciência.

SCHI (6 anos. Avançado): "As nuvens sentem que avançam? — *Como são elas mesmas que formam o vento, elas podem sentir*". Reconhecem-se a teoria de Card e a mesma argumentação. Schi diz também, a propósito das flores: "Ela sente se é pisada? — *Ela deve sentir.*", e esclarece: *"É bem forte, porque aperta".*

RATT (8;10) resiste a todas as sugestões no que diz respeito às pedras, às paredes, às mesas, às montanhas, às máquinas etc, mas atribui consciência aos astros etc.: "O sol sente o calor? — *Sim.* — Por quê? — *Porque é ele que faz fazer calor.* — As nuvens sentem alguma coisa? — *Elas sentem o céu.* — Por quê? — *Porque tocam o céu".* "O vento sente o frio? — *Sim, porque é ele que faz fazer frio."* Portanto, Ratt estabelece uma relação entre a atividade espontânea do sol ou do vento e o movimento não espontâneo das máquinas.

Tacc (10;6) discerne muito bem entre "estar calor" e "ter calor": "O fogo sente o calor? — *Não.* — Por quê? — *Porque ele já é quente.* — Ele pode sentir o calor? — *Não.* — Por quê? — *Porque ele não vive.* — Ele pode ter calor? — *Não, porque ele já é quente*". Mas, se se tratar do sol, das nuvens, dos riachos, do vento etc., Tacc concebe a consciência como ligada ao movimento: "As nuvens são quentes? — *Elas têm calor*". E, como corrigimos Tacc, ele nos responde: *"Eu achava que eles viviam porque se mexiam"*. Além disso, a consciência e a vida não coincidem inteiramente para Tacc: "Os riachos têm calor ou ficam quentes quando o sol os esquenta? — *Eles têm calor... eles não sentem muito porque não são vivos.* — Por quê? — *Eles sentem bem pouquinho, porque se movem*".

Não se afirma com mais clareza do que Tacc a ligação entre a consciência e o movimento próprio. Tacc, que tem 10 anos e meio, sabe muito bem dosar o grau de consciência que convém a cada ser e dar suas razões. Ele recusa consciência aos objetos fabricados, ao fogo, à chuva, mas a concede aos astros, ao vento, às nuvens e aos riachos.

Imh (6 anos. Avançado) atribui consciência aos astros, às nuvens etc., mas a recusa à água. Isso porque a água não tem um movimento próprio: *"Ela pode correr mais depressa, mas quando é inclinada"*. Imh faz parte, pois, de um estágio evoluído (o terceiro; ver C.P.) no que se refere à explicação do movimento dos rios.

Wirt (8,4): "O fogo sentiria se o picássemos? — *Sim.* — Por quê? — *Porque ele é vivo.* — Por que ele é vivo? — *Porque ele se mexe.* — Uma nuvem sentiria se fosse picada? — *Sim.* — Por quê? — *Porque ela é viva, porque fica no ar e vai embora quando faz vento* (o vento nem sempre exclui o movimento próprio da nuvem. Ver C.P.). — O vento sente alguma coisa? — *Sim.* — Por quê? — *Porque ele sopra.* — A água sente alguma coisa? — *Sim.* — Por quê? — *Porque ela escorre*". O mesmo acontece com o sol e a lua. "A grama sente que é picada? — *Sim.* — Por quê? — *Porque ela é viva, já que cresce.*" Mas as máquinas não sabem nem sentem nada: "Uma bicicleta sabe que anda? — *Não.* — Por quê? — *Ela não é viva.* — Por quê? — *Porque é a gente que precisa fazer que ande*". O mesmo acontece com os carros, os trens, as carroças etc.

Vê-se que todos os casos se assemelham, embora alguns tenham sido observados em Genebra, outros no Jura bernense etc. Sem dúvida, essas crianças diferem de um caso para outro acerca do que convém considerar um movimento espontâneo. Para algumas, o fogo tem movimento próprio, porque queima sozinho quando aceso; para outras, o movimento é recebido porque somos nós que devemos acendê-lo. Para algumas, os riachos têm motor próprio; para outras, o declive desempenha um papel mecânico etc.

Quando estudarmos a causa do movimento, veremos que cada movimento gera um ou vários estágios durante os quais esse movimento é tido por espontâneo, e a vários estágios no decorrer dos quais o movimento é considerado determinado. Da mesma maneira, essas divergências de opinião de nossas crianças não são de modo algum inexplicáveis. Não é menos interessante constatar que todas essas crianças coincidem para reservar a consciência aos corpos cujo movimento é próprio. Eis aí um resultado tanto mais surpreendente na medida em que o encontraremos a cada momento, a propósito do conceito de "vida" e independentemente dos resultados apresentados aqui.

§ 4. A consciência é reservada aos animais

A melhor prova de que nossa técnica de interrogação é válida e não gera respostas sugeridas ou imaginárias é a existência do quarto estágio. É muito grande o número de crianças de 9, 8 e até de 7 anos que chegam a responder negativamente a todas as nossas perguntas, reservando a consciência tão-somente aos animais, ou aos animais e às plantas; temos aí a prova de que nosso interrogatório não é sugestionável. Além disso, veremos que há uma transição insensível entre as respostas do quarto estágio e as dos estágios anteriores, o que constitui um indício do valor do método seguido (ver Introdução, § 3).

O quarto estágio aparece, em média, somente por volta dos 11-12 anos, mas encontramos crianças com idade a partir de 6-7 anos que pertencem a ele.

Comecemos mostrando a continuidade existente entre o terceiro e o quarto estágios. Eis alguns casos intermediários, significativos a esse respeito: as crianças recusam, com efeito, toda consciência aos corpos sublunares, salvo aos animais, mas também a concedem ao sol e à lua, porque se movem sozinhos:

> PIG (9 anos) recusa a consciência às nuvens, ao fogo, a uma flor "porque ela não é viva". Mas o sol sente alguma coisa: "Por quê? — *Porque ele é vivo*". As estrelas não sentem nada "*porque são faíscas. —* E quanto ao sol, não é uma faísca? — *Não, é uma luz*". A lua também tem consciência, mas não as nuvens, porque "*são fumaça*" e a fumaça "*não anda*". "As nuvens avançam sozinhas? — *Não.* — E a lua? — *Sim.*" O fogo não sente nada "*porque somos obrigados a acendê-lo*". Um riacho também não, porque "*é o ar que que o faz caminhar*".
> GOL (6 anos. Muito avançado) reserva a consciência aos animais e à lua "*porque, à noite, ela vai sempre ao mesmo lugar*". Pelo contrário, o fogo não é consciente "*porque fica sempre no mesmo lugar*", o mesmo ocorrendo com as nuvens porque "*é o vento que as empurra*".

REH (6 ½) resiste a todas as nossas sugestões no que se refere às nuvens, ao vento, à água etc. Ele também acha que o sol não sente nada. "O sol sente alguma coisa? — *Não.* — Por quê? — *Porque ele não é vivo.*" Mas quando se esclarece a atividade do sol, Reh não tarda a testemunhar um animismo latente: "Por que o sol se levanta? — *Para fazer sol.* — Por quê? — *Não sei.* — Quando há nuvens e chuva, o que o sol faz? — *Ele parte porque faz mau tempo.* — Por quê? — *Porque não quer receber a chuva.* Etc."

É interessante constatar que são quase sempre o sol e a lua que são tidos por animados. Com efeito, trata-se dos únicos corpos cujo movimento parece tão espontâneo quanto o dos animais. O caso de Reh nos mostra, além disso, como o animismo, mesmo quando parece prestes a desaparecer, prolonga-se em finalismo. Um fato desse tipo revela por si mesmo como uma opinião conjunta sobre o animismo infantil é delicada. Esse animismo está longe de ser simples, achando-se tão afastado do antropomorfismo grosseiro quanto do mecanismo adulto.

Apresentamos agora alguns casos claros do quarto estágio:

CEL (10;7) recusa toda consciência mesmo ao sol e à lua, "porque não são vivos". "Há coisas que sabem ou que sentem? — *As plantas, os animais, as pessoas, os insetos.* — Isso é tudo? — *Sim.* — O vento pode sentir? — *Não.* Etc."

VISC (11,1) justifica as mesmas recusas dizendo sempre: "*Não (isso não sente nada), porque é uma coisa, isso não tem vida*".

FALQ (7;3) dá sempre como prova a matéria de que é feito o objeto: o fogo não sente nada "*porque que é madeira queimada*", as nuvens "*porque são chuva*", o sol "*porque é fogo*", a lua "*porque é uma pequena nuvem*" (existe aí expressão espontânea de uma crença que estudaremos no cap. IX, § 3), o vento "*porque não tem cabeça*" etc.

O conceito de "coisa" usado por Visc é raro antes dos 11 anos, no sentido de um objeto sem vida. Seu aparecimento marca o declínio do animismo infantil.

§ 5. Conclusões

Antes de continuar nosso estudo do animismo infantil, procedendo a análise da noção de "vida" e da noção da necessidade moral das leis naturais, é importante elucidar a interpretação que é preciso dar aos resultados anteriores.

Distribuímos as respostas obtidas até aqui em quatro estágios diferentes. Convém agora nos perguntar se a sistematização pressuposta por esses estágios existe realmente no pensamento espontâneo da criança e se os quatro tipos de respostas que distinguimos constituem de fato estágios, isto é, tipos sucessivos de respostas.

No que diz respeito ao primeiro ponto, o grau de sistematização das crenças animistas é evidentemente muito menor do que poderia crê-lo quem nos lê. O animismo existe muito mais na criança a título de orientação de espírito, de esquema de explicação, que a título de crença conscientemente sistemática. Duas razões fundamentais nos obrigam a reduzir a essas proporções as sistematizações que destacamos.

A primeira vincula-se com a estrutura lógica do pensamento da criança. Em primeiro lugar, o pensamento da criança é menos consciente de si mesmo do que o nosso, de tal maneira que mesmo sistematizações implícitas como as que encontramos nas respostas do segundo estágio, por exemplo, são mal percebidas pela própria criança: elas se devem muito mais a uma economia de reações (economia que impele a uniformidade) do que a uma busca desejada da coerência. Daí a incapacidade de a criança motivar seus julgamentos, justificar cada afirmação isolada. É assim que uma criança do segundo estágio (vida = movimento) não tem consciência dos motivos que a levam a responder "sim" ou "não" a nossas diferentes questões. Essa consciência e essa capacidade de justificação aparecem durante o terceiro estágio, mas em estado ainda rudimentar. É tão-somente ao longo do quarto estágio que a sistematização refletida sucede à sistematização implícita, mas é justamente nessa época que o animismo é eliminado da mentalidade infantil.

É inútil retomar as contradições e as dificuldades de manejar as operações lógicas elementares (adição e multiplicação das classes e das proposições), dificuldades que se fazem acompanhar pela falta de sistematização refletida. Tratamos suficientemente desse tema em outro lugar (J.R., cap. II, § 2-4). Digamos apenas que esses fatos bastam por si mesmos para explicar por que ousamos garantir o valor desta nossa técnica como meio de diagnóstico. Pode muito bem ocorrer, com efeito, que uma criança que acabe de atribuir consciência a determinado objeto recuse a ele pouco depois: basta que um novo fator venha interferir nos precedentes para que a criança esqueça tudo o que disse, contradiga-se, mude suas crenças etc. De igual modo, deve-se evitar considerar algum de nossos interrogatórios como a expressão de um diagnóstico individual sólido. Isso não impede, é claro, que o método tenha um valor estatístico, dado que, se nos limitamos a pesquisar como evolui o pensamento da criança em geral, é evidente que as flutuações individuais se compensem e que, em ampla escala, cheguemos a destacar um processo de evolução.

Uma segunda razão vem sobrepor-se a essas considerações relativas à estrutura do pensamento, a fim de mostrar como os resultados que obtivemos se acham afastados do pensamento espontâneo da criança. Para perceber o grau de sistematização de uma crença, basta em geral perguntar-se qual é sua função. Quais são então as necessidades que obrigarão a criança a tomar consciência de seu animismo implícito? Sem dúvida, trata-se apenas de duas.

Em primeiro lugar, é na medida em que buscar explicar a si mesma a resistência imprevista de um objeto sobre o qual a ação não tem domínio que a criança será obrigada a animá-lo. Ou, de maneira mais geral, quando algum fenômeno parecer contingente, bizarro e sobretudo assustador, a criança colocará intenções na fonte desse fenômeno. Ora, essa necessidade de explicações que gera o animismo é tão-somente momentânea. O animismo explícito, portanto, também só será momentâneo. Como o diz Delacroix: "O sol e a lua existem apenas quando há eclipses. O universal não existe para o homem primitivo".[3]

Por outro lado, a criança acredita na onipotência do homem sobre as coisas, e o animismo lhe é útil para explicar a obediência das coisas. Mas aqui só pode tratar-se de uma atitude implícita e não de crença refletida. Apenas os casos de obediência excepcional (como a lua, acerca da qual Gol nos diz que "ela vai sempre ao mesmo lugar") ou de desobediência excepcional podem levar a criança a uma reflexão propriamente dita.

Em suma, ou atitude implícita ou reflexão sobre casos excepcionais, eis as proporções às quais convém restabelecer o animismo infantil. A partir disso, é possível perguntar-nos em que se transformam nossos estágios e se a ordem de sucessão que julgamos poder estabelecer não é, por seu turno, artificial como as sistematizações que caracterizam cada um desses estágios.

Com efeito, nosso esquema, segundo o qual o animismo infantil decresce de modo muito regular e muito lógico do primeiro ao quarto estágio, é demasiadamente simples para não nos suscitar desconfiança. De fato, por que não haveria recrudescências de animismo que tornassem sinuosa a curva de desenvolvimento e até por que não existiria um estágio pré-animista? Na realidade, encontramos por volta dos 5 anos crianças que parecem menos animistas do que seus irmãos mais velhos. Além disso, quando se pode acompanhar uma criança durante alguns meses, encontram-se as mesmas contradições. Zim, por exemplo, pertence ao primeiro estágio em março e ao segundo em junho do mesmo ano. Mas Vel é, pelo contrário, do terceiro estágio em dezembro de 1922 e do primeiro em junho de 1923! Mais do que isso, quando se acompanha uma mesma criança, observando essas questões e interrogando-a sobre os temas que a interessam, vê-se que o animismo varia ora para mais, ora para menos.

Contradições desse tipo são tanto mais interessantes para o analista na medida em que se mostram desesperadoras para o estatístico. É necessário,

---

[3] H. Delacroix. *La religion et la foi*, p. 40.

com efeito, evitar concluir simplesmente pelo não valor dos resultados anteriores, pois a convergência interna desses resultados, tal como sua convergência com todos os fatos que exporemos em seguida neste livro, obrigam-nos pelo contrário a conservar alguma coisa. As anomalias cuja frequência acabamos de pressentir devem, por conseguinte, encontrar sua explicação. De fato, três tipos de fatores tendem a inverter em parte a ordem dos estágios que estabelecemos. Trata-se dos fatores de sistematização, de tomada de consciência e de vocabulário.

Vejamos o que é preciso atribuir à influência dos fatores de sistematização. Com muita frequência, é no momento em que uma crença implícita começa a ser abalada que é pela primeira vez afirmada conscientemente. Tal como observou com perspicácia John Burnet a respeito do pensamento pré-socrático, uma proposição raramente é afirmada antes de ter sido negada.[4] As crianças mais novas serão, portanto, animistas sem serem capazes de justificar conscientemente sua atitude. Porém, no momento em que essa atitude se chocar com uma hipótese nova suscetível de abalá-la — a primeira vez, por exemplo, que a criança se perguntar se uma bola de bilhar anda intencional ou mecanicamente (L.P., p. 264) —, pode muito bem ocorrer de a criança conservar a explicação animista, à falta de soluções melhores, e que lhe dê então, por reflexão e por sistema, uma solução que não comporta mais por direito, tendo em vista as novas tendências latentes da criança. O pensamento, portanto, nunca procede por linhas retas, mas, por assim dizer, por espirais: à crença implícita e imotivada sucede a dúvida, e a esta a reação refletida, mas essa reflexão é por sua vez solapada pelas novas tendências implícitas, e assim por diante. É dessa maneira que podemos explicar por que numerosas crianças mais velhas parecem apresentar um animismo mais amplo do que as mais novas: é que essas crianças precisam momentaneamente desse animismo, porque seu pensamento se chocou com determinado fenômeno que não pode ser explicado de modo mecânico; mas foi uma sistematização secundária que as levou a opiniões desse tipo; dessa forma, esse animismo não é idêntico, mas tão-somente comparável com o animismo primitivo das crianças mais novas.

O segundo fator que torna possível essa espécie de inversões de sentido é o fator da tomada de consciência. Como a criança não tem uma consciência clara das sistematizações implícitas de seu espírito, ocorrerá necessariamente o fenômeno seguinte, no instante em que ela perceber, seja graças a nosso interrogatório, seja devido a uma reflexão espontânea, a existência dessas suas crenças animistas. A criança será levada a exagerar a extensão dessas crenças: descobrindo que as nuvens sabem que andam, ela atribuirá a consciência a todos os corpos em movimento, sem perceber que de fato

---

[4] *L'aurore de la philosophie grecque*. Trad. REYMOND, Paris, 1919, p. 15.

reserva a consciência aos corpos dotados de movimento próprio. Trata-se da dificuldade de exclusão, ou da multiplicação lógica, a respeito da qual mostramos em outra passagem o quanto estava sob a dependência dos fatores de tomada de consciência (*J.R.*, cap. IV, § 2). Em termos mais simples, isso equivale a dizer que, ao falar, a criança não chega — não mais do que nós, de resto — a esclarecer suficientemente seu pensamento: ela o força sem cessar, dado que não se recorda das nuanças. Essa falta perpétua de ajuste entre o pensamento falado e o pensamento implícito faz que essa criança pareça, no interrogatório, ora mais ora menos animista do que o é na realidade. E a própria criança será tola. Existe aí um segundo fator de irregularidade na sucessão de nossos estágios.

Por fim, o vocabulário desempenha também um papel importante. A palavra "saber", por exemplo, tem sem dúvida um sentido mais estreito aos 5 anos do que aos 10 anos. Para uma criança mais nova, "saber" é "saber como as pessoas grandes"; para uma mais velha, é simplesmente "ter consciência". Dessa maneira, ora as palavras, ao mudar de sentido, impelirão a criança a estender seu animismo, ora a conduzirão a restringi-lo.

Vemos, encerrando, como esses três fatores podem produzir inversões de sentido no desenvolvimento geral do animismo infantil. Será preciso concluir que nossos quatro tipos de respostas não constituem estágios e que, em linhas gerais, não podemos afirmar que a criança passa de um animismo integral a um animismo cada vez mais reduzido? É evidente que não. Cada uma de nossas crianças, tomada isoladamente, talvez apresente uma sistematização implícita diferente da sistematização revelada por nosso interrogatório, sendo cada uma suscetível, por outro lado, de retrogradar parcialmente na série de nossos estágios, assim como de progredir em linha reta, mas, na média, os quatro tipos de respostas que obtivemos constituem de fato os tipos de sistematização entre os quais o pensamento espontâneo da criança oscila realmente, e esses quatro tipos caracterizam com clareza quatro estágios.

Capítulo VI

O conceito de "vida"

Talvez seja interessante complementar o estudo anterior por meio de um estudo correlativo da noção que as crianças designam pela palavra "vida". Com efeito, ninguém prova que os conceitos de "vida" e de "consciência" recubram-se inteiramente, tanto mais que não se trata de adultos. Mas, sobretudo, a noção de "vida" é, sob certos aspectos, uma noção mais familiar à criança do que as noções expressas pelos verbos "saber" e "sentir". Temos, pois, chances, ao estudar o tema, de encontrar sistematizações mais claras do que anteriormente, bem como de verificar, a propósito de cada uma das respostas da criança, uma argumentação e justificações lógicas mais ricas. Assim, se os resultados deste capítulo concordarem com os do precedente, haverá nessa convergência uma garantia que não deve ser negligenciada. Também nos desculpamos junto ao leitor em virtude das repetições inevitáveis às quais o estudo da noção de "vida" nos conduzirá.

Empregaremos uma técnica bastante análoga à de que nos servimos até aqui. Ela consiste em perguntar se alguns objetos que se enumeram são vivos e por quê. As mesmas precauções devem ser tomadas para evitar a sugestão simples e a insistência.

Os resultados obtidos nos permitiram reencontrar claramente os quatro estágios definidos anteriormente a propósito da consciência atribuída às coisas. Durante um primeiro estágio, é considerado vivo tudo o que tem uma atividade ou mesmo uma função ou uma utilidade, sejam quais forem. Ao longo de um segundo estágio, a vida define-se pelo movimento, sendo todo o movimento considerado como contendo uma parte de espontaneidade. Durante um terceiro estágio, a criança distingue o movimento próprio e o movimento recebido; a vida é identificada com o primeiro desses movimentos. Por fim, no decorrer de um quarto estágio, a vida é reservada aos animais, ou aos animais e às plantas. É evidente que as mesmas crianças não pertencem necessariamente aos mesmos estágios nesta série, nem na série relativa à noção de consciência (salvo algumas crianças do segundo estágio que não distinguiram o movimento próprio do movimento em geral). Muito pelo contrário, há grandes divergências, em cada criança, entre a extensão atribuída ao conceito de vida e a extensão atribuída ao conceito de consciência. Por conseguinte, não estamos falando aqui de uma correlação entre os casos individuais, mas de um paralelismo entre os processos respectivos de evolução da noção de "vida" e da noção de "consciência". Além disso, é muito mais interessante, dado que a hipótese da insistência é assim excluída, o que dá ao paralelismo todo o seu valor. Um paralelismo desse tipo mostra quão constante e espontâneo permanece o pensamento da criança a despeito das sugestões do ambiente adulto e das inabilidades de nosso interrogatório.

Porém, como a noção de vida é mais sistematizada na criança do que a noção de consciência, daí decorrem, para nossa pesquisa, algumas desvantagens inevitáveis. A criança acrescentará a suas ideias espontâneas diversas definições ocasionais (viver é falar, ou ser quente ou então ter sangue etc.). Mas em todas as crianças que apresentam essas definições secundárias também encontramos as respostas habituais, simplesmente aglomeradas às outras, de tal modo que podemos negligenciar essas poucas noções secundárias, cujo caráter inteiramente individual mostra bem que se trata de crianças influenciadas pelo acaso das conversas ouvidas etc.

Além disso, na medida em que a sistematização do conceito for impulsionada, serão produzidas inversões de sentido comparáveis às que descrevemos a propósito da noção de consciência, o que torna certos casos difíceis de classificar. Mas, à parte essas duas desvantagens, a pesquisa se revelou mais fácil de conduzir do que aquela cujos resultados demos no capítulo anterior.

§ 1. O primeiro estágio: a vida é assimilada à atividade em geral

Apesar de certa diversidade, as respostas deste primeiro estágio têm em seu conjunto um fundo comum, que consiste em definir a vida pela atividade, e, coisa interessante, por uma atividade em geral útil ao homem e, seja como for, claramente antropocêntrica.

VEL (8 ½): "O sol é vivo? — Sim. — Por quê? — *Ele ilumina.* — Uma vela é viva? — *Não.* — Por quê? — (Sim), *porque ela ilumina. É viva quando ilumina, não é viva quando não ilumina.* — Uma bicicleta é viva? — *Não, quando não anda, ela não é viva. Quando anda, ela é viva.* — Uma montanha é viva? — *Não.* — Por quê? — *Porque ela não faz nada* (!). — Uma árvore é viva? — *Não; quando tem frutos, é viva. Quando não tem frutos, não vive*". "O relógio é vivo? — *Sim.* — Por quê? — *Porque anda.* — Um banco é vivo? — *Não, ele só serve para sentar.* — Um forno é vivo? — *Sim, ele serve para fazer o jantar, o lanche, a ceia.* — Um canhão é vivo? — *Sim, ele atira.*" "A campainha do recreio é viva? — *Sim, ela toca.*" Vel chega mesmo a dizer que o veneno é vivo *"porque ele nos mata"*.

TANN (8 anos): "Um vidro é vivo? — *É como vivo, mas não como nós. O vidro impede o ar de entrar,* (mas) *ele permanece imóvel.* — Ele é vivo ou não? — *Ele vive...*" "Uma pedra é viva?... — (Ela é viva) *se é jogada, se lhe damos golpes para que ande." "Uma nuvem é viva? — Sim, é viva, e quando cai em forma de chuva, volta a subir."* Para precisar o pensamento de Tann, empregamos o seguinte procedimento, bastante artificial, mas excelente para despistar a orientação de espírito da criança: "Qual dos dois é o mais vivo, uma pedra ou um lagarto? — *Um lagarto, porque a pedra não pode se mexer".* "O sol ou uma pedra? — *O sol, porque serve para alguma coisa e a pedra não serve para grande coisa."* "Uma mosca ou uma nuvem? — *Uma mosca, porque é um animal; uma nuvem é uma coisa."* "O que é um animal? — *Algo que não é como nós. É útil. Um cavalo é útil. Ele não pode ir à escola. Não é como nós.* — O que é mais vivo, a chuva ou o fogo? — *A chuva.* — Por quê? — *A chuva é mais forte do que o vento, porque pode apagar o fogo e o fogo não pode iluminar a chuva."*

Reyb (8;7): "Você é vivo? — *Sim, porque não estou morto.* — Uma mosca é viva? — *Sim, porque ela não está morta".* "O sol é vivo? — *Sim, porque ele faz o dia.* — A vela é viva? — *Sim, porque podemos acendê-la."* "O vento é vivo? — *Sim, porque ele faz o frio, dá frio.* — As nuvens são vivas? — *Sim, porque fazem chover."* Etc.

Per (11;7): "O trovão é vivo? — *Creio que não.* — Por quê? — *Ele não é como todas as outras coisas, os seres, as árvores, essas coisas.* — Um raio é vivo? — *Não.* — Por quê? — *Não nos servimos dele* (!) — O que é um ser? — *Um homem que vive.* — O sol é vivo? — *Sim.* — Por quê? — *Ele nos ilumina.* — O fogo é vivo? — *Sim, ele serve para fazer muitas coisas."* Etc.

Vemos o que a palavra "viver" significa para essas crianças. É "fazer alguma coisa"; é, melhor dizendo, "estar em movimento" (Vel, Tann: uma montanha não faz nada, um banco "só serve para sentar"), mas é também agir sem mudar de lugar: o forno, a vela etc. são vivos. Mesmo noções como a animalidade são definidas em função da utilidade (Tann). Outras vezes, a vida é simplesmente a força: o veneno, a chuva são vivos etc.

Algumas dessas crianças dão à vida a mesma extensão que atribuem à consciência (por exemplo, Vel e Reyb, que são também do primeiro estágio no que se refere à consciência concedida às coisas). Outras dão à vida uma extensão bem maior (Tann, Per: terceiro estágio).

Apesar de todas essas divergências, as respostas deste primeiro estágio têm um fundo comum: é a afirmação da finalidade essencial da natureza e de um continuum de forças destinadas a realizar os fins. Essa noção está longe de ser especial nas respostas obtidas, graças à presente técnica, mas parece ser uma das noções fundamentais do pensamento da criança. Esse primeiro estágio dura, com efeito, até por volta de 6-7 anos. Ora, sabe-se suficientemente que nessa mesma idade as definições infantis apresentam um caráter completamente comparável ao que acabamos de verificar. De acordo com Binet e muitos outros, as crianças definem, aos 6 anos aproximadamente, "pelo uso" e não pelo gênero e pela diferença específica. Assim, uma montanha "é para subir em cima" ou "é para cercar" (para limitar o horizonte), um país "é para viajar", o sol "é para nos esquentar" ou "é para iluminar" etc. (ver *J.R.*, cap. IV, § 2). O fato de esse finalismo pressupor um fabricador que construiu cada coisa com um objetivo determinado nos será mostrado na sequência, não estando em causa aqui. Porém, além disso, esse finalismo integral pressupõe que cada corpo tenha uma atividade e uma força destinadas a permitir-lhe desempenhar seu papel. Em outros termos, se alguns obstáculos vêm contrapor-se à marcha do sol (o vento, as nuvens, a noite etc.), o sol deve ter tudo o que é necessário para lutar e para chegar, apesar disso, a cumprir seu papel no tempo desejado. A causalidade final pressupõe uma causalidade eficiente, sob a forma de uma força imanente ao objeto e tendendo para seu objetivo. A noção de "vida", na criança, desempenha essa função.

Reencontramos aqui, sob uma nova forma, uma conclusão já estabelecida a propósito do estudo dos "porquês" de crianças (*L.P.*, cap. V). A própria maneira pela qual a criança formula suas questões mostra que, para ela, há ainda indiferenciação entre a causalidade física e a conexão psicológica e intencional. Há "pré-causalidade". Vemos quão próxima desse conceito está a noção de "vida" que destacamos agora e que caracteriza uma força ao mesmo tempo material e intencionada. Os "porquês" de crianças, portanto, buscam no fundo uma explicação biológica: "Por que o Reno vai tão depressa" é afinal de contas comparável a "por que esta formiga vai tão depressa", tendo em vista que cada animal, embora automotor, é, como nos disse Tann, "útil" ao homem.

Uma noção desse tipo é primitiva ou derivada? Em outros termos, ela já existe em crianças de 3-4 anos, isto é, em crianças bastante novas para que lhes possamos formular perguntas, dado que elas não conhecem a palavra "vida"? Parece que sim. É ao menos o que o estudo da linguagem e do comportamento da criança dessa idade parece mostrar com clareza. Seja como for, tudo se passa como se, a partir do momento em que a palavra "vida" dá, por seu aparecimento, oportunidade de sistematização do conceito correspondente, esse conceito tenha de imediato a forma que se apresenta no decorrer do estágio que acabamos de estudar.

§ 2. O segundo estágio: a vida é assimilada ao movimento

Tal como o estágio correspondente da série vinculada com a consciência atribuída às coisas, este estágio é antes de tudo um estágio de transição. Não obstante, podemos coletar um número suficiente de exemplos claros para que ele não deva ser tido como uma falsa janela colocada para fins de simetria.

Zimm (7;9 e 8;1) foi visto em março e em junho do mesmo ano. Em março, ele se achava entre o primeiro e o segundo estágios. Em junho, ele definiu claramente a vida pelo movimento em geral.

Em março: "Você sabe o que é 'ser vivo'? — *É quando se pode fazer alguma coisa* (esta definição parece do primeiro estágio, mas, como veremos, é sobretudo no movimento que Zimm pensa). — Um gato é vivo? — *Sim.* — Um caracol? — *Sim.* — Uma mesa? — *Não.* — Por quê? — *Ela não se mexe.* — Uma bicicleta é viva? — *Sim.* — Por quê? — *Ela rola.* — Uma nuvem é viva? — *Sim.* — Por quê? — *Ela às vezes avança.* — A água é viva? — *Sim, ela se mexe.* — Quando não se mexe, ela é viva? — *Sim.* — Quando se mexe, uma bicicleta é viva? — *Sim, ela é viva mesmo quando não se mexe".* "Uma lâmpada é viva? — *Sim, ela ilumina (ela brilha).* — A lua é viva? — *Sim, às vezes ela vai se esconder por detrás da montanha."*

Em junho: "Uma pedra é viva? — *Sim.* — Por quê? — *Ela anda.* — Quando ela anda? — *Às vezes, alguns dias.* — Como é que ela anda? — *Rolando.* — A mesa é viva? — *Não, ela não se mexe.* — O Salève é vivo? — *Não, ele não se mexe.* — O Reno é vivo? — *Sim.* — Por quê? — *Ele se mexe.* — O lago é vivo? — *Sim, ele se mexe.* — Sempre? — *Sim.* — Uma bicicleta é viva? — *Sim.* — Por quê? — *Ela anda."* Etc.

Juill (7 ½): "Um lagarto é vivo? — *Sim.* — Um prego? — *Não.* — Uma flor? — *Não.* — Uma árvore? — *Não.* — O sol é vivo? — *Sim.* — Por quê? — *Porque quando é preciso* (!), *ele anda.* — As nuvens são vivas? — *Sim, porque elas andam, depois elas batem.* — Elas batem o quê? — *Elas fazem trovejar quando chove.* — A lua é viva? — *Sim, porque ela anda.* — O fogo? — *Sim, porque ele estala.* — O vento é vivo? — *Sim, porque quando é inverno, bem, é frio; é vivo porque se mexe.* — Um riacho? — *Sim, porque ele anda sempre mais.* — Uma montanha? — *Não, porque ela fica sempre de pé.* — Um carro? — *Sim, porque ele se mexe".* Etc.

Kenn (7 ½): "A água é viva? — *Sim.* — Por quê? — *Ela se mexe.* — O fogo é vivo? — *Sim, ele se mexe.* — O sol é vivo? — *Sim, ele anda".* Etc.

Vog (8;6): "Você é vivo? — *Sim.* — Por quê? — *Eu posso andar, vou brincar.* — Um peixe é vivo? — *Sim, porque ele nada.* — Uma bicicleta é viva? — *Sim.* — Por quê? — *Ela pode andar".* "Uma nuvem é viva? — *Sim.* — Por quê? — *Porque ela pode andar.* — A lua é viva? — *Sim.* — Por quê? — *Ela nos guia à noite."*

Cess (8 anos): "Um cavalo é vivo? — *Sim.* — Uma mesa é viva. — *Não.* — Por quê? — *Porque ela foi fabricada".* "A lua é viva? — *Não, porque ela fica sempre no mesmo lugar.* — Ela nunca se mexe? — *Às vezes.* — Quando? — *Quando anda.* — Ela é viva ou não é viva? — *Ela é viva.* — Por quê? — *Quando anda."* "O vento é vivo? — *Sim.* — Por quê? — *Porque ele anda e depois corre."* Etc.

KEUT (9;3) nos diz de imediato: "Você sabe o que é um ser vivo? — *Sim, quando se mexe* (!)".
GRIES (9;1), no início do interrogatório: "Você sabe o que é um ser vivo? — *Sim, é quando se pode mexer*". "O lago é vivo? — *Nem sempre.* — Por quê? — *Às vezes há ondas, outras vezes não há.*" "Uma nuvem é viva? — *Sim, é como se ela andasse.* — Uma bicicleta é viva? — *Sim, ela roda.*"
KAEN (11 anos): "Um riacho é vivo? — *Sim, ele corre.* — O lago é vivo? — *Sim, sempre há uma coisa qualquer que se mexe.* — Uma nuvem é viva? — *Sim, nós a vemos andar* — Uma planta? — *Sim, ela pode crescer*".

Sem dúvida, a impressão deixada por essas crianças é que essa identificação da vida com o movimento é inteiramente verbal. Dito de outro modo, a palavra "vida" designaria simplesmente o movimento, mas o movimento nada teria dos caracteres que, para nós, definem a vida, ou seja, a automotricidade, a intencionalidade etc. A criança diz que um riacho é vivo como um físico afirma que ele é "animado por um movimento" acelerado etc.

Cremos que há mais do que isso, e que o movimento em geral tem de fato, para a criança, os caracteres da vida. Três boas razões nos conduzem a essa interpretação. A primeira é que se encontra nas questões espontâneas das crianças a prova de que o problema da definição da vida preocupa realmente seu espírito e de que a identificação da vida com o movimento tem efetivamente uma significação a seus olhos. Por exemplo, Del, com 6 anos e meio (ver *L.P.*, p. 268), pergunta: "*Elas estão mortas* (estas folhas)? — Sim. — *Mas elas mexem com o vento*". A segunda razão é que esse segundo estágio é anterior àquele durante o qual a criança distingue o movimento próprio e o movimento recebido de fora (terceiro estágio). Com efeito, a média de idade das crianças do presente estágio é de 6-8 anos, ao passo que o terceiro estágio se estende, em média, dos 8-9 aos 11-12 anos. Ora, é tão-somente no decorrer deste último estágio, com algumas exceções, que se estabelece a distinção entre o movimento próprio e o movimento recebido: até aí, todo o movimento é próprio e, assim, a identificação da vida com o movimento não é puramente verbal. Por fim, a terceira razão é que todo o estudo da física infantil, estudo que realizaremos mais tarde (ver *C.P.*), confirma a realidade dessa conclusão entre o mecânico e o biológico.

§ 3. O terceiro e quarto estágios: a vida é assimilada ao movimento próprio, pois é reservada aos animais e às plantas

A melhor prova da autenticidade das crenças do primeiro e do segundo estágio são a sistematização e a insistência das noções que agora estudaremos como características do terceiro estágio. Com efeito, a identificação da vida com o movimento próprio marca o período mais importante, e o mais fecundo em aplicações, do animismo infantil. Ora, antes de chegar a essa sistematização, é preciso de fato que a criança tenha tateado por muito tempo e que tenha identificado a vida, quer com a atividade em geral quer com o movimento, qualquer que seja.

Eis alguns casos, entre as crianças com mais reflexão, desse estágio:

SART (12 ½): "Você sabe o que um ser vivo? — *Sim.* — Uma mosca é viva? — *Sim.* — Por quê? — *Porque se não fosse viva, ela não poderia voar*". "Uma bicicleta é viva? — *Não.* — Por quê? — *Somos nós que a fazemos rodar.* — Um cavalo é vivo? — *Sim.* — Por quê? — *Ele ajuda o homem.*" "As nuvens são vivas? — *Sim.* — Por quê? — *Não, não.* — Por quê? — *As nuvens não são vivas. Se fossem vivas, elas estariam em viagem (elas partiriam quando o desejassem). É o vento que as move* (!). — O vento é vivo? — *Sim.* — Por quê? — *Ele é vivo porque é o vento que impulsiona as nuvens.* — Os riachos são vivos? — *Sim, porque é a água que corre em toda a extensão.* — Um carro? — *Não, é o motor que o faz andar.* — O motor é vivo? — *Não, é o homem que o faz andar.* — O sol é vivo? — *Sim, é o sol que faz (sol), que ilumina o dia.*" "O lago é vivo? — *Não, porque o lago fica sozinho e nunca mexe (ele não se mexe por si só).*"

FRAN (15;5): "Uma minhoca é viva? — *Sim, ela pode andar.* — Uma nuvem é viva? — *Não, é o vento que a empurra.* — Uma bicicleta é viva? — *Não, elas são movidas por nós.* — O vento é vivo? — *Não, é verdade que ele anda, mas é outra coisa que o move* (!)". "O fogo é vivo? — *Sim, ele se move por si mesmo.* — Um riacho? — *Sim, ele rola sozinho.* — O vento é vivo? — *Sim.* — Você me disse que não. O que você acha? — *Ele é vivo.* — Por quê? — *Ele se mexe sozinho.* — Por quê? — *Ele se empurra a si mesmo* (!). — Uma nuvem é viva? — *Não, é o vento que a impele.*"

BARB (6 anos) é muito explícito, apesar de sua pouca idade: "O que é vivo? — *As borboletas, os elefantes, as pessoas, o sol.* — A lua? — *Também.* — As pedras são vivas? — *Não.* — Por quê? — *Não sei.* — Por quê? — *Mas elas não são vivas.* — Os carros são vivos? — *Não.* — Por quê? — *Não sei.* — O que é ser vivo? — *É mexer-se sozinho* (!). — A água é viva? — *Não.* — Ela se mexe sozinha? — *Então ela é viva* (!). — O vento é vivo? — *Sim*". Além disso, na continuação, Barb, tendo em vista sua idade, recai no segundo estágio: "As pedras são vivas? — *Não.* — E quando elas rolam? — *Sim, quando rolam, elas são vivas. Quando estão tranquilas, elas não são vivas*".

EUG (8 ½): "As nuvens são vivas? — *Não, é o vento que as empurra.* — A água é viva? — *Não, é o vento que a empurra*". "Uma bicicleta? — *Não, quando se vai em cima dela, isso é que a faz andar.* — O que é mais vivo, o vento ou uma bicicleta? — *O vento; ele anda quanto quiser. A bicicleta, nós a fazemos parar às vezes.*"

Pois (7;2): "As nuvens são vivas? — *Não, porque não se mexem, porque o vento as empurra*". O vento, o sol e a terra são vivos, *"porque se mexem"*.
Nic (10;3): Uma nuvem não é viva, *"porque não pode andar. Ela não é viva. É o vento que a empurra"*. O vento, em contrapartida, é vivo, *"porque faz avançar as outras coisas e se mexe a si mesmo"*.
Chant (8;11) atribui vida aos astros, às nuvens, ao vento e à água, *"porque eles podem ir onde quiserem"*, mas a recusa ao lago, *"porque o lago não pode ir de um lago para outro"*, etc.
Mos (11;6) recusa vida às máquinas, à água etc., *"porque ela não pode se mexer"*, mas a concede ao fogo, aos astros, às nuvens, *"porque se mexem"*.
É evidente, portanto, que ele pensa no movimento próprio.

Não há dúvida de que, levando-se em conta a dificuldade que as crianças revelam quanto a tomar consciência de seu próprio pensamento, a maioria dos casos é menos clara do que os anteriores. Discutimos em outra passagem (J.R., cap. IV, § 2) os casos de Grand, Schnei, Horn, que pertencem a este estágio, sem poder encontrar a definição da vida correspondente aos exemplos que dão.

É inútil insistir no quarto estágio, durante o qual a vida é reservada somente aos animais, ou aos animais e às plantas. É apenas por volta dos 11-12 anos que esse estágio parece ser atingido por três quartos das crianças. Antes, os astros e o vento são sistematicamente dotados de vida e de consciência.

A maioria das crianças destes dois últimos estágios atribui à vida e à consciência a mesma extensão, mas se encontram algumas, como Start, que atribuem uma extensão maior à consciência. Veremos agora a razão desses fatos.

§ 4. Conclusão: a noção de "vida" na criança

Só pode suscitar espanto a notável concordância dos quatro estágios que acabamos de analisar com os quatro estágios correspondentes relativos à consciência atribuída às coisas. Embora só dois quintos das crianças pertençam aos mesmos estágios nas duas séries, a evolução das duas noções obedece às mesmas leis e se faz na mesma direção. Sem dúvida, como já o observamos, várias ideias estranhas vêm perturbar algumas de nossas crianças, mas, se tivéssemos visto várias crianças fazer intervir a fala, ou o fato de haver sangue etc., para definir a vida, não teríamos visto nenhuma (entre as que conhecem a palavra, claro) que negligenciasse fazer intervir também a atividade e o movimento. Assim, podemos considerar como geral nosso esquema.

Estamos agora diante do mesmo problema do da consciência atribuída às coisas: há progressão linear de um estágio a outro, ou existem inversões de sentido, que reconduzem provisoriamente algumas crianças a estágios anteriores? É bem claro que ocorrerá o mesmo nos dois casos, e que os três fatores de regressão aparente que fomos levados a discernir a propósito da consciência atribuída às coisas são igualmente válidos no que se refere à evolução da noção de "vida".

O mais interessante é definir as relações exatas que vinculam a noção de vida com a de consciência. Chegamos, no que diz respeito à extensão desses conceitos, a um resultado bastante claro. Dois quintos das crianças estudadas são encontradas no mesmo estágio nas duas séries paralelas. Verificou-se que outros dois quintos avançaram no que se refere à noção de vida, isto é, atribuíram vida a menos objetos do que à consciência. Por fim, apenas um quinto das crianças apresentou a relação inversa, ou seja, considerou vivos corpos aos quais recusaram a consciência. Em conclusão, a noção de vida parece ter uma extensão não tão grande, para a criança, do que a noção de consciência.

Esse resultado é particularmente surpreendente nas crianças mais novas. Em outras palavras, as crianças que são do primeiro ou do segundo estágio, no que tange à consciência, costumam ser de um estágio mais avançado no que se refere à vida. As crianças mais velhas, pelo contrário, isto é, as crianças do terceiro e do quarto estágio, são em geral do mesmo estágio nas duas séries paralelas.

Não há dúvida de que, para estabelecer essa estatística, tomamos as precauções necessárias, isto é, interrogamos todas as crianças na mesma ordem. Algumas foram questionadas sobre a vida antes de sê-lo sobre a consciência, outras na ordem inversa; algumas foram interrogadas em primeiro lugar sobre o saber, depois sobre a vida, depois finalmente sobre o sentir etc. Examinamos todos esses casos para ver se existia alguma insistência. O resultado que damos nos parece, por conseguinte, isento de "erros sistemáticos".

Que concluir desses fatos? Parece que estamos autorizados a admitir que a evolução da noção de vida é determinante da evolução da consciência atribuída às coisas. Em outros termos, é depois de sua classificação em vivos e não vivos que a criança se comporta para saber como repartir a consciência. Sem dúvida, não existe aí nenhum raciocínio, nem nenhuma intenção, ao menos. É de fato por isso que há decalagem entre as duas evoluções. Mas a reflexão sobre a "vida" habituaria a criança a repartir os movimentos da natureza em diversos tipos e, pouco a pouco, a consideração desses tipos (movimento próprio) influenciaria a consciência atribuída às coisas.

Destaca-se disso a extrema importância que a explicação do movimento deve ter para o pensamento da criança. É a análise dessa explicação que passamos a realizar na continuação desta obra (*C.P.*). Digamos apenas, por ora, que a extensão da noção de "vida" parece indicar a presença, no universo infantil, de um continuum de forças livres, de atividade, de intencionalidade. Entre a causalidade mágica, para a qual todas as coisas giram em torno do ego, e o dinamismo da força substancial, a noção de vida estabelece um elo intermediário: nascida da ideia de que as coisas têm um fim e de que esse fim pressupõe uma atividade livre para ser atingido, a noção de vida se reduz pouco a pouco à de força, ou de causa do movimento próprio.

Capítulo VII

As origens do animismo infantil Necessidade moral e determinismo físico

São-nos indispensáveis três discussões preliminares para poder abordar as origens do animismo infantil. É importante, em primeiro lugar, precisar sob qual forma se apresentam as manifestações espontâneas do animismo na criança. Teremos necessidade, pois, de agrupar num primeiro parágrafo alguns dados de observação pura que conseguimos coletar (por oposição aos dados fornecidos pelos interrogatórios). Em seguida, deveremos analisar a única crença ao mesmo tempo sistemática e inteiramente espontânea que nossos interrogatórios anteriores desvelaram: a crença das crianças segundo a qual o sol e a lua as seguem. Em terceiro lugar, necessitaremos examinar que tipo de necessidade (necessidade moral ou determinismo físico) a criança concede aos movimentos regulares, às leis da natureza. O estudo da obediência do sol e da lua nos introduzirá, além disso, nessa pesquisa mais geral indispensável à análise das raízes do animismo. Poderemos então concluir com um ensaio sobre as origens do animismo infantil.

§ 1. O animismo espontâneo na criança

As obras de psicologia e de pedagogia estão repletas de traços espontâneos de animismo que se teriam destacado na criança. Não os citaremos todos, porque seria cansativo e sobretudo porque nem todos esses traços têm um valor igual. O animismo no âmbito da brincadeira (a personalização das bonecas) constitui em particular um problema à parte, do qual não falaremos aqui.

Comecemos por algumas recordações de adultos. As recordações dos surdos-mudos são particularmente importantes porque nos mostram que tonalidade afetiva pode assumir o animismo em crianças que não receberam absolutamente nenhum elemento de educação religiosa.

James[1] cita o caso de um surdo-mudo que se tornou professor (Th.

---

[1] W. JAMES, "Thought before language", *Philos. Rev.*, I (1892), pp. 613-624. — Agradecemos a Bovet a comunicação e a tradução dessas linhas.

d'Estrella) e que relatou suas próprias recordações (na terceira pessoa): "*Nada excitaria mais sua curiosidade do que a lua. Ele tinha medo dela, mas sempre adorava observá-la. Percebeu a face esfumada que a lua cheia apresenta. Depois, supôs que ela fosse um Ser vivo. Tentou então comprovar se era viva ou se não era. Fez essa pesquisa por quatro caminhos diferentes. Em primeiro lugar, sacudiu a cabeça para a direita e para a esquerda, os olhos fixos na lua. Ela lhe pareceu seguir os movimentos de sua cabeça, subir e descer, avançar e recuar. Pensou também que as luzes eram vivas, pois voltou a fazer sobre ela experiências semelhantes. Em segundo lugar, quando caminhava ao ar livre, olhava se a lua o seguiria. O disco parecia segui-lo por toda a parte...*" (para a continuação desse texto, ver cap. IV, § 15).

Outro surdo-mudo também estudado por James[2] dizia do sol e da lua: "*Eu tinha por esses astros uma espécie de reverência, por causa de seu poder de iluminar e de aquecer a terra*". E mais adiante: "*Minha mãe me falou de um Ser lá em cima, mostrando-me o céu com o dedo, com um olhar solene. Desejando muito saber mais sobre isso, eu a cumulei de perguntas, para saber se era o sol, a lua ou as estrelas*".[3]

Nas recordações de crianças normais, o animismo tem, como é compreensível, uma tonalidade afetiva inteiramente diversa. É frequente encontrar, por exemplo, recordações do tipo destas:

> Uma de nós se recorda de se ter imposto como criança as seguintes obrigações. Quando topava por acaso com uma pedra meio enterrada no chão, ela a repunha no lugar, para que a pedra não sofresse por ter sido deslocada. Ou ainda, quando levava para casa uma flor, ou uma pedra, ela pegava sempre várias flores ou várias pedras, a fim de que nenhuma se entediasse e conservasse seu círculo habitual.
>
> Uma outra de nós se impunha, ao contrário, deslocar de tempos em tempos as pedras do caminho, para que não tivessem perpetuamente a mesma paisagem diante delas.
>
> Esta última recordação concorda inteiramente com a da senhorita Ingelow relatada por Sully.[4]

Mas deixemos de lado as recordações para passar às propostas ou questões diretamente observadas. Ora, sabe-se suficientemente que as pergun-

---

[2] *Principles of Psychol.*, I, p. 266.
[3] Ver também Pratt, *Psychol. of relig. Belief*. Em Sintenis, *Pisteron*, Leipzig, 1800, encontrar-se-á o curiosíssimo relato da formação de uma crença animista relativa ao sol. Ver seu resumo em Bovet, *Le sentiment religieux et la psychologie de l'enfant*, Delachaux & Niestlé, 1925.
[4] Sully, *Études sur l'enfance*, trad. Monod, p. 44. — Ver também as pp. 135-137, nas quais Sully apresenta observações de crianças que atribuem vida à fumaça e ao fogo, ao vento e às próprias máquinas.

tas de crianças costumam denotar uma atitude animista, e que, em geral, é o espetáculo do movimento que impele a criança a fazer essas perguntas animistas. Stanley Hall, em particular, confirmou a recordação de Sully segundo a qual, para a criança que questiona, a vida era identificada com o movimento.[5] Ele observou também que as crianças, mesmo as que possuem uma ideia de Deus, atribuem às coisas uma intensa força de organização.[6] Stanley Hall ressaltou, por exemplo, as seguintes perguntas relativas ao vento:

> Menino de 6 anos: *"Quem faz o vento soprar? Alguém o empurra? Eu achava que ele devia parar quando bate contra uma casa ou contra uma grande árvore"*. E por fim: *"Ele sabe que faz girar nossas folhas* (de papel)".[7]

Esta última pergunta é reencontrada em crianças da mesma idade, a propósito de outros objetos em movimento:

> DEL, de 6 anos e meio, vê uma bola de bilhar rolar na direção da Senhorita V., num terreno inclinado: *"O que a faz andar?* — É porque a terra não é plana, ela é em declive, desce. — *Ela* (a bola de bilhar) *sabe que você está aí embaixo?"* (L.P., p. 264).

Na mesma idade, destacamos discussões do tipo desta:

> LEV (6 anos) olha o que HEI (6 anos) está fazendo: *"Duas luas. — Não, dois sóis. — Os sóis são como isto com uma boca. Eles são como isso os sóis lá no alto. — Eles são redondos — Eles são todos redondos, mas não têm olhos, uma boca. — Não, eles veem. — Não, é só o Bom Deus que vê"* (L.P., p. 36).

Rasmussen[8] observou em sua filha, de 4 anos, a crença de que a lua nos segue, crença que já notáramos várias vezes e que estudaremos de modo sistemático no próximo parágrafo:

> R., de 4 anos, observando a lua: *"É a lua, ela é redonda... Ela anda quando andamos"*. Em seguida, quando uma nuvem escondeu a lua: *"Olha, agora a mataram"*. Diz-se a R. que a lua não se mexe, que é só aparência que isso aconteça. Mas R., três dias depois, diz: *"De tempos em tempos, a lua desaparece; será que ela foi ver a chuva nas nuvens, ou será que está com frio?"*

---

[5] *Pedag. Semin.*, 1903, p. 335.
[6] *Ibid.*, p. 333.
[7] *Ibid.*, p. 336.
[8] *Psychol. de l'enfant. L'enfant entre quatre et sept ans*, trad. CORNET, Alcan, 1924, pp. 25-26.

As perguntas das crianças de 5-6-7 anos costumam também dizer respeito à morte e, a esse propósito, testemunham uma busca da definição da vida. Recordamos no cap. VI (§ 2) a questão de Del *(Essas folhas estão mortas? — Sim. — Mas elas se mexem com o vento!)*, que mostra com clareza a identificação da vida com o movimento.

Quanto às crianças mais novas, seu animismo é muito mais implícito e não formulável. Elas não se perguntam nem se as coisas sabem o que fazem, nem o que é vivo e o que é morto, porque o animismo não foi ainda posto em dúvida em nenhum aspecto particular. Elas se limitam a falar das coisas em linguagem humana, a atribuir-lhes vontade, desejo, atividade consciente. Mas o grande problema, em cada caso, é saber até que ponto essas expressões se fazem acompanhar de crença ou são simplesmente verbais. Ora, não é possível em absoluto interrogar as crianças sobre isso. O único meio de obter informação é a observação atenta com base no comportamento da criança e em suas palavras. Temos, por exemplo, o caso de uma menininha que encontra, certa manhã, sua boneca com os olhos afundados (caídos no interior da cabeça): desespero, lágrimas; promete-se à menina que a boneca será levada ao vendedor para ser consertada. Ora, durante três dias a garotinha pergunta a todo instante, com as mais claras marcas de inquietação, se a boneca estava doente e se sofreria quando fosse consertada.

Na maioria dos casos, porém, o comportamento dá informações muito menos claras. O melhor procedimento, quando uma expressão verbal parece animista, consiste então em ver, pela comparação de afirmações diversas da mesma criança, qual o emprego exato que a criança faz dessa expressão. Eis um exemplo do método, aplicado ao emprego dos interrogativos "quem" e "o que é". Com efeito, trata-se de uma característica surpreendente da linguagem das crianças de 2-3 anos o emprego do "quem" para designar as coisas, como se estas fossem pessoas: "Quem é o trem ali?" Existe aí animismo ou simplesmente economia verbal?

> NEL (2;9) conhece a expressão "o que é", como o provam as seguintes perguntas: *"o que é aquilo?"* (um recipiente de lixo), *"o que é aquilo lá embaixo, caixas, não é?"* (caixas de papelão), *"o que você está fazendo aí?"* *"o que é isso?"* (uma carroça esquecida num canto e de cabeça para baixo). A mesma pergunta para cacos de pratos, uma pedra, uma árvore, um prado, uma fonte seca, um tronco de árvore, espuma, algumas amoras, um desenho. Vê-se que as coisas designadas pelo "o que é" são unicamente objetos imóveis. Ora, Nel aplica o *quem*: 1) Às pessoas: *"quem está tocando música ali?" "Quem emprestou* (este lápis)*?"*; 2) Aos animais: vacas, cachorros etc. A pergunta *"quem é que está gritando?"* foi acentuada a propósito de galinhas, melros, estorninhos, corvos, corujas etc., que Nel tinha sob os olhos ou não tinha. Diante de um gafanhoto, Nel

diz: *"Gafanhoto? Hum? Quem é?* (isso é um gafanhoto?); 3) Aos trens: *"Quem é ali* (barulho de trem)? *Quem é o trem ali?"* (Nel quer sem dúvida simplesmente dizer: "É um trem", mas o "quem" não deixa de ficar bastante claro); 4) Aos barcos: *"Quem é ali?"* (um grande barco que Nel vê sobre o lago e que não tem a forma dos barcos a vapor que ele costuma ver); 5) Aos ruídos mecânicos: *"Quem está gritando?* (um automóvel), *"Quem está estalando?* (um fuzil), *"Quem faz pum?"* (id.). É verdade que, neste quinto caso, Nel quer talvez perguntar quem é o atirador ou quem é o motorista do carro etc. Mas é pouco provável que essa explicação tenha validade para todos os casos desse tipo; 6) À água: *"Quem sujou ali? Foi a chuva?* (que sujou) *a chaminé?"*; 7) Aos pedregulhos redondos e lisos: *"Quem é este?"* (um pedregulho que Nel acaba de xingar). *Quem é este, eu xinguei ele"!*

Portanto, parece que Nel atribui o "quem" a todos os objetos em movimento e que, assim, ele parece levado a animar esses objetos. Além disso, destacamos os "quem" aplicados aos rios (ao Reno, ao lago) até por volta de 7 anos. Sem dúvida, esse emprego do "quem" não prova nada por si mesmo. No entanto — e eis o que nos resta recordar — os mesmos corpos em movimento geram, na criança mais nova, numerosas expressões animistas, cujo acúmulo parece de fato indicar uma orientação de espírito e não apenas um falar metafórico:

CLI (3;9): *"Ele faz roro, o automóvel* (na garagem). *Ele não sai por causa da chuva".*
BAD (3 anos): *"Os sinos acordaram, não é?"*
NEL (2;9), vendo um castanheiro oco: *"Não chorou, o buraco* (quando foi feito)". Falando de uma pedra: *"Não mexa aí em meu jardim! Ele pode chorar".*
Nel joga uma pedra na direção de um prado inclinado. A pedra torna a descer o declive: *"Você está vendo a pedra! Ela tem medo da grama, a pedra".*
Nel se arranhou no muro. Ele olha sua mão: *"Quem fez isto? Dói. Foi o muro que me bateu".*
DAR (1;8 a 2;5) aproxima seu carrinho da janela e diz: *"Carro ver neve".* Uma noite, um quadro (representando personagens que ele conhece) cai no chão. — Dar ergue-se na cama e grita chorando: *"Mamães* (as damas) *caíram, estão machucadas!"* — Dar olha as nuvens escuras. Dizem-lhe que vai chover: *"Eh! Olha o vento! Que maroto o vento, fazer panpan no vento"* (bater no vento). — "Você acha que isso faz mal ao vento? — Sim". Alguns dias depois: *Vento maroto. Não, não mau. É a chuva que é má. O vento gentil".* — Por que a chuva é má? — *"Porque mamãe empurra charrete e charrete toda molhada".* — Dar não consegue

dormir. Acende-se a luz a seu pedido: *"A luz é gentil"*. Numa manhã de inverno, no momento em que o sol entra no quarto: *"Oh! É chique. O sol que chega para aquecer o radiador"*.

Vê-se nessas últimas afirmações a tendência da criança, já observada por Sully, a considerar os objetos da natureza como grandes crianças sábias ou malevolentes, de acordo com sua atividade.

Cada um desses casos é, evidentemente, discutível. Mas a constância desse estilo prova no mínimo que as criancinhas pouco se preocupam em distinguir as coisas dos seres vivos. Toda coisa em movimento é descrita em termos de consciência. Todo evento é descrito em termos de ação intencional. "O muro que me bateu" é, a esse respeito, significativo da tendência da criança a conceber toda resistência como desejada. Reconhecemos contudo como é difícil a análise direta dessas expressões. Somente, e aí está o argumento que nos parece mais sólido, essas expressões devem de fato emanar de um animismo latente, dado que é apenas por volta de 5-7 anos que as crianças começam a fazer perguntas sobre a vida e a consciência das coisas, enquanto antes dessa idade essas questões em nada perturbavam o pensamento infantil, como se sua solução fosse evidente sem a formulação do problema.

Em conclusão, encontramos dois períodos no animismo espontâneo das crianças. O primeiro, que se estende até 4-5 anos, aproximadamente, caracteriza-se por um animismo integral e implícito: todas as coisas podem ser momentaneamente sede de uma intenção ou de uma atividade consciente, ao acaso das resistências ou dos choques que agitam o espírito da criança (uma pedra que se recusa a deixar-se jogar num declive, um muro que machuca etc.). Mas esse animismo não cria dificuldades para a criança. Ele é evidente. Ao contrário, a partir de 4-6 anos, formulam-se perguntas a esse respeito, assinalando assim que esse animismo implícito está parcialmente em vias de desaparecimento e, por conseguinte, parcialmente em vias de sistematização intelectual. É nesse momento que se torna possível questionar a criança e que têm início os estágios cuja sucessão estudamos nos dois últimos capítulos.

§ 2. O sol e a lua nos seguem

O animismo de que dão testemunho as questões e as afirmações das crianças de 5-7 anos nasceu essencialmente quando de fenômenos fortuitos, que a criança não compreende porque são fortuitos. Mas pelo próprio fato de esses fenômenos serem os únicos a chamar a atenção da criança, o animismo espontâneo pode parecer pouco entendido. Não é o que acontece. Veremos no decorrer do próximo parágrafo que a criança representa o mundo como uma sociedade de seres que obedecem a leis morais e sociais.

Nenhuma razão, assim sendo, para que as questões animistas sejam numerosas: é, com efeito, como o vimos muitas vezes (*L.P.,* cap. V), a exceção que surpreende e que constitui um problema.

Se é isso o que ocorre, devemos encontrar na criança crenças animistas tácitas, mas nem por isso menos sistemáticas. É isso o que veremos agora, analisando uma crença cujo estudo constituirá uma transição entre a pesquisa do animismo espontâneo e a análise do tipo de necessidade que a criança atribui às leis naturais. Trata-se da crença segundo a qual a criança se considera sendo constantemente seguida pelo sol e pela lua. Pelo que nos é possível julgar por meio das numerosas crianças que vimos em Genebra, Paris e outros lugares, essa crença parece extremamente geral e, portanto, muito espontânea. Além disso, recordamos no parágrafo anterior que a filha de Rasmussen (4 anos) e o surdo-mudo de James a apresentaram. Já vimos, igualmente, numerosas manifestações espontâneas dessa ideia a propósito de nossos interrogatórios sobre o animismo. As crianças cujas respostas mostraremos agora não foram interrogadas por nós sobre o animismo. Trata-se de novos sujeitos, interrogados especialmente sobre os astros, ou sobre a causa dos movimentos etc.

A técnica a seguir, para não sugestionar a criança, é extremamente simples. Pergunta-se à criança: "Quando você está passeando, o que faz o sol?" Se tiver a crença de que o sol a segue, a criança responderá de imediato: "*Ele nos segue*". Se não tiver essa crença, a questão é demasiadamente vaga para sugerir o que quer que seja. A criança responderá então: "*Ele nos ilumina, ele nos aquece*" etc. Pode-se também perguntar simplesmente: "o sol se mexe?"; isso costuma bastar para levar a criança a falar espontaneamente.

Encontramos três estágios. Durante o primeiro, a criança crê que o sol e a lua a seguem, como o faria um pássaro acima dos telhados. Esse estágio se estende, em média, até 8 anos, mas encontram-se ainda representantes da tendência até 12 anos. Ao longo de um segundo estágio, a criança admite ao mesmo tempo que o sol nos segue e que não nos segue. Há aí uma contradição que a criança mostra e que busca corrigir como pode: o sol é imóvel, mas seus raios nos seguem, ou o sol fica parado, mas girando de maneira a sempre nos olhar etc. A idade média das crianças desse estágio é de 8 a 10 anos. Por último, a partir de 10-11 anos, em média, a criança sabe que o sol e a lua só parecem nos seguir, mas que se trata de uma ilusão devida ao afastamento desses astros. Do ponto de vista do animismo, a única coisa que nos interessa aqui, os dois primeiros estágios são animistas; o terceiro marca, em geral, o desaparecimento do animismo relativo aos astros. Durante o primeiro estágio, a criança atribui, francamente e sem hesitações, a consciência e a vontade ao sol e à lua.

Eis alguns exemplos do primeiro estágio:

    JAC (6 anos): "O sol se mexe? (estas palavras assinalam o início do interrogatório: nós nada perguntáramos anteriormente a Jac, a não ser seu nome e sua idade). — *Sim, quando andamos, ele nos segue. Quando a gente contorna, ele faz o mesmo. Ele nunca seguiu você, não?* — Por que ele se mexe? — *Porque quando a gente anda, ele anda.* — Por que ele anda? — *Para ouvir o que nós dizemos.* — Ele é vivo? — *Claro que sim! Se não fosse, não poderia nos seguir, não poderia brilhar*". Um momento depois: "A lua se mexe? — *Também quando a gente anda, bem mais que o sol, porque quando a gente corre, ela corre, e depois o sol, quando corremos, ele anda. Como é mais forte do que o sol, a lua anda mais depressa. O sol nunca pode alcançar a lua.* (Com efeito, a ilusão é muito mais clara com a lua do que com o sol.) — E quando a gente não anda? — *A lua pára. Mas quando eu paro, um outro corre.* — Se você corre e um de seus colegas corre em outra direção, o que acontece? — *Ela vai com o outro*". No fim do interrogatório, que abordou em seguida a causa dos movimentos em geral, perguntamos: "Como o sol se mexe hoje? — *Ele não se mexe, porque a gente não está andando. Ah!, não, ele deve se mexer, porque se ouve um carro.*

Bov (6;5): "Quando você passeia, o que faz o sol? — *Ele vem comigo.* — E quando você volta para casa? — *Ele vai com outra pessoa.* — Na direção em que ia antes? — *Ou então na outra direção.* — Ele pode ir em qualquer direção? — *Sim.* — Ele pode ir onde quiser? — *Sim.* — E quando duas pessoas vão em direções opostas? — *Há muitos sóis.* — Você viu os sóis? — *Sim, quanto mais há, quanto mais eu ando, mais os vejo.*" Um momento depois: "A lua se mexe? — *Sim, quando quero ir à beira do lago à noite, que estou fora, a lua vem comigo à noite. Se quero pegar o barco, a lua também vem comigo, como o sol, ele vem também quando ainda não se deitou*".

Cam (6 anos) diz do sol: "*Ele vem conosco porque ele nos olha.* — Por que ele olha? — *Ele olha se a gente é bom*". A lua vem à noite "*porque há pessoas que querem trabalhar.* — Por que ela se mexe? — *É a hora de ir trabalhar. Então a lua vem.* — Por que ela se mexe? — *Porque ela vai trabalhar com os homens.* — Você acredita nisso? — *Sim.* — Ela trabalha? — *Ela olha se eles estão trabalhando bem*".

Hub (6 ½) "O que o sol faz enquanto você passeia? — *Ele se mexe.* — Como? — *Ele vai comigo.* — Por quê? — *Para que eu o veja.* — O que o faz andar quando vai com você? — *O vento.* — O vento sabe para onde você vai? — *Sim.*" "Quando eu passeio, onde vai o sol? — *Ele caminha com você.* — (Mostramos a Hub duas pessoas que andam em direções contrárias.) Você está vendo, se você está lá embaixo e eu aqui, o que o sol fará? — *O sol vai com você.* — Por quê? — *Comigo...*"

Jac (6 ½): "O que a luz faz quando passeamos? — *Ela gira conosco.* — Por quê? — *Porque é o vento que a faz andar.* — O vento sabe onde vamos? — *Sim.* — E a lua? — *Sim.* — Ela vem de bom grado conosco ou é forçada a fazê-lo? — *Ela vem para nos iluminar*". "Onde você foi passear? — *Na planície* [a Plaine de Plain-palas, um lugar público de passeio]. *A lua girava"*. — Ela vê você? — *Sim.* — Ela sabe quando vai passear na Plaine? — *Sim.* — Isso a interessa? — *Sim, isso a interessa.* — Ela sabe seu nome? — *Não.* — E o meu? — *Não.* — Ela sabe que há casas? — *Sim.* — Ela sabe que uso óculos? — *Não."*

SAR (7 anos): "O que o sol faz quando você passeia?" — *Ele se mexe. Quando não me mexo, ele também não se mexe. E a lua também.* — E se você volta? — *Ele retorna"*.

KENN (7 anos): "Você já viu a lua?" — *Sim.* — O que acontece? — *Ela nos segue.* — Ela realmente nos segue? — *Sim.* — Ela não caminha! — *Não.* — Então ela não nos segue realmente? — *Ela nos segue.* — Por que ela nos segue? — *Para nos mostrar o caminho.* — Ela sabe o caminho? — *Sim.* — Que caminhos? — ... — Ela conhece os caminhos de Genebra? — *Sim.* — Os do Salève? — *Não.* — Os da França? — *Não.* — E as pessoas na França. O que faz a lua? — *Ela as segue.* — Não há também uma lua lá? — *Sim.* — É a mesma daqui? — *Não, uma outra"*.

Vimos o caso de Giamb, de 7 anos, a propósito da magia (cap. IV, § 15). Tivemos oportunidade de voltar a examinar Giamb com a idade de 8 ½ anos: ele continuava a acreditar que era seguido pelos astros. "Quando você vai passear, o que o sol faz? — *Ele nos segue"*. "E a lua? — *Sim, como o sol.* — Se alguém vai a seu encontro, quem ela vai seguir? — *Ela segue um e, quando ele entra, ela segue o outro"*.

BLOND (8 anos): A lua *"caminha conosco, ela nos segue".* "Ela nos segue de verdade ou diríamos apenas que nos segue? — *Ela nos segue de verdade"*.

SART (12 ½): "A lua pode fazer o que deseja? — *Sim, quando andamos ela nos segue".* — "Ela segue você ou só se mexe? — *Ela me segue. Ela para se eu paro.* — Se eu andar também, quem ela seguirá? — *Eu.* — Quem? — *Você.* — Você acha que ela segue todo o mundo? — *Sim.* — Ela pode estar em todo lugar ao mesmo tempo? — ..."

Vemos como são espontâneas essas respostas de crianças. As contra-sugestões não têm nenhum efeito. A questão de saber se os astros nos seguem de fato, ou apenas de modo aparente, não é compreendida. A questão das duas pessoas que andam em direções opostas desconcerta, mas a criança continua a pensar o mesmo. As respostas seguintes, do segundo e do terceiro estágio, mostram de forma suficiente, por comparação, como as respostas anteriores denotam verdadeiramente uma crença ancorada e sistemática.

Eis alguns casos do segundo estágio: os astros nos seguem embora não se mexam.

SART (11;5): "A lua se mexe? — *Sim.* — O que ocorre quando passeamos? — *Vemos a lua caminhar o tempo todo.* — Ela nos segue ou não? — *Ela nos segue porque é grande.* — Ela caminha ou não? — *Sim.* — Quando nos segue, a lua se mexe ou não? — *... Não sei".* Sart não compreende em absoluto: ele tem, por um lado, a impressão de que a lua nos segue e, por outro, a impressão de que não se move. Sart não consegue fazer a síntese desses dois aspectos.

Lug (12;3), ao contrário de Sart, não se contenta com duas crenças contraditórias simultâneas; ele tenta uma conciliação: "O que a lua faz quando passeamos? — *Ela nos segue.* — Por quê? — *Seus raios nos seguem.* — Ela se mexe? — *Ela se mexe, ela nos segue.* — Diga então... (exemplo das duas pessoas que andam em direção contrária). — *Ela fica. Ela não pode seguir as duas pessoas.* — Já aconteceu de ela não seguir você? — *Quando se corre muitas vezes.* — Por quê? — *A gente vai muito depressa.* — Por que ela nos segue? — *Para ver aonde vamos.* — Ela nos vê? — *Sim.* — Quando há muita gente na cidade, o que ela faz? — *Ela segue um outro.* — Qual? — *Vários.* — Como ela faz? — *Ela fica e os raios nos seguem* (!) — Ela os segue de verdade — *Diríamos que somos nós e diríamos que é a lua.* — Ela se mexe? — *Ela se mexe.* — Como ela faz? — *Ela fica e os raios nos seguem* (1)".

Brul (8 anos): "O que faz o sol quando passeamos? — *Ele nos segue.* — Por quê? — *Para nos iluminar.* — Ele nos vê? — *Sim.* — Então ele anda? — *Não, diríamos.* — Então o que nos segue? — *Ele nos segue, mas continua no lugar* (!) — Como ocorre isso? — *Quando andamos, nos viramos, e ele está ainda sobre nossa cabeça.* — Como isso é feito? — *Quando as pessoas querem olhá-lo, todos o veem sobre nós*". Brul nos explica então que ele "fica no lugar", mas que "envia seus raios".

Vemos suficientemente em que consistem essas crenças. O menino continua a crer que o sol nos segue. Mas descobriu (como veremos Mart fazê-lo, graças a uma experiência) ou aprendeu que o sol não se mexe. Ele não compreende como esses dois fatos são simultaneamente possíveis. A partir disso, como Sart, ele admite as duas teses contraditórias sem conciliação: vemos além disso que Sart teve de aprender que os astros são "grandes", mas não compreendeu o alcance do fato, como o mostram as conclusões que disso se extraem. Ou então, como Lug e Brul, o menino buscou ele próprio uma solução, tendo admitido então que o astro é imóvel mas que seus raios nos seguem!

Eis agora dois casos intermediários entre o segundo e o terceiro estágios:

Mart (9;5): "O que a lua faz quando você passeia? — *Ela nos segue, depois fica tranquila. Somos nós que caminhamos e depois a lua se aproxima todo o tempo de nós quando caminhamos.* — Como ela nos segue? — *Ela permanece tranquila e depois somos nós que nos aproximamos dela.* — Como você descobriu isso? — *Quando avançávamos diante das casas, não a víamos mais, víamos a parede.* — Então o que foi que você disse? — *Que ela tinha se movido.* — Por que você acha que ela seguia você? — *Eu me enganei: quando não havia nenhuma casa, nós a víamos todo o tempo diante*

de nós. — Por que ela caminha? — *Ninguém a faz caminhar! Ela permanece em seu lugar".*
Falq (8 anos) diz também da lua: *"Ela nos segue.* — Por quê? — *Porque ela é alta e todo o mundo a vê.* — Se você vai passear e eu também, mas em direções diferentes, quem ela seguirá? — *Ela segue você, porque está mais perto de você.* — Por quê? — *Porque você está na frente.* — Por que ela está mais perto? — *Ela fica sempre no mesmo lugar".*

Mart e Falq pertencem ainda ao segundo estágio, na medida em que creem que nos aproximamos da lua ao avançar e que assim a ilusão tem algo que a sustenta. Mas eles já são do terceiro estágio, visto que não admitem mais que a lua se desloque em alguma circunstância (seus raios não nos seguem mais).

Temos agora exemplos do terceiro estágio. A ilusão é desta vez inteiramente compreendida.

Péc (7;3): "À noite, quando você vai passear, a lua se mexe? — *Ela está longe; a gente diria que ela caminha, mas não é verdade."*
Kuf (10;9): *"Quando andamos, diríamos que a lua nos segue, porque ela é grande.* — Ela nos segue? — *Não. Antes, eu achava que ela nos seguia e que corria atrás de nós.*
Dug (7 ½): "O que o sol faz quando você está passeando? — *Ele brilha.* — Ele segue você? — *Não, mas o vemos em toda parte.* — Por quê? — *Porque ele é muito grande".*

Essa é a evolução da crença no caminhar intencional dos astros. A perfeita continuidade dessas respostas, assim como a riqueza dos relatos das crianças mais novas mostram-nos de forma muito suficiente que se trata nesse caso de uma crença espontânea, nascida da observação direta e formulada pela criança bem antes de a termos questionado. A generalidade dessa crença espontânea é interessante de três pontos de vista.

Em primeiro lugar, os fatos que acabamos de enumerar mostram suficientemente a existência de um animismo infantil, e de um animismo não teórico (destinado a explicar os fenômenos), mas afetivo. Os astros se interessam por nós:

"Às vezes ele nos olha — diz Fran (9 anos) falando do sol — *olha como se está bonito, às vezes.* — Você se acha bonito? — *Sim, aos domingos, quando sou vestido de homem".* "*Ela olha e depois nos vigia",* diz Ga (8 ½) da lua. *"Quando eu ando, ela anda; quando paro, ela para. Eles parecem papagaios.* — Por quê? — *Ela quer fazer o que fazemos.* — Por quê? — *Porque é curiosa"* (Pur 8;8). O sol anda *"para ouvir o que se diz"* (Jac, 6 anos). *"Ele olha se a gente é esperto"* e a lua *"olha se eles [os homens] estão trabalhando bem"* (Cam, 6 anos) etc.

Em seguida, essas crenças são de grande interesse do ponto de vista das relações entre a magia e o animismo. Recordamos, com efeito, que algumas crianças (cap. IV, § 2) acreditam que elas próprias são a causa do movimento dos astros: *"Sou eu* (quem os faz avançar) *quando ando"*, diz Nain aos 4 anos, *"somos nós"*, afirma Giamb com 7 anos. As crianças que acabamos de ver têm pelo contrário a impressão de ser seguidas por seres espontâneos que poderiam igualmente ir a outro lugar se desejassem. Se o acento causal é posto sobre o eu, há magia; se recair sobre o móvel, há animismo. O ponto de partida é um sentimento de participação devido ao egocentrismo, isto é, à confusão entre o eu e o mundo: a criança, vendo os astros constantemente em cima ou ao lado dela, não tarda a pensar, graças a essas pré-ligações afetivas produzidas pelo egocentrismo infantil, que entre o movimento dos astros e seu próprio há participação dinâmica, ou comunidade de intenções. Na medida em que a criança não reflete sobre essa comunidade de intenções, não se perguntando portanto se os astros são capazes de resistir a essa obrigação de nos seguir, há atitude mágica: a criança tem a impressão de que é ela mesma que faz os astros caminhar. Pelo contrário, na medida em que se espanta com a obediência dos astros e lhes atribui o poder de resistir, a criança os anima por esse mesmo motivo e lhes concede a vontade e o desejo de segui-la. Em resumo, entre a magia e o animismo há tão-somente uma diferença de egocentrismo. O egocentrismo absoluto envolve a magia; o sentimento da existência própria dos outros seres enfraquece ao contrário as participações primitivas e enfatiza assim a intencionalidade particular desses seres.

Por fim, as crenças que analisamos nesse parágrafo mostram essencial importância para a compreensão da dinâmica infantil; do mesmo modo, vamos reencontrá-las a propósito da explicação dos movimentos naturais. Com efeito, as crianças de 7-8 anos costumam admitir que os astros caminham graças ao ar, ao vento, às nuvens etc. Parece haver aí uma explicação mecânica. Mas, ao mesmo tempo, os astros nos seguem. Por conseguinte, acrescenta-se às forças mecânicas um fator mágico-animista que marca a verdadeira significação dessa mecânica infantil: dizer que os astros nos seguem graças ao vento etc. equivale a dizer, com efeito, que o vento, as nuvens etc. são cúmplices, que se ocupam igualmente de nós, que tudo gravita em torno do homem.

Eis-nos portanto conduzidos ao estudo do tipo de necessidade que a criança concede às leis naturais. Examinemos então esse ponto e poderemos abordar em seguida de frente o problema das origens do animismo infantil.

§ 3. Determinismo físico e necessidade moral

Como vimos no cap. V, a ajuda que a criança pode esperar de uma concepção animista da natureza são duas: explicar o fortuito e explicar a regularidade das coisas. Ora, explicar o fortuito é suprimi-lo, é procurar enquadrá-lo em regras. Mas que regras são essas? Como o mostrou Sully e como tivemos a ocasião de verificar (*L.P.*, cap. V), trata-se muito mais de regras morais ou sociais do que das leis físicas. É o *decus est*. Esse é o centro do animismo infantil: os seres naturais são conscientes na medida em que têm uma função a cumprir na economia das coisas.

Esse traço nos explica ao mesmo tempo o papel e os limites do animismo infantil. Constatamos várias vezes que a criança não é tão antropomórfica quanto se crê. Isso porque ela não atribui às coisas senão o estritamente necessário à realização de suas funções respectivas. Assim, a criança de 7 anos se recusará a admitir que o sol nos vê num quarto, ou que sabe nosso nome, mas admitirá que o sol pode balizar nosso caminho, visto que deve acompanhar-nos "para nos aquecer" etc. A água dos rios não vê as margens; ela é inacessível à dor ou ao prazer. Mas sabe que avança e sabe quando convém tomar impulso para ultrapassar um obstáculo. Pois o rio avança "para nos dar água" etc.

Eis uma significativa conversa a esse respeito:

> VERN (6 anos) é uma criança que nunca interrogamos sobre o animismo e que vemos pela primeira vez. Perguntamo-lhe por que um barco fica sobre a água, enquanto uma pedrinha, que é mais leve, flui de imediato. Vern reflete e responde: "*O barco é mais inteligente do que a pedra*. — O que é 'ser inteligente'? — *Ele não faz o que devia fazer*". Vê-se a confusão entre o moral e o físico. "E quanto à mesa, ela é inteligente? — *Ela é cortada* (= é madeira serrada), *ela não pode causar nada, ela não pode dizer nada.* — E o sol é inteligente? — *Sim, porque ele quer fazer calor.* — E a casa? — *Não, porque é de pedra. As pedras são todas fechadas* [elas não falam nem veem, elas são materiais]. — As nuvens são inteligentes? — *Não, porque elas querem bater no sol* (= elas fazem o contrário do sol). — A lua é inteligente? — *Sim, porque ela ilumina durante a noite. Ela ilumina as ruas, os caçadores também, acho, nas florestas.* — A água dos riachos é inteligente? — *Ela é também um pouco gentil*".

Vemos o interesse dessas afirmações. Se analisamos essa classificação, pensamos inevitavelmente no que Aristóteles denominava "natureza" e no que chamava de "violência". Para Vern, o calor do sol é "natural", dado que o sol é dirigido por uma força interna a um objetivo útil à vida, enquanto a atividade das nuvens é "violenta", visto que contraria o sol. Mais ainda, se nos permitíssemos forçar esse paralelo impertinente, seria preciso observar que, para Vern, a atividade natural é "inteligente", isto é, obrigada não pela "necessidade" física (sendo a "necessidade" um obstáculo à atividade da "natureza"), mas pela obrigação moral: não fazer "o que não se deve fazer".

O primeiro interrogatório efetuado nos põe, portanto, diante do problema que fatalmente se levanta a propósito do animismo infantil: o que é a "natureza" para a criança? Um conjunto de leis físicas? Uma sociedade bem regulamentada? Um compromisso entre esses dois estados? É o que devemos examinar. Formulamos a hipótese, considerando os fatos arrolados nos últimos capítulos, que a criança atribui às coisas uma consciência destinada a explicar antes de tudo sua hierarquia e sua obediência. A criança concede às coisas antes uma moral do que uma psicologia.

Como verificar essa hipótese? Todo o estudo da dinâmica e da física infantis, estudo que tentaremos em outra passagem, nos conduzirá a adotá-la. Mas, nessa expectativa, podemos perguntar simplesmente às crianças se as coisas fazem o que elas querem e, no caso de resposta negativa, por quê.

Ora, encontramos, no meio desse procedimento, um resultado muito claro. É que as crianças, até por volta de 7-8 anos, se recusaram a admitir que as coisas possam fazer o que desejam, e isso não porque, em absoluto, não tenham vontade, mas porque sua vontade é obrigada por uma lei moral, cujo princípio consiste em tudo fazer para o maior bem dos homens. As poucas exceções que encontramos confirmam de fato essa interpretação: quando uma criança da mesma idade considera determinado corpo como subtraído a toda obrigação moral, ela considera em consequência esse corpo como livre para fazer o que quer, e livre porque ninguém manda nele. Por conseguinte, há de fato uma vontade nas coisas, mas na grande maioria dos casos essa vontade sofre a restrição do dever.

Aos 7-8 anos, aproximadamente, surge ao contrário a primeira noção de um determinismo físico: certos movimentos, como o andar das nuvens ou dos rios, se explicam cada vez mais como devidos não mais a uma obrigação moral, nem a uma restrição legal, mas a uma obrigação inteiramente física. O que acontece é que essa nova noção é de sistematização lenta, só se aplicando a alguns fenômenos; e tão-somente por volta de 11-12 anos poderá ela substituir definitivamente na física infantil a ideia de regra moral. De igual modo, entre 7-8 e 11-12 anos, veremos diversas combinações da necessidade moral e do determinismo físico, sem que seja possível subdividir esse período em estágios propriamente ditos. Observemos por fim que, antes de 7-8 anos, já há naturalmente um elemento de restrição física na representação do mundo da criança, mas essa restrição é ainda muito diferente do determinismo que aparece depois de 7-8 anos: é, por assim dizer, a restrição corporal que acompanha necessariamente, aos olhos da criança, a necessidade moral.

Citemos agora alguns exemplos misturados, fazendo para cada um a parte da necessidade moral e a parte do determinismo físico.

Reyb (8;7): "As nuvens fazem o que querem? — *Não...* — Elas podem ir mais depressa se quiserem? — *Não.* — Elas podem parar se desejarem? — *Não.* — Por quê? — *Porque elas andam o tempo todo.* — Por quê? —

Para anunciar a chuva". "O sol pode fazer o que quer? — *Sim.* — Ele pode parar de andar se quiser? — *Não, porque se parasse, ele não iluminaria.* — A lua faz o que deseja? — *Não.* — Ela pode parar se quiser? — *Sim.* — Por quê? — *Porque, se quiser, ela pode não andar.* — Ela pode ir deitar-se se quiser? — *Não, porque ela ilumina a noite.* Se comparamos essas afirmações com as afirmações seguintes, de Reyb, vemos com clareza que a regularidade da marcha das nuvens e dos astros se explica por sua função, ao passo que a regularidade dos rios é explicada pelo determinismo: "Os rios fazem o que querem? — *Não.* — Por quê? — *Porque eles deslizam o tempo todo.* — Por quê? — *Porque eles não podem parar.* — Por quê?— *Por que eles deslizam o tempo todo.* — Por quê? — *Porque o vento os empurra. Ele faz vir as ondas e eles correm*".

Zim (8;1) julga que a lua faz o que deseja. Só que o poder tem limites: "Ela pode não vir à noite se quiser? — *Não.* — Por quê? — *Porque não é ela que manda* (!)" — E quanto ao sol, ele faz o que quer, mas tudo se equivale: "Ele sabe que está por detrás da montanha? — *Sim.* — Foi ele que quis fazer isso ou foi forçado? — *Ele quis.* — Por quê? — *Para que faça um tempo bonito*".

Rat (8;10): "As nuvens podem andar mais rápido se quiserem? — *Sim.* — Por quê?— *Porque andam completamente sozinhas.* — Elas podem partir quando desejam? — *Sim.* — Hoje (dia de chuva), elas poderiam fazê-lo? — *Sim.* — Por que não o fazem? — *Porque elas não o fazem.* — Por quê? — *Porque chove.* — Foram elas que quiseram? — *Não.* — Quem foi? — *O Bom Deus*". "O sol pode parar de iluminar se quiser? — *Sim.* — Ele poderia vir no meio da noite, se quisesse? — *Ele não quer. É noite. Ele vai se deitar.* — Ele poderia se quisesse? — *Sim.* — Ele já o fez? — *Não.* — Por quê? — *Ele gosta mais de ir se deitar.* — Você acredita nisso? — *Sim.* — Por que ele não vem no meio da noite? — *Porque ele não pode.* — Por quê? — *Se ele não vem, não ilumina. Se vem, ele ilumina.* — Então por que ele não vem iluminar a noite? — *A lua ilumina um pouco.* — Ele não pode vir também? — *Ele não quer vir.* — Ele poderia vir? — *Sim.* — Por que ele não o faz? — *As pessoas achariam que era manhã.* — Por que ele não faz isso? — *Ele não quer fazer isso*". A lua obedece a razões análogas: "A lua poderia parar no meio da noite, se quisesse? — *Não, porque é para iluminar um pouco mais*".

Ross (9;9): "O sol faz o que quer? — *Sim.* — Ele pode andar mais rápido se quiser? — *Sim.* — Ele pode parar? — *Não*". "Por quê?" — *Porque ele deve brilhar por bastante tempo.* — Por quê? — *Para nos aquecer*".

Imh (6 anos): "As nuvens fazem o que querem? — *Não, porque elas não nos mostram nada senão o caminho*" (= elas só mostram o caminho). Encontramos aqui, atribuída às nuvens, a necessidade de nos seguir, que outros atribuem tão-somente aos astros. Essa resposta é tanto mais significativa na medida em que Imh sabe muito bem lidar com o determinismo no que diz respeito, por exemplo, aos riachos: "A água dos riachos pode fazer o que quer? — *Não; ela pode correr mais depressa, mas quando há uma inclinação*".

JUILL (7 ½): "O sol pode fazer o que quer? — *Sim.* — Ele pode partir no meio do dia? — *Não.* — Por quê? — *Porque ele já clareou.* — E então? — *Ele não pode.* — Ele pode partir ao meio-dia? — *Não* — Por quê? — *Porque ele já fez o dia.* — Quem faz o dia? — *O Bom Deus.* — Ele poderia fazer o dia sem sol? — *Sim.* — O sol deve estar lá quando ele faz o dia? — *Sim, sem ele chove.*

SCHI (6 anos): "O sol poderia partir ao meio-dia, se quisesse? — *Não.* — Por quê? — *Porque ele deve clarear durante todo o dia*".

KENT (9;3): O sol não faz o que quer "*por que deve sempre ir fazer o dia onde ele vai todos os dias*". A lei de sua trajetória é, pois, de ordem moral. O mesmo acontece com as nuvens e o vento: "*Ele deve ir sempre ao mesmo lugar*". Os riachos: "*Ele deve sempre ir aonde houver caminho diante dele*".

Eis agora duas exceções, a começar por uma criança que atribui a liberdade a todos os corpos, pelo fato de que eles são "sós", isto é, sem que ninguém mande neles nem os vigie de perto.

HAD (6 anos): "O sol pode fazer o que quer? — *Sim, porque são só ele e a lua.* — E as nuvens? — *Sim, porque ela é sozinha com as outras nuvens*" etc. O sentido dessas palavras é suficientemente dado pela reação seguinte: "Você pode fazer o que quer? — *Sim, porque minha mãe, às vezes, ela me permite*".

Vemos portanto que a exceção só é aparente. Em outras ocasiões, a criança atribui a liberdade a todas as coisas, mas, ao mesmo tempo, à "boa vontade", o que não constitui, de novo, senão uma exceção aparente com relação ao anterior:

MONT (7 anos): "O sol pode fazer o que quiser? — *Sim.* — Ele pode parar de iluminar? — *Sim.* — Por que ele não o faz? — *Ele quer fazer o bom tempo*". "Os riachos fazem o que desejam? — *Sim.* — Eles podem ir mais depressa se quiserem? — *Sim.* — O Reno pode parar de correr? — *Sim.* — Por que ele não o faz? — *Ele quer que haja água*" etc.

Observemos por fim que a vontade é a forma mais resistente dos poderes animistas concedidos pela criança às coisas. Com efeito, encontramos crianças de 10-12 anos, que já não atribuem nem consciência nem vida à natureza, mas ainda o fazem no que se refere à vontade e ao esforço:

KUF (10,1): "Os riachos são vivos? — *Não.* — Eles sabem que andam?

— *Não*. — Eles podem desejar? — *Não*. — Eles podem andar mais depressa? — *Não*. — Eles podem querer andar mais depressa às vezes? — *Sim*. — Acontece o mesmo com o sol?" E o sol? "O sol gostaria de caminhar mais depressa às vezes? — *Sim*. — Ele sente que gostaria de ir mais depressa? — *Não*". Ora, para Kuf, o sol pode efetivamente ir mais depressa ou mais lentamente, de acordo com seu desejo.

Vemos de imediato a importância desses fatos para a evolução da noção de "força". Observemos essa continuidade entre a força e o animismo, por meio do conceito de uma "vontade sem consciência". Retomaremos a questão em seguida.

Por ora, concluamos que a criança é levada a explicar as regularidades da natureza muito mais por regras morais do que por leis naturais. Esses corpos são dotados de vontade. Eles poderiam usá-la a seu bel-prazer e nada lhes é impossível. Mas, por um lado, eles se ocupam de nós, e sua vontade é antes de tudo uma boa vontade, isto é, uma vontade dirigida para o bem dos homens. Por outro lado, há regras. Os corpos naturais não são livres: "não é ela que manda", diz Zim falando da lua. É verdade que, a partir de 7-8 anos, alguns movimentos, como os dos riachos ou os das nuvens, são explicados cada vez mais por meio de um determinismo físico. No entanto, até 11-12 anos, um grande número de corpos permanece — sobretudo os astros e o vento — submetido às regras morais primitivas.

Seria interessante trabalhar, em cada idade, com a parcela exata da necessidade moral e do determinismo. Mas o método fecundo a esse respeito não é o que acabamos de empregar: trata-se de um método menos verbal e menos artificial, que consiste em explicar à criança o *como* de cada movimento e de cada fenômeno naturais. É o que tentaremos mais tarde. Consideremos portanto o anterior como uma simples introdução à dinâmica da criança, introdução destinada antes de tudo a fixar o sentido do animismo infantil e a mostrar o contato entre esse animismo e os problemas mais amplos suscitados a propósito da representação do movimento.

§ 4. Conclusões. O alcance dos interrogatórios sobre o animismo infantil e a natureza do "animismo difuso"

Nossa prudência não poderia ser maior na interpretação dos resultados obtidos por meio dos diferentes procedimentos descritos nos capítulos V e VI. Com efeito, esses procedimentos têm um vício comum: são verbais. As crianças não nos deram suas respostas a propósito de objetos concretos que manipulamos para compreender seu mecanismo, mas a propósito de seres dos quais nos contentamos em falar. O que obtivemos não é, pois, um animismo em estado de funcionamento, por assim dizer, mas a definição das palavras "viver", "saber", "sentir" etc. Sem dúvida, essas definições nos deram elementos constantes e, se restringimos nossa ambição a estudar a inteligência verbal, podemos confiar em nossos procedimentos. Mas que concluir desses resultados do ponto de vista da inteligência de percepção?

Para precisar esse ponto, conservemos das respostas coletadas o elemento negativo, por assim dizer, e não o conteúdo positivo de cada afirmação. Desse ponto de vista, duas conclusões devem ser extraídas.

A primeira é que o pensamento da criança parte de uma indiferenciação entre os corpos vivos e os corpos inertes, à falta de um critério para fazer a distinção. Para nós, ou sobretudo para o senso comum adulto, dois tipos de critérios permitem essa distinção. Trata-se em primeiro lugar do fato de que os corpos vivos nascem, crescem e morrem. Ora, coisa interessante, as crianças que vimos nunca invocaram esse critério. Às vezes, é verdade, a criança nos disse que as plantas "crescem", mas era para ela uma maneira de conceber que elas são animadas por um movimento próprio, e o movimento de crescimento era assim posto no mesmo plano que o movimento das nuvens ou dos astros. Além disso, como veremos quando estudarmos o artificialismo infantil, que, para a criança, quase todos os corpos nascem e crescem: os astros "nascem" e "crescem", as montanhas, as pedras, o ferro "crescem" etc. Os fatos mostram suficientemente que o modo de aparecimento e de crescimento dos corpos não pode servir à criança para distinguir o vivo do inerte. Há, nesse ponto de vista, uma continuidade perfeita entre todos os seres da natureza.

Por outro lado, o senso comum adulto se serve também para estabelecer uma distinção entre a vida e a matéria inorgânica, do princípio de inércia, que, desde o desenvolvimento da indústria, entrou cada vez mais em nossos hábitos intelectuais. Um corpo físico só dispõe do movimento que recebeu; um ser vivo (para o senso comum) criado do movimento. Mas é evidente que essa distinção é sobremodo recente. De igual modo, não devemos espantar-nos com o fato de que nossas crianças do terceiro estágio (as crianças que justamente definem a vida pelo movimento próprio) sejam ainda incapazes de distinguir entre o movimento aparentemente espontâneo dos astros, do vento etc., e o movimento dos animais.

Em resumo, por mais prudentes que sejamos, e por mais afastados que estejamos de tomar ao pé da letra as respostas de nossas crianças, permanece incontestável que o pensamento infantil parte da ideia de uma vida universal como de uma ideia primeira. Desse ponto de vista, o animismo não é portanto, em absoluto, produto de uma construção refletida do pensamento da criança. Trata-se de um dado primitivo, e é tão-somente por diferenciações progressivas que a matéria inerte é distinguida da vida. Atividade e passividade, movimento próprio e movimento adquirido são, a esse respeito, pares de noções que o pensamento destaca pouco a pouco de um *continuum* original, em que tudo parece vivo.

Segunda conclusão. Se a vida e a inércia são primitivamente indiferenciadas, o mesmo ocorre *a fortiori* para as ações conscientes e os movimentos inconscientes, ou, digamos melhor, para as ações intencionais e os movimentos mecânicos. Podemos perguntar-nos se as afirmações de nossas crianças referentes à consciência das coisas são objeto de reflexão, mas o que não podemos recusar admitir é que a distinção entre as ações intencionais e os movimentos mecânicos não apenas não é inata, mas também pressupõe uma atitude de espírito já bastante evoluída. Nenhuma experiência positiva pode, com efeito, obrigar um espírito a admitir que as coisas não são nem para nós, nem contra nós, e que o acaso e a inércia reinam na natureza. Para chegar a esse ponto de vista objetivo das coisas, é preciso que o espírito se dessubjetivize e saia de seu egocentrismo inato. Cremos ter mostrado que não se trata aí de uma operação fácil para a criança.

Em suma, na medida em que é levado a atribuir consciência às coisas, o animismo infantil não é tampouco resultado de uma construção refletida, mas resulta de um dado primitivo que é a completa indiferenciação entre a ação consciente e o movimento material. O animismo infantil pressupõe uma atitude original de crença num *continuum* de consciência. Ou, melhor, não são propriamente o saber nem o sentir que a criança atribui às coisas, mas uma espécie de vontade e de discernimento elementares, o mínimo necessário à realização das funções que a natureza exerce. Essa vontade e esse discernimento não significam que a criança considere as coisas como pessoas — a própria criança se sente evidentemente menos pessoal do que nós —, mas simplesmente que ela confunde a intencionalidade e a atividade. Uma anedota judia diz que dois ignorantes debateram durante um dia inteiro o problema da ebulição da água. Um afirmava que a água ferve a 100°. "Mas — objetou o outro — como saber que ela chega a 100°?" Essa anedota dá seu verdadeiro sentido ao animismo infantil: na medida em que os corpos têm uma atividade regulada e útil ao homem, é evidente que são dotados de vida psíquica!

Delimitado a suas justas proporções, o animismo infantil se torna função de numerosas particularidades essenciais do pensamento da criança, o que o faz mais aceitável, aos olhos do psicólogo, do que se revestisse as aparências de uma sistematização teórica e desinteressada. Com efeito, três grandes grupos de fenômenos mostram o aspecto favorável da universal intencionalidade atribuída pela criança aos corpos.

Trata-se, em primeiro lugar, do finalismo infantil, cuja extensão absolutamente notável conhecemos. Recordamos, a propósito do primeiro estágio da noção de vida (§ 6), as definições "pelo uso" que caracterizam a mentalidade de 5-8 anos. Quanto ao movimento físico, o estudo realizado no § 12 mostrou-nos suficientemente que as regularidades da natureza são explicadas pelo finalismo. A sequência de nossos estudos nos mostrará o próprio finalismo inserindo-se em toda a física: a flutuação dos corpos, os movimentos do ar numa bomba, os movimentos do fogo e do vapor num motor etc. Uma orientação de espírito desse tipo mostra de maneira suficiente como o universo infantil é permeado de intencionalidade, tanto nas grandes linhas como no menor detalhe.

Um segundo grupo de fenômenos orientados na mesma direção nos é fornecido pela evolução dos "porquês" entre 3 e 7 anos. Como vimos (L.P., cap. V), esses "porquês" não são nem propriamente de ordem causal, nem propriamente de ordem finalista. Estão entre os dois, isto é, a verdadeira causa que a criança procura pôr sob os fenômenos é precisamente uma *intenção*, que é ao mesmo tempo causa eficiente e razão de ser do efeito a explicar. Em outros termos, a intenção é criativa: a causalidade física e a razão lógico-moral são ainda confundidas numa espécie de motivação psicológica universal.

Explica-se assim — e esse é o terceiro grupo de fenômenos — que a criança confunda, na origem, a necessidade física e a necessidade moral. Os fatos que indicamos no parágrafo anterior e que reencontraremos sem cessar sob uma forma muito mais espontânea são, no que se refere a isso, se não uma prova de um animismo sistemático e explícito, ao menos um indício bastante claro em favor da universal intencionalidade atribuída pela criança à natureza (ver C.P.).

Sem dúvida, pode-se considerar que os três grupos de fatos que acabamos de utilizar não provam que as intenções imaginadas pela criança com relação às coisas sejam situadas pela criança nas próprias coisas. Essas intenções poderiam ser, da mesma maneira, as do criador ou dos criadores tais como os "cavalheiros" que fizeram todas as coisas. E veremos precisamente, nos próximos capítulos, que há um artificialismo infantil, tanto sistemático como animista, segundo o qual a natureza foi "fabricada" pelos homens. Mas o problema consiste em saber se a criança começa por conceber uma fabricação das coisas pelo homem, e depois — somente depois — busca as intenções que podem subjazer a cada coisa, ou se, pelo contrário, a criança não é primordialmente levada a buscar intenções em tudo, e depois — somente depois —, classificar essas intenções em intenções dos criadores (artificialismo) e intenções das próprias coisas (animismo). Ora, sabe-se que os "porquês", cujo aparecimento coincide precisamente com a necessidade de buscar intenções em todas as coisas, começam entre 2 e 3 anos, isto é, numa época em que o artificialismo não é evidentemente ainda bem sistemático. O caminho mais provável do espírito da criança é, pois, o que consiste em buscar em primeiro lugar intenções, e depois — somente depois —, em buscar classificar os sujeitos aos quais é preciso remeter essas intenções. Desse modo, os três grupos de fatos que invocamos em favor do animismo, ou da intencionalidade infantil, como poderíamos chamá-lo, falam tanto em favor do animismo como do artificialismo.

Além disso, veremos que entre o artificialismo e o animismo não há, na origem, os conflitos que se poderiam supor: não se trata de uma razão, porque a criança concebe um corpo — por exemplo, o sol — como feito pelo homem, para que esse corpo não seja concebido como vivo, e vivo ao modo de uma criança nascida de seus pais.

Em conclusão, podemos caracterizar como segue a estrutura do animismo infantil ou, digamos, ao menos do animismo difuso, por oposição às crenças mais sistemáticas relativas aos astros etc. (§ 2).

A natureza apresenta um *continuum* de vida tal que todos os corpos tenham mais ou menos atividade e discernimento. Esse *continuum* é uma rede de movimentos intencionais, mais ou menos solidários entre si, e que gravitam, todos eles, em torno da humanidade com vistas ao bem desta. Pouco a pouco, a criança destaca desse *continuum* alguns centros de força, por assim dizer, animados por uma atividade mais espontânea do que o resto das coisas. No entanto, durante muito tempo, a escolha desses centros permanece flutuante. Por exemplo, a criança atribuirá uma atividade autônoma, em primeiro lugar, a sua própria pessoa, que é capaz de fazer o sol e as nuvens se moverem, depois ao sol e às próprias nuvens, que se movem sozinhas, depois ao vento, que faz avançar os astros e as nuvens etc. O centro de força se desloca assim de grau em grau. É isso o que explica o caráter fluido e pouco sistemático das respostas que coletamos. Mas a escolha dos centros pode ser flutuante sem que as razões que regem essa escolha o sejam elas próprias. Trata-se de fato do que encontramos: atividade em geral, movimento em geral, movimento próprio oposto ao movimento recebido — eis os três temas que voltam sem cessar ao espírito das crianças que vimos, e que introduzem uma diferenciação progressiva no *continuum* primitivo de vida e de intencionalidade.

§ 5. Conclusões (cont.).
As origens do animismo infantil

Ribot disse recentemente:[9] "Como consequência de uma tendência instintiva, bem conhecida embora inexplicada, o homem pressupõe intenções, uma vontade, uma causalidade análoga a sua, naquilo que, em torno de si, age ou reage: seus semelhantes, os seres vivos e aqueles que, por seu movimento, estimulam a vida (as nuvens, os rios etc.)". Observa-se esse fenômeno "nas crianças, nos povos selvagens, nos animais (como o cão, que morde a pedra que o fere), até no homem ponderado quando, voltando por um momento ao estado de homem instintivo, se encoleriza com uma mesa que o machuca". E Freud[10] explica o animismo por uma "projeção" sobre a qual

---
[9] *L'évolution des idées générales*, 4ª ed., p. 206.
[10] *Totem et tabou*, trad. JANKÉLÉVITCH, p. 93.

diz: "A projeção fora de percepções interiores é um mecanismo primitivo, ao qual são igualmente submetidas nossas percepções sensoriais, por exemplo, e que desempenha, por conseguinte, um papel capital em nossa representação do mundo exterior". Essa "tendência inexplicada", de que fala Ribot, ou esse "mecanismo primitivo", reconhecido por Freud, são inexplicáveis? Ou será que o problema é insolúvel porque mal formulado, e mal formulado porque alguns postulados implícitos referentes aos limites entre o ego e o mundo exterior por si sós tornariam necessária uma "projeção" dos conteúdos internos?

Com efeito, para certa psicologia, a consciência do ego se deveria antes de tudo à sensação direta de alguma coisa de interno; para Maine de Biran é o sentimento do esforço; para Ribot, a soma das sensações cinestésicas etc. Assim, a consciência do ego se desenvolveria independentemente do conhecimento do mundo exterior. A partir disso, para explicar que o pensamento atribui às coisas uma vida, intenções, forças, é-se obrigado a falar de "projeção". Formulada nesses termos, a questão se torna sem dúvida insolúvel. Por que se projetaria em lugar de ver as coisas como elas são? E se se é vítima de uma analogia enganadora entre as coisas e o ego, por que a analogia é duradoura a tal ponto que nem a experiência, nem o tempo possam desenganar o espírito assim orientado?

Voltemos a nos situar, pelo contrário, nas hipóteses a que fomos conduzidos ao estudar as relações do ego e do mundo exterior. Encontramos no ponto de partida da vida e do pensamento uma consciência protoplásmica que em nada dissocia o ego e as coisas. Na formação dessa consciência vêm combinar-se duas espécies de fatores. Há em primeiro lugar fatores biológicos ou individuais que regem as relações entre o organismo e seu meio. Segundo toda evidência, é impossível lidar com o organismo e com o meio, em qualquer reação biológica. A adaptação inteligente e a adaptação motora de que ela deriva não são exceção a essa lei. O real é um complexo de trocas, de correntes complementares, umas determinadas pela identificação das coisas com o organismo, as outras determinadas pela adaptação do organismo aos dados do meio. Trata-se da base de *Matière et mémoire* em que Bergson mostra a percepção situada tanto em seu objeto como no cérebro, porque uma perfeita continuidade liga as inervações cerebrais aos movimentos do objeto. Por conseguinte, não há no ponto de partida nem "ego", nem mundo exterior, mas um *continuum*. Quanto aos fatores sociais, eles concorrem para o mesmo resultado: desde suas primeiras atividades, o bebê é criado numa atmosfera social no sentido de que os pais, e especialmente a mãe, intervêm em todos os seus atos (nutrição, sucção, preensão de objetos, linguagem) e em todos os seus afetos. Em consequência, também desse ponto de vista cada ação se acha inserida num contexto, de modo que a consciência do ego de modo algum acompanha de maneira inata os primeiros comportamentos, formando-se apenas pouco a pouco e em função das resistências do comportamento do outro. Os fatores sociais e os fatores biológicos concorrem portanto para criar, na origem da vida do pensamento, uma indiferenciação entre o mundo e o ego, donde os sentimentos de participação e a mentalidade mágica disso decorrentes.

Se é esse o ponto de partida da consciência infantil, compreendem-se melhor as origens do animismo. Quatro grupos de causas convergem em verdade na gênese do animismo. Dois deles são de ordem individual e os outros dois de ordem social.

Os fatores de ordem individual são os seguintes. Trata-se, por um lado, da *indissociação* dos conteúdos da consciência primitiva: estando as noções de ação e de intenção etc. necessariamente ligadas antes que a dissociação progressiva das noções tenha levado a criança a distinguir ações intencionais e não intencionais, o mundo é concebido pela consciência primitiva como um contínuo ao mesmo tempo psíquico e físico. Trata-se, por outro lado, da *introjeção* graças à qual a criança atribui às coisas alguns sentimentos recíprocos entre aqueles que ela própria experimenta diante delas.

Antes de passar à análise desses dois fatores, recordemos uma distinção entre dois tipos de atitudes animistas que encontramos nas crianças. Denominaremos *animismo difuso* a tendência geral das crianças a confundir o vivo e o inerte, isto é, a atitude que descrevemos no parágrafo anterior (§ 4). Designaremos por *animismo sistemático* o conjunto das crenças animistas explícitas que as crianças revelam e das quais a mais clara é aquela segundo a qual as crianças creem que os astros as seguem (§ 2). Veremos que, em linhas gerais, o fator de indissociação explica sobretudo o animismo difuso na criança, enquanto o fator de introjeção explica principalmente o animismo sistemático. Mas é evidente que numerosas interferências complicam esse esquema extremamente simples.

Assim, tentamos destacar o papel do fator de indissociação. O estudo do realismo infantil (cap. I-IV) mostrou-nos que alguns elementos, dos quais um subjetivo e o outro objetivo, são indissociáveis para o pensamento da criança, embora sejam independentes para o nosso. Esses elementos são, até bem tarde, os nomes e as coisas nomeadas, o pensamento e as coisas em que se pensa etc. Ora, o mesmo ocorre no que se refere ao movimento e à vida: todo movimento exterior é concebido como necessariamente intencional. São também a atividade em geral e a consciência: toda atividade é concebida como necessariamente consciente. Tais são, por fim, ao menos primitivamente, o estado e o saber: todo corpo é concebido como sabendo o que é, onde está, que atributos possui etc. Em resumo, a existência do realismo infantil mostra suficientemente que o espírito procede da indissociação à dissociação, e que o desenvolvimento mental não consiste em absoluto em associações sucessivas. O animismo difuso é portanto um dado primordial da consciência da criança.

É verdade que entre o realismo propriamente dito (como o realismo nominal etc.) e a indissociação, de que é feito o animismo, existe a seguinte diferença. O realismo constitui uma *indissociação primária*, por assim dizer, uma indissociação que consiste simplesmente em localizar nas coisas alguns caracteres pertencentes na realidade ao espírito, mas sobre as quais o espírito não sabe ainda que lhe pertencem (os nomes, por exemplo). Pelo contrário, a indissociação que caracteriza o animismo é uma *indissociação secundária*, que consiste em atribuir às coisas caracteres análogos aos que o espírito se atribui a si mesmo: a consciência, a vontade etc. Mas existe aí a "projeção"? De forma alguma. O que a indissociação secundária acrescenta à indissociação primária é simplesmente o que caracteriza a construção da noção de objeto: as qualidades são agrupadas em feixes individuais, em lugar de ser atribuídas a toda a realidade. Mas, para construir os objetos, o espírito realista se serve precisamente — e é aí que existe indissociação — de noções e de categorias que unem um termo objetivo e um termo subjetivo concebidos como necessariamente ligados: em vez de conceber o sol como um objeto brilhante, quente e dotado de movimento, o espírito realista o concebe como um objeto conscientemente brilhante, que nos aquece intencionalmente e que se move graças a uma vida própria.

Com efeito, o cerne das respostas que coletamos a propósito da consciência atribuída às coisas e a propósito do conceito de "vida" é o postulado implícito segundo o qual toda atividade é consciente e todo movimento é espontâneo. Quando Schi diz que as nuvens sabem que caminham *"visto que são elas mesmas que dão o vento"*, quando Ross diz que o vento é consciente *"já que é ele que sopra"* etc., há aí uma identificação implícita de "fazer" e de "saber que se faz". Existe animismo, na ausência de dissociação.

Mas por que essa indissociação das noções é tão duradoura? Basta examinar como se opera a dissociação para compreender que essa operação não é nem simples, nem espontânea. Com efeito, nenhuma experiência direta é possível para levar a criança a descobrir que um movimento não é intencional ou que uma atividade não é consciente. A condição dessa dissociação não é o enriquecimento do saber, nem mesmo o desenvolvimento da capacidade de controle ou de experimentação; trata-se de uma mudança radical nos hábitos de espírito. Só uma evolução qualitativa da mentalidade infantil pode levar a criança a renunciar ao animismo.

A que pode dever-se essa transformação na orientação de espírito da criança? A dissociação das noções não pode resultar senão da tomada de consciência progressiva que a criança faz de seu ego e de seu próprio pensamento. No que se refere ao realismo dos nomes etc., já procuramos estabelecer que é a descoberta do caráter simbólico e, portanto, humano dos nomes que leva a criança a destacar o signo do significado, depois a distinguir o interno do externo, depois, por fim, a diferenciar o psíquico do físico. A redução progressiva do animismo segue uma marcha semelhante. É na medida em que a criança toma claramente consciência de sua personalidade que recusa às coisas a consciência de si. Longe de ser a descoberta da existência do pensamento que provoca o aparecimento do animismo, como o desejava Tylor a propósito dos primitivos, é a ignorância do psiquismo que permite à criança animar as coisas, e é a descoberta do sujeito pensante que a obriga a renunciar a esse animismo. Em suma, a dissociação das noções resulta dos progressos da consciência de si.

Os fatos que podemos invocar para justificar essa interpretação não são apenas aqueles que reunimos a propósito do realismo infantil. Encontra-se ainda por volta de 11-12 anos um fenômeno tardio que nos incita a conjeturar o que deve ocorrer nos primeiros anos: trata-se da dificuldade de conceber que se possa ter a menor ilusão sobre si mesmo. Com efeito, quanto menos um espírito é levado à introspecção, tanto mais é vítima da ilusão de que se conhece perfeitamente. Eis os fatos:

> Há nas frases absurdas que Ballard propôs como testes[11] uma proposição elaborada como o que segue: "Não sou orgulhoso, pois não penso ter a metade da inteligência que de fato tenho".
> Submetemos essa frase a crianças bem dotadas de 11 a 13 anos. A resposta é sempre a mesma, quando as crianças compreendem o enunciado: o que é absurdo é que você se julgue menos inteligente do que o é. Se você é inteligente, responde a criança, você sabe que o é; se você julga não ter a metade da inteligência que de fato tem, é porque você não tem a metade da inteligência etc. Você sabe o que é, você se conhece necessariamente a si mesmo etc. Em suma, o âmago dessas respostas é que é impossível ter ilusões sobre si mesmo.

Trata-se aí tão-somente de um indício, mas é significativo. Todos sabemos que não devemos ter ilusões sobre nós mesmos, e que o conhecimento de si é o mais difícil dos conhecimentos. O espírito inculto, como a criança, não sabe absolutamente nada. Ele julga conhecer-se e o crê precisamente na medida em que não conhece a si mesmo. Ora, se se é assim aos 11-12 anos, não há dificuldade de ver o que deve ser a consciência de si nos primeiros anos: a criança deve julgar-se consciente de tudo o que lhe acontece e, inversamente, deve ser alheia a toda noção de uma atividade inconsciente ou involuntária, seja qual for. É apenas por meio de uma série de experiências de ordem social e interindividual, que consiste em descobrir que nem tudo o que os outros fazem é inteligente ou mesmo intencional, e que se pode ser vítima de estranhas ilusões sobre seu próprio ser, que o espírito chega a conceber as ideias contranaturais de movimentos inconscientes ou de estados que se ignoram a si mesmos. Não consideramos, é claro, que o desapa-

---

[11] Ver *Brit. Journ. of Psychol.*, outubro de 1921.

recimento do animismo esteja ligado à noção de um inconsciente psicológico. Pensamos tão-somente que a dissociação das noções primitivas meio-psíquicas / meio-físicas — ou, em outras palavras, a despersonalização do real — está ligada aos progressos da consciência de si. A tal ponto que a criança ignora a introspecção, crê conhecer-se por inteiro e crê que todo ser é consciente de si mesmo. Inversamente, na medida em que se descobre, a criança estabelece toda uma gradação na escala de atividades, da ação desejada e refletida à ação involuntária e inconsciente.

Em resumo, o animismo, ou ao menos o animismo difuso, resulta da indissociação das noções primitivas, e só os progressos do conhecimento de si mesmo (conhecimento resultante da vida social e da comparação com outrem) podem levar essas noções a dissociar-se. Mas explicar dessa maneira o animismo é, ao que parece, substituir a noção de "projeção", que oferece ao menos uma aparência de explicação, pela simples constatação dos fatos. Se isolamos a psicologia da biologia e elaboramos um mundo todo feito independentemente do espírito que se adapta a ele, é evidentemente isso o que ocorre. Mas se buscamos a raiz biológica das operações mentais, e partimos das relações do organismo com seu meio ambiente para situar o pensamento em seu verdadeiro contexto, percebemos que a noção obscura de "projeção", isto é, de uma transposição para o mundo exterior dos conteúdos internos da consciência, vem de um emprego ilegítimo e ontológico das noções de "interior" e de "exterior". A realidade biológica é a assimilação do meio pelo organismo e pela transformação do organismo em função do meio: trata-se da continuidade das trocas. Essas trocas pressupõem um polo interno e um polo externo, é claro, mas cada um desses termos está em relação de equilíbrio constante e de mútua dependência com o outro. Assim é o real, sobre o qual a inteligência recorta pouco a pouco um ego e um mundo exterior. Dizer que no ponto de partida o ego se confunde com o mundo é portanto substituir uma "projeção" inexplicável do ego nas coisas pela noção da assimilação do mundo exterior pelo ego, assimilação que está por certo em continuidade com a própria assimilação biológica. A sequência de nossa exposição, e em particular a busca das origens da ideia de força (ver *C.P.*), buscará desenvolver o conteúdo dessa noção, de tal modo que se torne inútil insistir mais nesse ponto.

Mas a indissociação das noções não basta em absoluto para explicar senão o animismo difuso. Certas crenças sistemáticas, como aquela segundo a qual as nuvens ou os astros nos seguem, se ocupam de nós etc., parecem indicar a intervenção de outros fatores. É aqui que convém recorrer à *introjeção*, isto é, à tendência a situar no outro ou nas coisas a reciprocidade dos sentimentos que se vivenciam diante deles.

O esquema da introjeção é bem claro: tudo o que resiste ou obedece ao ego é concebido como tendo uma atividade idêntica à do ego que comanda ou busca vencer a resistência. Assim, a consciência do esforço pressupõe a atribuição da força ao objeto resistente, a consciência do desejo pressupõe a atribuição da intencionalidade ao obstáculo, a consciência da dor pressupõe a atribuição da malevolência ao objeto que é fonte de dor etc.

Ora, a causa da introjeção é evidentemente o egocentrismo, isto é, a tendência a crer que tudo gira em torno do ego. Sair do egocentrismo, ou seja, chegar a uma visão impessoal das coisas é renunciar à introjeção. Eis alguns fatos que mostram bem esse mecanismo. "*Quem arranhou isso* (sua própria mão)? — pergunta Nel. "*Eu me machuquei lá. Foi o muro que me feriu*" (Nel em 2,9). Ou ainda, esta recordação de infância de Michelet:

> "*Escapei de ter a cabeça cortada por uma janela à guilhotina. Eu estava pendurado numa cadeira e olhava para o pátio. Nem bem minha avó acabara de me puxar dali e a janela caiu com um grande barulho. Ambos ficamos estupefatos por um momento. Toda a minha atenção se concentrava naquela janela que eu vira andar sozinha como uma pessoa e até muito mais depressa. Eu estava convencido de que ela tinha desejado me fazer mal e, durante muito tempo, só me aproximei dela com um sentimento de medo e de cólera*".[12]

Temos aí o caso mais simples: os corpos que provocam uma dor ou um medo são sentidos como dotados de intenção, porque o ego permaneceu egocêntrico e é, por conseguinte, incapaz de julgamento desinteressado ou impessoal. Esses casos são inumeráveis, sendo inútil tentar enumerá-los aqui.

Pelo contrário, um caso particular que é preciso recordar é aquele no qual a criança atribui às coisas um movimento, e um movimento antropocêntrico, sem se dar conta de que há ilusão nesse contexto. Trata-se do caso dos astros ou das nuvens que parecem seguir-nos. Nesses casos, não apenas a criança toma o movimento aparente pelo real, à falta de distinguir o ponto de vista próprio do ponto de vista objetivo, mas também não tarda a imaginar estar sendo seguida intencionalmente, e atribui por introjeção todos os tipos de sentimentos humanos ao sol e à lua.

É necessário sem dúvida comparar com este caso as duas observações seguintes:

> Um de nós se lembra claramente de ter feito esta experiência bizarra: virar-se bruscamente para ver se as coisas às quais ele dava as costas ainda estavam ali ou tinham desaparecido.
> Uma experiência desse tipo se aparenta com o seguinte fato. Bohn[13] recorda a seguinte conversa com um menino de 5;1: "*Papa, tudo isto está aqui? — O que é tudo isto? — Todas estas coisas. É verdade que vejo todas estas coisas? — Você pode vê-las e senti-las. Elas estão sempre aí. —*

---

[12] MICHELET, *Ma jeunesse*, p. 17.
[13] *Pedag. Semin.*, 1916: A childs Question.

Não, elas não estão sempre aí. Quando giro em volta delas, elas não estão aí. — Quando você se vira, elas estão sempre no mesmo lugar. — *Elas são todas vivas. Elas vão e partem sempre. Quando vou para bem perto delas, elas vêm para bem perto de mim.* — Mas elas não estão sempre no mesmo lugar? — *Não, eu só as imagino e elas vêm e vão em meu devaneio*". Depois disso, a criança passeia lentamente pelo quarto, tocando os objetos e dizendo: "*Olhe-as, elas que vêm e que partem*".

Esses dois fatos são de grande interesse. Em ambos, a criança se pergunta se as mudanças que observa no meio visual se devem a seus próprios deslocamentos — portanto, a sua própria atividade — ou às próprias coisas. Na medida em que tende à segunda solução, é animista. Na medida em que adota a primeira, isto é, em que tem consciência de seu próprio papel na transformação contínua da perspectiva das coisas, não é mais animista. Esses dois fatos se produziram num momento em que o ego, consciente de si pela metade, teve de vivenciar sentimentos de estranheza perguntando-se sobre a parte das coisas e a parte de sua atividade na estrutura do mundo. A segunda criança assumiu ainda uma atitude quase mágica de participação com os seres: elas "vão em meu devaneio".

Nestes últimos casos, e nos numerosos casos do mesmo tipo, o animismo resulta portanto do egocentrismo. O ego está bastante consciente de seus limites para saber que os astros ou as coisas não dependem diretamente do desejo ou da vontade próprios (e esse é o motivo por que não há quase mais magia nesses fatos), mas não o está o suficiente para compreender que os movimentos aparentes das coisas se devem a uma ilusão da perspectiva própria.

Em suma, a introjeção resulta da tendência egocêntrica a crer que tudo gravita em torno de nós e consiste em atribuir às coisas os poderes próprios a nos obedecer, ou, se for o caso, a resistir a nós.

Parece que aqui recaímos mais na solução de Ribot ou de Freud, que consiste em considerar o animismo como devido a uma simples projeção. No entanto, e convém insistir nisso, a introjeção não é possível sem a indissociação de que falávamos um pouco antes. Ela é, se se deseja, uma indissociação terciária (por oposição à indissociação secundária de que falamos há pouco), que consiste não apenas em atribuir às coisas o que nos é próprio (a vida, a consciência, que a criança concebe como inseparáveis da atividade ou do movimento em geral), mas também em atribuir às coisas a recíproca de nossos caracteres: a malevolência, se temos medo, a obediência, se temos uma posição de comando, a resistência voluntária, se não podemos levar outrem a nos obedecer etc. A introjeção é, com efeito, impossível num espírito não realista: a pedra que fere a criança só pode ser concebida como malévola se toda atividade é concebida como intencional etc.

A dependência mútua da introjeção e da indissociação nos é confirmada da maneira mais clara pelas circunstâncias neste contexto. A indissociação primitiva das noções provém, como vimos, do realismo infantil, isto é, da ausência de consciência de si ou da incapacidade de discernir a atividade do sujeito pensante. A introjeção, por outro lado, está ligada ao egocentrismo do qual provém e que ela, por seu turno, encoraja. Mas é precisamente ao egocentrismo que se deve o realismo: trata-se do fato de não discernir, na representação das coisas, o papel da perspectiva própria, que torna o espírito realista e incapaz de dissociar o subjetivo do objetivo.

Há, pois, uma espécie de círculo em que se acha encerrada a consciência primitiva: para dissociar as noções confusas que mesclam o objetivo e o subjetivo, seria preciso que o pensamento tomasse consciência de si mesmo e se distinguisse das coisas, mas, para distinguir-se das coisas, seria necessário que o pensamento não introjetasse nelas caracteres ilusórios devidos à perspectiva egocêntrica. Além disso, inversamente, na medida em que, graças à troca e à discussão entre indivíduos, o ego toma consciência de si e se destaca de seu egocentrismo, ele renuncia a introjetar sentimentos nas coisas e se torna capaz, ao dissociar as noções confusas primitivas, de libertar-se do próprio animismo sob sua forma difusa.

Passemos agora aos fatores de ordem social que favorecem a persistência do animismo infantil. Distinguiremos aqui, igualmente, dois grupos complementares: por um lado, os sentimentos de participação que a criança deve vivenciar diante de seu ambiente social; por outro, a necessidade moral à qual a criança é submetida pela educação.

O primeiro desses fatores é fundamental. Como vimos a propósito da magia, a criança, cuja atividade em seu todo está ligada desde o berço a uma atividade complementar de seus pais, deve viver em seus primeiros anos com a impressão de ser perpetuamente cercada de pensamentos e de ações propícias. Cada uma de suas intenções deve parecer-lhe conhecida e partilhada pelos seus. Ela deve, a cada instante, se crer vista, compreendida e cuidada. Mais tarde, quando das primeiras trocas de pensamento com irmãos ou amigos, a criança conserva essa tendência a se crer sempre compreendida tacitamente, e é nesse fato, como vimos, que se acha a raiz da linguagem egocêntrica da criança (L.P., cap. I, III): a criança julga seu pensamento comum a todos porque não tentou sair de seu ponto de vista próprio.

Se isso ocorre, esse sentimento de comunhão deve banhar sua visão do mundo. A natureza deve estar plena de seres favoráveis ou inquietantes. Os animais, como observamos com frequência, dão lugar a relações de mesma ordem, e a criança tem sem dúvida a impressão de ser às vezes compreendida por eles, ou às vezes de se fazer compreender.

Assim, NEL, cujas posições relatamos no § 10, está frequentemente em conversa com os animais: "*Até logo, vaca*", diz ela a uma vaca depois de tê-la convidado: "*Vem, vem, vem, vaca. Vem, vaca*". A um gafanhoto: "*Você vai ver, a senhorita Récri (gafanhoto fêmea)...* (o gafanhoto fêmea foge) — *O que você quer aí, gafanhota*".

PIE (6 anos) diante de um aquário: "*Ah, como ela* (uma salamandra) *se espanta com esse grande gigante* (um peixe). *Salamandra, é preciso comer os peixes!*"

Isso parece imaginação. Mas recordamos (ver cap. II, § 6) que crianças de 8 anos ainda não hesitam em crer que os animais sabem seu nome: "*Um peixe sabe que se chama peixe? — Certamente!*" (Mart. 8;10).

Conhecem-se os casos citados por Freud pelo nome de "retorno infantil ao totemismo".[14] Seja qual for a interpretação que se dê a esses fatos, eles nos ensinam duas coisas. Por um lado, a criança mistura alguns animais a sua vida moral. Por outro, ela atribui por isso mesmo a alguns animais certos sentimentos que vivenciou com os pais: ou seja, se se julga em falta, ela crê que o animal conheça suas faltas etc. É claro que, nos exemplos citados por Freud, podemos questionar a parte que os educadores desempenharam na gênese da crença da criança: encontram-se sempre pessoas suficientemente tolas para ameaçar as crianças com a cólera dos cães ou dos cavalos, se eles se comportam mal etc. Mas a tendência espontânea da criança, sob o império do medo ou do remorso, a considerar todo o universo como testemunha de sua falta é uma tendência tão geral que os fatos citados por Freud, Wulf, Ferenczi etc. contêm muito verossimilmente uma parte da crença espontânea.

O fato de esses sentimentos de participação poderem por fim ser transferidos para as próprias coisas e de ser esse um dos fatores do artificialismo infantil parece extremamente provável. Julgamos identificar ao menos um vestígio dessa tendência que têm as crianças de se sentir observadas e até mesmo vigiadas em algumas das respostas citadas no § 2 e relativas ao sol e à lua. A lua "nos vigia", diz Ga (8 anos e meio), o sol se move "para escutar o que se diz" (Jac, 6 anos), a lua "é curiosa" (Pur, 8;8), o sol "nos olha" (Fran, 9 anos) etc. É por outro lado conhecido o temor das crianças que veem a lua em sua cama. A lua nos envia os sonhos, diz Ban aos 4 anos e meio. Mas sobretudo vimos (cap. IV, § 2) o caso citado por W. James do surdo-mudo que associava a lua à vida moral, acreditava ser ela cúmplice das punições que recebia e, por fim, identificou-a com a própria mãe, que morrera há algum tempo.

---

[14] FREUD, *Totem et tabou*, trad. JANKÉLÉVITCH.

Se é essa a orientação de espírito das crianças, é preciso distinguir, a título de fator privilegiado presente ao animismo, o sentimento de obrigação moral que a criança adquire ao longo de sua educação. Como Bovet o demonstrou num notável estudo,[15] o sentimento de obrigação resulta do respeito às ordens recebidas, e esse respeito resulta, por sua vez, do respeito que a criança tem pela pessoa que lhe deu as ordens. Ora, como nos mostrou o estudo das perguntas de uma criança (L.P., cap. V), as perguntas relativas às regras podem ser abundantes na criança de 6 anos. Também na criança de 2-5 anos vemos sem cessar perguntas com a forma: "Por que é preciso fazer isso?" "É preciso fazer assim?" "É assim que se faz?" etc. Uma tal preocupação, bem anterior à necessidade de explicar o "como" dos fenômenos, penetra toda a mentalidade da criança. Esta confunde por isso necessidade física e necessidade moral: a regularidade da natureza tem origem moral e a força física é concebida em termos das restrições que os chefes exercem sobre os sujeitos que lhes obedecem ou que os grandes exercem sobre as crianças pequenas. O § 3 deste capítulo nos convenceu o bastante de que há aí um fator especial de animismo: com efeito, não é porque crê que as coisas são vivas que a criança as julga obedientes, mas porque julga que as coisas são obedientes que a criança as considera vivas.

Em suma, os fatores de ordem individual e os fatores de ordem social (estando estes últimos no prolongamento dos primeiros, mas é desnecessário insistir nisso aqui) vêm por conseguinte a convergir na formação e no desenvolvimento do animismo infantil. Por uma questão de completude, convém mencionar um fator adicional que, não sendo por si só causa de animismo, tem de qualquer maneira grande importância na sistematização do animismo: trata-se da linguagem ambiente.

Isso se deve a duas razões. Seguindo uma observação feita por Bally, a expressividade de uma língua é sempre regressiva, ou seja, para criar uma imagem, sempre extraímos nossos recursos das formas de pensamento que já não são correntes. Assim, com esse objetivo em vista, diremos "o sol se empenhava em vencer a resistência do nevoeiro", o que é uma maneira animista e dinâmica de falar, além de envolver, por outro lado, um estranho desprezo da distância real que separa o sol da neblina para fingir acreditar que eles combatem corpo a corpo. Logo, não há motivo de espanto no fato de a criança levar ao pé da letra as personificações da linguagem ("o sol se põe"), as expressões finalistas ("o rio corre para chegar ao lago"), antropomórficos ou artificialistas ("o calor *faz* ferver", "o vapor *tenta* escapar") e até as expressões quase mágicas ("as nuvens *anunciam* a chuva"). Há na linguagem adulta tudo o que é necessário para alimentar o animismo infantil, e isso ainda mais porque a criança de modo geral entende literal-

---

[15] BOVET, Les conditions de l'obligation de conscience. *Année psychol.*, vol. XVIII, 1912.

mente todas as metáforas: "um braço quebrado" é para ela um braço que caiu por terra, e "ir ao diabo" é, para um pequeno de 9 anos que vimos, a prova de que o diabo não fica longe de nós.

É no entanto evidente que, em todos esses fatos, a linguagem não é a causa do animismo infantil em geral. Ela é simplesmente a causa do fato de esse animismo seguir antes uma dada rota completamente traçada do que alguma outra. Há aí simplesmente, como o disse Stern,[16] "convergência" entre as tendências regressivas da língua e a orientação de espírito da criança. A língua é infantil: não é a criança que é formada pela língua.

Mas isso não é tudo. Como o observou W. Jerusalém,[17] a própria língua, independentemente de suas imagens excepcionais, "dramatiza" os mais simples julgamentos: o fato de separar o sujeito do verbo e do predicado leva o espírito a substancializar o sujeito, a lhe atribuir uma atividade própria e qualidades distintas, como se o sujeito se distinguisse da soma de suas ações e de suas qualidades. Quando, por exemplo, nos diz que o vento talvez não saiba o que faz, "porque não é uma pessoa", mas que ele deve ao menos saber que sopra "*porque é ele que sopra*", Ross (9;9) toca da maneira mais interessante o problema que nos ocupa. Dizer do vento "é ele que sopra" é na verdade conceber o vento como um ser ativo, substancial e permanente. Ora, isso equivale a ser triplamente vítima da língua. A língua, ao dizer "o vento sopra" ou simplesmente ao falar do "vento" como se este fosse um ser, comete com efeito o triplo absurdo de crer que o vento é independente do ato de soprar, que poderia haver um vento que não soprasse e que o vento subsiste independentemente de suas manifestações exteriores. Ora é-nos tão natural falar dessa maneira que não estamos longe de julgar que seja de fato assim que as coisas se passam. Quando dizemos "o peixe frio pede para ser comido ao molho de maionese", sabemos que o peixe não pede coisa alguma, mas quando dizemos "o vento sopra", acreditamos de fato que "ele" sopra. Logo, compreende-se o raciocínio de Ross: Ross é substancialista sem o saber, como o senso comum e a própria linguagem.

Esses fatos falam sem dúvida em favor da doutrina de Max Müller segundo a qual o animismo dos primitivos, como de resto toda e qualquer religião, seria uma "doença da linguagem". É contudo mais uma vez evidente que há apenas convergência entre a língua e a mentalidade primitiva ou infantil. O pensamento cria a linguagem, mas esta reflui sobre o pensamento e procura aprisioná-lo.

Vemos em conclusão o grande grau de complexidade do animismo. Mas ter-se-á percebido que, deixando-se de lado o aspecto verbal, os fatores que condicionam a gênese do animismo infantil são praticamente

---

[16] *Die Kindersprache*. Leipzig, 1907.
[17] *Die Urtheilsfunction*. Viena sobre Leipzig, 1895, pp. 109-111.

os mesmos que condicionam a formação dos sentimentos de participação e da causalidade mágica. Isso se deve ao fato de o animismo e a participação serem fenômenos complementares, ou melhor, as fases independentes do mesmo processo de solidificação do real. Podem-se distinguir nesse processo três momentos. No primeiro momento, o ego se acha inteiramente confundido com as coisas: há participação entre tudo o que existe, e ação mágica do desejo sobre a realidade. No decorrer do segundo momento, o ego se diferencia das coisas, mas estas permanecem cobertas de aderências subjetivas. A partir de então, o ego sente-se em participação parcial com as coisas e se julga capaz de agir sobre elas à distância porque considera ligados às coisas os diferentes instrumentos por meio dos quais as pensa (as palavras, as imagens, os gestos etc.). Por outro lado, as coisas são necessariamente animadas, porque, como o ego ainda não está separado delas, as noções psíquicas e as noções físicas não se acham dissociadas. Durante esse segundo momento, a magia e o animismo são, por conseguinte, complementares. Trata-se do momento em que a criança, acreditando-se seguida pelo sol e pela lua, pode muito bem interpretar esse fato antes em termos de magia ("sou eu que os faço se movimentarem") do que de animismo ("são eles que me seguem"). Por fim, num terceiro momento, o ego está demasiado separado das coisas para que os instrumentos de pensamento continuem a ser concebidos como aderentes às coisas. As palavras não mais estão nas coisas, as imagens e o pensamento estão situados na cabeça. Os gestos já não são eficazes. A magia desaparece. Não obstante, como vimos (cap. II, § 8), a distinção entre o signo e o significado surge antes da distinção entre o interno e o externo e sobretudo da distinção entre o psíquico e o físico. Em outras palavras, a distinção entre o ego e as coisas pode alcançar um grau deveras avançado sem que a dissociação entre as noções objetivas e as noções subjetivas seja levada ao ponto de fazer o animismo desaparecer. No curso desse terceiro momento, o animismo, por conseguinte, subsiste, ao passo que a magia tende a desaparecer. Os sentimentos de participação também tendem a cessar de existir ou ao menos assumem a forma animista de uma simples comunhão entre espíritos: assim, na medida em que a criança continua a acreditar que o sol é vivo, depois de ter abandonado a ideia de que o sol nos segue, este talvez ainda pareça à criança ocupar-se de nós e querer nosso bem, mas só haverá nisso relações inteligíveis de pessoa a pessoa. Não se trata mais da participação propriamente dita, no sentido de já não haver aí participações substanciais possíveis. O fato de o animismo sobreviver à magia, e englobar, racionalizando-as, as participações primitivas, é precisamente o que nos mostrarão os fatos, no decorrer de nosso estudo do artificialismo. Concluamos por ora, simplesmente, pelo parentesco e pela reciprocidade entre a magia e o animismo nos estágios primitivos.

TERCEIRA PARTE

O artificialismo infantil e os estágios ulteriores da causalidade

Tomamos de empréstimo o termo "artificialismo" a um estudo que Brunschvicg dedicou à física de Aristóteles.[1] De acordo com o autor, duas tendências, cujo antagonismo as físicas estóica e medieval demonstraram, vêm a convergir no sistema peripatético: uma delas leva o Estagirita a considerar todas as coisas como produto de uma arte, e uma arte análoga à técnica humana, e a outra o faz animar todos os corpos de forças internas e de apetites, uns e outras análogos aos seres vivos. Diz Brunschvicg que "Aristóteles fala sucessivamente como *escultor* e como *biólogo*".[2] É a primeira dessas tendências, aquela que leva a conceber as coisas como o resultado de uma "fabricação" transcendental, que Brunschvicg denomina "artificialismo". O artificialismo de Aristóteles é sem dúvida fruto de uma concepção elaborada, achando-se vinculada com toda a filosofia peripatética, em particular com o substancialismo da lógica das classes. Por outro lado, esse artificialismo é a um só tempo imanente e transcendente: a atividade fabricadora é atribuída à Natureza (concebida, é verdade, como demônica[VII]), bem como ao motor divino (motor imóvel). O artificialismo infantil é, pelo contrário, mais implícito do que sistemático, e bem mais transcendente do que imanente: consiste em considerar as coisas como produto da fabricação humana, bem mais do que em atribuir às próprias coisas a atividade fabricadora. Mas nesse caso, tal como no que se refere ao animismo, a palavra usada não importa. Desde que estabeleçamos nitidamente as diferenças

---

[1] L. BRUNSCHVICG, *L'expérience humaine et la causalité physique*, livros V-VII.
[2] *Op. cit.*, p. 140.
[VII] Usa-se esse termo por derivação a partir de "*daemon*", que não é "demônio", mas espírito puro, *nous*, não sendo pois adequado "demoníaco", por ter esta outras conotações. N.T.

entre o artificialismo infantil e o artificialismo grego, há vantagens no emprego da mesma palavra nos dois casos para designar a mesma tendência de confundir a causalidade material com a fabricação humana.

Mais do que isso, o conflito que Brunschvicg denuncia entre o dinamismo imanente do biologismo e o dinamismo transcendente do artificialismo, na física de Aristóteles, corresponde talvez, num plano sem dúvida bem menos refletido, ao dualismo que identificamos na criança — e que, por conseguinte, deve corresponder a alguma coisa de cunho bem geral na história do pensamento humano — entre o animismo e o artificialismo: de um lado, as coisas são vivas, mas, de outro, são fabricadas. Esse dualismo é primitivo no pensamento da criança ou simplesmente derivado? Dá ele lugar a um conflito ou haverá um estágio em que o animismo e o artificialismo se implicam mutuamente? É isso que nos cabe examinar.

No entanto, o artificialismo infantil é um fenômeno demasiado complexo — complexo tanto em suas manifestações como nos componentes psicológicos que estão em sua base — para podermos dar a nossa exposição forma sistemática. Seremos obrigados a avançar de uma maneira bem mais analítica do que sintética, isto é, vamos estudar em sequência as explicações que as crianças dão a si mesmas sobre a origem dos astros, do céu, dos cursos de água, das matérias elementares, das montanhas etc. em vez de descrever os diferentes estágios do artificialismo considerado em toda a sua extensão. O método que vamos seguir apresenta, por outro lado, certa vantagem: trata-se de não prejulgar coisa alguma no que se refere à homogeneidade e, sobretudo, no tocante ao sincronismo das concepções artificialistas da criança.

Precisemos além disso que não vamos falar aqui senão das ideias das crianças relativas à natureza das coisas, sem nenhuma menção às ideias relativas à atividade dos corpos ou à causa dos movimentos destes. Estas últimas questões serão o objeto das próximas seções desta obra (ver *C.P.*).

Por fim, rendamos a Sully a homenagem a que ele faz jus, a de ter indicado a existência e a importância do artificialismo infantil: "A única forma originária com que o pequeno pensador está real e diretamente familiarizado", disse ele, "é a fabricação das coisas".[3]

---

[3] Ver Sully, *Études sur l'enfance*. Trad. Monod, pp. 113-114, 179.

Capítulo VIII
A origem dos astros celestes

Pode parecer estranho perguntar a crianças de onde vêm o sol, a lua e as estrelas. Essa ideia só nos ocorreu com o passar dos anos, e quando se apresentou a nós demoramos a pô-la em prática, por temer que as crianças acreditassem que estávamos zombando delas. Com efeito, para crianças não há questões absurdas. Imaginar de onde veio o sol não as embarca nem um pouco, nem imaginar de onde vêm os rios, as nuvens ou a fumaça. Mas seria isso prova de que as crianças zombam dos psicólogos, e que as respostas que dão não correspondem a nenhuma coisa espontânea de seu verdadeiro pensamento? Não tanto quanto se poderia crer. Pensamos, com efeito, que vários fenômenos, cuja existência a pesquisa a seguir vai mostrar-nos correspondem a atitudes espontâneas da criança. As perguntas das crianças revelam por exemplo que seu interesse vincula-se com problemas relativos aos astros, e a maneira como as crianças formulam essas interrogações indica qual a solução que elas são levadas a dar a si mesmas. Examinemos brevemente esse aspecto, visto ser deveras importante não falsear, por meio de interrogatórios mal elaborados, as tendências próprias da criança.

> *Basta* percorrer as perguntas das crianças de 3 a 5 anos para descobrir questões como esta: FRAN, aos 2;5, pergunta: *"Quem fez o sol?"* A própria forma como a pergunta é feita é já artificialista. Stanley Hall cita as seguintes perguntas: Aos 5 anos *"Por que existe uma lua?"* Aos 3 anos e meio: *"O que faz o sol brilhar?"* e *"Quem põe as estrelas no céu de noite?"* Aos 5 anos: *"Quem faz as estrelas brilharem?"*
> Por outro lado, observa-se um interesse espontâneo pelas fases da lua, cuja relação com o artificialismo vamos ver adiante. Aos 5 anos: *"Por que a lua não está redonda? Por que ela às vezes pode estar redonda?"* Aos 9 anos: *"Por que a lua não tem sempre a mesma forma? Por que ela às vezes está grande e depois fica pequena?"* e *"De que a lua é feita?"*

Vê-se bem nessas perguntas a tendência a considerar os astros como tendo sido fabricados e a encontrar uma razão pré-causal para todas as suas manifestações. O mesmo ocorre no evento a seguir:

> D'ESTRELLA, um dos surdos-mudos citados por W. James (ver o cap. VII, § 10), conta espontaneamente o que segue (na terceira pessoa): *"Ele acreditava que o sol é uma bola de fogo. Primeiro acreditava que havia vári-*

os sóis, um para cada dia. Ele não entendia como eles podiam nascer e se pôr. Certa tarde, ele viu por acaso meninos que lançavam no ar e pegavam de novo bolinhas de barbante mergulhadas em óleo e acesas. Ele pensou de novo no sol e disse a si mesmo que ele devia ser jogado e apanhado de novo da mesma maneira que as bolas. Mas que força o fazia? Ele supôs que devia haver um homem grande e forte escondido de alguma maneira atrás das colinas (São Francisco [EUA] é uma cidade circundada por colinas). O sol era a bola de fogo que servia de brinquedo a esse homem, que se divertia em lançá-lo bem alto no céu todas as manhãs e apanhá-lo de novo toda tarde".

"... Ele supunha que o deus (= o homem grande e forte) acendia as estrelas para seu uso pessoal, tal como fazemos com os bicos de gás".

Se deixarmos de lado a forma lógica que d'Estrella dá a suas lembranças, estas correspondem em demasiados aspectos às respostas que vamos analisar dentro em breve para não ficarmos com uma forte impressão com respeito a essa convergência.

Em suma, as questões que vamos apresentar às crianças não deixam de corresponder a algumas de suas perguntas espontâneas. Mas é preciso mais do que isso para termos condições de confiar de fato no método que vamos empregar. É preciso haver certa continuidade entre as respostas das diferentes idades, sendo igualmente necessário que essa continuidade esteja aliada a certa gradação. Ora, é bem isso que os fatos vão mostrar-nos.

Podemos com efeito distinguir, no desenvolvimento das representações relativas à origem dos astros, três estágios mais ou menos definidos. No curso do primeiro, a criança atribui a origem dos astros à fabricação humana (ou divina — mas, como veremos, trata-se da mesma coisa). Durante o segundo estágio, os astros têm uma origem meio natural e meio artificial: decorrem, por exemplo, da condensação das nuvens, mas as próprias nuvens vêm dos tetos das casas ou de fumaças fabricadas pelo seres humanos. Por fim, no decorrer do terceiro estágio, as crianças chegam à ideia de que a origem do sol não tem nenhuma relação com a engenhosidade humana. A criança inventa uma origem natural (condensação do ar, das nuvens etc.) ou, mais raramente, recusa-se a resolver a questão da origem como sendo demasiado difícil para si mesma.

§ 1. Um caso primitivo do primeiro estágio

Um dos casos mais dignos de nota que obtivemos é o de Roy, que apresenta certos aspectos primitivos que mostram bem a ligação natural entre animismo e artificialismo. Vamos citá-lo quase na íntegra.

Roy (6 anos): "Como o sol começou a existir? *Foi quando a vida começou a existir.* — O sol sempre existiu? — *Não.* — Como ele começou a existir? — *Porque ele sabia que a vida tinha começado.* — Como isso aconteceu? — *Com o fogo.* — O quê? *Porque havia fogo lá em cima.* — De onde vinha o fogo? — *Do céu.* — Como isso aconteceu no céu? — *Porque havia um fósforo que se acendeu.* — De onde ele vinha? — *Foi o Bom Deus que o jogou*". Um instante mais tarde: "O que é a vida? — *É quando a gente está vivo.* — O que fez a vida começar? — *Nós, quando começamos a existir*".

Mais tarde, passado um momento, a propósito das fases da lua, Roy nos diz: "Ela [a lua] *ficou inteira.* — Como? — *Porque ela aumenta*". — "Como a lua aumenta? — *Porque ela cresce.* — Cresce como? — *Porque nós a fazemos crescer.* — O que a faz crescer? — *As nuvens* (Roy nos dissera pouco antes que são as nuvens que cortam a lua para fazer os quartos crescentes: *'Foram as nuvens que a cortaram.'*) — Como elas fazem? — *Elas a ajudam a crescer.* — Como a lua começou a existir?— *Porque nós começamos a viver.* — O que isso causou?— *Fez a lua crescer.* — A lua é viva? — *Não... sim.* — Por quê? — *Porque somos vivos.* — Como foi feita a lua? — *Porque nós fizemos.* — E isso fez a lua crescer? — *Sim.* — Como? — *...* — Por quê? — *São as nuvens que a fazem crescer*". — "O sol é vivo? — *Sim.* — Por quê? — *Porque somos vivos.*— Ele sabe quando é dia? — *Sim.* — Como? — *Ele vê que é dia*".

Três semanas depois, revimos Roy, e constatamos que ele se esquecera do que havíamos falado antes. "Como o sol começou a existir? — *Com o fogo.* — De onde veio o fogo? — *De um fósforo.* — Como o sol ficou grande? — *Porque nós o aumentamos.* — Quem faz o sol crescer? — *As nuvens.* — E nós (por que crescemos)? — *Porque comemos.* — O sol come? — *Não.* — Como as nuvens fazem o sol crescer? — *Porque as nuvens também crescem*".[1]

"E como a lua começou a existir? — *Também veio do fogo.* — Como ela cresceu? — *Porque a gente cresce.* — Por que ela cresceu? — *Porque são as nuvens que a fazem crescer.*— Como é isso? — *Porque elas também crescem.* — Se não houvesse nuvens a lua também ia crescer? — *Não... sim, ela cresce mesmo assim porque nós crescemos*".

Esse caso merece um atento exame, porque mostra com grande clareza a maneira como o artificialismo e o animismo advêm simultaneamente das participações primitivas que a criança estabelece entre as coisas e os seres humanos.

---

[1] Para entender bem o que Roy propõe aqui, é importante saber que, em outros interrogatórios, ele nos dissera o seguinte: 1) São as nuvens que fazem o vento e reciprocamente (cap. I, § 7 e *C.P.*, cap. 1); 2) Nós mesmos somos cheios de vento e de vento que participa das nuvens; esse vento serve para nos fazer crescer (ver *C.P.*, cap. II); 3. Na origem, o vento saiu dos homens; foi *"alguém que soprou"* (ver *C.P.*, cap. II). Há aí uma sistematização das participações que acabamos de ver.

Identificamos com efeito três tendências no pensamento de Roy: 1) Uma tendência artificialista: os astros foram fabricados pelos seres humanos. É o fogo produzido por um fósforo que está na origem do sol e da lua; 2) Uma tendência animista: o sol e a lua são vivos, sabem quando é dia, sabem o que fazemos etc.; 3) Uma tendência a estabelecer participações entre os astros e nós: os astros crescem porque crescemos; começaram a viver "porque nós fizemos viver" etc. Busquemos portanto precisar quais dessas três tendências são primitivas e que relações entretêm umas com as outras.

Para começar, está claro que o mito artificialista segundo o qual os astros saíram do fogo de um fósforo não é primitivo com relação ao sentimento de participação entre astros e nós: esse mito deriva desses sentimentos, e não ao contrário. O mito em questão é, com efeito, mais ou menos fabulado. É no momento em que solicitamos a Roy que precise a origem dos astros que ele inventa um mito, mas, no pensamento espontâneo, a ligação que une os astros aos seres humanos é bem mais imprecisa. Essa ligação se reduz ao seguinte: os seres humanos, tendo passado a existir, provocaram mediante esse mesmo fato o surgimento dos astros. Não há, por conseguinte, propriamente uma "fabricação" dos astros pelos seres humanos, mas simplesmente participação entre os astros e os seres humanos, e é se pedimos a Roy que precise essa participação que ele recorre ao artificialismo franco, isto é, a um mito de fabricação.

O mesmo se aplica ao animismo. Para Roy, os astros "se movem", são conscientes, vivos etc. Mas não há nenhuma motivo para supor que esse animismo anteceda o sentimento de participação que Roy experimenta: os astros aumentam porque crescemos, são vivos porque somos vivos etc. Já discutimos longamente as relações entre o animismo e a participação nos capítulos precedentes para não ser necessário voltar a esse aspecto aqui: as participações acarretam o animismo e são geneticamente anteriores a ele, ainda que o animismo venha a incidir sobre as participações a fim de consolidá-las.

Restam assim os sentimentos de participação que Roy experimenta e que parecem estar na raiz das outras manifestações de seu pensamento. Mas que participações são essas? Dizer que a lua cresce "porque crescemos", que a lua é viva "porque somos vivos" é empregar fórmulas que, à primeira vista, têm o efeito de simples imagens e simples comparações, sem que haja a preocupação de explicação causal. Essa é por outro lado uma maneira de falar que vem com muita frequência à boca de Roy a propósito de algumas outras questões: o vento avança, disse-nos Roy, *"porque nós também avançamos"*, e o sol não se vai embora *"porque nós às vezes não nos vamos embora"*. Mas o estudo das crenças relativas ao movimento dos astros que nos seguem (cap. VII, § 2) nos mostrou à farta que um corpo celeste que avança "porque avançamos" avança justamente por causa de nosso próprio movimento. Mais do que isso, quando Roy julga que a lua apareceu "porque começamos a viver" e que "isso fez a lua crescer", ou quando Roy precisa que, mesmo sem a ajuda das nuvens, a lua poderia crescer por nossa causa, parece claro que Roy tem em vista, mais do que uma analogia, a causalidade propriamente dita. Talvez haja analogia no pensamento de Roy, mas na medida em que ele confunde analogia com causa, à maneira das crianças do estágio de "pré-causalidade", que confundem a lógica ou a moral com o físico.

Ora, pode ser que a raiz dos sentimentos de participação relativos ao nascimento dos astros seja a seguinte: quando Roy diz que os astros começaram a existir "quando a vida começou" e "porque começamos a viver", parece que ele pensa, com maior ou menor grau de proximidade, na origem dos bebês, e que suas ideias sobre a origem das coisas sejam função de suas ideias sobre o nascimento dos seres humanos. Roy, assim como ocorre com numerosas crianças, talvez tenha começado a se interessar pela origem dos seres humanos, e a partir disso fez a si mesmo todo gênero de perguntas sobre a origem das coisas, com a tendência implícita a considerar o nascimento das coisas como estando ligado ao nascimento dos seres humanos. Veremos a seguir exemplos dessa genealogia de interesses artificialistas. Ora, quais são as ideias das crianças sobre a origem dos bebês? As crianças têm de início o sentimento da ligação dos bebês com os pais: sentem que estes têm um papel essencial na vinda dos bebês, seja porque os pais encomendaram ou tenham procurado ou construído alguma coisa. Mais tarde a criança inventa mitos para explicar a si mesmo esse sentimento: os pais fabricaram o bebê. Nesse caso, o sentimento de ligação precede por conseguinte o mito e o faz surgir.

Seja qual for a abordagem seguida, e a sequência deste estudo confirmará ou refutará se ela é bem fundada, compreendemos as verdadeiras relações que mantêm entre si os sentimentos de participação, o animismo e o artificialismo em Roy: os sentimentos de participação se acham no ponto de partida, e, quando tenta sistematizá-los, a criança recorre simultaneamente aos mitos animistas e aos mitos artificialistas.

Por conseguinte, de um lado, quando se busca levar Roy a precisar o conteúdo de suas participações, que parecem ao mesmo tempo analogia e causalidade, Roy recorre a explicações animistas. Por exemplo, a propósito das nuvens, Roy nos diz o seguinte:

> "Podemos fazer as nuvens crescer? — *Não*. — Por que elas crescem? — *Porque nós crescemos.* (Roy aceita então o que acabara de recusar) — Por que você cresce? — *Porque como.* — Isso faz as nuvens crescer? — *Não. Elas crescem porque sabem que nós crescemos.* — Somos nós que fazemos as nuvens crescer? — *Não, não somos nós. As nuvens crescem porque sabem que crescemos*".

Em outras palavras, o mundo é uma sociedade de seres vivos que obedecem a um conjunto de regras bem organizado; toda analogia é ao mesmo tempo relação de causalidade, porque a analogia é sinal de comunidade ou de interação de intenções, e porque toda intenção é causa. Chega-se a ter a impressão de que, para Roy, há uma imitação necessária dos seres entre si: quando crescemos, os astros e as nuvens são obrigados a nos imitar. As participações que Roy sente se desenvolvem por conseguinte em explicações animistas nas ocasiões em que obrigamos Roy a precisar seu pensamento.

Mas, por outro lado, nessa sociedade de seres vivos que constituem o mundo, Roy põe em primeiro plano os seres humanos (ou o Bom Deus, o que dá na mesma, dado que Roy concebe o Bom Deus como "um Senhor", que acende os fósforos e os lança longe). É o surgimento dos seres humanos o elemento desencadeador do surgimento dos astros, das nuvens etc. É o crescimento dos seres humanos que implica o crescimento dos corpos etc. É especificamente nesse aspecto que as participações de tipo artificialista se distinguem das participações de tipo animista, sem que, no entanto, estas contradigam aquelas, dado que esses dois tipos de participação são complementares. Logo, o artificialismo é simplesmente, no ponto de partida, a tendência a crer que os seres humanos comandam os outros seres ou implicam o surgimento destes, que são concebidos como mais ou menos vivos e conscientes. No entanto, aqui, tal como ocorreu com relação ao animismo, quando se obriga a criança a precisar seu pensamento, ela inventa um mito. No caso do artificialismo, o mito vai consistir em contar como o ser humano fabricou a coisa. O mito do fósforo que faz nascer o sol marca por conseguinte um progresso no artificialismo, tendo em vista que Roy precisa os detalhes de uma fabricação com relação à qual ele antes se limitava a sentir a existência. No ponto de partida, contudo, o artificialismo se confunde com o sentimento, ou seja, com as participações que a criança estabelece, não tanto entre seu ego e as coisas quanto entre seus pais, ou os adultos em geral, e o mundo.

Em conclusão, o artificialismo de Roy procede dos sentimentos de participação, assim como o animismo, e sem nenhuma contradição com esse animismo. Animismo e artificialismo são, no ponto de partida, as duas sistematizações complementares dos mesmos sentimentos de participação.

§ 2. O primeiro estágio: os astros celestes são fabricados

O caso de Roy nos levou a algumas hipóteses que nos vão servir de fio condutor em nossa pesquisa. Passemos agora a casos mais avançados em que os mitos artificialistas derivam mais claramente das participações primitivas.

Purr (8;8): "O que é a lua crescente? — *Ela (a lua) foi cortada.* — Como? Ela se cortou ou alguma outra coisa a cortou? *A lua.* — Ela fez isso por querer? — *Não, quando ela nasceu era pequenina.* — Por quê? — *Porque ela não podia ficar grande. Como nós quando somos bebezinhos. Por isso ela faz a mesma coisa.* — Toda vez que a lua está crescente é a mesma lua que está crescendo? *Às vezes é a mesma, e às vezes é outra.* — Quantas luas existem? — *Muitas. Não podemos contá-las todos os dias. A lua também é feita de fogo.* — Por que ela está cortada? — *Quando ela só quer iluminar mais de um ambiente...* (= ela se corta para clarear simultaneamente vários ambientes). — De onde ela vem? — *Do céu.* — Como ela começou a existir no céu? — *A partir do céu. Foi o Bom Deus que a nasceu.* — E o sol? — *Também foi o Bom Deus que o nasceu".*

Jacot (6 ½) julga que o sol é feito de fogo. "Como ele começou? — *Bem pequeno.* — De onde ele veio? — *Do céu.* — Como ele começou no céu? — *Sempre crescendo."* O sol, diz Jacot, é consciente e vivo. Ele se moveu como um ser vivo. Foram os seres humanos que o fizeram.

Gaud (6;8): "Como é a lua? — *Redonda. Às vezes ela só tem a metade.* — Por que ela só tem a metade? — *Porque ela começa.*— Começa como? — *Bem pequena.* — Por quê? — *Porque ela começa.* — Por quê? — *Porque o dia é bem grande* [= a lua fica pequena durante o dia e só cresce à noite]. — Onde fica a outra metade? — *Porque ela não é toda feita, não é toda inteira.* — Como ela é feita? — *Redonda.* — Como ela começa? — *Bem pequena, depois vai ficando sempre maior.* — De onde ela vem? — *Do céu."* "Como ela é feita? — *Bem pequena.* — Ela se fez sozinha? — *Não,* [foi feita] *pelo Bom Deus.* — Como foi isso? — *Com as mãos dele.* Gaud acrescenta que ela a lua é viva e consciente. Ela nos segue intencionalmente etc. O sol também é vivo e foi fabricado.

Moc (10;2, retardado) é um caso muito curioso devido a suas reações afetivas. Ele nos diz sobre o sol: *"Ele era bem pequeno, e depois veio [tornou-se] grande."*[VIII] Ele atribui ao sol consciência e vida. Mas diante da pergunta "ele vem de onde?" Moc é tomado por um súbito embaraço, fica bem ruborizado, vira a cabeça para o outro lado, e acaba por dizer, bastante incomodado, que o sol vem *"daquele lá que o fez vir.* — O quê? — *Daquele lá que o fez.* — Quem? Um senhor ou não? — *Um senhor.* — Um senhor ou o bom Deus? — *O Bom Deus, um senhor, tanto faz".* De onde vem esse embaraço? Sem dúvida não da dificuldade do problema, porque era bem visível que Moc já tinha a solução, mas não a queria confessar. Um pudor de ordem religiosa? Não havia nada que o indicasse. Durante todo o interrogatório, Moc fazia menções, de um modo que não traía um sistema nem revelava hesitação, tanto ao Bom Deus como

---

[VIII] Ele confunde *venu*, de *venir* (=vir), com *devenu* (= tornar-se), o que em português não tem o mesmo efeito. N.T.

aos seres humanos quando estava em questão determinar o autor desse ou daquele fenômeno. A única interpretação do embaraço de Moc é portanto que ele ficou incomodado por lhe falarem do nascimento de um ser vivo. Moc deve ter aprendido que tudo o que se refere ao nascimento é tabu, e nossa pergunta relativa ao sol lhe pareceu chocante. Foi isso que nos impediu de aprofundar mais nosso interrogatório. Vemos nesse caso quão íntima pode ser a ligação entre animismo e artificialismo.

As crianças precedentes equiparam como vemos o surgimento do sol e da lua ao nascimento de um ser vivo, naturalmente porque se admite que a criança concebe o próprio nascimento como uma espécie de fabricação cujo modo de ocorrência não se pode de modo algum precisar, mas que consiste em construir alguma coisa viva. Ao menos as crianças cujas respostas acabamos de ler falam do crescimento dos astros, como se o sol e a lua começassem "pequenos" à feição dos bebês.

As crianças a seguir, pelo contrário, tentam explicar "como" o sol e a lua foram fabricados, permanecendo por vezes essa fabricação equiparada a um nascimento. Como vamos ver, as crianças ao menos continuam a considerar o sol e a lua como animados e conscientes: as tendências animistas e artificialistas ainda mantêm uma relação de complementaridade:

Caud (9;4): "Como o sol começou? — *Pelo calor.* — Que calor? — *Do fogo.* — Onde estava o fogo? — *No céu.* — Como ele começou? — *Foi o Bom Deus que o acendeu com madeira e carvão.* — Onde ele pegou essa madeira e esse carvão? — *Foi ele que fez. Como esse fogo fez o sol? — É o fogo que é o sol.*" Tem-se assim a impressão de que Caud não deve mais ser animista. Mas isso não é verdade: "O sol vê a gente? — *Não.* — Ele sente calor? — *Sim.* — Ele vê a noite? — *Não.* — Ele vê quando é dia? — *Sim, com certeza! Ele vê porque é ele que clareia*".

Fran (9 anos): "O sol começou como? — *Umas bolas grandes.* — Como começou? — *Foi ficando sempre maior, sempre maior, e depois, depois lhe disseram que fosse para o ar. É como um balão.* — Esta bola vinha de onde? — *Penso que (vinha) de umas pedras grandes. Queria dizer ainda que vinha da areia grossa, umas bolas grandes (de areia grossa).* — Tem certeza disso? — *Tenho.* — Como isso aconteceu? — *Eles o fizeram como umas bolas grandes.* — Quem? — *Os senhores*". No entanto, Fran pensa que o sol nos vê e nos segue intencionalmente. Por outro lado, a identificação do sol com um calhau não é contraditória com a afirmação de que o sol cresceu, porque veremos um grande número de casos de crianças que creem que as pedras nasceram da terra. Aqui, mais uma vez, o artificialismo e o animismo combinam-se intimamente.

Quanto à lua, Fran, como ocorre com várias crianças, crê que ela é o próprio sol que, devido à noite, perde seus raios: a lua "*é o sol. É porque*

quando anoitece ele não tem raios". É verdade que a lua é maior. Mas é "*porque ela ilumina a noite. Ela deve ser maior porque muitas vezes há pessoas que retornam (para casa). Então o sol (= a lua) as ilumina*".
Deb (9 anos): "Como começou o sol? — *Com os fósforos*". "Como o sol fez isso? — *Com raios.* — De onde vinham esses fósforos? — *De nossa casa*". O sol, no entanto, é vivo e consciente.
Gall (5 anos) nasceu em 1918, o que não deixa de ter importância no que diz respeito a sua cosmogonia: "De onde veio o sol? — *Durante a guerra.* — Como começou? — *Quando terminou a guerra.* — O sol sempre existiu? — *Não.* — Como começou? — *Veio de uma pequena bola.* — E então? — *Ficou grande.* — De onde vinha essa pequena bola? — Do fogo".

Eis agora um caso intermediário entre os últimos casos e os casos da segunda fase, no sentido de que a criança já prevê a possibilidade de que os astros sejam procedentes das nuvens. Mas, nos casos específicos, essa ideia está inserida num contexto análogo ao dos casos precedentes.

Hub (6 1/2): "O sol sempre existiu? — *Não; ele começou.* — Como? — *Pelo fogo...* — Como começou? — *Com um fósforo.* — Como? — *Foi aceso.* — Como? — *Acendendo um fósforo.* — Quem o acendeu? — *Um senhor.* - Como se chama esse senhor? — *Não sei*". Quanto à lua, ela é feita "no céu", ou seja "nas nuvens". — "Como as nuvens puderam fazer a lua? — *Porque ela é iluminada (= acesa).* — Quem? — *A nuvem.* — Como? — *Com fogo.* — Vem de onde esse fogo? — *Do fósforo*". "Quem é que o acendeu? — *Uma extremidade de vara e depois uma coisa vermelha na ponta*". Hub pensa, por conseguinte, aqui, nos foguetes que se vendem para as festas da noite. A lua é uma nuvem inflamada graças aos foguetes que os homens lançam. Quanto às nuvens, sua origem também é artificial: "Vêm de onde as nuvens? — *Do céu.* — Como começaram? — *Com a fumaça.* - Veio de onde essa fumaça? — *De fornalhas.* — A fumaça pode fazer luas? — *Sim*".

Quanto à origem das estrelas, as explicações do primeiro estágio são a mesma que se acaba de ver no que diz respeito ao sol e à lua:

Jac (6 anos e ¹/₂) considera que as estrelas são feitas de fogo e que são as pessoas que a fizeram.
Giamb (8 anos ¹/₂): as estrelas servem para anunciar o tempo. "*Quando há (estrelas), o tempo vai ser bom; quando não há, vai chover*". Elas são feitas "*de luz*". "De onde vem essa luz? — *São as luzes lá fora (os reflexos) que as iluminam, que as fazem vir (que as produzem)*". "Como começaram?" — *Um senhor as fabricou.* — Elas sabem que brilham? — *Sabem*".

FRAN (9 anos): *"Foram alguns homens que pegaram pequenas pedras e fizeram pequenas estrelas".*
GRANC (7;6): "Que são as estrelas? — Coisas redondas. — Elas são feitas de quê? — *De fogo"*. Foi o Bom Deus que as fez.
A razão desse artificialismo está evidentemente na atitude finalista que leva todas as crianças a crer que as estrelas servem para marcar o tempo: elas servem *"para indicar se o tempo vai ser bom amanhã"* (CAUD, 9;4). "O que são as estrelas? — *Elas servem para anunciar que no dia seguinte o tempo vai ser bom"* (CERCS, 9 anos).

É inútil multiplicar os exemplos. Examinemos brevemente o alcance desses fatos antes de descrever o segundo e o terceiro estágios. É claro que o detalhe, ou seja, aquilo que varia de uma criança para outra, pode ser considerado fabulado. Mas a ideia central, ou seja, a crença de acordo com a qual os astros são concebidos como fabricados, deve ser considerada como correspondente a uma orientação de espírito espontânea da criança. No entanto, duas perguntas se impõem no que se refere à homogeneidade dessa primeira fase.

Em primeiro lugar, constatamos a existência de dois grupos de crianças: o das que falam do "nascimento" do sol, sem precisar a maneira pela qual esse nascimento ocorre, e aqueles que especificam de alguma maneira a fabricação do sol. Poderíamos julgar que há aí dois estágios. Mas, por um lado, não encontramos nenhuma diferença de idade entre esses dois grupos de crianças e, por outro, as crianças desses dois grupos continuam a afirmar que o sol e a lua são vivos e conscientes. No atual estado da documentação, só se devem portanto ver nesse contexto dois tipos de respostas contemporâneas e dotadas no fundo da mesma significação, tendo em vista que a fabricação do sol com um fósforo e uma pedra ou com a fumaça, sem dúvida, nada tem de contraditório com a ideia que as crianças dessa idade têm acerca do nascimento dos seres vivos. Infelizmente, não podemos senão formular essa hipótese, sem verificá-la diretamente em nossas crianças. Com efeito, seria totalmente deslocado e pedagogicamente perigoso questionar sem razão essas crianças sobre o problema do nascimento dos homens ou mesmo dos animais.

Há uma segunda pergunta que podemos formular. Nossas crianças ora invocam como fabricador dos astros o Deus do catecismo, ora simples "homens". Existem aqui dois tipos ou dois estágios? Veremos adiante, ao discutir as ideias de Bovet sobre a gênese do sentimento religioso, que, de modo geral, pode-se admitir a seguinte evolução. A criança começa por conceder os atributos característicos da divindade — em particular, a onisciência e a onipotência — a seus pais, depois aos homens em geral. Em seguida, na medida em que descobre os limites da perfeição humana, a criança transfere para Deus, cuja noção lhe foi dada pelo ensinamento religioso, os atributos que retira dos homens. Em linhas gerais, haveria por conseguinte dois períodos no artificialismo: um artificialismo humano e um artificialismo divino. Entretanto, não cremos que essa distinção seja útil por ora, e, em particular, sobre o tema especial da origem dos astros. De fato, há demasiadas influências adultas — que vêm revolucionar as representações espontâneas da criança — para que se observe uma gradação clara nessa idade.

Mas esta última circunstância levanta uma gravíssima questão prejudicial, visto que de sua solução depende todo o interesse do artificialismo infantil: esse artificialismo é espontâneo, ou devem ser atribuídas ao ensino religioso todas as representações infantis relativas às origens das coisas?

No que se refere aos fenômenos que estudaremos em seguida (origem das nuvens, dos rios, das montanhas, das pedras etc.), a questão não será formulada de modo algum, ou, se o for, será de maneira completamente distinta, pois veremos o artificialismo humano apresentar-se sob formas tão espontâneas que o ensino religioso desempenha aí um papel bastante secundário.

Mas no que diz respeito ao sol, à lua e às estrelas, o ensinamento religioso pode ter influenciado sobremaneira as crianças,[2] dado que os astros estão muito mais próximos de um Deus que habita o céu do que os corpos situados na terra. No entanto, julgamos que o ensino religioso influenciou apenas uma parte de nossas crianças, e que, mesmo naquelas cujo artificialismo foi influenciado por esse ensino, este se restringiu a alimentar uma tendência ao artificialismo que era preexistente e não foi criado.

Por um lado, com efeito, encontramos, segundo nossas estatísticas, o mesmo número de crianças do primeiro estágio que atribuem aos homens a fabricação dos astros e de crianças que atribuem esta última a Deus. É possível que respondam que o ensino religioso pode ter sido mal compreendido, que a criança atribuiu aos homens o que lhe era dito de Deus, ou que esse ensino suscitou um trabalho de imaginação que o ultrapassou. No entanto, encontramos, antes de qualquer ensino religioso, questões artificialistas em crianças de 2-3 anos: "Quem faz o sol?", pergunta Fran de 2;9. Por outro lado, se o ensino religioso é tido por responsável pelo artificialismo humano das crianças de 4-6 anos, é necessário reconhecer que, para que esse ensino seja distorcido desse modo, deve existir na criança uma forte tendência original a atribuir aos homens a fabricação dos corpos naturais: a ideia do "nascimento" dos astros, a ideia de que os quartos da lua são fabricados a cada nova lua, ou que resultam de uma divisão artificial da lua, a ideia dos fósforos, das pedras inflamadas, dos fogos que enlaçam as nuvens etc. são algumas das manifestações dessa tendência, que certamente deve ser considerada espontânea. Por fim, os fatos citados por W. James — como as recor-

---

[2] Ver o livro do *Gênesis* (1,14-18).

dações da infância do surdo-mudo d'Estrella — mostram com bastante nitidez que pode haver um artificialismo espontâneo na criança, independentemente de qualquer ensino religioso.

Por outro lado, exatamente onde discernimos com clareza a influência do ensino religioso, vemos que ele não é recebido passivamente, sendo na verdade assimilado de uma maneira original. Ora, se isso se dá, é evidente que preexistia a esse ensino uma tendência espontânea ao artificialismo, tendência que é a única a explicar que o ensino tenha sido deformado desse modo. Temos um bom exemplo de crença artificialista provocada pelo ensino religioso, mas na qual a criança introduziu tantos traços pessoais que alterou gravemente o que lhe tinha sido inculcado:

GAVA (8 ½): o sol é vivo porque "*volta* — Ele sabe quando o tempo está bom? — *Sim, porque ele pode ver.* — Ele tem olhos? — *É claro! Nos dias em que se levanta, ele vê que o tempo está ruim, então ele vai para onde o tempo está bom.* — Ele sabe que se chama sol? — *Sim, ele sabe que o amamos bastante. É bem gentil da parte dele fazer para nós dias quentes.* — Ele sabe seu nome? — *Não sei. Às vezes, ele nos ouve conversar, e ouve dizer nomes; depois disso, ele sabe* (seu nome)". Tudo isso parece pura imaginação, porém, como vamos ver, Gava na prática confunde o sol e o Bom Deus. "Quando seu pai era pequeno, o sol já existia? — *Sim, porque o sol nasceu antes das pessoas para que elas possam viver.* — Como ele começou? — *Foi o céu que se formou. É um homem que morreu, depois subiu ao céu. É o que eles chamam na Catequese de Bom Deus.* — De onde veio esse homem? — *De dentro da terra.* — De onde ele vinha? — *Eu não sei como ele pôde se formar.* — Como o sol fez isso? — *O homem era todo vermelho, depois isso fez a claridade. Porque de manhã, quando não havia o sol, havia apesar disso luz*". Em outras palavras, o homem (= Jesus Cristo) abraçou o céu, e essa luz fez o sol. Gava pensa sem dúvida, nesta passagem, na auréola de Cristo: ele nos falou em seguida de uma imagem em que o bom Deus se mostrava como o sol, mas com braços e pernas! "De que é o sol? — *Uma grande bola vermelha.* — De que é ela? — *De nuvem... não sei.* — Ele começou há muito tempo? — *Desde que as pessoas apareceram.* — Ele não existia antes? — *Não, porque não tinha nada para iluminar.*— Ele começou ao mesmo tempo que as pessoas ou depois? — *Primeiro que* (desde que) *houve criancinhas.* — Por quê? — *Para que as crianças tivessem ar.* — Se falamos ao sol, ele nos ouve? — *Sim, quando se pede a ele.* — Você pede a ele? — *Sim.* — Quem ensinou você a pedir ao sol? — *Na catequese, disseram-me que era preciso sempre falar ao sol*".

Esse caso notável esclarece os três fatos seguintes:

KUF (10;1) diz-nos que o sol caminha porque alguma coisa o empurra. "Essa coisa está dentro dele ou fora? — *Ela está nele. O que é? — É o Bom Deus*".

Uma pessoa de nosso grupo se recorda claramente de ter associado durante anos o sol e o Bom Deus, seja crendo que Deus habitava o sol, ou estava fora, seja que os dois eram concebidos como participantes um do outro. Sempre que fazia sua oração da noite, ela pensava no sol, e pensava em particular no espaço entre dois cumes dos Alpes bernenses, cumes que via de seu quarto e entre os quais o sol se levantava no inverno. Outra pessoa de nosso grupo lembra-se de um passeio que fez com o pai e durante o qual este último e ele olhavam o pôr-do-sol. O pai pronunciou alguma coisa sobre o fato de que o sol fazia que todos nós vivêssemos. A criança teve uma espécie de revelação súbita de que o sol estava de algum modo ligado a Deus. Concluiu sobretudo que, se seu pai não ia à igreja etc., isso acontecia, evidentemente, porque adorava o sol, ou se achava vinculado ao sol por algum elo mais forte do que com Deus.

Esses fatos são extremamente instrutivos. Eles nos mostram primeiramente o ponto até o qual o ensinamento adulto pode ser deformado por uma assimilação original da criança. Mas mostram-nos sobretudo quais são as leis dessa assimilação. Com efeito, voltamos a nos encontrar com três tendências presentes na raiz dessas deformações, e três tendências que se complementam umas às outras. A primeira é a tendência a considerar os astros como participantes dos homens ou das intenções dos homens. Participações das intenções ou participações dinâmicas, em primeiro lugar: Gava considera a origem do sol como ligada à obrigação de iluminar as pessoas ou de dar ar às criancinhas, e um de nós julga o sol como estreitamente vinculado a seu pai (submissão, ordem, proteção?). Em seguida, participações substanciais: as três crianças citadas consideram o sol como sendo mais ou menos idêntico ao Bom Deus, embora distinguindo-o deste, à maneira do surdo-mudo de James que identificava a lua com a própria mãe (cap. III, § 15). Ora, essas participações se prolongam primeiramente em mitos artificialistas: Gava concebe o sol como advindo da auréola de Cristo. Por fim, essas participações se prolongam em animismo: o sol é vivo, consciente e dotado de intenções. Em suma, o ensino religioso não é recebido pela criança de modo passivo, mas é deformado e assimilado de acordo com três tendências preexistentes a esse ensino. Essas tendências são, precisamente, a tendência a criar participações, a tendência artificialista e a tendência animista, cuja importância na mentalidade da criança as pesquisas anteriores nos demonstraram.

Concluamos por conseguinte nossa análise do primeiro estágio dizendo que o artificialismo integral que testemunha é espontâneo em suas raízes, embora possa, em alguns casos, ser influenciado, no que diz respeito aos detalhes das representações, pelo ensinamento recebido. Nos dois casos, porém, esse artificialismo não se opõe em absoluto ao animismo.

§ 3. O segundo e o terceiro estágios: os astros celestes têm uma origem parcial, e depois inteiramente natural

A melhor prova do caráter espontâneo das representações artificialistas da criança é sua continuidade e o caráter não perceptível de seu desaparecimento. As crianças de 10-11 anos chegaram elas próprias à ideia de que os astros têm uma origem natural, e, entre esse terceiro estágio e o primeiro, situam-se todos os casos intermediários.

Faremos desses casos intermediários o domínio próprio do segundo estágio: pertencem a este estágio as crianças que atribuem aos astros uma origem meio-artificial / meio-natural. Na maioria dos casos (isto é, nos casos espontâneos), consideram-se os astros como constituídos por um processo natural, mas a partir de substâncias de origem artificial; assim, os astros saíram completamente sós das nuvens, mas as nuvens advêm da fumaça das chaminés ou dos fornos das casas. Em outros casos mais ou menos influenciados pelo ensinamento adulto, os astros são concebidos como fogo procedente do vulcões ou das minas etc., tendo o homem, além disso, alguma participação nessa formação.

Comecemos por essas últimas explicações, as menos interessantes de resto, visto que o ensinamento adulto desempenha em sua formação um papel ao menos indireto:

> Font (6;9). O sol é consciente. Ele é de fogo, vem *"da montanha. — De onde? — Das minas. — O que é isso? — Os homens vão buscar carvão na terra"*. Quanto à lua, *"foi o sol que a fez"*. — Como? — *Com seu fogo da montanha.* — De onde sai a lua? — *Da montanha.* — O que havia na montanha? — *O sol.* — De onde vinha esse sol? — *Da montanha.* — Como ele começou? — *Com o fogo.* — E como começou esse fogo? — *Com fósforos.* — E a montanha? — *Com terra... Foram pessoas que a fizeram".* Font ilustra sua explicação com um desenho que representa uma meia-lua saindo de uma montanha.
>
> Marsal (deficiente mental): *"Eu pensei que o sol talvez saísse dos vulcões".* Eles entraram em erupção e isso produziu *"uma bola de fogo".* Mas a originalidade de Marsal é crer que, para projetar o sol no ar, foi necessária a intervenção dos homens: foram "os ancestrais" que lançaram o sol no ar *"como um balão".*

O mecanismo dessas explicações é sobremodo claro. A criança parte de dois fatos da observação: os astros saem de detrás das montanhas e os astros são de fogo. Como efetuar a síntese e fazer o sol sair do fogo das montanhas? Por pouco que tenha sido instruída, a criança pensa então ou nas minas de carvão, ou nos vulcões. Acrescenta-se a isso (e é a esse fato que se deve que nossos exemplos sejam do segundo estágio e não do terceiro) a ideia de que os homens tiveram um papel necessário nessa gênese dos astros: foram os homens que construíram as minas ou que lançaram o sol no ar.

Damos agora exemplos do tipo de respostas mais comum e, além disso, o mais interessante, pois a influência das coisas apreendidas não se faz sentir nesse contexto:

GIAMB (8 ½) é ainda do primeiro estágio no que diz respeito às estrelas, mas já do segundo no que se refere ao sol e à lua. "Como o sol começou? — *Foi uma grande nuvem que o fez.* — De onde vinha essa nuvem? — *Da fumaça.* — E essa fumaça? — *Das casas.* — Como essa nuvem fez o sol? — *Elas* (as nuvens) *se colaram umas às outras até que se tornaram redondas.* — As nuvens fazem sol agora? — *Não, porque já existe um.* — Como as nuvens fizeram o brilho do sol? — *É uma luz que faz brilhar.* — Que luz? — *Uma grande luz. É alguém no céu que a acende.* (Vê-se como Giamb invoca um mito artificialista, uma vez que hesitou. A sequência nos mostrará que Giamb está prestes a substituir esse mito pela explicação segundo a qual a fumaça pode acender-se para fazer o sol brilhar.) — Do que é feito o sol? — *De pedra.* — E as nuvens? — *Também.* — Por que essa pedra não cai? — *Não, é a fumaça das casas.* — O sol é ao mesmo tempo da pedra e da fumaça? — *Não, apenas da fumaça.* (Fica-se com a impressão de que Giamb justapõe duas explicações: uma que está prestes a abandonar, segundo a qual o sol é uma pedra que alguém acendeu, a outra, que está pronto definitivamente, de acordo com a qual o sol é uma nuvem inflamada). — Como as nuvens fazem o sol brilhar? — *É a fumaça que faz brilhar, porque há fogo na fumaça. O sol é consciente e nos segue intencionalmente* (ver o caso de Giamb, cap. VII, § 11)". Um momento depois: "Como é a lua? — *Amarela.* — De que é ela? — *De nuvem.* — De onde vem essa nuvem? — *Da fumaça, uma vez que ela é amarela* — De onde vem essa fumaça? — *Do esquentamento. Às vezes, quando faz frio, a fumaça fica amarela.* (É verdade: a fumaça das casas, no inverno, assume um tom amarelo esverdeado). — Como a fumaça faz a lua? — *A chaminé faz fumegar, às vezes amarelo, às vezes branco*".

GAVA (8 ½), que era do primeiro estágio no que diz respeito ao sol, pertence ao segundo em virtude de sua explicação das fases da lua: "*Foi o ar que a formou.* — Como isso se produziu? — *Talvez algumas nuvens que conseguiram derreter e depois isso fez um grande círculo*". O ar e as nuvens são, como vimos, quase idênticos para Gava. Um momento depois: "Do que é a lua? — *Talvez seja de nuvens. As nuvens eram pequenas, depois se juntaram e isso formou uma bola.* — A lua existe há muito tempo? — *Desde que a vida começou* [cf. Roy, ver § 1]. — Como a lua começou? — *No princípio, ela foi muito pequena, e depois aumentou; foram outras nu-*

vens que vieram. — Elas vêm de onde? — *É o vapor que sobe ao céu quando se cozinham as coisas (= o jantar).* — A lua é viva? — *Temos de acreditar nisso, já que ela vem [= volta] todas as noites!"*
BRUL (8 ½): "Do que é o sol? — *De nuvens.* — Como ele começou? — *Começou fazendo a bola.* — De onde vinha essa bola? — *Das nuvens.* — De que são as nuvens? — *Da fumaça.* — De onde vem essa fumaça? — *Das casas".*
LUG (12;3): "Como o sol começou? — *Do fogo.* — Que fogo? — *Do fogo que está no forno.* — O que há no forno? — *A fumaça.* — Como é isso? — *A fumaça subiu e depois isso começou. Isso pegou fogo.* — Por que isso pegou fogo? — *Isso aquecia".* Um momento depois: "Você está certo de tudo isso? — *Não.* — Como foi feito o sol? — *Uma grande bola de fogo.* — Como isso começou? — (Ele reflete bastante). *Pela fumaça.* — Fumaça de onde? — *Das casas".* A mesma explicação é dada para a lua.

Explicações desse tipo suscitam um vivo interesse em virtude de seu caráter espontâneo. Elas partem de um fato de observação muito acertado: a lua, durante o dia, quando está branca e pontilhada de manchinhas de sombra, se parece com uma pequena nuvem. A semelhança é sobretudo espantosa quando se vê apenas uma meia-lua, isto é, quando, aos olhos da criança, a lua está prestes a "formar-se". Ora, como as crianças desse estágio (8-9 anos, em média) admitem que as nuvens surgiram da fumaça, a origem dos astros é bastante clara para elas.

Quanto às estrelas, as crianças desse estágio as explicam da mesma maneira, ou então concebem-nas como emanando da lua ou do sol, tal como as crianças do terceiro estágio.

Entre o segundo e o terceiro estágio, a continuidade é completa: basta restringir algumas explicações que precedem a ideia de que as nuvens provieram das casas para obter uma explicação inteiramente natural da origem dos astros, isto é, uma explicação do terceiro estágio. É o que encontramos, em média, a partir de 9-11 anos, às vezes antes. Eis alguns exemplos típicos: os astros são originários das nuvens e as próprias nuvens o são do ar comprimido ou do vapor de água.

NOT (10 anos): "Do que é o sol? — *De chamas.* — De onde vêm essas chamas? — *Do sol.* — Como elas começaram? Foi algo que as fez? — *Elas se fazem sozinhas.* — Como? — *Porque faz calor.* — Como isso começou? — *Ele (= o sol) foi feito de chamas, de fogo.* — Como? — *Porque fazia calor.* — Onde — *Nos céus.* — Por que fazia calor? — *Era o ar".* O sol é portanto o produto de uma incandescência do ar. Também a lua é "de ar".
RE (8 ½): "Como começou o sol? — *Isso vinha.* — Como? — *Porque isso se mexia.* — Vinha de onde? — *Do Jura.* — Do que é o sol? — *Há muitas nuvens pequenas.* — Do que são as nuvens? — *Elas se apertam.* — De onde

vinham essas nuvens quando o sol começou? — *Do céu*. — De que são as nuvens? — *Quando há muitas coisas vermelhas* (= as pequenas nuvens vermelhas no pôr-do-sol). — Onde? — *No Jura*". Re julga ter visto essas nuvens no fim da tarde. Com efeito, é realmente no Jura que elas são observadas em Genebra. Quanto à lua, "como começou? — *Um círculo*. — Um círculo de quê? — *De pequenas nuvens vermelhas*. — De onde vinham as nuvens? — *Do Jura*. — E antes? — *Da montanha*". Para Re, as nuvens nada têm a ver com a fumaça. Elas se fazem por si mesmas, no céu, que é além disso feito *"de nuvens azuis"*. Os astros são vivos e conscientes, a despeito desse processo de formação inteiramente natural.

Chal (9;5): "Como o sol começou? — (ele reflete) *Antes ele era pequeno e então ele ficou grande*. — De onde veio esse pequeno sol? — *Isso devem ser as nuvens que ele formou*. — De que é feito o sol? — *De ar*". Quanto às nuvens, também vêm do ar.

Aud (9;8): "De que é o sol? — *De nuvens*". "Como o sol começou? — *No princípio, era uma bola, e depois a bola se acendeu*". Quanto às nuvens que geraram o sol, vêm do céu; o sol é por conseguinte *"de nuvem do céu"*.

Ant (8 ½): "Como a lua começou? — *São estrelas que se encontraram, e isso fez a lua*. — E as estrelas, de onde vêm? — *São chamas que já existiam no começo*".

Gerv (11;0): "*O sol e a lua são a mesma coisa. Quando ele* (o sol) *se põe, vai formar a lua que aparece à noite*". A lua parece, para Gerv, maior do que o sol: "*O sol, quando vai se deitar, eu o vi tornar-se muito maior* (para transformar-se em lua)". Perguntamos a Gerv se nunca tinha visto o sol e a lua juntos, de dia. Ele responde que sim, mas que isso é uma ilusão: o que parece ser a lua é uma forma branca, que não passa de *"um reflexo"* do sol no céu. Quanto à origem do sol, Gerv nos diz: "*A lua* (o sol) *são os raios que se acumularam que formaram a lua. De acordo com os meses, ela é maior, menor, dividida. Isso deve ser fogo*".

Todos esses casos testemunham um notável esforço para explicar os astros pela condensação do ar ou das nuvens, bem como pela inflamação espontânea desses corpos condensados. De resto, assim sendo, vê-se a analogia dessas representações com as teorias dos pensadores pré-socráticos.

Os casos precedentes parecem não recorrer senão a conhecimentos inteiramente adquiridos pela criança. Os casos seguintes, ao contrário, utilizam conhecimentos devidos ao contato com os adultos: Mart e Schm aprenderam que a eletricidade é uma "corrente" e que há eletricidade nas nuvens; Jean, Ant etc. aprenderam que há fogo no interior da terra e que esse fogo escapa pelos vulcões etc. Essas crianças extraem de seus conhecimentos explicações da origem dos astros. Por conseguinte, essas explicações são parcial e indiretamente influenciadas pelos adultos. Vale a pena no entanto citá-las, visto que contêm um elemento de reflexão original que está na mesma linha das explicações pela condensação do ar ou das nuvens.

MART (9;5): "Como o sol começou? — *Não sei. Não se pode saber.* — É verdade, você tem razão. Mas pode-se adivinhar. Sempre existiu o sol? — *Não, foi a eletricidade que aumentou sempre mais.* — De onde vinha essa eletricidade? — *De sob a terra. Da água*". "O que é a eletricidade? — *É a corrente.*" "A corrente da água pode produzir eletricidade? — *Sim.*" Do que é a corrente? — *De vapor* (o vapor, a eletricidade e a corrente parecem formar uma unidade). — Como a eletricidade fez o sol? — "*Foi esta corrente que escapou.* — Como ela aumentou? — *Foi o ar que a inchou*". "*Ela* (a eletricidade) *foi inflada pelo ar*".
SCHM (8;8): "Como o sol começou? — *Com fogo. É uma bola de fogo, depois isso ilumina.* — De onde vem esse fogo? — *Das nuvens.* — Como? — *É a eletricidade nas nuvens*". "Você acha que foi alguém que fez o sol? — *Não, ele veio sozinho*". O sol é vivo e consciente.

Vê-se que esses casos, excetuando-se o vocabulário, são vizinhos dos anteriores: para Mart, o sol é ar inflamado e, para Schm, é uma nuvem incandescente. Apresentamos agora duas crianças para as quais o sol supostamente saiu dos vulcões ou da terra:

JEAN (8;6): "Como o sol começou? — *Por uma bola de fogo.* — De onde ela vinha? — *Da terra.* — Como? — *Ela evaporou.* — De onde ela saiu? — *Da terra* (= do sol)".
ANT (8 ½): "*Ele saiu da terra* (o sol). — Como? — *Foi uma chama que saiu da terra e isso fez o sol.* — Há chamas na terra? — *Sim.* — Onde? — *Nos vulcões*".

Existe aí um recurso a conhecimentos recebidos, mas sua utilização é original e mostra no mínimo a tendência das crianças desse estágio a explicar a origem dos astros por um processo inteiramente natural.

Passemos agora às explicações relativas à origem das estrelas. As crianças do terceiro estágio aplicam naturalmente às estrelas o mesmo tipo de explicação natural. A partir disso, as estrelas se tornam emanações da lua, dos raios etc.

TACC (9;7): "O que são as estrelas? — *É fogo.* — Como? — *Pequenas faíscas que se juntaram e fizeram a estrela*". Ora, essas faíscas vêm de um fogo no céu, e esse fogo *"veio inteiramente sozinho".*
DEB (9 anos): "O que são as estrelas? — *Um pequeno relâmpago.* — E os raios? — *Quando há trovão.* — O que produz os raios? — *Quando duas nuvens se encontram*".
STOECK (11 anos): "Como começaram as estrelas? — *Do sol*".
MARC (9;5): "De onde vieram as estrelas? — *Do sol*".

É claro que, além disso, as mesmas crianças não são necessariamente do terceiro estágio no que se refere às estrelas e ao sol ou à lua. A explicação natural das estrelas parece até, de modo geral, vir em primeiro lugar.

De resto, quanto mais avançadas em termos de idade, tanto menos as crianças formulam facilmente uma hipótese sobre a origem dos astros. Apenas para as criancinhas tudo é simples. Por volta dos 11-12 anos, a criança responde na maioria das vezes "não se pode saber" ou "não tenho ideia" etc. O artificialismo, mesmo tornado imanente, como ocorre no terceiro estágio, em que a atividade de fabricação é retirada do homem para ser atribuída à própria natureza, desemboca assim numa crise: um agnosticismo provisório sucede às cosmogonias demasiado audaciosas.

Observemos que o destino do animismo permanece sempre ligado ao do artificialismo. As crianças desse terceiro estágio são extremamente interessantes a esse respeito. Metade delas, aproximadamente, deixou de ser inteiramente animista, ao passo que mais de três quartos das crianças do segundo estágio ainda o são. A explicação natural eliminou a crença na consciência dos astros. Quanto à outra metade das crianças, permanece animista, mas de um animismo de algum modo imanente. Os astros não mais se ocupam de nós, deixaram de seguir-nos etc., mas continuam conscientes de sua marcha própria. Por fim, em alguns casos, vê-se o desaparecimento do animismo explicitamente ligado ao do artificialismo:

> Bouch (11;10), por exemplo, é um menino cético, que se queixa de ter sido enganado pelos irmãos mais velhos. *"Repreenderam-me"*, diz ele sem cessar. De igual modo, ele não progride nada sem circunspecção. Perguntamo-lhe se o sol sabe que avança. — *"Se há um Bom Deus —* responde Bouch —, *ele* (= o sol) *sabe disso* (que avança). *Se não há, ele não o sabe."*

Essa resposta é muito curiosa, mostrando bastante que a consciência atribuída às coisas está ligada à crença numa ordem geral do mundo: se Deus comanda as coisas, as coisas são conscientes; senão, elas agem de maneira automática.

§ 4. As fases da lua

Convém retomar à parte o problema das fases da lua, que só mencionamos a propósito do nascimento dos astros. Além disso, ele nos servirá de contraprova ao mostrar-nos se as explicações das crianças seguem com a idade a mesma ordem de sucessão da precedente. Não há nenhuma razão para que isso seja necessariamente assim, podemos também considerar esse novo problema como parcialmente independente do anterior, isto é, como constituindo uma legítima contraprova.

De fato, encontramos três estágios análogos aos estágios precedentes: artificialismo integral, artificialismo mitigado e explicação natural.

Durante o primeiro estágio, as fases da lua são consideradas ou como luas que nascem, ou como luas que os homens cortaram. Aí estão duas formas do artificialismo integral:

> Recordemos em primeiro lugar os casos de Roy (6 anos), de Gaud (6 ½) e de Purr (8;8) (ver § 1 e 2), que consideram as fases da lua como luas que "começam", isto é, que acabam de ser fabricadas e que crescem à maneira dos bebês. Inútil voltar a isso.
> Fran (9 anos): "Como é a lua? — *Toda redonda.* — Sempre? — *Não, às vezes ela está pela metade.* — Por que a metade? — *Porque às vezes ela foi cortada.* — Você acredita nisso? — *Acredito.* — Por que a cortaram? — *Para que ela fique ainda mais bonita.* — Quem a cortou? — *Alguns homens".* — "A lua pode voltar a ser redonda? — *Não. Depois eles vão procurar as outras luas que estavam pela metade, e depois fazem a lua inteira."*
> Bul (7 ½): *"Foram os homens que as cortaram para fazer a metade da lua".*
> Dou (5 anos): *"Deve-se cortá-la em duas.*

Quanto ao segundo estágio, ele testemunha uma mistura de artificialismo e de explicação natural:

> Hub (6 ½): "A lua é sempre redonda? — *Não.* — Como ela é? — *Em crescentes. Ela é muito usada.* — Por quê? — *Porque ela iluminou.* — Como ela volta a ser redonda? — *Porque a refizeram.* — Como? — *Com o céu".*
> Caud (9;4): "A lua vê você? — *Sim. Alguns dias ela é redonda. Às vezes só há metade ou um quarto.* — Por quê? — *É o Bom Deus que a faz ficar redonda, ou pela metade, para marcar os dias.* (ver a maneira pela qual a criança deformou uma explicação que evidentemente foi dada de outra maneira). — Ela é cortada? — *Não, é ela que se faz redonda, e depois pela metade".*

Vemos nos dois casos a união, em absoluto contraditória para a criança, de um processo natural de desgaste ou de corte, e de um comando ou de uma fabricação de ordem humana. O terceiro estágio elimina esse segundo fator para dar ao fenômeno uma explicação inteiramente natural. Essa explicação pode apresentar-se sob duas formas, que caracterizam dois subestágios sucessivos. Em primeiro lugar, a lua pode ser concebida como se dividindo ela própria ou sendo cortada pelo vento graças a um dinamismo no qual se combinam um artificialismo e um animismo tornados inteiramente imanentes:

Mart (9;5): "Por que a lua está em quarto? — *Não há outra coisa senão a meia-lua. É o vento que a dividiu.* — Por quê? — *Não sei.* — Onde está a outra metade? — *Caída sobre a terra.* — Pode-se vê-la? — *Não, isso dá a chuva".* (Como a lua é uma nuvem, sua transformação em chuva nada tem de misterioso.) "É a própria lua que volta a ser redonda, ou uma outra? — *Sim* (a mesma). *Ela cresce de novo.* — Como? — *É o vento que a faz crescer de novo".*

Ack (8;7): "Às vezes há lua cheia, às vezes quartos. — Como isso acontece? — *Isso se divide por si só.* — E o resto da lua? — *Ele fica escondido pelas nuvens.* — E quando não há nuvens? — *No céu, perto do Bom Deus.* — Por que existe essa divisão? — *Porque ele quer fazer mau tempo, e na lua cheia quer fazer bom tempo".*

Re (8 anos): "O que acontece com os quartos da lua? — *Não há nada senão uma pequena ponta.* — Onde está o resto? — *No Jura.* — Como isso ocorre? — *É quebrado.* — Como? — *É desfeito.* — Ela se desfaz sozinha ou é alguém que faz isso? — *Totalmente sozinha.* — Como ela aumenta depois? — *Ela torna a se juntar.* — *Ela caminha na direção do outro pedaço.* — Ela sabe disso, que vai na direção do outro pedaço? — *Sim".* "Por que ela não fica sempre redonda? — *Porque ela diminui.* — Por quê? — *Porque ela não se faz todo o tempo grande.* — Por quê? — *Porque faz frio.* — Por quê? — *Porque depois chove".*

Not (10 anos): "*Há uma metade que vai para um lado e a outra que vai para outro.* — Por quê? — *Para indicar o tempo que vai fazer".* "Como isso acontece? — *Porque faz mais calor. Isso quer dizer que vai fazer mau tempo ou bom tempo".* Ora, a lua age assim por si só e além disso conscientemente.

Esses casos são interessantes em diversos níveis. É evidente que são influenciados por afirmações dos adultos, em particular na medida em que a criança sabe que as fases da lua são sinais do tempo que fará. Mas essas afirmações dos adultos foram assimiladas de maneira original. Ora, desse ponto de vista, devem-se observar duas reações curiosas. Trata-se em primeiro lugar da confusão entre o sinal e a causa: a lua produz o tempo na medida em que o anuncia e porque o anuncia. Trata-se em seguida do dinamismo finalista que a criança atribui à lua. A lua, o vento, o céu, as nuvens são movidos, cada um deles, por uma força interna que tende a um objetivo. E, quando eles agem reciprocamente, isso ocorre à maneira de uma colaboração inteligente e não de um sistema mecânico.

O segundo tipo de explicação dos quartos encontrado durante o terceiro estágio é mais positivo. O fenômeno dos quartos resulta quer de um movimento de giro da lua, dando a ilusão de uma repartição, ou de uma obstrução devida a uma nuvem. A lua para então de dividir-se.

Lug (12;3): "Como é a lua? — *Redonda.* — Sempre? — *Não.* — De que modo? — *Ela é cortada pelo meio. Perto da noite, ela é redonda e de dia é cortada pelo meio.* — Por quê? — *Porque é de dia.* — Onde está a outra metade? — *Partiu.* — Para onde? — *Para outro país em que é noite.* — Como acontece isso? — *É preciso que ela vá a um outro país.* — Como isso se passa? — *Uma metade partiu para outro país.* — De que modo isso se faz? — *Ela sai quando é dia aqui.* — Ela se corta? — *Não.* — De que modo isso ocorre? — *Ela ilumina países quando é noite* [embaixo] *e quando é dia aqui.* — Ela sempre é inteira? — *Sim.* — Nunca metade? — *Sim, de dia, quando ela está virada?* (!). — Por que não a vemos redonda durante o dia? — *Porque a vemos de face* (Lug quer dizer 'de perfil'). O que isso quer dizer? — *À noite, ela brilha; de dia, ela se vira e ilumina um outro país".* "A lua é redonda como uma bola? — *Não, como um bolo."* Vê-se que Luig, após hesitar em admitir a hipótese segundo a qual a lua se reparte, chega a esta explicação notável e que parece muito espontânea: a lua é um bolo que muda de forma de acordo com a maneira de sua orientação.

Schm (8;8): "O que acontece de divertido, às vezes, com a lua? — *Ela é redonda, depois ela vem* (torna-se) *num crescente.* — Como isso acontece? — *Quando ela vem grande, faz frio.* — Onde está a outra parte? — *Não a vemos. Ela está escondida pelas nuvens, mas permanece sempre.* — E quando não há nuvens? *Mas acontece mesmo assim.* — Como a lua volta a ficar grande? — *As nuvens partem.* — Elas sabem quando é preciso partir? — *A outra parte* (da lua) *ilumina, depois isso fura as nuvens".*

Carp (8;7): *São as nuvens que a escondem.* — E a outra metade? — *Por detrás das nuvens.* — Ela é cortada? — *Não, por detrás das nuvens".*

Não sabemos se esses últimos casos (dos quais encontramos numerosos exemplos) são espontâneos ou não. Eles parecem testemunhar uma parcela de espontaneidade. Quanto ao caso de Lug, deve ser comparado com os exemplos que vimos no capítulo VII, § 2: a lua nos segue embora não se mexa, vira-se e seus raios nos seguem etc. (casos de Sart, Lug e Brul).

Em conclusão, podemos admitir que as explicações dos quartos da lua confirmam o esquema a que tínhamos chegado a propósito das explicações da origem dos astros. O artificialismo integral, nascido das participações primitivas, cede lugar ao artificialismo mitigado, e este é substituído finalmente pelas explicações naturais, primeiramente dinâmicas e finalistas (artificialismo imanente), e mais tarde cada vez mais mecânicas.

Capítulo IX
A meteorologia e a origem das águas

É evidente que, para a criança, do mesmo modo que para o primitivo, a astronomia em nada se distingue da meteorologia. Os astros se acham no mesmo plano que as nuvens, os raios e o vento. Convém por conseguinte prosseguir em nossa investigação abordando o estudo das explicações relativas originalmente aos outros corpos celestes, e adicionar a ela a análise das explicações sobre a origem das águas.

Assim como no que diz respeito aos astros, um grande número de perguntas espontâneas de crianças nos mostra que os problemas que vamos apresentar a nossos estudantes não são estranhos aos interesses específicos da criança. Eis as provas:

> Destacamos, dentre as perguntas coligidas por Stanley Hall,[1] as apresentadas a seguir. Aos 5 anos: "Por que a chuva cai? De onde ela vem?" Aos 6 anos: "Que é o nevoeiro? Quem o fez existir?" Aos 7 anos: "De onde vem a neve?" "O que faz trovejar e faz os raios? O que são as trovoadas? Para que servem? Quem faz trovejar?" etc. Aos 8 anos "O que fez a neve?" Aos 11 anos, a propósito de um rio: "Por que será que ele está tão forte? Não choveu muito".
> Em materiais reunidos por M. Klingebiel (a ser publicados dentro em breve) registramos aos 3 anos e 7 meses: "Mamãe, me diga: é o Bom Deus que abre o torneira do céu para a água passar pelas tábuas furadas que fecham o céu?" Aos 3;8: "Mamãe, me diga: é o Bom Deus que fez o mar de X e também o de Z? Ele devia ter um grande regador, não?"
> Nas perguntas de Del (*L.P.*, cap. V) aos 6 anos e ½: "Por que (o lago não vai até Berna)?" "Por que ela não faz uma fonte no nosso jardim? (p. 226) "Como se constrói uma (fonte)? Que mais é preciso para fazer uma fonte, a pá?" "Mas como a chuva se faz no céu? Há tubos ou torrentes que vazam?" (p. 264). "Por que (o raio se forma sozinho)? É verdade que ele (se forma sozinho)? Mas não há no céu tudo o que é necessário para fazer o fogo? Por que se vê melhor o relâmpago de noite?" (p. 228). "Quem faz o Reno correr tão rápido?" etc.

Além disso, o surdo-mudo de James, d'Estrella, já citado no capítulo VII (§ 10) e no capítulo VIII (Introdução) nos confia várias lembranças interessantes:

---

[1] *Pedag. Semin.*, 1903 (X).

"Quando havia nuvens, ele (= o próprio d'Estrella) supunha que vinham do grande cachimbo de Deus (d'Estrella chama Deus de 'o homem grande e muito bem escondido... detrás das colinas' que lançava o sol no ar todas as manhãs — ver cap. VIII, Introdução). Por quê? Porque tinha frequentemente constatado, com uma admiração infantil, que a fumaça dos cachimbos e dos charutos formava volutas. As formas fantásticas das nuvens que flutuam no ar o deixavam frequentemente tomado pela admiração. Que potentes pulmões Deus tinha! Quando havia nevoeiro, a criança supunha que era sua respiração na manhã fria. Por quê? Porque nessa época ele tinha visto frequentemente sua própria respiração. Quando chovia, não duvidava de que o Deus tinha tomado um grande gole de água e que ele o lançava de sua imensa boca na forma de um aguaceiro. Por quê? É que havia observado várias vezes com que habilidade os Chineses (em São Francisco, EUA) aspergiam dessa maneira assim a roupa para branqueá-la".

Essas identificações das nuvens, da fumaça e dos nevoeiros ou da chuva com a respiração ou a saliva podem parecer estranhas. Veremos contudo muitos exemplos.

O exame dessas perguntas ou dessas lembranças é suficiente para nos fazer detectar que vamos reencontrar, a propósito da meteorologia e das águas, as mesmas explicações que vimos a propósito dos astros. As perguntas das crianças mais jovens ou as lembranças do surdo-mudo são claramente artificialistas. Perguntar (ver *C.P.*) "quem fez" ou "para que serve" é com efeito prejulgar a resposta na própria formulação da pergunta. Em contrapartida, quanto maior a idade das crianças, tanto mais as perguntas indicam que a criança procura uma explicação física. É necessário por conseguinte esperar reencontrar também aqui o mesmo processo de evolução que vimos a propósito das explicações relativas aos astros: a passagem do artificialismo integral às explicações cada vez mais positivas.

Excluímos deste capítulo diversas perguntas que retomaremos a propósito de nosso estudo da dinâmica infantil (ver *C.P.*), tendo em vista que as aludidas perguntas tocam de mais perto a causa do movimento que origina os corpos. É esse o caso, por exemplo, da pergunta sobre as vagas, sobre o movimento dos rios, sobre o movimento das nuvens etc. É sobretudo o caso da pergunta sempre presente sobre a origem do vento e do ar, pergunta inseparável do estudo do movimento, para o qual preferimos reservar um capítulo especial (*C.P.*, cap. III).

§ 1. A abóbada celeste

As perguntas sobre a abóbada celeste, a noite e as nuvens constituem um elemento que não se pode dissociar sem artifício. Temos contudo de começar pela análise de um desses três termos, por temer obscurecer em demasia a exposição. Além disso, na série contínua das explicações, que vão do artificialismo integral à explicação natural, também se pode, sem arbitrariedade, distinguir os três estágios que descrevemos a propósito da origem dos astros. No entanto, cremos ser útil manter esse esquema porque os pontos de referência são tanto indispensáveis quanto arbitrários. Em psicologia, assim como em zoologia e em botânica, os tipos e as espécies são necessários, mas dependem tanto da livre escolha do classificador quanto dos dados a ser classificados.

Para as crianças pequenas (2-6 anos), o céu está situado mais ou menos na altura dos tetos ou das montanhas. *"Aquilo ali vai até o céu?"*, pergunta Del a propósito dos foguetes (*L.P.*, p. 272). Além disso, constitui uma abóbada que toca o horizonte.[2] Dessa maneira, An, aos 3 anos, vê uma vaca à distância num prado e pergunta: *"Ela está ali perto do sol, não?"* Nessas condições, é natural que o céu deixe primeiro na criança a impressão de um teto ou uma abóbada sólida, e que seja por isso mesmo concebido como fabricado pelos homens ou por Deus.

Eis exemplos desse primeiro estágio durante o qual há artificialismo integral:

> GAL (5 anos): O céu é *"de pedra"*. Não é plano, mas *"redondo"*. Foi o Bom Deus que o fez.
> GAUD (6;8): *"Foi o Bom Deus que o fez* — É feito de quê? — *De terra"*. Ele é azul porque o Bom Deus *"o fez azul"*.
> ACX (8;7): foi o Bom Deus que o fez. *"Ele pegou um pouco de terra."*
> BAX (9;5. Retardado): *"São grandes pedras. Grandes blocos de pedra"*. "Por que o céu não cai? — *Porque, se caísse, desceria sobre todas as casas e nos mataria.* — Como não cai? — *Ele está firme.* — Por quê? — *Porque os blocos de pedra estão presos a alguma coisa"*.

Mas ocorre também de o céu ser concebido como uma crosta de nuvens endurecidas, o que abre o caminho às explicações do segundo estágio.

> FRAN (9 anos. Retardado). O céu *"é uma espécie de nuvem"*. "Como o céu começou?... — *Foram eles* (= os Senhores) *que fizeram o céu*. — Como isso aconteceu? — *Eles encontraram muitas nuvens e em seguida os senhores as pegaram e apertaram bem firmemente e depois disseram: 'Vamos ver se fica firme'.* — O céu é sólido? — *Sim"*. Quanto às nuvens, são procedentes da fumaça das casas. A "causa material" e a "causa eficiente" do céu são, por conseguinte, todas elas, artificiais.

---

[2] Ver SULLY, *Études sur l'enfance* (trad. MONOD), p. 141.

But (7;6) considera que o céu é sólido. É feito de *"ar"* ou de *"azul"*. Foram os senhores que o fizeram.

As crianças pequenas (3-4 anos) dizem geralmente que o céu é *"feito de azul"*; mais tarde, o azul torna-se por conseguinte ou de pedra, de terra, de vidro, de ar ou de nuvens. Mas, durante o primeiro estágio, o céu é concebido quase sempre como sólido.

Durante o segundo estágio, a criança faz esforço para encontrar uma explicação física para a origem do céu. A "causa eficiente" da formação do céu cessa por conseguinte de ser artificialista. Mas a matéria da qual é feito o céu permanece dependente da atividade humana: o céu é feito de nuvens e as nuvens são procedentes das chaminés das casas, das embarcações etc.

Gava (8 1/2): "O céu é feito de quê? — *É uma espécie de nuvem que se forma.* — Como? — *É o vapor das embarcações que sobe para o céu e depois forma uma moldura azul*". "O céu é sólido ou não é sólido? — *É como uma espécie de terra.* — É feito de quê? — *É como uma terra que tem várias crianças pequenas buracos; e em seguida há nuvens que passam pelas crianças pequenas buracos, estágios depois, quando chove, a chuva cai pelas crianças pequenas buracos*". "Como isso começou? — *... Quando surgiu, ela (a terra) formou talvez casas, e em seguida houve fumaça, e ela formou o céu.* — O céu é vivo? — *Sim, porque se fosse morto, bem, cairia* (cf. a definição da vida mediante a atividade). — O céu sabe que sustenta o sol, ou não sabe nada? — *Sabe, porque vê também a claridade.* — Como vê a claridade? — *Ou sabe quando o sol nasce e quando o sol se põe.* — Como? — *Porque desde que nasceu (= o céu) soube quando o sol vinha, e depois agora pode saber quando o sol nasce e quando o sol se põe*". O céu é por conseguinte uma grande nuvem viva, mas uma nuvem procedente da fumaça das casas e das embarcações.

Giamb (8 ½): "De que é feito o céu? — *De ar*". "Por que o céu é azul? — *É que quando as árvores se balançam, elas fazem o ar subir bem alto* (reencontraremos frequentemente essa crença a propósito das origens do vento; ver *C.P.*, cap. II, § 1). — Mas por que é azul? — *Às vezes a fumaça é azul e cai nas árvores e faz o céu ficar azul*."

Grang (7;6): "De que é feito o céu? — *De nuvens.* — E quando está azul, são as nuvens (que o deixam azul)? — *Sim*". Contudo, o céu é sólido: o Bom Deus mora lá em cima. As nuvens se reuniram sem a ajuda de ninguém; mas são procedentes das casas. São vivas.

Durante o terceiro estágio, a criança chega a desembaraçar-se de todo e qualquer artificialismo. O céu é feito de ar ou de nuvens. Formou-se sozinho. As nuvens de que é feito têm origem natural. Durante esse estágio, a ideia de uma abóbada sólida está em vias de desaparecimento.

Rey (8 anos) faz a transição entre o segundo e o terceiro estágios. O céu é ainda uma abóbada sólida: *"Ele é sólido"*. Mas formou-se sozinho com matérias de origem natural: *"Há muitas pequenas nuvens apertadas.* —

De que são feitas? — *São grandes"*. "De que é feito o céu? — *É azul.* — De quê? — *De nuvens.* — E as nuvens? — *São azuis". "Às vezes há nuvens azuis."* Quanto à origem destas nuvens, Rey gira em círculos: é o céu que faz as nuvens e são as nuvens que fazem o céu. "De que são feitas as nuvens? — *De céu.* — E o céu? — *De nuvens.* — ..." etc.

Tacc (9 anos): "Que é o céu? — *Nuvens.* — Nuvens de qual cor? — *Azuis, escuras, cinzentas ou brancas.* — Poderíamos tocar o céu? — *Não, é muito alto".* "Se pudéssemos subir lá, seria possível tocar? — *Não.* — Por quê? — *Porque ele é de ar, é nuvens.* — As nuvens são de quê? — *De poeira.* — De De onde vêm? — *Da terra. É a poeira que sobe."* "Como se sustenta? — *É o vento que segura."*

Lug (12;3): "Que é o céu? — *É uma nuvem.* — De que cor? — *Branca.* — O céu azul é uma nuvem? — *Não!* — O que ele é? — *É feito de ar.* — Como o céu começou? — *Com o ar.* — Esse ar vem de onde? — *Da terra.* — O que há acima do céu? — *É vazio".*

Stoeck (11 anos): "O céu é feito de quê? — *De nuvens, água, ar.* — E o azul é feito de quê? — *De água.* — Por que é azul? — *É a água que faz.* — De onde vem essa água? — *Dos nevoeiros".*

Essas representações são indubitavelmente influenciadas pelos adultos. Se as crianças não tivessem feito perguntas, não saberiam, aos 10 e 11 anos, que o céu é de ar, nem que ele não é sólido. Mas permanece todo o interesse de saber como as crianças assimilam o que puderam entender. A esse respeito, vê-se uma nítida evolução com o passar da idade: diminuição do artificialismo em proveito de uma investigação progressiva de explicações por identificação de elementos (o ar, a fumaça, as nuvens, a água), explicações que não deixam de ter analogia com as dos pré-socráticos.

A melhor prova de que nossos resultados são em parte independentes do meio é que são reencontrados fora de Genebra. A senhora Rodrigo decidiu fazer nossas perguntas a uma centena de pequenos espanhóis, de 5 a 11 anos, em Madrid e Santander. Ao lado de algumas respostas vagas e aprendidas, encontram-se as mesmas explicações que surgiram em Genebra. Em média, há certo atraso em relação às respostas obtidas na Suíça, mas a ordem de sucessão das respostas é a mesma. Calculando a média de idade de cada um dos três tipos de explicação, encontram-se 7 anos para as explicações de acordo com as quais o céu é de pedra, de terra, de tijolos etc., 8 anos e ½ para as representações de acordo com as quais o céu é uma nuvem e 10 anos para as explicações que recorrem ao ar.

§ 2. A causa e a natureza da noite

Abordamos aqui um grupo de representações e de explicações muito mais independentes da educação recebida pela criança do que tem sido o caso até agora. É por conseguinte de certo interesse verificar se os processos de evolução identificados nas investigações precedentes valem ainda no que diz respeito à explicação da noite. Vamos ver se esse é efetivamente o caso. Podemos, com efeito, distinguir quatro estágios na evolução dessa explicação. Durante o primeiro estágio, a criança dá da noite uma explicação meramente artificialista, mas sem precisar o "como" dessa fabricação. Durante o segundo e o terceiro estágios, a explicação é semi-artificialista/semi-física: a noite é uma grande nuvem escura, dirigida por forças humanas, e que ocupa toda a atmosfera (segundo estágio), ou que tapa simplesmente o dia (terceiro estágio). Por último, durante o quarto estágio, a noite explica-se por si mesma mediante o desaparecimento do sol.

Durante o primeiro estágio, a criança limita-se basicamente a explicar a noite por sua utilidade, o que nos mostra efetivamente o ponto de partida de todo artificialismo. Se se pressiona a criança a substituir sua explicação finalista por uma explicação causal, ela faz então intervir os homens ou o Bom Deus, mas sem precisar o "como" do fenômeno:

> Mor (5 anos): "Por que anoitece? — *Porque escurece.* — Por que escurece? — *Porque é a noite. As crianças pequenas devem deitar.* — De onde vem a noite? — *Do céu.* — Como o céu faz a noite? — *É o Bom Deus.* Por que escurece? — *Não sei*".
>
> Léo (1 1/2): "De onde vem a noite? — *Do céu.* — Como o céu faz a noite? — *Porque há um relógio que de manhã fica bem de pé e à noite cai.* — Por quê? — *Cai porque vem a noite.* — E por que faz isso? — *Porque é a noite.* — Como vem a noite quando o ponteiro cai? — *(A noite chega) porque há o ponteiro que cai.* — Você já sabia disso? — *... porque há uma espécie de lâmpada e depois um ponteiro; quando cai, ele faz a noite"*. Como podemos compreender, essa "espécie de lâmpada" é a lâmpada-piloto da caixa de força que se abre à noite para usar a luz elétrica. "Como começou (a existir) esse relógio? — *Foi o Bom Deus.* — O que ele (Deus) faz? — *Ele trabalha.* — Por quê? — *Para as crianças.*" Vê-se que, para Léo, o movimento do ponteiro de um contador é ao mesmo tempo sinal e causa da noite. Léo não se ocupa do "como" desse fenômeno.
>
> Gill (7 anos): A noite "*é... se dorme de noite e depois fica tudo escuro.* — Por que fica escuro? — *Para a gente ir se deitar.* — Por que fica escuro? — *É o céu que fica escuro, fica bem escuro*".
>
> Delesd (7;8): "Como é que fica tão escuro a noite? — *É porque se dorme.* — Se você dormir à tarde, (o céu) fica escuro? — *Não senhor.* — Então como é que fica escuro de noite? — *...*". Apesar dessa objeção, Delesd sustenta que é porque se dorme que fica escuro.

Essas respostas são sobremodo interessantes. Seu fundo comum consiste em afirmar que fica escuro porque se dorme. Em certos casos (Gill, por exemplo), essa ligação parece simplesmente teleológica: a noite vem de modo que possamos nos deitar. Mas, em outros casos, e provavelmente no caso dos primitivos, o sono é ao mesmo tempo causa final e causa eficiente da noite. Há aí pré-causalidade. A criança não se incomoda com o "como": ela procura simplesmente a intenção que é a causa da noite e esta intenção é evidentemente que as crianças dormem. Além disso, sob a influência do interrogatório, a criança troca essa ligação pré-causal por um mito artificialista. Tal é o caso de Léo, ainda que, como se percebe, o mito é apenas um simples comentário sobre a ligação pré-causal *"a noite é produzida pelo sono"*.

Durante o segundo estágio, a ligação pré-causal da noite com o sono vem a constituir o fator principal da explicação da criança, mas o "como" da formação da noite é algo a que ela chega. A noite é uma grande nuvem escura que vem preencher a atmosfera, sob a ação dos homens ou de Deus. Mas, como se percebe, o problema é simplesmente posto em segundo plano. Como a necessidade de sono dos homens, ou sua vontade, chega a fazer surgir a grande nuvem escura? A criança pouco se importa com isso.

VAN (6 anos): "Que é a noite? — *Para dormir.* — Por que fica escuro à noite? — *Porque se dorme melhor, e porque fica escuro no quarto.* — De onde vem esse escuro? — *Porque o céu fica cinzento.* — Como acontece de o céu ficar cinzento? — *As nuvens ficam escuras.* — Como isso acontece? — *É o Bom Deus que faz vir as nuvens escuras*".

DUQUE (6 anos): "Por que fica escuro à noite? — *Porque é a hora de ir deitar.* — Como é que fica escuro? — *São as nuvens que fazem isso.* — Você já sabia disso? — *Descobri agora.* — Como elas fazem isso? — *Porque lá há escuros* (sic). — Você já viu, durante a noite, a lua e as estrelas. Havia nuvens nesses dias? — *Sim, senhor.* — Há sempre das nuvens a noite? — *Não.* — E quando não há nuvens, a noite vem por si só? — *... Por que fica escuro quando não há nuvens? — São as nuvens que fazem isso*". Algumas semanas depois: "Como a noite aparece? — *Porque vem das nuvens bem escuras.* — Quando a noite vem, há sempre nuvens? — *Sim*". "E quando vem a claridade é por causa de quê? — *Para que se possa ver.*"

BOURG (9 anos): "A noite vem de onde? — *É o ar que fica escuro.* — Por que o ar fica escuro à noite? — *...* — E o dia? — *É o ar que é branco*". "A noite é o ar escuro que vem, ou o ar branco que fica escuro? — *O ar branco vai embora.* — O ar escuro vem de onde? — *Das nuvens.*"

MART (8;10): Fica escuro à noite *"porque se dorme de noite e não se vê mais nada"*. "Por que fica escuro? — *Porque é o céu que fica escuro.* — Como isso acontece? — *Oh! não sei.* — Você acha que é o quê? — *Porque faz mau tempo.* — O que faz ficar escuro? — *O mau tempo.* — É sempre que faz mau tempo à noite? — *Não sempre.* — Então, quando faz bom tempo, o que faz ficar escuro? — *Porque as nuvens se recuperam* (= se juntam)".

FRAN (9 anos): "A noite o que é? — *É quando fica bem escuro.* — De onde vem esse escuro? — *Do céu.* — Como a noite começou? — *Porque são as nuvens que são bem escuras.* — De onde vêm essas nuvens? — *Do céu.* — Elas vêm durante o dia ou à noite? — *À noite.* — Por que não vêm durante o dia? — *Porque o dia é claro. A noite é escura. Se vêm de dia, isso faz vir a noite!* — Mas por que só vêm à noite? Como isso acontece? — *Porque é mais escuro de noite.* — E as nuvens sabem que avançam ou não o sabem? — *Sim, quando as nuvens vêm, elas se juntam de modo que não se possa ver um só tijolo* (= um só pedaço) *de branco.* — Elas fazem isso de propósito? — *Sim.* — Por quê? — *Porque nós devemos dormir*".

ZWA (9 anos): "Que é a noite? De onde vem? — *Como faz ficar parecendo que vai chover, fica escuro.* — Que é o escuro? — *É a noite.* — Isso vem de onde? — *Vem das nuvens.* — Porque isso vem todas as noites? — *Por que as pessoas estão cansadas*". "O que faz vir a noite? — *É o céu. Fica escuro.* — Por quê? — *Para que as pessoas vão se deitar.*"

PATE (10 anos): A noite "*é o escuro.* — De onde isso vem? — *Do Bom Deus.* — Como faz o Bom Deus? — *Não sei.* — De onde isso vem? — *Das nuvens.* — Como? —* [as nuvens] *Ficam escuras*".

Para as crianças do segundo estágio, a noite é por conseguinte uma grande nuvem escura ou feita de ar escuro. Essa nuvem não recobre o dia. Não é uma tela. Constitui a própria noite, quer porque libera "ar escuro" (Bourg), ou porque produz reflexos escuros.

Do ponto de vista do artificialismo, essas respostas são interessantes. A causa motora da nuvem é, com efeito, a vontade dos homens ou de Deus, e confunde-se com a causa final. Todo o movimento da nuvem explica-se por conseguinte pela obrigação de nos fazer dormir. Por outro lado, o artificialismo combina-se com um animismo integral: o fato de mandar na nuvem implica que a nuvem obedeça conscientemente. Quanto à origem dessa nuvem específica, enviada por Deus ou pelos homens, ela se assemelha à de todas as nuvens em geral: é a fumaça das casas.

O artificialismo do segundo estágio é por conseguinte menos integral que o do primeiro: o homem não é mais diretamente causa da formação da noite. É apenas agente de seu movimento.

Durante o terceiro estágio, encontram-se ainda numerosos vestígios desse artificialismo parcial. Mas um grande progresso é feito no sentido de que a noite não mais é concebida como uma substância, porém simplesmente como uma ausência de dia. A criança invoca ainda as nuvens para explicar a noite, mas as nuvens não mais constituem materialmente a noite: limitam-se "a cobrir o dia". A noite, por conseguinte, é tida doravante por uma sombra, no sentido adulto da palavra.

Mas é evidente que essa passagem da concepção da noite-substância à concepção da noite-sombra não é imediata, mas imperceptível. Existem numerosos casos intermediários nos quais a criança flutua entre as duas concepções sem chegar a decidir-se. Eis um desses casos: a criança diz, por um lado, que as nuvens cobrem o dia (terceiro estágio), mas ainda crê, por outro lado, que a nuvem deve ser escura para produzir a noite, o que equivale a equiparar ainda a noite a uma substância escura (segundo estágio).

> Roul (7 anos): "Que é a noite? — *Nuvens escuras.* — De onde vêm estas nuvens? — *Do céu.* — Como? — *Passam na frente das nuvens brancas*". "Por que vem a noite? — *Para esconder as nuvens brancas. Vêm no lugar delas* (resposta do segundo estágio). — Como isso acontece? — *Vêm sozinhas. Avançam.* — Como? — *É o Bom Deus que empurra.*" "Pode-se fazer a noite vir nesta sala? — *Sim.* — Como? — Fechando as cortinas. — O que é que acontece então? — *Não se vê mais o dia.* — Por que fica escuro na sala então? — *Porque fechamos as cortinas.* — É a noite, então? — *Sim.* — Aparece então uma nuvem escura na sala quando se fecham as cortinas? — *Não.* — E o que é então a noite na sala? — *Não se vê mais o dia.* — E a noite lá fora, o que é? — *Porque o céu é tapado por grandes nuvens escuras que vêm.* — Elas têm de ser escuras para tapar o dia? — *Sim.* — Pode-se tapar o dia com nuvens brancas? — *Não, porque elas não podem tapar.*"

Roul apresenta por conseguinte duas explicações justapostas. Por um lado, a noite é constituída por nuvens escuras que *"vêm para o lugar"* das nuvens brancas; por outro lado, a noite é uma sombra produzida por uma nuvem que forma uma tela. Vejamos agora casos que pertencem claramente ao terceiro estágio, ou seja, em que a criança define a noite, imediatamente e sem sugestão, como uma sombra produzida por nuvens que cobrem o dia:

> Mai (8;7): "Que é a noite? — *É quando não está mais claro.* — Por que não está mais claro? — *Quando a nuvem se coloca na frente do forno.* — Quem lhe disse isso? — *Ninguém.* — E o dia? — *Quando não tem mais nuvens.* — O que faz o dia? — *O céu...*".
> Bas (8;11): "Por que é escuro a noite? — *Porque o céu é escondido, e depois as nuvens* (também se escondem)". São as nuvens que escondem o céu dessa maneira: "*As nuvens cobrem todo o céu e não se vê nada.* — De onde vêm estas nuvens? — *Do céu.* — Que cores elas têm? — *São cinzentas.* — Nuvens brancas também iriam fazer a noite? — *Sim.* — Por quê? — *Porque todas vão*".

Vê-se efetivamente que as nuvens não têm mais o papel que tinham no segundo estágio, ou seja, o papel de criar a escuridão devido a sua simples presença, seja preenchendo a atmosfera ou produzindo reflexos escuros. As nuvens servem doravante de tela, qualquer que seja sua cor. Assim, Roul afirma que uma nuvem branca pode muito bem fazer a noite: é suficiente o fato de que ela "cobre o céu" e esconde assim a luz que vem do céu.

Durante o quarto estágio, por fim, as crianças descobrem que a noite resulta simplesmente do desaparecimento do sol. É evidente que não sabem, para tanto, que a terra gira em redor do sol. É mesmo completamente inútil ensinar-lhes isso demasiado cedo, porque não o compreendem. Encontramos crianças de 9-10 anos em quem se havia inculcado a ideia de que a América está do outro lado do globo: elas concluíam disso que a América constituía como que um andar inferior em relação à Europa e que o sol, para chegar à América, devia atravessar os mares por um túnel furado através deles, que constitui o pavimento da Europa e o teto da América. Mas as crianças, sem saber que a terra é redonda, podem chegar a compreender que o dia é produzido pelo sol e a noite por seu desaparecimento.

Com efeito, durante os estágios precedentes, e mesmo durante o terceiro, o sol não é indispensável ao dia. O dia é produzido por nuvens brancas, pelo ar branco ou pelo céu.

> Assim DEU (7 anos) diz-nos que a noite é *"uma nuvem escura que esconde o céu branco"*. Embora esta resposta seja do terceiro estágio, Deu crê que é o céu que ilumina: "O sol não é como a luz. A luz ilumina tudo, mas o sol não ilumina nada a não ser o lugar onde está".

Em contrapartida, durante o quarto estágio, a criança descobre por fim que é o sol que produz o dia. Há aí habitualmente o resultado de influências adultas, mas pensamos que certos sujeitos chegam sozinhos a esta descoberta. Eis exemplos do quarto estágio:

> CAUD (9 $^1/_2$): "De onde vem a noite? — *É quando o sol se põe que a noite começa.* — Quem lhe disse isso? — *Eu vi.* — Por que fica escuro quando o sol se põe? — *Porque não há mais dia*". "Por que o céu fica escuro à noite? — *Porque não se vê o dia durante a noite. Não se vê onde é que é o céu.*"
> BONV (8 anos e $^1/_2$): "Por que é escuro à noite? — *Quando é a hora de ir se deitar.* — Por que você acha que é escuro de noite? — *Porque o sol é escondido.* — O que faz o dia? — *Porque há o sol*".

A sucessão desses quatro estágios mostra-nos, por conseguinte, uma progressiva diminuição do artificialismo em proveito de uma investigação de explicações cada vez mais adaptadas à realidade física. Ora, a ordem de sucessão desses estágios, e em especial dos dois primeiros, mostra-nos claramente uma das raízes do artificialismo infantil: a criança começa a interessar-se pelo "porquê" dos fenômenos antes de preocupar-se com seu "como". Em outras palavras, a criança parte do postulado implícito de que tudo tem um significado na ordem das coisas: toda e qualquer coisa é concebida segundo um plano, e esse mesmo plano é concebido em função do bem humano. A noite "é para dormir" é a ideia que constitui o ponto de partida do primeiro estágio. Só mais tarde a criança interessa-se por conhecer o autor do fenômeno e seu "como" (segundo estágio). O autor vai ser naturalmente o próprio homem, em função de quem existe a noite. O "como" vai ser a fumaça das chaminés que produz nuvens e o ar escuro que preenche a atmosfera.

Como meios fortuitos assegurarão a regularidade do regresso das noites? A criança sequer faz a si mesma essa pergunta. Está tão convencida de que é a necessidade moral e não o acaso ou a força mecânica que regulam o curso das coisas, que admite, sem aprofundar sua busca, que a vontade dos homens, unida à boa vontade da própria fumaça e das próprias nuvens, são suficientes para assegurar a constância da sucessão das noites. Esse é por conseguinte o artificialismo da criança, quando a educação religiosa não vem complicá-lo por meio de representações estranhas ao pensamento infantil espontâneo.

§ 3. A origem das nuvens

Para a criança, o céu e a noite são formados essencialmente por nuvens. Importa por conseguinte precisar agora de onde vêm as nuvens. Há aí um terreno de escolha para o estudo do artificialismo, porque a espontaneidade da criança pode revelar-se nisso por completo.

Temos sobre a origem das nuvens documentos recolhidos em Paris, em Nice, na região da Saboia, em Valais e em Genebra. A senhorita Margairaz fez nossas perguntas em Garouge; a senhorita M. Roud, na região rural do Vaud; e a senhorita M. Rodrigo as fez na Espanha. A evolução das respostas observadas nesses diferentes ambientes mostrou-se convergente, e frequentemente com um impressionante paralelismo, de modo que podemos confiar nas conclusões que vêm a seguir.

Podemos distinguir três fases na evolução das explicações relativas à origem das nuvens. Durante o primeiro estágio (em média até os 5-6 anos, em Genebra), a nuvem, que é considerada em geral sólida (feita de pedra, de terra etc.), é concebida como inteiramente fabricada pelos homens ou por Deus. Durante o segundo estágio (de 6 a 9 anos, em média, em Genebra e Paris), a criança explica as nuvens pela fumaça dos tetos e precisa que, se não houvesse casas, não mais haveria nuvens. O artificialismo é por conseguinte mais indireto do que durante a primeiro estágio, mas ainda deveras sistemático. Por último, durante o terceiro estágio (a partir de 9-10 anos, em média), as nuvens têm uma origem inteiramente natural: a nuvem é formada pelo ar condensado, ou a umidade, o vapor, o calor etc.

Eis exemplos do primeiro estágio:

> Aub (7 anos): "De onde vêm as nuvens? — *Da montanha. Elas descem e depois vão para lá*". "Você acha que elas são feitas de quê? — *De terra.* — Onde estão? — *No céu.* — Como elas sobem para o céu? — *É o Bom Deus que faz subir, porque não sobem sozinhas*". Não obstante, as nuvens são vivas: "*Se andam, elas devem saber*".
> Gril (7 anos) diz-nos, a propósito da chuva: "*É o Bom Deus que faz cair.* — Como é isso? — *Ele pega bolas grandes, joga-as, e chove.* — São bolas de quê? — *De pedra*". "As pessoas sabem quando o Bom Deus lança essas bolas? — *Sim, ouvimos as trovoadas.*" E, um momento depois: "De onde vêm as nuvens?" — *Do céu.* — De que são feitas? — *De pedra*". As nuvens são vivas e sabem que andam. Do mesmo modo, Tac (6;5) crê que as nuvens são fabricadas por Deus. "São de quê? — *São de pedra. Depois se quebram. Caem com força no céu.*"
> Para Rat (8 anos), as nuvens foram feitas de terra, na montanha, e por homens *"porque não podem fazer-se sozinhas"*.

A utilidade dessas nuvens é interpretada de diversas maneiras:

> Para Gril (7 anos) as nuvens servem, como acabamos de ver, para fazer as trovoadas e levar com isso à chuva. Vêm também *"para iluminar".*
> Para outras crianças, as nuvens são feitas *"para fazer a noite", "para anunciar a chuva"* etc.

As respostas desse primeiro estágio são por conseguinte comparáveis às explicações mais primitivas da origem dos astros (ver cap. VIII, § 1-2). Nos dois casos, o artificialismo integral implica o animismo, em vez de excluí-lo. Os astros são feitos de fogo aceso pelos homens, e ainda assim são vivos. As nuvens são pedras ou porções de terra reunidas pelos homens, e não obstante são vivas e conscientes.

Mais do que isso, encontramos nos dois casos crianças que imaginam uma participação inicial entre os corpos celestes e o homem, como se as nuvens ou os astros fossem diretamente procedentes do homem:

> Roy (6 anos) disse-nos, como lembramos (cap. VIII, § 1), que os astros começaram *"porque nós, começou-se a ser vivo"* e que cresceram *"porque nós crescemos"*. Acrescentou então que são as nuvens que fazem crescer a lua e o sol. Essa segunda afirmação parece contraditória com relação à primeira. Vamos perceber na realidade que não é assim. Com efeito, um mês após tê-lo interrogado sobre os astros, reexaminamos Roy a propósito das nuvens: "De onde vêm as nuvens? — *Do céu.* — Como é isso? — *É o céu que faz.* — Como? — *Porque é útil fazer nuvens.* — Como? —

Porque ele se corta em dois. — O que é que se corta em dois? — O céu. — De que é feita uma nuvem? — De ar. — E o céu? — Também de ar. — Quando foi a primeira vez em que houve o céu? — Ele sempre existiu. — Mas a primeira vez? — Porque é feito de vento. — De onde veio esse vento? — Do céu. — Como isso aconteceu? — Alguém soprou. — Quem? — Homens. — Que homens? — Homens que fazem isso".

Essas propostas parecem fabuladas. Mas, para além do fato de Roy sempre nos ter parecido isento de qualquer fabulação, reencontram-se exatamente os mesmos mitos nas lembranças de infância do surdo-mudo d'Estrella, consignadas por James e das quais já reproduzimos numerosos trechos:

Recordamo-nos (cap. VIII, Introdução) de que d'Estrella, para explicar a si mesmo a origem dos astros, supunha um "homem grande e forte" escondido detrás das colinas de São Francisco. Esse homem, que em suas lembranças d'Estrella chama de "Deus", também explica as nuvens: *"Quando havia muitas (nuvens), ele (a criança) supunha que era uma indicação de seu humor (de Deus). Um vento manifestava sua cólera, uma brisa fresca seu bom humor. Por quê? Porque a criança às vezes sentia a respiração que escapava da boca das pessoas irritadas prestes a brigar ou a se ofender. Por quê? Porque tinha frequentemente constatado, com uma admiração infantil, que a fumaça dos cachimbos e dos charutos formava volutas. As formas fantásticas das nuvens que flutuam no ar o deixavam frequentemente tomado pela admiração. Que potentes pulmões Deus tinha! Quando havia nevoeiro, a criança supunha que era sua respiração na manhã fria. Por quê? Porque nessa época ele tinha visto frequentemente sua própria respiração".*

Durante o segundo estágio, a origem da nuvem é semi-artificial/semi-natural. É artificial porque a nuvem é procedente da fumaça das chaminés. É natural porque a forma e a ascensão da nuvem são independentes do homem. É evidente, além disso, que as nuvens continuam, durante esse segundo estágio, a ser consideradas vivas e conscientes. Eis exemplos:

HANS (5 anos): "De onde vêm as nuvens? — *Do céu.* — Como é isso? — *É a fumaça.* — Vem de onde a fumaça das nuvens? — *Do fogo.* — De qual fogo? — *Do fogo do forno.* — De qual forno? — *Quando se cozinha.* — Se não houvesse casas, haveria ainda assim nuvens? — *Sim.* — Muito bem. Elas viriam de onde? — *Não. Não haveria não".*
BOIS (5 1/2): "De onde vêm as nuvens? — *Do céu.* — São de quê? — *Como o céu.* — De quê? — *De nuvens.* — De que são feitas as nuvens? — *De azul, de branco.* — Como as nuvens começaram? — *Pela chaminé.* — Como? — *(A chaminé), é para que a fumaça saia.* — E daí? — *Ela vai para o céu e isso faz as nuvens".*

Moc (8 anos): "De onde vêm as nuvens? — *Da fumaça.* — De onde? — *Da chaminé.* — Se não houvesse mais casas, ainda haveria nuvens? — *Não*".
Port (9 anos): "De onde vêm as nuvens? — *Da fumaça.* — Qual fumaça? — *A fumaça das chaminés, dos fogões, e depois da poeira.* — Como esta fumaça forma as nuvens? — *Ela se colore no céu. Bebe o ar, depois fica colorida e em seguida vai para o céu".* "É apenas das chaminés que vem essa fumaça das nuvens? — *Sim, e também quando alguém faz fogueira com lenha. Quando eu estava na Saboia, meu tio fez fogueira com lenha, isso fez fumaça, foi para o céu, era muito azul.* — Você viu fumaça azul? — *Sim, é azul, mas quando vai para o céu é escura."* "As nuvens sentem o calor e o frio? — *Sim, porque são as nuvens que fazem vir o frio e depois o calor."*
Mai (9;6): "O que são as nuvens? — *São fumaça.* — Vem de onde a fumaça das nuvens? — *Das chaminés, da fábrica a gás".*
Bourg (9;6) explica, como vimos no § 1, que a noite deve-se ao ar escuro que sai das nuvens. "O ar escuro vem de onde? — *Das nuvens.* — De onde vêm as nuvens? São feitas de quê? — *De fumaça.* — De fumaça que vem de onde? — *Das chaminés".*
Marc (10 anos): As nuvens se fazem *"com a fumaça.* — Qual fumaça? — *Branca, cinzenta.* — De onde vem essa fumaça? — *Das chaminés".* Por outro lado, as nuvens *"são vivas.* — Por quê? — *Se não fossem, não andariam. Se não fossem vivas, não poderiam se mover".* As nuvens são além disso conscientes do que fazem.
Zul (10 anos): "O que são as nuvens? — *É a fumaça que se perde no ar, e em seguida 'vem' (vient) (se torna [devient]) as nuvens. Quando chove, ficam bem escuras, quando chove mais elas ficam muito brancas, e às vezes vermelhas.* — São feitas de quê? — *De fumaça".* São vivas *"porque andam".*

É interessante, do ponto de vista pedagógico, notar que este artificialismo mitigado do segundo estágio é tão persistente que as melhores lições dadas sobre as nuvens correm o risco de ser deformadas pelo aluno e assimiladas ao esquema que acabamos de ver. Com efeito, vimos um grande número de alunos que sabem que as nuvens são "formadas pelo vapor", e que o vapor é o produto de aquecimento ou da cozedura da água (uma ilustração do livro de leitura em uso nas escolas de Genebra representa essa cozedura a propósito de uma lição sobre o vapor), mas que concluem disso que todas as nuvens são procedentes das panelas. Em outros termos, essas crianças conservaram sua explicação espontânea, mas substituíram a noção de "fumaça" pela de "vapor". Eis exemplos desse artificialismo cujos materiais são derivados de ideias adultas entendidas erroneamente:

Bul (11;8): "Como se fazem as nuvens? — *É o vapor do mar.* — Por quê? — *Vêm do vapor do mar, da água que evapora...* — Por que evapora? — *É a água quente.* — Por que ela fica quente? — *Porque é aquecida.* — Quem aquece? — *O fogo.* — Como é isso? — *O fogo das embarcações.* — Aquecem a água do mar? — *Sim*". Por outro lado, as nuvens: *"São também a água que se aquece em casa, quando a janela está aberta".* Vê-se aí o que uma criança de cerca de 12 anos compreendeu a partir de lições sobre a evaporação do mar!

DUCR (8 1/2): As nuvens *"são vapor. É quando se cozinha a água nas panelas, que faz o vapor, que sobe para o céu".* Por outro lado, as nuvens são vivas *"porque voam no ar como se fossem pássaros, mas vão bem rápido".*

Eis agora casos intermediários entre o segundo e o terceiro estágios: a criança mistura seu artificialismo a uma parte nítida de explicação natural. A origem das nuvens é assim dupla: a fumaça ou o vapor de que é feita a nuvem sai ao mesmo tempo das casas e dos lagos ou do mar. Eis exemplos:

CEN (8;6): "Você sabe de onde vêm as nuvens? — *É o vapor.* — Que é o vapor? — *É como fumaça.* — Sai de onde o vapor? — *Da água quando ela cozinha e quando vai cozinhar".* "O vapor das nuvens vem de onde? — *Quando se cozinha sopa.* — Quando se cozinha sopa se fazem nuvens? — *O vapor sai e leva carne com ele."* Cen parece por conseguinte estar no segundo estágio, mas acrescenta: "Sem casas ainda haveria nuvens? — *Sim.* — Viriam de onde? — *De outros países.* — Se não houvesse mais casas nos outros países, haveria nuvens? — *Sim.* — Como? — *Fariam fogueiras, haveria fumaça e em seguida vapor".* E se não se fizessem fogueiras, haveria ainda nuvens que viriam *"das montanhas",* mas Cen não sabe como iriam se formar. Cen é por conseguinte uma criança que tem o nítido sentimento de que as nuvens são em parte independentes do homem, mas não sabe como explicar isso e recorre, logo que pressionado, a explicações artificialistas.

CARIL (11;7): As nuvens *"são de vapor.* — Vêm de onde? — *É o sol que faz...* (ela vem) *do mar; vem quando faz-se aquecer a água.* — As nuvens vêm de onde? — *Das panelas".*

Esses casos evidentemente são influenciados por lições recebidas. O caso seguinte, em contrapartida, parece espontâneo: as nuvens têm em primeiro lugar uma origem artificialista, mas constituem-se de acordo com um processo natural.

VEL (8 1/2) começa por nos dizer: *"As nuvens são de ar".* Mas sua origem é no início artificial: "Como se formam? — *Da fumaça.* — Vem de onde essa fumaça? — *Dos fogões.* — O ar e a fumaça são a mesma coisa? — *Não, a fumaça faz o ar e o ar (produz) as nuvens".*

Passemos ao terceiro estágio, durante o qual as crianças atribuem às nuvens uma origem inteiramente natural. Por infelicidade, a maioria das respostas que se obtêm aqui é inspirada diretamente pelas lições da escola (tal como ocorreu a propósito dos astros): *"É o sol que faz a água evaporar"*. *"É o sol que faz a água tornar-se vapor ao aquecê-la"* etc. Mas, ao lado dessas fórmulas aprendidas, encontramos várias explicações mais ou menos espontâneas, que mencionaremos isoladamente aqui, e que têm seu interesse. O princípio dessas explicações é o mesmo que o das explicações que recolhemos sobre a origem natural dos astros (cap. VIII, § 3): é a identificação de substâncias. As nuvens são de ar condensado, de fumaça, de relâmpagos, do calor, da umidade etc., supondo as crianças que o ar, o fogo, a fumaça, o vapor e a água podem transformar-se uns nos outros, tal como o admitiam os "físicos" pré-socráticos. Eis em primeiro lugar identificações da nuvem com a fumaça dos raios:

> Ben (7 ½): As nuvens *"são fumaça"* que vem das trovoadas. *"É as trovoadas que faz a água"*. Assim, o relâmpago produz fumaça, a fumaça se transforma em nuvem, e esta derrete e vira água.
> Fau (7 anos): As nuvens *"são feitas de fogo"*. As trovoadas saem da nuvem, e a nuvem é a fumaça das trovoadas.
> Lef (8 ½): "De onde vêm as nuvens? — *Vêm das trovoadas: da água"*. A água vem das trovoadas porque as trovoadas produzem fumaça e a fumaça torna-se água.
> Gerv (11;0) crê que as nuvens são formadas da fumaça que sai dos vulcões. Reciprocamente, a terra é constituída por nuvens reunidas (ver cap. XI, § 3).

Eis agora reduções da nuvem ao ar ou ao ar comprimido:

> Chev (8;2): "As nuvens são o quê? — *Feitas de ar.* — De onde vêm? — *Detrás da montanha. Formam-se atrás da montanha.* — Explique-me como. — *Com muito ar. O ar se junta e depois sobe"*. "Como se formaram as nuvens que estão bem cima de nós? — *Pelo ar lá de cima. Tem mais ar em cima do que embaixo.* — Mas você me disse que se formavam detrás da montanha. — *É porque não se vê as nuvens se fazendo.* — Como elas se fazem? — *Pelo ar.* — E as que estão acima de nós se formaram detrás da montanha? — *Sim, porque subiram antes. Subiram de noite, enquanto as que estão indo para a montanha subiram do forno.* — Elas só se formam detrás das montanhas? — *Não, umas se formam antes, na frente de nós. Foi meu irmão que me disse. Todo o ar vem, e depois faz nevoeiros"*. "Você diz que às vezes se formam na frente de nós? — *Ah! (se formam) pelo ar de baixo que se junta.* — Como ele (o ar) faz isso? — *Há muito ar que vem. Eles formam um grande ar.*
> Lidy (9 anos): "De que são feitas as nuvens? — *De ar*". "Em que esse ar do céu se transforma? — *Torna-se uma grande nuvem, em seguida ela fica muito pesada e depois cai*".

Zwa (9 anos): *"Há um pouco de fumaça da água que sobe ao céu e isso faz nuvens.* — De onde sai a fumaça da água? — *É a água que faz.* — Onde? — *Dentro. É no fundo de água que isso se faz e isso depois sobe.* — Como? — *Porque o lago desce sempre mais. Há um pouco de areia que sobe com a fumaça e isso sobe ao céu"*. "O que é que faz a fumaça: é a água ou a areia? — *A areia"*. "Por que a fumaça da água sai da areia? — *Às vezes há pequenas pedras que se quebram e isso sai da fumaça.* — Por quê? — *Porque a água é forte, então elas se quebram"*. Zwa designa evidentemente com o nome de "fumaça do ar" as bolhas de ar que vê se formar sobre a areia úmida na beira do lago de Genebra.

Quanto às identificações da nuvem com o calor e a umidade, vamos reencontrá-las ao estudar as explicações relativas à formação da chuva (§ 9).

Vê-se a originalidade de algumas dessas respostas do terceiro estágio. As nuvens são explicadas graças a um processo inteiramente natural, e este processo consiste essencialmente na transformação de substância qualitativamente heterogênea. Além disso, certas crianças chegam à interessante noção de uma condensação das substâncias. Assim, Ghev e Lidy falam de ar "que se reúne", que "fica muito pesado" etc. Essas noções são espontâneas? Se tivéssemos apenas esses exemplos a citar, poderíamos duvidar disso e ver aí o resultado de lições mal compreendidas sobre o vapor e a chuva. Mas essas explicações são do mesmo tipo que as dadas pelas crianças de 9-10 anos sobre a origem dos astros (os astros são feitos de ar ou de nuvens condensadas), da origem das pedras (os pedregulhos são terra apertada), e sobretudo das diferenças de peso específico que há entre os corpos (um objeto pesado é "mais cheio" ou "mais apertado" do que um objeto leve de volume igual; ver *C.P.*). Nessas condições, não há nada de inverossímil em julgar que as explicações que acabamos de ver sejam espontâneas.

Se examinarmos agora os resultados obtidos em lugares que não Genebra, encontraremos um processo de evolução exatamente semelhante, mas com diferenças na média de idade dos estágios. Em Paris, de cinquenta crianças examinadas de modo detalhado, descobrimos que o primeiro estágio é em média anterior a 7 anos, que o segundo estágio dá uma média de idade de 8 anos, e o terceiro, de 9 anos e $^1/_2$. Na Espanha, esses estágios situam-se em média em 7 anos e $^1/_2$, 9 anos e 10 anos e $^1/_2$, respectivamente. Na zona rural, as explicações artificialistas desaparecem, naturalmente, mais cedo, porém reencontramos os mesmos tipos de explicações. Vimos crianças, pequenas camponesas, sustentarem que as nuvens são procedentes das chaminés das casas, tanto em Beaulieu-sur-Mer como em pleno Valais, no campo do Vaud ou na Saboia.

Em conclusão, vê-se o quanto a orientação de espírito da criança a impele ao artificialismo, mesmo no que diz respeito a corpos tão evidentemente independentes do homem quanto as nuvens. Indubitavelmente, os detalhes desse artificialismo são pouco interessantes. Em especial, a ideia dominante das crianças, de acordo com a qual as nuvens são alimentadas pela fumaça dos tetos, é a ideia mais natural para espíritos orientados de antemão para o artificialismo. Mas pouco nos importam esses detalhes. O interesse reside nas tendências gerais que supõem. Se nos recordarmos de que o céu, assim como os astros são para a criança formados sobretudo por nuvens, e que a própria noite deve-se a uma atividade regular, intencional ou pelo menos teleológica das nuvens, compreenderemos o alcance das respostas que acabamos de analisar. Nada é deixado ao acaso no universo infantil. A própria fumaça, que parece o tipo de corpos inúteis e dados ao capricho, é concebida pela criança como a matéria do céu e o motor essencial das flutuações atmosféricas e da noite. Do ponto de vista do animismo, resulta naturalmente que, durante os dois primeiros de nossos estágios, a fumaça e as nuvens são concebidas como conscientes e vivas. Durante o terceiro estágio, em contrapartida, o animismo é baixo. Não obstante, várias das crianças que equiparam as nuvens ao ar ou, em conformidade com as lições recebidas, ao vapor de água, ainda as consideram conscientes. Retomaremos noutro lugar a pergunta, a propósito do movimento das nuvens (*C.P.*).

§ 4. As trovoadas e os raios

Antes de estudar as explicações que as crianças dão da formação da chuva, examinemos as representações relativas às trovoadas. O problema das trovoadas interessa a todas as crianças. Podem-se coligir inúmeras perguntas sobre as trovoadas e os raios. As perguntas das crianças de menos idade, até os 6 anos, são manifestamente artificialistas em sua forma mesma. Del, aos 6 anos e ½ (*L.P.*, p. 226) pergunta, por exemplo, enquanto afirma que o raio se forma sozinho no céu: *"Por que (o raio se forma sozinho)? É verdade (que se forma)? Mas se não há tudo o que é necessário no céu para fazer o fogo?"*

As respostas obtidas deixam-se classificar em três estágios.

Durante o primeiro estágio, as trovoadas e os raios são considerados fabricados tais quais no céu ou sobre as montanhas. Durante o segundo estágio, as trovoadas e os raios são procedentes, de acordo com um processo natural, das nuvens ou dos astros, eles mesmos considerados como tendo uma origem artificial. Durante o terceiro estágio, a origem dos trovões é inteiramente natural.

Eis exemplos do primeiro estágio, o qual estende-se apenas até os 6 anos:

Stei (5 anos): "O que são as trovoadas? — *Bate-se com martelos.* — Você acredita nisso ou está brincando? — *Acredito.* — Quem bate? — *O Bom Deus.* — Por quê? — *Para fazer chover*". "Que é um relâmpago? Como ele se forma? — *Não sei.* — Sozinho? — *Sim. Antes das trovoadas.* — De que é feito? — *De fogo.* — Vêm de onde os raios? — *Do fogo, porque são acesos com fósforos. Ele acende e em seguida isso faz o relâmpago.* — Quem acende? — *O Bom Deus.* — Por quê? — *Ele acende de modo que faça barulho.* — Por quê? — *Porque quer.* — Por que ele quer? — *Não me lembro*".

Don (5;5): "Que são os raios? — *É as trovoadas que faz.* — Como? — *As trovoadas faz barulho, em seguida os raios, é as trovoadas que os faz ir.* — De que é feito o relâmpago? — *De fogo.* — De onde vem este fogo? — *Das trovoadas.* — As trovoadas são de fogo? — *Nas trovoadas há fogo.* — De onde vêm as trovoadas? — *Da montanha.* — Como ele se faz na montanha? — *São os pedreiros que fazem* — Como? — *Pegam ferro e fazem as trovoadas com ele*".

Todos os mitos desse primeiro estágio assemelham-se. O segundo estágio estende-se, em média, de 7 a 9 anos. As trovoadas devem-se a uma explosão das nuvens, e o relâmpago ao fogo que sai das nuvens ou dos astros. Mas as nuvens e os astros são considerados fumaça procedente das casas ou do ar fabricado pelos homens.

Roy (6;5): "Que são as trovoadas? — *É um relâmpago. Em seguida é fogo, e depois faz barulho.* — Vem de onde esse fogo? — *Do sol.* — Por que faz barulho? — *É a lua que faz isso*". Ora, recordamos que, para Roy, o sol resulta de um fósforo lançado pelo Bom Deus, ou pelo menos que o sol cresce graças às nuvens que são procedentes da respiração dos homens. Duc (6;10): "Que são as trovoadas? — *Os raios que se encontram*". "De onde vem o relâmpago? — *Do céu.* — Que são as trovoadas? — *Como fogo*". "*São estrelas.*" Ora, as estrelas são fabricadas.
Bois (5 1/2) começa por estabelecer uma ligação de reciprocidade entre as trovoadas e as estrelas: "Que são as trovoadas?" — *Com fogo.* — Como se faz? — *Com estrelas, com fogo.* — Como se fazem as estrelas? — *Porque aquilo (as trovoadas), aquilo faz estrelas que fazem pegar fogo*". Mas ambos resultam dos raios, os quais são procedentes das nuvens: "De onde vêm os raios? — *Nuvens.* — Há fogo nas nuvens? — *Sim.* — Como é isso? — *Da fumaça*". Em outros termos, essas nuvens, como são formadas pela fumaça dos tetos (Bois é bem claro a esse respeito), podem reciclar-se em fogo, o qual dá nascimento aos raios, e, por meio disso, às trovoadas e às estrelas.

A explicação mais corrente desse segundo estágio consiste em explicar as trovoadas pelo choque entre duas nuvens, e o relâmpago pelo fogo assim produzido, sendo as nuvens formadas de fumaça e considerando-se que a fumaça contém fogo!

Cess (8;6): "Que são as trovoadas? — *De fogo.* — De onde isso vem? — *Das nuvens, porque elas se batem.* — Por que fazem barulho? — *Porque se batem bem forte.* — Que são os raios? — *De fogo.* — De onde vêm? — *Das nuvens, porque elas se bateram*". "Como isso acontece? — *Porque são de fogo, como a lua e o sol*".

Moc (8 anos): "As trovoadas vêm de onde? — *Das nuvens* — Como é isso? — *Quando se batem, estouram.* — Que são os raios? — *De fogo.* — Por que vem do fogo? — *Porque ele (as trovoadas) estoura (faz estourar) as nuvens*".

Bo (9 ½): "Que são as trovoadas? — *As nuvens que se batem.* — Por quê? — *Para fazer as trovoadas.* — De onde vem o barulho? — *Porque se batem.* — É dura uma nuvem? — *Sim.* — Como a mesa? — *Não*". (Bo disse-nos pouco antes que as nuvens vêm da fumaça dos fogões.) "Que é o relâmpago? — *É as trovoadas que vai embora.*" É fogo "*das nuvens.* — Há fogo nas nuvens agora? — *Às vezes.* — Que são as nuvens? — *De fogo*".

Quanto ao terceiro estágio, ele marca o aparecimento das explicações meramente naturais. Essas explicações são na maioria das vezes aprendidas, e recorrem à "eletricidade" das nuvens. Mas, como tem ocorrido de modo geral, encontram-se muitas das respostas originais que testemunham uma espontaneidade pelo menos relativa. São essas as únicas que vamos citar. Consistem essencialmente em equiparar a trovoada ao choque entre duas nuvens, mas trata-se de nuvens formadas de ar ou de vapor etc. Quanto ao fogo dos raios, provém quer da explosão ou da fricção assim produzidas, quer ainda de faíscas devidas aos astros:

Chal (9 anos) identifica, como se viu (cap. VIII, § 3), o sol com a nuvem e ambos com o ar. Reexaminamos Chal um mês após este interrogatório e ele nos disse o que segue: "Que são as trovoadas? — *De barulho. Duas nuvens que se encontram.* — Por que faz barulho? — *Quando há esse encontro, há um choque.* — As nuvens são duras? — *Não.* — Como fazem barulho? — ... — Que é o relâmpago? — *De fogo.* — Isso vem de onde? — *Vem das nuvens; faz fogo.* — Por que há fogo nas nuvens? — *Porque o sol é fogo. É uma bola (de fogo).* — O relâmpago vem do sol? — *Não.* — O fogo do relâmpago vem do sol? — *Sim*". "O sol faz o relâmpago se fazer? — *Não, as nuvens.* — Por que o fogo dos raios vem do sol? — *Porque o sol era uma bola de fogo e estourava.*" O sol, ou melhor, os sóis, são por conseguinte nuvens ardentes que, estourando, inflamam as outras nuvens. As nuvens, por sua vez, são feitas de ar e sua explosão produz as trovoadas.

Viu-se noutro lugar (cap. VIII, § 3) Ant, And e Gerv explicarem a formação dos astros por relâmpagos reunidos. Chal acaba de dar-nos a explicação correspondente ao interpretar o relâmpago como procedente do sol.

HEND (9;8): "Que são as trovoadas? — *Duas nuvens que se encontram, e isso faz relâmpagos. Primeiro se tocam, depois se juntam e isso faz as trovoadas e o relâmpago.* — Por que isso faz o relâmpago? — *Porque duas nuvens deslizam (uma contra a outra) e isso faz faísca.* — Por quê? — *Se esfregar dois pedaços de madeira um contra o outro, isso faz faíscas também.* — Por que desliza? — *Aquece e depois há a faísca que sai*". Hend esclarece que a nuvem não é dura: é feita de vapor. Mas para que nuvem possa virar *"é necessário que o vapor esteja bem apertado".*
Ross (10;7): "Que são as trovoadas? — *Nuvens que saltam.* — Como? — *Porque se encontram.* — E em seguida o que é que se passa? — *Um relâmpago.* — Que é isso? — *Um clarão que é feito pelas nuvens.* — Por que elas fazem um clarão? — *Porque se encontram*".

Essas explicações não são sem analogia com as dos pré-socráticos: o ar fechado nas nuvens as faz estourar, e a ruptura produzida gera um clarão etc.

Em conclusão, essa rápida investigação sobre as explicações relativas à formação das trovoadas confirma o que vimos a propósito das nuvens: a evolução das explicações vai de um artificialismo integral à tentativa de fazer uma reconstituição natural, sendo o princípio desta a identificação de substâncias heterogêneas. A explicação da chuva vai completar esse conjunto.

§ 5. A formação da chuva

O problema das representações relativas à chuva é uma das mais interessantes questões evocadas pelo artificialismo infantil. Com efeito, como as nuvens foram consideradas, durante os primeiros estágios, como pedra ou fumaça, não há nenhuma razão para que a chuva venha antes das nuvens do que do próprio céu. Mas a experiência mostra a ligação das nuvens com a chuva: quando a chuva cai há sempre nuvens. A criança sabe bem disso. Como vai ela conceber essa ligação? A nuvem será sinal de chuva, ou causa da chuva, ou encontraremos a confusão, assinalada nos primitivos, entre o sinal e a causa? Na verdade, encontraremos as três soluções, mais ou menos misturadas, sem relação fixa com a idade.

Para mais clareza, exporemos em primeiro lugar as explicações recolhidas sobre a origem da chuva, sem nos ocuparmos da relação da chuva com as nuvens, e em seguida retomaremos esse problema à parte.

Numerosas perguntas espontâneas de crianças mostram-nos imediatamente a orientação de espírito das crianças de 2-7 anos. Mesmo perto dos 6 anos e ½, Del (L.P., p. 264) perguntava: *"Mas como a chuva se faz no céu? Há tubos ou torrentes que vazam?"* (ora, para Del, as "torrentes" são elas mesmas fabricadas).

D'Estrella conta, na sequência das lembranças de infância citadas no § 7: "*Quando chovia, ele (o próprio d'Estrella) não duvidava de que o Deus ("o homem grande e forte") tinha tomado um grande gole de água e que ele o lançava de sua imensa boca na forma de um aguaceiro. Por quê? É que tinha observado várias vezes com que habilidade os Chineses (em São Francisco, EUA) aspergiam dessa maneira assim a roupa para branqueá-la*".

Podemos classificar as respostas dadas por nossas crianças em três estágios, conforme a chuva seja explicada por um artificialismo integral, mediante um artificialismo mitigado ou por meio de um método natural. Eis exemplos do primeiro estágio, a começar por um caso que recorda o que acabam de nos mostrar as lembranças do surdo-mudo d'Estrella:

Viu-se (§ 3) que Roy (6;5) representava as nuvens para si mesmo como constituídas por um vento procedente da respiração humana: "*É alguém que soprou*". Ora, para Roy, a chuva sai das nuvens: vem "*do céu.* — E a água do céu? — *Das nuvens*". "De onde veio a água da primeira vez? — *É quando há homens que cuspiram muito*". Essa resposta não foi dada logo depois da explicação da formação das nuvens. Não há por conseguinte insistência.

Geralmente, contudo, a água da chuva é atribuída a uma fabricação propriamente dita, mas é frequentemente justificado interrogar-se, dadas as reservas e os risinhos das crianças pequenas, até que ponto as "torneiras" ou os tubos que invocam não têm em certos casos (não supomos nada mais do que isso) um sentido simbólico bastante claro. Deixamos essa pergunta para o § 11, em que a reencontraremos a propósito da origem dos riachos:

Griar (5 ½): "Que é a chuva? — É água. — Vem de onde? — *Do céu.* — Há água no céu? — *É o Bom Deus que faz descer.* — Como? — *Ele verte baldes de água aqui para baixo.* — Quem lhe disse isso? — *Ninguém.* — Onde o Bom Deus pega a água? — *De sua torneira.* — De onde vem a água de sua torneira? — ... (ri)".
Deus é concebido naturalmente como um homem. Don (5 ½) diz-nos que a chuva vem do céu e que o Bom Deus a envia; e acrescenta: "Há fontes no céu? — *Às vezes há riachos. Há, o Bom Deus.* — O que ele faz? — *Fica em sua casa, trabalha.* — Por quê? — *Para seu patrão.* — Quem é o Bom Deus? — *É um homem/um senhor*".
Pan (5 anos): "E a chuva de onde vem? — *Do céu.* — Como? — *Não sei. Talvez haja um cano, como papai, que molhou o 'De Dion' (que jogou água no carro para limpá-lo).* — É possível isso? — *Sim, é possível porque é a mesma sujeira.* — Onde? — *Na frente das calçadas, ela (a sujeira) faz charcos de água.* — Como ela vem? — *Há uma torneira, em seguida,*

parafusa-se um tubo e depois envia-se a chuva para regar as flores. — Quem (faz isso)? *— O Bom Deus".*
Hans (5 ½): *"É o Bom Deus que fez. —* Como faz? *— Ele pega a água e em seguida a joga. —* Onde pega a água? *— Na pia".*
Gril (7 anos) diz-nos que a chuva é a água que vem do céu. "Como veio essa água? *— De baixo. —* De baixo, onde? *— Das fontes."* "Como vai ao céu? *— Pelos tubos. —* Onde estão esses tubos? *— Na rua. —* De onde partem? *— Das fontes ou do canal. —* Até onde vão? *— Até o céu"* etc. São os homens que fazem chover.
Ram (9 anos) pensa também que são os homens, e não Deus, que fazem chover. A chuva sobe ao céu *"por torneiras".* "Como? *— A água cai das torneiras. —* E depois? *— Ela faz pequenas gotas e em seguida sobe ao céu."* "Como ela sobe? *— Em jorros de água."* "Por que não se vê? *—* Porque (os jorros) são finos".

É inútil multiplicar os exemplos desses mitos, cujo tema é de resto conhecido. Pode-se, como sempre, interrogar-se até que ponto as crianças creem no que dizem e a partir de que ponto fabulam. Mas o importante é constatar que não têm nada a pôr no lugar desse artificialismo. Quer fabulem ou não quanto aos detalhes, é à atividade humana que recorrem para explicar as coisas, e não às coisas elas mesmas.

É isso que explica que, durante o segundo estágio, a criança em Viena empreste uma atividade humana às coisas. Durante o segundo estágio, com efeito, não encontramos mais um artificialismo direto, no sentido de que a chuva não sai mais das torneiras do céu. Mas há artificialismo indireto no sentido de que é algum objeto procedente da atividade humana, como a fumaça das casas etc., que produz a chuva. Mas então, e é isso o que marca a continuidade entre o primeiro e o segundo estágio, essa coisa que produz a chuva passa ela própria a ser dotada de um artificialismo imanente: há colaboração entre as coisas e nós. Essa colaboração exprime-se pela locução infantil "fazer fazer". O homem e Deus "fazem fazer" a chuva, ou seja, "fazem" algo, mas a fumaça, o céu ou as nuvens também "fazem" algo. Os dois sentidos da palavra "fazer" confundem-se ainda inteiramente. Eis exemplos disso no segundo estágio:

Blas (8;10): "De onde vem a chuva? *— Vem das nuvens. —* Como? *— É a fumaça que sobe e em seguida forma as nuvens. —* Que fumaça? *— A fumaça das casas".* "Como essa fumaça faz a chuva? *— Porque é o calor que faz derreter as nuvens. Ela (a fumaça) se desfaz e em seguida vem (vient = devient = torna-se) água."* "Porque a fumaça se derrete, ela se deforma e em seguida vem água." Ora, as nuvens fazem isso intencional e conscientemente: sabem que avançam *"porque se mexem. Nós também sentimos que avançamos!"*

PORT (9 anos): As nuvens são também feitas da fumaça das casas *"em seguida ficam escuras e depois viram água"*. *"Ela se derrete num momento e em seguida torna-se água."* Ora as nuvens avançam a nossa ordem: *"Quando as pessoas andam também na rua, isso faz as nuvens andar"*.
MARC (10 anos): "De onde vem a chuva? — *Do céu.* — Como? — *São as nuvens, com a fumaça.* — De onde vem essa fumaça? — *Das chaminés.* — Como essa fumaça faz a chuva? — *Porque se derrete.* A fumaça se derrete? — *Sim.* — O que faz derreter? — *O calor"*. Ora, as nuvens são vivas e conscientes.
MOC (8 anos): "De onde vem a chuva? — *Do céu.* — Que é a chuva? — *É de água.* — Como se faz? — *As nuvens.* — Como? — *Porque saltam. As nuvens saltam e isso vira chuva.* — Que quer dizer 'saltam'? — *Quer dizer que estouram.* — De onde vêm as nuvens? — *Da fumaça.* — De onde? — *Das chaminés"*.

Para essas crianças, por conseguinte, as nuvens acorrem intencionalmente em toda parte onde é necessário que chova, e se transformam em água. O processo de formação da chuva tem em consequência um sentido natural, mas permanece a ideia de que as nuvens são procedentes das casas, e sobretudo de que nos obedecem, direta (Port) ou indiretamente. Que ocorrerá então portanto quando se ensinar a essas crianças que a chuva vem da evaporação dos mares? Fundirão simplesmente sua ideia espontânea, que é artificialista, com o ensinamento recebido, e então concluirão que a fumaça das casas "vai procurar" a água no mar. Eis exemplos desses casos de mistura entre a ideia da criança e a lição dada:

DEM (8;0): *"A noite, umas noites, não todas as noites, as nuvens se abaixam e atraem a água"*. Ora, as nuvens são feitas de fumaça: "É vapor? — *É fumaça, não vapor! (ri)"*. "Como atrai a água? — *Como o ímã".* "O que aconteceria se uma embarcação estivesse lá? — *Isso provocaria um abalo tão forte que ela afundaria."*
BONG (9;6) diz-nos também que as nuvens saem das chaminés, e que as nuvens fazem chover: "Você me disse que as nuvens são fumaça. Há água na fumaça? — ... — De onde sai a chuva? — *Do fogo".* "Se se acendesse um fogo nessa câmara, choveria em cima de nós? — *Não. É porque as nuvens descem sobre o mar e pegam a água.* — Como? — *Vão sobre a água, e a água entra nas nuvens."* "Elas sabem que vão procurar a água? — *Sim".*
CEN (8;6): As nuvens são *"vapor"*, ou seja que *"de que tem carne"*. "O vapor das nuvens vem de onde? — *Quando se cozinha sopa.* — Quando se cozinha sopa se fazem nuvens? — *O vapor sai e leva carne com ele."* "Há ar nas nuvens? — *Ar e água em cima."*

Vemos como as melhores lições podem ser deformadas por uma mentalidade artificialista! Vê-se sobretudo que admirável organização a criança empresta à natureza, dado que a fumaça das casas encarrega-se por si própria de ir procurar a água nos mares, ou dado que o ar das panelas "leva a água com ele".

Esse segundo estágio estende-se em média de 7-8 a 9½-10 anos. Constitui por conseguinte uma transição perfeita entre o primeiro e o terceiro estágios que mantém uma parte do artificialismo do primeiro estágio ao mesmo tempo em que já identifica os processos naturais em que a criança do terceiro estágio insistirá. Durante o terceiro estágio, com efeito, encontra-se, ao lado de numerosas explicações aprendidas (a chuva é feita de vapor de água condensado), um grande número de respostas originais, que serão citadas aqui. Encontram-se diferentes tipos que correspondem aos tipos de resposta encontrados a propósito da origem das nuvens (3º estágio). Quando a nuvem é concebida como a fumaça dos raios (Ben, Fau, Lef etc.), a água resulta simplesmente do fato de as nuvens "se fundirem". Trata-se de uma explicação análoga à do segundo estágio, salvo pelo fato de que a fumaça tem doravante uma origem inteiramente natural. Também é inútil insistir nisso aqui. Quando a nuvem é concebida como o ar, a chuva resulta de uma transformação do ar em água:

> TRON (8 anos ½): "De que são feitas as nuvens? — *De chuva.* — De onde vem essa chuva? — *É do ar que se transforma em água*". Um momento depois: "E as nuvens são feitas de quê? — De ar".
> ANT (8 anos): "A chuva vem de onde? — *Das nuvens.* — Como? — *Porque as nuvens têm água.* — Por quê? — *É o vento que se transforma em água*". Ant crê que o vento é ele mesmo procedente das nuvens, que por sua vez são de ar comprimido.
> CHEV (8;2) considera as nuvens, como vimos (§ 7), como o ar *"que se reúne"*. "Como fazem chover? — *Porque as nuvens são molhadas. São cheias de água.* — De onde vem a água? — *Porque é o nevoeiro. Quando lá tem muito, isso forma a água. Sente-se como pequenas gotas de água quando tem aqui."* Quanto ao nevoeiro, é feito de ar: *"Todo o ar vem, em seguida faz nevoeiros".* É por conseguinte também, finalmente, o ar que se altera em água.

Outras crianças, por último, concebem espontaneamente as nuvens, ao que parece, como o "calor", da "umidade", da "transpiração", e então a chuva explica-se por si própria:

> SCHI (7;4) diz-nos que as nuvens vêm do nevoeiro. "De que é feito o nevoeiro? — *De água.* — Como a que sai da torneira? — *Não, é uma água como quando se transpira. Não é completamente como a água quando se transpira. É como a água.* — De onde vem essa água? — *Vem, acho, porque se tem calor. Então deve ser o calor que faz vir as nuvens...* — Como

isso acontece? Vem de que calor? — *Do sol.* — De onde vem a água que é aquecida pelo sol? — *Do sol.* — De que é feito o sol? — *De fogo, acho.* — *Quando faz calor demais, é como quando se tem calor demais nas mãos, o sol transpira, em seguida isso faz nuvens que cobrem o sol".

Bar (9;5): A chuva vem *"das nuvens.* — Que são as nuvens? — *É como a água.* — E a água? — *Do calor".* "Como o calor faz água? — *Faz transpirar.* — O quê? — *As nuvens. Às vezes nós também. É o sol que faz transpirar as nuvens para fazer a chuva.* — Como se fazem as nuvens? — *Pequenas gotas que se reúnem e isso faz as nuvens.* — Vêm de onde essas gotas? — *Do céu.* — Essa água vem de que lugar do céu? — *É como cavernas, em seguida a água vaza e desce."*

Bouch (11;10): A chuva é *"a umidade".* "A primeira vez que choveu, de onde veio a umidade? — *Da transpiração.* — A transpiração de quê? — *Do sol. Quando ele esquenta demais, isso faz transpirar."* É também o próprio sol que transpira.

Vê-se o quanto o processo de evolução dessas explicações recorda as explicações das trovoadas ou a formação das nuvens: o ar e a fumaça se tornam tanto água como fogo. O próprio sol transpira (Schi) etc.

Resta examinar a questão das relações que mantêm, para a criança, a chuva e as nuvens. Como se viu se, pelo estudo de nossos estágios, as nuvens e a chuva começam por ser independentes, e terminam por manter entre si relações de causa e efeito: a chuva procede da nuvem. Mas entre estes dois extremos encontra-se uma zona crítica que devemos analisar agora porque a criança flutua de maneira interessante entre a ideia de que as nuvens são "sinal" de chuva e a ideia de que são a "causa" de chuva.

Eis alguns destes casos nos quais as nuvens são concebidas como "sinal" de chuva:

Gril (7 anos): "A gente sabe quando vai chover? — *Às vezes troveja".* Não obstante, como se viu (§ 7), esse sinal é ao mesmo tempo a causa, dado que as trovoadas são concebidas por Gril como uma pedra que Deus lança para desencadear a chuva: *"Ele pega grandes bolas, lança e chove".* O problema reside no fato de que essa causa é irracional, não estando a chuva contida nas bolas, mas sendo desencadeada por elas.

Rey (7 anos) pensa que a chuva é enviada por Deus graças a um tubo, e que as nuvens são de "giz escuro", não havendo por conseguinte nenhuma relação entre as nuvens e a chuva. No entanto, as nuvens são sinal de chuva: "A gente sabe quando vai chover? — *Não, vemos só as nuvens".* "Por que há nuvens quando vai chover? — *Porque o Bom Deus fica enervado."* Ora, mais uma vez, as nuvens são em parte causa da chuva: "Que são as nuvens? — *É da chuva que vem".* Esta última expressão não significa de modo algum que Rey identifica a nuvem à água. Rey apóia até ao fim que é "giz escuro". A expressão contém apenas esta ideia que a chegada da nuvem desencadeia a chuva.

RAM (9 anos) considera a chuva como elevada ao céu por meio de torneiras. Por outro lado as nuvens são fumaça dos telhados. Não há por conseguinte relações entre os dois fenômenos. No entanto Ram precisa que a chuva sobe ao céu apenas se há nuvens: "Quando é que sobe? — *Quando as nuvens cobrem-se.*" "Então são as nuvens que a fazem vir? — Sim. — Como? — Porque são escuras". Mas Ram mantém que as nuvens são fumaça e não reservatórios de água. O sinal por conseguinte outra vez é sentido como causa sem que a criança precise o "como" do mecanismo. ZWA (9;1) explica, como viu-se (§ 7), a formação das nuvens pelas bolhas de ar que saem da água. Por outro lado, explica a chuva como saída diretamente do céu. Não há por conseguinte relação direta, para ele, entre a chuva e as nuvens. "Para que servem as nuvens? — *Para anunciar que quer vir a chuva.* — São elas quem fazem a chuva ou vem do céu? — *Vem do céu.* — As nuvens fazem a chuva? — *Não.* — Por que é necessário nuvens para anunciar a chuva? — *Porque se lá não tivessem não choveria.*" Há nestas últimas palavras a afirmação de uma ligação causal. E contudo Zwa continua até ao fim do interrogatório afirmando que a chuva não sai das nuvens.

Eis, por último, o caso mais puro que encontramos de diferenciação entre o "sinal" e a "causa". Mas, como se vai ver, a criança concebe parcialmente ainda a nuvem como "causa" ao mesmo tempo que como "sinal".

BOUCH (11;10) concebe a chuva como a *"transpiração"* do sol. Quanto às nuvens, têm uma origem natural, mas que Bouch recusa-se a precisar. "Que são as nuvens? São feitas de quê? — *Anunciam a chuva. Não fazem bom tempo.* — Por quê? — *Quando se veem as nuvens de longe, vê-se que fará mau tempo.*" "Se não houvesse nuvens, poderia chover mesmo assim? — *Sim... (não), sabe-se que quando há nuvens, anunciam o mau tempo e imediatamente faz mau tempo.* — Por quê? — *Depois, imediatamente, quando há nuvens, cai a chuva.* — São as nuvens que fazem chover? — *Isso faz vir o mau tempo e faz chover.*" "Então são as nuvens que fazem chover? — *Não, não fazem chover.*" "Por que quando as nuvens vêm chove? — *Quando as nuvens vêm, vem a noite, fica escuro.* — Então por que a chuva cai? — *Não, há vezes que é porque as nuvens vêm que a chuva cai.* — Porque as nuvens anunciam a chuva? — *Porque sempre que as nuvens vêm a chuva cai.* — Por quê? — *As nuvens anunciam o mau tempo.* — Por quê? — ...*"

Vemos as contradições de Bouch, vemos o quanto esta criança hesita entre a ideia de que as nuvens são sinal e a ideia de que são a causa da chuva. No entanto, a chuva, para Bouch, não sai das nuvens!

Esses fatos são muito instrutivos. Entre o estágio durante o qual a criança não vê relação entre a chuva e as nuvens e o estágio durante o qual a chuva sai das nuvens há, por conseguinte, em muitas crianças, um período de transição durante o qual a nuvem "anuncia" a chuva. Ora, logo que é concebida como sinal, a nuvem é imediatamente concebida como causa. Que causalidade está em ação aí? Não é uma causalidade racional, no sentido de que as nuvens não contêm a chuva, nem a desencadeiam por um processo mecânico. A nuvem é antes causa no sentido de constituir um aspecto necessário do acontecimento. Como disse I. Meyerson a propósito de certas explicações dos primitivos: "A causa torna-se um aspecto, um lado do acontecimento".[3] Essa fórmula é aplicável extremamente bem às relações que nossas crianças estabelecem entre as nuvens e a chuva.

Essa noção de um sinal concebido como parte necessária do acontecimento é de resto extremamente importante para nós, porque constitui uma das formas de transição possíveis entre a causalidade artificialista (e em especial as "participações" que estão na base do artificialismo) e a causalidade por identificação de substâncias. Com efeito, no ponto de partida das explicações relativas às nuvens e à chuva, encontramos alguns sentimentos de participação: as nuvens andam quando andamos, elas nos obedecem, vêm para fazer a noite e fazer-nos dormir etc.; a chuva vem regar nossas plantas, limpar nossas casas (cf. Pau) etc. No outro extremo da série dessas mesmas explicações, encontramos uma causalidade racional: o ar condensa-se em nuvens e as nuvens derretem-se em água etc. Como explicar a passagem entre esses dois tipos de explicação? Por um lado, os sentimentos de participação entre as nuvens, a chuva e nós dão lugar a associações diversas, associações essas que reforçam ainda mais os mitos artificialistas quando a criança os inventa: a nuvem serve assim para avisar que Deus faz chover etc. Constitui-se assim um esquema em que a chuva, a nuvem e nós formamos em conjunto um todo inseparável, e é esse esquema que dá nascimento aos mitos artificialistas que as crianças inventam em resposta a nossas perguntas. Em seguida, quando a crença artificialista está em vias de desaparecer e o elemento humano é por conseguinte dissociado das coisas, permanece o sentimento de uma ligação entre as próprias coisas: a chuva e a nuvem são necessárias umas à outra etc. É essa nova participação, mas uma participação racional, por assim dizer, que faz surgir as identificações de substâncias que constatamos durante o segundo e o terceiro estágios. Uma vez mais, é em consequência uma participação dinâmica que dá origem a uma identificação substancial.

---

[3] *Année psychol.*, vol. XXIII, p. 220.

§ 6. A explicação da neve, do gelo e do frio

Podemos ser muito breves no que diz respeito à origem da neve e do gelo. Mas é necessário assinalar essas explicações, porque elas apresentam certo interesse devido às relações estabelecidas pela criança entre o gelo e o frio.

Podem-se classificar em três estágios as explicações da origem da neve e do gelo. Durante o primeiro estágio (até os 7 anos), há artificialismo.

> Bois (5 1/2): "Como a neve se faz? — *Uns senhores a fazem.* — Como? — *Eles a fazem bem alta.* — O que isso quer dizer? — *Eles a constroem.* — Como é que a neve cai? — *Eles fazem pequenos buracos.* — Onde? — *No céu*". Quanto ao gelo "*é a neve que congelou*", ou seja, que ficou "dura".
> Stei (5 1/2): A neve vem "*do céu.* — Como é isso? — *Com pequenas rolhas azuis.* — Quem tem (essas rolhas azuis)? — *O Bom Deus.* — Porque a neve é fria? — *Porque isso (a neve) tem gelo.* — O gelo vem de onde? — *Vem da neve que ficou do momento em que estava bem frio*".

A partir de cerca de 7 anos, há uma explicação natural. Mas encontramos dois tipos de respostas, caracterizando sem dúvida cada uma um dado estágio. Durante o segundo estágio (de 7 a 9 anos, em média), a neve tem uma origem independente da água:

> Gut (8;9) crê, por exemplo, que a chuva vem do vapor. Mas a neve vem "*dos flocos.* — De onde vêm? — *Do céu.* — Onde no céu? — *Do ar*". Para Bul (11 anos), a neve também é de ar etc.
> Tau (6 anos): A neve vem "*do céu, em seguida é o céu que se pôs em flocos*". Para Tau, a neve produz a água e o gelo apertando-se, mas a água que se derrete não produz nem gelo nem neve. Para Rat (8 anos) é uma mistura de água e de areia.

Durante o terceiro estágio, por último (em média a partir de 9 anos), a neve e o gelo são a água congelada:

> Gen (7 anos): "E a neve vem de onde? — *Da água. É a água suja.* — Como a água se tornou neve? — *É o frio*".
> Chal (9 anos): "De que é a neve? — *É de chuva.* — Como? — *Ela desce à força, congela lá em cima*". "Que é o gelo? — *É a água que congelou.*"

Cabe notar que, mesmo no terceiro estágio, o gelo nem sempre é considerado água congelada, mas como neve apertada, seja a própria neve água congelada ou uma substância independente da água, pouco importa. É interessante notar esse fato. Ele nos mostra em primeiro lugar que a identificação dos corpos não é mais rápida, na criança, nos casos em que parece imposta pela experiência (como no que se refere ao gelo e à água), do que nos casos em que é uma concepção do espírito (como no que se refere ao ar que se transforma em nuvens, em chuva, em astros, em fogo etc.). Esse fato nos mostra por outro lado uma nova tentativa de explicação por meio da condensação, análoga àquelas para os quais já chamamos a atenção, e que consistiam em equiparar as nuvens e os astros ao ar condensado etc. É verdade que, no caso do gelo, cada criança fez a experiência em que uma bola de neve bem apertada fica dura e transparente. Nem por isso é menos interessante que se explique todo gelo por meio de um processo de condensação da neve:

> Gut (8;9), que como acabamos de ver equipara a neve ao ar, diz: "Que é o gelo? — *É a neve que se faz em pedaços.* — Por quê? — *Em seguida fica dura.* — Por quê? — *Porque vem do gelo.* — Como isso acontece? — *É a neve. Ela se forma em pedaços*".
> Bul (11;8) diz-nos que o gelo, assim como a neve, é *"de ar"*. O gelo *"se faz de neve"*. "Que é necessário fazer para ter gelo? — *É necessário esperar que neve.* — Você já viu uma fonte congelada? — *Sim.* — A água pode congelar? — *A água e a neve.* — Só com água pode-se fazer gelo? — *Não.* — Por quê? — *Porque não se põe neve.*" O gelo é feito de neve *"apertada"*.
> Hend (9;8) começa por nos dizer que o gelo é de neve congelada. "É sempre necessário haver neve para que haja gelo? — *Sim, porque ela fica dura e em seguida fica congelada.* — Se ponho um vidro de água lá fora, haverá gelo ou não (no inverno)? — *Não imediatamente, também embaixo vai haver água, e em cima uma camada de gelo.* — Haverá neve no vidro antes do gelo? — *... É a neve que faz o gelo.*"

Vê-se por conseguinte que a identificação da água, da neve e do gelo não é senão progressiva:

> Bul (11;8) diz que *"quando derrete, o gelo não é nada mais que água"*, mas recusa-se ainda a admitir que a neve e o gelo sejam feitos de água: "É de água? — *Há água também.* — E que mais? — *Não é somente água*".

Como então vai ocorrer a identificação entre esses corpos? Veremos aqui, como no caso das nuvens e da chuva, uma participação dinâmica preceder a identificação substancial antes de a criança compreender a ação do frio sobre o gelo da água? É o que vamos constatar estudando as relações entre o frio e o gelo. Retomemos, nesse sentido, todas as crianças examinadas até agora.

A criança chega, com efeito, muito cedo a interrogar-se se é o frio que produz o gelo da água, ou se são a neve e o gelo que produzem o frio. Ora, verifica-se que as explicações das crianças passam por dois estágios principais. Durante o primeiro estágio, há participação ao mesmo tempo dinâmica e substancial entre a neve e o frio: um atrai o outro ou um produz o outro; o frio é, por outro lado, uma substância assimilada ao ar. Durante o segundo estágio, é o frio que produz o gelo e o frio cessa de ser considerado como uma substância para ser equiparado à ausência de calor e ao fato de o sol ficar escondido.

O primeiro estágio é prenhe de confusões entre o sinal e a causa e de participações artificialistas, o que nos mostra efetivamente que a identificação substancial é procedente da participação dinâmica:

> Roc (6 anos): "Por que faz frio no inverno? — *Porque há neve.* — O que faz o frio? — *A neve.* — Se não houvesse neve, faria frio? — *Não.* — É a neve que faz o frio ou o frio que faz a neve? — *O frio faz a neve.* — E o frio de onde é que vem? — *Da neve*".
>
> Lu (5 1/2): "Por que faz frio no inverno? — *Porque cai neve.* — Se não houvesse neve, faria frio? — *Não.* — Por que cai neve no inverno? — *Porque faz frio.* — Por que faz frio no inverno? — *Porque o Bom Deus faz frio*". "Com quê? — *Com a mão.* — Como? — *Ele empurra o frio.* — Vem de onde o frio? — *Da rua.* — Que é o frio? — *É o vento.*"
>
> Gen (7 anos): "De onde vem o frio no inverno? — *Da neve.* — E a neve vem de onde? — *Da água. É a água suja.* — Como a água tornou-se neve? — *É o frio.* — O que faz o frio? — *O vento*".
>
> Pat (9 anos): "Que é o frio? — *O frio é quando quer cair a neve.* — Vem de onde o frio? — *Do vento.* — Por que faz frio no inverno e não no verão? — *Porque é a neve que é fria*".
>
> Hend (9;8): "De onde vem o frio? — *Do vento.* — Por que faz frio no inverno? — *Porque há vento.* — E nos dias em que não há vento? — *Porque as nuvens são derretidas, e isso faz a neve, é isso que faz o frio*".

Para essas crianças, portanto, o frio produz a neve e a neve produz o frio. Mas que produção é essa? É, originalmente, um simples desencadeamento semimoral/semifísico: a neve atrai o frio e o frio atrai a neve, ou ambos emprestam-se uma ajuda mútua. Assim, para Pat, *"o frio é quando quer cair neve"*.

Em contrapartida, para Pur, a neve *"é para mostrar que é o inverno"*.

> Pur (8;8): "Por que neva no inverno? — *É para mostrar que é o inverno.* — Por que não há neve no verão? — *Porque no verão há frutos. Se cai a neve, isso estraga os frutos.* — Por que não neva mais no fim do inverno? — *Para anunciar que é o fim do inverno*".

Essa opinião não é única. É o que responde a maior parte das crianças pequenas à pergunta sobre o "porquê" da neve, questão que, de resto, eles mesmos se fazem. Nessas condições, as respostas precedentes iluminam-se: a neve é sinal de frio, o frio é sinal de neve e ambos se atraem mutuamente. É pelo menos o caso enquanto a criança considera a neve como sendo fabricada por Deus ou pelos homens. Desse dinamismo nasce em seguida o substancialismo. O frio é identificado a um corpo, ao ar, e supõe-se que esse corpo, por um lado, emana da neve e, por outro lado, entra na neve a título de elemento constituinte desta. Esta segunda atitude caracteriza o segundo estágio que acabamos de distinguir.

Com efeito, a identificação do frio com o ar é completamente generalizada nas crianças pequenas. Veremos numerosos exemplos estudando as ideias das crianças sobre o ar (ver *C.P.*). Quando se pergunta à criança o que é o ar, ela responde muito frequentemente: "É feito de frio" (como se o frio fosse uma substância), e quando se pergunta: "De onde vem o vento?", ocorre muito frequentemente de a resposta ser "ele vem do frio". Por outro lado, vimos um grande número de casos de crianças que julgam que a neve e o gelo são compostos de ar (ver acima o caso de Gut e de Bul; ora, Bul considera precisamente que o frio vem ao mesmo tempo da neve e do frio (*sic*): "*É a neve que faz o frio. O vento também.* — De onde vem o frio? — *Do frio.* — De que é feito? — *De ar*").

Resumidamente, as respostas desse primeiro estágio mostram-nos com bastante certeza que a participação, primeiro dinâmica, entre a neve e o frio, dá gradualmente nascimento a uma identificação substancial, sendo a neve e o frio, por fim, concebidos como dois corpos que são procedentes um do outro.

Durante o segundo estágio, pelo contrário, a criança descobre que o gelo é decorrente do frio, e não o inverso. Quanto ao frio do inverno, continua a ser interpretado como devido ao vento; em seguida, com frequência cada vez maior, a criança invoca a ausência do sol etc.

> Cein (10 anos): "De onde vem o gelo? — *É o vento que congela a água*". "Por que faz frio no inverno? — Porque há o vento que vem...". "Porque o vento viaja."
> Vaud (13 anos): "De onde vem o frio no inverno? — Porque há vento. — No verão, também há vento... — *É o ar que é frio.* — Por que o ar é frio no inverno? — *Porque não há sol*".
> Schau (10;8): "Por que a chuva cai como neve? — *Porque faz frio*". "O frio vem de onde? — *Porque não há sol.* — Não há sol no inverno? — *Não.* — Onde ele fica? — *Detrás das nuvens.*"

Em conclusão, este estudo da neve, do gelo e do frio confirma o que vimos a propósito das nuvens e da chuva: a explicação por identificação das substâncias não é primitiva na criança, mas derivada. Nos primeiros anos, a criança está diante de vários corpos, que ela considera formados por ao menos três substâncias distintas: a neve (e o gelo), a água, o frio (e o ar). Cada um desses três corpos lhe parece fabricado à parte: a chuva é enviada por Deus, a neve é feita com "rolhas azuis", o frio é pelo ar enviado por Deus ou pelos homens etc. No entanto, em seguida a criança descobre entre esses corpos algumas participações dinâmicas: a neve anuncia o inverno, o frio anuncia a neve, a neve e o frio se atraem etc. Assim, a partir do momento em que renuncia ao artificialismo, a criança pressupõe, sob essas participações dinâmicas, participações substanciais e procura explicar os corpos uns pelos outros: a neve é resultado do frio e do ar, o frio provém da neve etc. Por fim, os progressos da observação lhe mostram a ordem real: é o frio que causa o gelo e não a neve que produz o frio. Artificialismo e participações dinâmicas, depois identificação substancial, depois por fim ordenação das séries causais — esses parecem, por conseguinte, os três momentos da explicação por identificação.

§ 7. Os rios, os lagos e o mar. A origem primeira das águas

Se a criança tem de fato uma tendência ao artificialismo, essa tendência deve poder prevalecer amplamente na explicação dos rios e dos lagos. É realmente o que o estudo das perguntas de crianças parece mostrar: várias das perguntas que citamos no início deste capítulo pressupõem claramente o artificialismo. Perguntar, por exemplo, "por que o lago (de Genebra) não vai até Berna" é supor que há uma razão moral para isso e que, por conseguinte, o lago foi desejado e construído.

Ao interrogar as crianças, obtêm-se respostas que podem ser classificadas em três estágios. Durante o primeiro desses estágios, tudo é fabricado: o leito dos rios e dos lagos, e da própria água. Ao longo do segundo estágio, o leito é cavado pelos homens, mas a água tem uma origem natural. No decorrer do terceiro estágio, tudo é natural.

Damos alguns exemplos do primeiro estágio. Entre eles, podem-se distinguir determinadas crianças, provavelmente as mais primitivas, que precisam as origens da água e as consideram fisiológicas, outras crianças que concebem a água como fabricada sem ideia fisiológica consciente (ou admitida), e outras ainda que nada precisam, em absoluto. Um dos casos mais primitivos é provavelmente este:

> Roy (6 anos): "Como o lago começou? — *É porque já havia um buraco, depois puseram barreiras.* — Como começou esse buraco? — *Ele já existia. Foram os homens que o fizeram*". "O que é um rio? — *É um buraco,*

depois há água dentro. — Como esse buraco começou? — Foram homens que o fizeram. — De onde vem a água? — É porque quando faz calor, isso faz água." "O que isso significa? — *É o calor.* — Como? — *Porque que nós, se transpira, depois se está molhado."* "De onde sai a água dos rios? — *De um pequeno túnel.* — A água do túnel vem de onde? — *De um canal.* — E a água do canal? — *Foram homens que pegaram água de uma fonte e que puseram em tubos."* "Mas como a água começou na terra? Sempre houve água? — *Não.* — De onde veio a água pela primeira vez? — *Foi quando tinha homens que cuspiram muito."* É nesse momento que Roy nos diz, a propósito da chuva, o que vimos no § 9.

O interesse deste caso está na origem fisiológica atribuída pela criança à água: foram homens que cuspiram. É provável, considerando-se o que se sabe dos interesses dos menininhos, que essa fórmula não passe de uma maneira polida de dizer coisas ainda mais prosaicas. Pode parecer um gracejo de mau gosto supor que as crianças pensam na micção a propósito da origem dos rios. Entretanto, obtivemos a certeza de que essas imagens traspassam o espírito das crianças no próprio momento em que as interrogamos:

Ju (7 anos), tal como Roy, admite que os rios foram cavados pelo homem e que a água vem das fontes e dos tubos. "E como começou a água dos tubos? — ... (Ju fica muito vermelho). — Diga o que pensa. Não faz mal algum se não estiver certo. — ... *Dos banheiros.* — E a água dos banheiros? — ... (Neste ponto, Ju, cada vez mais vermelho, tem lágrimas nos olhos, e nós mudamos o tema da conversa)."
Hér (7 anos): "Como começou a água dos rios? — *É a água quando ele chora... Às vezes, é a água dos banheiros".* "Isso vai pelos esgotos... e a água dos esgotos vai para o Arve."* Quanto ao leito do rio: *"Cavaram, fizeram um grande buraco".*

Mas aqui, como ocorre com frequência, as lembranças de surdos-mudos nos oferecem um testemunho decisivo:

D'Estrella, na carta autobiográfica dirigida a W. James e destinada a completar o relato de suas recordações da infância,[4] diz: *"Devo acrescentar isto sobre a origem do Oceano. Fui um dia à praia com alguns colegas. Eles se banharam. Entrei pela primeira vez no Oceano sem nada saber do sabor da água nem da força das ondas. Fiquei de cabeça para baixo, os olhos e a boca abertos. Foi por pouco que não me afoguei. Eu*

---

[4] *Philos. Rev.* I (1892), pp. 613-624.

não sabia nadar. Afundei e instintivamente comecei a deslizar sobre a areia. Cuspi a água perguntando-me por que ela era tão salgada. Pensei que fosse a urina desse deus poderoso" (do "homem grande e forte" escondido por detrás das colinas).

Mas é evidente que a maioria das crianças não pode formular essas hipóteses no momento em que é interrogada. Elas concebem então a água como fabricada, mas sem poder indicar o "como" dessa fabricação:

> REV (6 anos): "Já existia o lago quando seu pai era pequeno? — *Ainda não*". — O lago é um buraco feito por *"um homem. — De onde vem a água do lago? — Da fonte. — E a água da fonte? — De uma torneira e depois a água, não sei, a água é toda redonda, e depois a água sai do buraco, e depois em cima os barcos andam*". "Quem fez a água da torneira? — *Um homem. — Como? — A água da torneira, ele a pôs deitada, depois a água desce.*"
> GRIM (5 ½): O lago é um grande buraco. "Como foi feito o buraco? — *Eles cavaram. — Quem — Uns homens. — Por quê? — Para pôr água dentro.*" "Ou será que veio sozinha? — *Não. — Onde eles a pegaram? — Nas fontes.*" "De onde vem a água dos rios? — *Da terra. — E a água da terra? — Das fontes. — E a água das fontes? — Do lago. — E a água do lago? — Pegam-se baldes, depois eles são postos no lago com água dentro.*"
> RAT (8 anos): "De onde vêm os regatos? — *Do lago. Às vezes, do Arve. — De onde vem o Arve? — Não sei. Foram uns homens que puseram a água num grande buraco. — E o buraco? — Alguns homens o cavaram. — E de onde vem a água? — Das fontes. — E a água das fontes, de onde vem? — Não sei. Creio que foi alguém que a fez. — Como? — ... — Não sei...*" "*Com alguma coisa. Creio que a fizeram com a terra.*"

Poderíamos multiplicar indefinidamente esses exemplos, mas todos se assemelham. Esse primeiro estágio se estende, em média, até por volta de 7-8 anos. Classificamos no segundo estágio as crianças que, embora afirmem que os rios foram cavados pelo homem, declaram que sua água vem seja da chuva, seja de uma fonte alimentada pela chuva. Esse segundo estágio se estende em média até 9-10 anos, aproximadamente. Eis alguns exemplos:

> BAB (8:11): "O que é um lago? — *É uma grande coisa redonda, um buraco onde há água.* — Havia já um lago quando seu pai era pequeno? — *Sim.* — E seu avô? — *Sim.* — Os primeiros homens em Genebra? — *Não.* — O que é mais velho, o lago ou Genebra? — *O lago.* — Como isso começou? — *É a água que cai.* — De onde? — *Do céu.* — E a grande coisa redonda? — *Foi cavada.* — Por quem? — *Os homens.* — Que homens? — *Os operários*". O mesmo ocorreu com os rios. "O que existiu primeiro, as pontes ou os rios? — *As pontes.* — Fizeram as pontes em primeiro

lugar? — *Sim.* — Por quê? — *Para passar.* — Por quê? — *Para passar.* — Por quê? — *Porque não havia água, havia o buraco".*
GEN (7 anos): "Como isso começou, o Arve? — *Com a chuva.* — E o buraco, como foi feito? — *Com máquinas".*
BAR (9 ½): "Como o lago começou? — *Da chuva.* — E o buraco? — *Foram homens que o cavaram.* — Como? — *Com enxadas.* — Faz muito tempo isso? — *Há muito tempo.* — O que veio primeiro, Genebra ou o lago? — *Genebra".* Quanto ao Arve: "*Foram homens que o cavaram.* — Por quê? — *Para fazer o rio.* — E de onde vem a água? — *Da chuva.* — Como? Onde ela cai? — *Na terra.* — Onde? — *Sobre a terra. Ela se infiltra na terra.* — E então? — *Ela escoa para o rio".*
BUL (11;8): "Como começou o lago? — *Eles o cavaram.* — Quem? — *Alguns homens.* — Quando? — *Há muito tempo.* — Quem eram? — *Homens antigos.* — Por quê? — *Para que se possa ir de barco aos cantões* (em Lausanne! É possível compreender agora a questão formulada por Del, de 6 ½: 'Por que o lago não vai até Berna'). — Por quê? — *Para ir de barco aos passeios, para os pescadores?* — Por quê? — *Para os peixes.* — De onde vêm os peixes? — *Deus e os homens fizeram o lago e Deus pôs os peixes.* — Foi Deus ou foram os homens que fizeram o lago? — *Não, foi Deus que fez o lago.* — De onde ele pegou a água? — *Há fontes e rios e eles fizeram corresponder no lago.* — Quem é o mais velho, Genebra ou o lago? — *Genebra... não... o lago".*

Vê-se por esses poucos casos como o artificialismo parece espontâneo nas crianças, visto que, quando elas aprendem ou descobrem que a água dos rios vem das montanhas e das chuvas, continuam a conceber o leito como artificial. Além disso, encontra-se entre esse segundo e o terceiro estágio uma série de casos intermediários que mostram bem o quanto o artificialismo está enraizado, se não ao estado de crenças formuladas, ao menos a título de orientação de espírito. Nos casos seguintes, por exemplo, encontra-se, sob as explicações naturais (características do terceiro estágio), uma orientação de explicação claramente artificialista (e derivada das concepções do segundo estágio):

CHAL (9 anos): "Como se fez o lago? — *Foi a água que escavou.* — De onde vem a água? — *Da montanha.* — De onde vem a água do Arve? — *Dos riachos.* — E a água dos riachos? — *Da montanha.* — E como se fez o buraco do Arve? — *De tanta água que tinha, isso foi escavado.* — Quem é o mais velho, Genebra ou o lago? — *Genebra.* — Genebra ou o Arve? — *Genebra".* "Por que o lago e o Arve estão ao lado de Genebra? — *Foram os riachos que desceram.* — Por que aqui e não em outro lugar? — *Havia muitos riachos que estavam sendo construídos.* — Por que o lago está ao lado da cidade? — *Porque há a divisão* (com efeito, Genebra se acha sobre os dois rios). — Por que a cidade está ao lado do lago? — *Porque ele* (o lago) *foi construído ao lado.* — Por quê? — *Os riachos desceram na direção da cidade.* — Eles poderiam ter sido construídos num lugar mais distante? — *Sim. Foram talvez os homens que o começaram e a água do rio escorreu para dentro.*" Vê-se que o artificialismo se acha ainda subjacente, dado que Chal mantém contra toda verossimilhança que a cidade é anterior ao lago.

Par (9 anos): "De onde vem o lago? — *Ora, é da água*". "De onde ela vem? — *Dos riachos da montanha.* — De onde isso vem? — *Do céu quando chove.* — De onde vem o buraco do rio? — *Porque se cavou com enxadas. Também quando a água desceu da montanha, isso fez um buraco.* — Foi a água ou as enxadas? — *A água.* — Genebra sempre esteve onde está? Não. — *Claro que sim!* — Genebra esteve aí antes do lago ou o lago estava primeiro? — *A cidade porque é preciso uma cidade antes do lago, senão a água vai para todo lugar.* — Você conhece o Arve? — *Sim, conheço tudo.* Foi a cidade ou o Arve que existiu primeiro? — *A cidade. Fizeram a cidade, depois as pontes, depois começou a chover, e então houve água e ela caiu no Arve e no Reno".*

Este último caso é notável em virtude da tenacidade conservada pela própria tendência artificialista no interior de explicações naturais. Esses últimos exemplos são bem mais interessantes que os casos primitivos do primeiro estágio, pois a orientação de espírito da criança é vista aí mais indiretamente, portanto de modo mais verdadeiro.

Eis agora dois casos do terceiro estágio, isto é, do estágio ao longo do qual a explicação dos rios e dos lagos se torna inteiramente natural. Observamos entretanto nos casos mais primitivos desse estágio (por exemplo, o primeiro dos que vamos citar) que a explicação não é imediatamente mecanicista, mas passa em primeiro lugar por um "artificialismo imanente": a água é dotada de certo dinamismo finalista, que lhe permite agir para o maior bem do homem.

Bar (9;5): "De onde vem o lago? — *Dos riachos.* — Como isso se formou? — *A água escavou. Quando isso ficou forte, quando havia grandes ondas, isso fazia recuar as pedras.*— Quem é o mais velho, Genebra ou o lago? — *Gen... ao mesmo tempo!*" "Como aconteceu de Genebra estar à beira do lago? — *Porque se não se tivesse tido o lago, não se teria água!*" O lago é portanto explicado por meio de razões ao mesmo tempo mecânicas e finalistas, sendo o mecanicismo um meio a serviço dos fins.

Bur (12;7): "De onde vem o lago? — *Das montanhas.* — Como? — *É quando há neve sobre as montanhas. Ela derrete.* — Como o lago foi escavado? — *Foi a água.* — E os rios? — *Porque as pedras rolam e isso abre buraco.* — O que existia antes, Genebra ou o lago? — *O lago.* — O Reno, o Arve ou Genebra? — *Os rios".*

Quanto ao animismo das crianças desses diferentes estágios, constatamos uma vez mais que o artificialismo e o animismo, longe de se contrapor, implicam-se mutuamente. Com efeito, nove décimos das crianças do primeiro estágio concebem a água dos lagos e dos rios como consciente e viva, embora a considerem fabricada, sem de resto, de forma geral, precisar o "como" dessa fabricação. Quanto aos estágios ulteriores, oito décimos das crianças do segundo estágio e um terço das do terceiro estágio concebem ainda a água como viva e consciente. Vê-se que o animismo decresce progressivamente com relação ao artificialismo.

Deveríamos ainda examinar as respostas das crianças estrangeiras em Genebra, mas elas são tão semelhantes às respostas anteriores que é inútil insistir. Tivemos ocasião de falar com algumas crianças de Beaulieu-sur-Mer ou do Valais sobre a origem do Mediterrâneo ou de pequenos lagos de montanha. A senhorita Rodrigo tem prosseguido a mesma pesquisa na Espanha. As respostas são qualitativamente as mesmas. O mar é *"um grande buraco e foi colocada água dentro. De onde vem essa água? — Dos canos e das torneiras"* (7-8 anos) etc. Em Paris, o problema é formulado de maneira diferente, uma vez que as crianças não têm a mesma experiência direta das realidades da natureza como em Genebra. O artificialismo é, por conseguinte, mais marcado. Mas os estágios são qualitativamente os mesmos: somente sua duração varia.

Capítulo X

A origem das árvores, das montanhas e da terra

Resta-nos estudar como a criança explica a origem das matérias-primas, como a madeira, a pedra, o tecido etc. Não se trata neste contexto de perguntas feitas por espírito de sistematização. Em cada um desses problemas interessa a criança, ou ao menos algumas crianças. Melhor dizendo, cada uma das questões que formularemos foram de fato formuladas por crianças. Assim, no conjunto de perguntas que Bohn apresentou[1] encontram-se as seguintes, todas da mesma criança. Aos 2 anos e meio: *"Papai, havia pessoas antes de nós? — Sim. — Como elas chegaram? — Elas nasceram como nós. — A terra existia antes que houvesse pessoas em cima? — Sim. — Como ela chegou antes que houvesse pessoa alguma para fazê-la?"* Com 3 anos e meio: *"Quem fez a terra? Houve um tempo em que não estávamos sobre a terra?"* Com 4 anos e 9 meses: *"De que são feitos os rochedos?"*

A senhora Klein, num interessante estudo,[2] enfatiza as questões seguintes por volta dos 4-5 anos: *"Wie wird Holz? Wie wird Stein?"* Responde-se à criança que a pedra sempre esteve naquele lugar, mas ela replica: *"Aber woraus ist er hergekommen?"* Outras perguntas se referem ao crescimento das árvores, das flores, à origem da poeira, do vidro etc. Em resumo, todas as matérias podem suscitar uma curiosidade espontânea, e a própria forma pela qual a pergunta é feita costuma mostrar que a criança espera receber uma explicação artificialista.

§ 1. A origem da madeira e das plantas

Encontramos, como de hábito, três estágios na evolução das explicações: artificialismo integral, mescla de artificialismo e de explicação natural e, por fim, explicação puramente natural. Durante o primeiro estágio, a madeira é concebida como fabricada graças a pedaços resultantes dos destroços dos móveis. Ou então vem das árvores, mas as árvores são todas feitas pelo homem, seja porque se tenham posto "bastões" dentro da terra, seja porque se tenham plantado sementes fabricadas pelos vendedores. Durante

---

[1] *Pedag. Semin.*, 1916.
[2] Eine Kinderentwicklung, *Imago*, vol. VII, p. 251.

o segundo estágio, a criança compreende que a madeira vem das árvores, e as árvores, das sementes (ou das raízes etc.). Além disso, as sementes vêm das próprias árvores, ou de outros vegetais (do trigo etc.). Mas é necessário que os homens as recolham e as preparem para semeá-las; sem isso, as árvores não cresceriam. Portanto, a natureza não se basta ainda por si só. Durante o terceiro estágio, por fim, há uma explicação inteiramente correta.

Apresentamos alguns exemplos do primeiro estágio, que se estende, em média, até 7-8 anos, aproximadamente. Encontramos dois tipos de respostas, as das crianças que não aprenderam que a madeira vem das árvores, e as das crianças que aprenderam. Eis alguns dos exemplos do primeiro tipo.

DAR (4 anos): "Como se faz para ter madeira? — *Não sei.* — O que você acha? — *Ela foi comprada.* — De quem? — *De uma senhora.* — E como essa senhora fez para ter madeira? — *Ela fez madeira.* — Como? — *Ela colou pequenos pedaços para fazer um grande.* — E os pequenos pedaços? — *Foram feitos com pregos* — Como? — *Eles são colados. São plantados (os pregos). Plantam-se as coisas dentro da madeira.* — Mas como os pequenos pedaços foram feitos? — *Não sei. Quando se trabalha, isso cai dos grandes pedaços de madeira".*

POR (4 ½): A madeira vem *"do vendedor.* — E como o vendedor faz para ter madeira? — *Ele pega sacos.* — E quando não há mais? — *Ele compra de outro homem"* etc., indefinidamente.

LUG (7 anos): "Como se faz para ter madeira? — *Ela é passada numa máquina.* — Não é preciso nada para pôr na máquina para ter madeira, ou é necessário pôr alguma coisa? — *É preciso colocar alguma coisa.* — O quê? — *É preciso pôr lascas".*

RUD (7 anos): A madeira vem da casa do vendedor, o qual a obteve de outro vendedor, e assim por diante. Quanto à origem primeira da madeira, é *"na casa de um homem que quebra armários".*

Passemos a crianças mais informadas, para as quais a madeira vem das árvores, e as árvores, das sementes. Veremos que o artificialismo permanece integral mesmo neste segundo caso, visto que as próprias sementes são fabricadas:

TER (6 ½): "Como se faz para ter madeira? — *Eles a fazem com coisas.* — Com quê? — *Com madeira.* — E de onde a madeira vem? — *Dos bosques.* — Como? — *Foi o Bom Deus que ajudou os homens a fazer a madeira, depois então eles a plantaram na terra.* — Onde eles pegaram essa madeira que plantaram? — *Eles fizeram madeira e depois então plantaram na terra".* "Há algumas vezes novas árvores? — *Sim.* — Como isso acontece? — *Semeiam-se coisas.* — O quê? — *As coisas são compradas.* — São compradas nas lojas."* "Como se faz para ter sementes? — *As* sementes são feitas. — Por quem? — *Alguns homens.*" — "O que é preciso para ter sementes? — *É preciso ter coisas redondas.* — Onde as pegam? — *Por terra.* — Onde? — *Nos campos. Separa-se a grama, depois pegam-se sementes.* — Como elas chegaram até lá? — *Foram perdidas quando foram ser semeadas.* — De onde vinham? — *Da casa do vendedor.* — E como o vendedor faz para tê-las? — *Enviaram para ele; aí ele a fabrica.* — As sementes não são encontradas? — *Não, são feitas.*"

BLAN (6 anos): "Como se faz para ter madeira? — *Os troncos das árvores são cortados.* — Como se faz para ter árvores? — *Plantam-se sementes.* — E as sementes? — *São compradas.* — Onde? — *Nas lojas*". — "E o senhor da loja? Pense um pouco. — *Ele as faz.* — Com quê? — *Com outras sementes.*" "Quando os primeiros homens chegaram, já havia árvores? — *Não.* — Como foi o começo disso? — *Pelas sementes.*" "De onde essas sementes vinham? — *Da loja.*"

Vê-se que a origem das árvores permanece artificialista. Sem dúvida, não se trata nunca de uma criação *ex nihilo*, noção que as crianças não dominam mais que as cosmogonias primitivas. Procurando o desenvolvimento da criança, desemboca-se sempre, a partir daí, num círculo: a madeira é feita de lascas, ou as sementes são compostas de sementes.

Durante o segundo estágio, a ideia de um processo natural de formação das sementes aparece, mas o artificialismo continua vivaz, no sentido de que o homem não deixa de ser necessário à reprodução das árvores. Eis alguns exemplos:

DUC (6;10): A madeira vem das árvores. "E as árvores? — *Faz-se a semente crescer.* — E a semente? — *São compradas.* — De quem? — *De um vendedor.* — E como o vendedor as obtém? — *Eles as faz.* — Como? — *Com uma máquina.* — Como as sementes são feitas com uma máquina? — *São postas nas máquinas.* — O que é colocado? — *O que cresce nas árvores.* — O quê? — *Os pomos.* — Que se faz para ter pomos de abeto? — *Pegam-se frutos.* — E depois? — *Eles são postos na máquina.*" "Podem-se fazer semente sem pegar nada das árvores? — *Não.* — Se não houver máquina, podem-se fazer as árvores crescer? — *Não.*"

AH (7 ½): A madeira vem das árvores, e as árvores das sementes. Estas são encontradas "*na fábrica.* — Que fábrica? — *A fábrica de sementes*". "O que se faz na fábrica? — *As sementes.* — Com quê? — *Com trigo.* — E as flores, você acha que são feitas com sementes de trigo? — *Sim.*" — "Se não houvesse homens, haveria flores? — *Não.*"

Naturalmente, as crianças que conhecem melhor o campo não fazem tanto as "fábricas" intervir, mas conservam a ideia de que o homem é necessário ao crescimento das plantas.

Bouv (8 anos): Os abetos saem das sementes. Quanto a estas, "*são pegas nos frutos.* — Se não houvesse homens, os abetos cresceriam sozinhos nas florestas? — *Não, porque há* (não haveria) *ninguém.* — Se não houvesse ninguém, não haveria nenhuma semente? — *Não haveria nenhuma árvore".* — "Por quê? — *Porque não haveria sementes.* — Por quê? — *Porque não poderiam ser pegas.*"

Vê-se como permanece enraizada a tendência artificialista mesmo nas crianças mais informadas, e mesmo nos arrebaldes de Genebra, em que todas as crianças conhecem bem o campo.

Há por último uma pergunta interessante que se pode fazer às crianças: "por que as folhas das árvores são verdes?" Durante o primeiro estágio, a criança responde o seguinte:

Du (4 anos): *"Porque as coloriram".*
Frez (4 anos): As árvores da montanha *"foram feitas por homens.* — Como? — *Com madeira. Eles encontraram madeira. Encontraram flores, depois puseram nas árvores.* — Por que as folhas das árvores são verdes? — *Para fazer as árvores bonitas".*
Blan (6 anos): *"Eles envernizaram".*

As crianças do segundo estágio respondem deste modo:

Ol (6;11): *"Porque são folhas inteiramente frescas que acabam de crescer".*
Eyn (6 anos): "Por que as folhas são verdes? — *Porque a semente foi plantada.* — Por que são verdes e não de outra cor? — *Porque é primavera".*
Gio (7;2): *"É a primavera que as faz vir verdes".*
Iwa (9 ½): "*É a árvore que as torna verdes.* — Como a árvore conseguiu fazer isso? — *Foram suas raízes que as tornaram verdes quando elas (as folhas) saíram das raízes.* — E de onde vêm essas raízes? — *Da semente".* "De que cores são as sementes? — *As sementes são da cor das flores.* — Você já viu sementes azuis? — *Não.* — Você já viu flores azuis? — *Sim.* — Então, como é isso? — *Há um pouco de azul nas sementes.* — Esse azul pode ser visto? — *Não."*

Observa-se a tendência pré-formista desta última resposta.

O primeiro estágio se estende em média até 6-7 anos, e o segundo até por volta dos 9 anos. As respostas do terceiro estágio são corretas no que diz respeito à origem das sementes, e as crianças desse estágio se recusam a concluir no que se refere ao verde das folhas. Ou então dão as mesmas respostas que as que acabamos de ver.

§ 2. A origem do ferro, do vidro, do tecido e do papel

Podemos ser bastante breves no que diz respeito a essas explicações, já que não contêm nada de muito interessante.

Nas crianças muito pequenas, encontra-se um estágio aparentemente pré-artificialista, mas na realidade simplesmente anterior à necessidade de explicar:

> OA (4 anos) diz-nos a propósito do ferro que *"é encontrado"*. Ele se faz *"inteiramente sozinho"*. Mesmas respostas para o papel e o tecido.
> FREZ (4 anos) dá as mesmas respostas. O ferro *"é encontrado. — É fabricado ou é encontrado? — É encontrado"*. *"Onde? — Nós o encontramos na casa de nossa tia."*
> SALA (4 anos): *"É pego com as mãos na água"*. Esta resposta é dada para o ferro, o papel etc.

Evidentemente, esse estágio, embora anterior a toda explicação, prepara o artificialismo: as coisas são dadas, completamente feitas, por um cosmos organizado apenas com vistas ao homem. Nessas condições, as primeiras explicações dadas serão integralmente artificialistas. Eis um claro caso de transição a esse respeito:

> MASS (6 anos): O ferro *"é pego na terra"*. "Mas de onde vem o ferro da terra? — *Foi posto* (na terra)."

As primeiras explicações dadas acerca da origem das matérias são de dois tipos: ora fabricam-se as matérias umas por meio das outras, ora são fabricadas por meio de pedaços da própria matéria. Eis alguns exemplos do primeiro tipo:

> BLAS (5 anos): O ferro é *"feito do fio"*, isto é, *"do pequeníssimo fio de ferro"*, o qual é feito *"com outro fio"* (do fio comum). O tecido é fabricado *"com relva"*. O vidro é feito *"com o gelo"*.
> BOS (6 anos): O ferro é feito *"com terra"*. O mesmo acontece com o vidro.
> CO (6 anos): O ferro é fabricado *"com vidro"*.
> OL (6 anos) dá a mesma resposta e acrescenta que *"aquece-se... o vidro para fazer o ferro"*.
> FER (7;9): O ferro é feito *"com a chapa"*, e esta *"com a soda"* (da soldadura) e solda *"com a pez das árvores"*.
> VAU (6 anos): Para obter ferro, põe-se madeira nas máquinas, e para obter papel, coloca-se vidro.
> RU (7 anos): faz-se o tecido *"com teias de aranha"* e o papel com *"patas de galo"*. Esta última explicação vem do que se chama em Genebra de enfeites de "patas".

Em suma, as máquinas são caixas mágicas, nas quais se põe o que quer que seja para obter não importa o que, seguindo as semelhanças totalmente exteriores que a criança apreendeu. A senhora Klein, num artigo que citaremos adiante, narra que seu filho, de 4 anos, pediu um dia que se cozinhassem os espinafres do jantar durante tempo suficiente para que se tornassem batatas. Há nesse contexto uma crença na onipotência da técnica adulta que reencontraremos ao estudar as ideias das crianças sobre as máquinas.

O segundo tipo de respostas é o seguinte:

> Dar (4 anos): O ferro vem das lojas: *"os pequenos pedaços são colados"* (colam-se pedaços para disso fazer um todo).
> Bem (5 ½): O vidro é feito *"com o vidro que se quebrou"*.
> Ol (6 anos): *"São reunidos os pedaços de vidro encontrados"*.

Mas essas respostas são contemporâneas das precedentes e se misturam a elas.

Esses dados só são objeto de interesse na medida em que nos mostram a tendência infantil a crer na onipotência adulta. É durante esse mesmo período que tudo na natureza parece à criança artificial ou fabricado. Em seguida, isto é, quando a criança descobrir pouco a pouco que as máquinas não são nem onipotentes, nem misteriosas, os fenômenos naturais parecerão à criança cada vez mais difíceis de explicar pelo artificialismo, e este último será substituído pelas explicações propriamente físicas.

§ 3. A origem dos pedregulhos e da terra

O problema do solo é muito mais interessante do que o das matérias precedentes. As representações das crianças se acham mais afastadas da influência adulta e do verbalismo.

Acrescentamos à pergunta sobre a origem das pedras uma questão mais concreta. Mostramos às crianças um calhau arredondado e brilhante, semelhante aos que todas tinham visto à beira do lago ou do Arve, e perguntamos: "Por que ele é redondo?" Quando a criança não respondia que é a água que gera o desgaste, acrescentávamos: "Eu o encontrei à beira do Arve. Por que você acha que ele é redondo?"

Encontramos três estágios nas explicações dadas: artificialismo integral até por volta de 7-8 anos, explicação natural a partir de 9-10 anos, e estágio intermediário entre os dois.

Durante o primeiro estágio, a terra e a pedra são concebidas como tendo sido fabricadas uma por meio da outra, ou ambas por meio de "pequenos pedaços" de pedra. Eis alguns exemplos:

> Dar (4 anos): As pedras vêm *"de uma casa. Numa casa queimada* (em ruínas), *pegam-se as pedras"*. "No Salève, há pedras; de onde elas vêm?

— *São plantadas na terra.* — Como acontece isso? — *É difícil dizer! Elas são feitas de mármore.*"

SALA (4 anos): As pedras *"foram feitas"*. Quanto à terra, *"ela está dentro.* — Dentro do quê? — *Das pedras"*.

BLAS (5 anos): As pedras *"são feitas"* com *"pequenos pedaços de pedra; a terra "é fabricada"*.

ZAL (5 anos): *"Dos homens que consertam as casas. São eles que fazem a terra"*.

COUR (5 anos): *"De onde vêm as pedras do Salève? — Alguns homens que devem plantá-las"*. *"Como isso começou as pedras? — Põe-se cimento, logo depois cola-se, depois bate-se com um martelo, isso faz colar.* — O que significa que as pedras são plantadas? — *Plantam-se pequenos pedaços, depois se põe cimento, depois se cola."*

BLAU (6 anos): "Há pedras mesmo no campo '*porque plantaram sementes na terra'*. — Sementes de quê? — *Sementes de pedras.* — De onde vem isso? — *Dos homens.* — Como é? — *É redonda.* — Para que servem? — *Porque são plantadas.* — O que elas fazem quando são plantadas? — *Isso dá pedras".*

HATT (7 anos): Os homens, *"eles pegaram cascalho, areia, calhaus e fizeram as pedras"*. As pedras do campo: *"São homens que as jogam"*. A terra foi feita pelos homens.

CUV (6 anos): Todas as pedras foram feitas pelos pedreiros com terra, e a terra é de pedra esmagada.

Por conseguinte, encontramos no primeiro estágio três explicações justapostas entre as quais oscila praticamente toda criança. A primeira consiste em dizer que a terra é feita de pedras e as pedras de terra, com a possibilidade de uma substância intermediária, que é a areia. Em segundo lugar, as pedras são feitas com pequenos pedaços de calhaus, que são simples destroços abandonados por falta de uso. Trata-se do análogo do que vimos a propósito da madeira: a madeira é fabricada com lascas etc. Há aí dois procedimentos de composição; veremos onde vão desembocar quando a explicação infantil se libertar do artificialismo: esse ponto de chegada é o atomismo, unido à ideia da condensação ou da rarefação de uma substância única que serve de matéria ao solo. Em terceiro lugar, encontra-se em algumas crianças (nem todas, mas num grande número) a ideia de que os pedaços de pedra "crescem" à maneira das plantas: são "sementes de pedras" e "isso produz pedras", "são plantadas", "isso cresce" etc. Devem-se ver nessas expressões simples figuras de estilo? A sequência nos mostrará que se trata de uma verdadeira vida atribuída à pedra. Mas também veremos — e os exemplos anteriores são claros a esse respeito — que essa vida não exclui a ideia de uma fabricação: fazem-se pedras, plantam-se essas pedras e elas crescem.

A melhor justificação dessas interpretações nos é dada pelo estudo das respostas que as crianças deram à questão do calhau arredondado pela água do Arve. Esse calhau é, com efeito, um objeto concreto que a criança conhece bem, por ter brincado à beira do lago ou do Arve, e que apresentamos em lugar de simplesmente dele. Do mesmo modo, as crianças mais velhas, mesmo quando acabavam de dizer-nos que as pedras são fabricadas pelo homem, não hesitaram em afirmar que o calhau foi arredondado pela água, abandonando assim, no contato com esse objeto real, a crença nos mitos artificialistas. As crianças mais novas, ao contrário, conservam sua orientação de espírito habitual. Eis algumas respostas obtidas durante esse primeiro estágio:

> Frez (4 anos): "Você vê esta pedra. Por que ela é redonda? — *É para pôr dentro da terra.* — Você sabe onde a encontrei? À beira do Arve. Por que ela é redonda? — *É para pôr dentro da terra*".
> Por (4 ½): *"É porque são feitas redondas"*.
> Blas (5 anos): "Você vê esta pedra, por que é redonda? — *Porque é de farinha.* — Você sabe onde a encontrei? À beira do Arve. Por que é redonda? — *Porque é de farinha*". As pedras em geral são feitas por "*homens... com farinha toda branca*" (cimento). O calhau do Arve é portanto fabricado como os outros.
> Tul (5 anos): "Por que ela é redonda? — *Porque ela quer ser redonda*". "*Ela é feita toda redonda.*"
> Eyn (6 anos): "Por que ela é redonda? — *Porque ela não é como as outras.* — Por que não? — *Porque não foi fabricada como as outras.* — Você me disse que são encontradas e agora diz que são fabricadas. O que você acha, que elas são encontradas ou fabricadas? — *Elas crescem na terra.* — Encontrei esta pedra à beira do Arve. Por que é redonda? — *Não sei o motivo, porque foi encontrada à beira do Arve*". — Vê-se o quanto os termos "fabricado" e "crescer" são pouco contraditórios neste estágio.
> Wol (7 anos): Ela é redonda porque "*foi fabricada assim*".
> Cuv (6 ½): "*Porque foi feita redonda.* — Com quê? — *Com terra molhada*".
> Blau (6 ½): "Você vê esta pedra redonda. Onde se encontram pedras desse tipo? — *À beira do Arve.* — Por que ela é redonda? — *Porque há muitas pedras redondas.* — Como isso foi feito? — *Pelos homens.* — Por que ela redonda? — *Porque as fizeram redondas*".

Verificamos como esses fatos confirmam o que vimos há pouco, principalmente no que diz respeito à ligação entre o artificialismo e o animismo.

Antes de chegar às explicações puramente naturais disso (terceiro estágio), devemos distinguir e estudar um estágio intermediário ao longo do qual a criança defende o artificialismo, embora faça intervir processos de formação naturais diferentes de uma simples "vida" ou "crescimento" da pedra.

Eis em primeiro lugar um notável caso intermediário entre o primeiro e o segundo estágio:

> Rob (7 anos): "De onde vêm as pedras? — *São encontradas em destroços. Encontra-se uma grande pedra. Ela é quebrada, faz-se uma pedrinha com ela, depois se faz uma grande pedra com isso* (trata-se portanto da decomposição e da recomposição às quais estamos habituados). — Você vê esta pedra (o calhau redondo). Você acha que se poderia fazer um calhau maior com ele? — *Ah sim! Poderíamos pegar uma grande pedra, depois quebrá-la, isso faria um calhau maior. Oh sim! Com isso* (o calhau), *poderíamos realmente fazer uma grande pedra. Ele é bem pesado!*" "Olhe esta pedra; por que é redonda? — *Porque são encontradas, quebradas, depois fazem-se pedras maiores, redondas.* — Você sabe onde eu a encontrei? À beira do Arve. Por que é redonda? — *São quebradas, depois são fabricadas redondas."*

Esse caso é muito interessante. O peso da pedra é, com efeito, invocado como prova do fato de que se pode construir uma grande pedra com uma pequena. Por conseguinte, não se trata mais aqui de uma fabricação pura e simples, mas de uma fabricação que pressupõe que a pedra seja dotada de compressibilidade e dilatibilidade: a pedra do calhau arredondado é uma substância comprimida, dado que pesada, e ela pode, uma vez quebrada em pequenos pedaços, reconstituir um calhau menos denso e maior. Vê-se que, à decomposição em pedaços e à recomposição, às quais estamos acostumados pelas respostas do primeiro estágio, se agrega aqui uma ideia essencial, a da condensação e da rarefação. Ora, essa ideia, ainda ligada, no caso de Rob, ao artificialismo (ao fato de comprimir), contém em germe a ideia de partículas de matéria. Não tardaremos a ver que algumas crianças do terceiro estágio chegam mais ou menos explicitamente a essa noção. O caso de Rob é, pois, intermediário entre o artificialismo e o que se pode denominar temerariamente o atomismo infantil.

No decorrer das respostas do segundo estágio, vê-se o artificialismo progressivamente transferido para a própria natureza:

> Blase (6;6): "Por que esta pedra é redonda? — *Para fazer fogo.* — Como? — *Comprime-se em cima.* — Com quê? — *Com um martelo.* — Eu a encontrei à beira do Arve; por que é redonda? — *Porque o Arve a fez redonda com a água.* — Como a água faz isso? — *Porque isso pega terra, depois isso cola".*
> Ol (6;11): Os homens fabricaram a terra, a areia e as pedras. Quanto ao calhau, é redondo "*porque estava na água.* — O que isso fez? — *Isso faz inchar".* — "*Quando se bebe demais,* acrescenta Ol, *isso faz inchar."*

> DEN (7 anos): As pedras são *"cimento seco"*; depois Den muda de ideia: *"Elas se fazem sozinhas. A terra as faz. Nunca vi fazer".*
> HORN (5 ½ Bastante avançado em tudo.) Para ter pedra *"pega-se terra argilosa e faz-se pedra".* "Você foi ao campo? — Sim. — Você viu pedras de terra. De onde vêm elas? — *Da fábrica.* — Eis uma pedra que encontrei à beira do Arve. Por que ela é redonda? — *Porque foi formada dessa maneira.* — O quê? — *A água.* — Como? — *Fazendo ondas.* — E então? — *Elas empurraram a pedra. Ela se tornou redonda."* Depois dessa excelente explicação, Horn nos diz, a propósito de outro calhau branco e preto: "Por que esta pedra é branca embaixo e preta em cima? — *Porque ela é de areia e de terra.* — Por quê? — *Para que seja sólida.* — Quem fez isso? — *A fábrica.* — Você acha isso? Mas eu a encontrei à beira do Arve! — *É a água.* — O que ela fez? — *Ela a virou desse jeito. Ela põe terra em cima".*

Vê-se como a criança imagina as primeiras explicações naturais; a água e a terra são tão-somente o substituto da arte humana e agem intencional ou artificialmente. É evidente que podemos, a rigor, interpretar cada uma das expressões das crianças que acabamos de ver como tendo um sentido mecanicista e não artificialista. Entretanto, no conjunto, essa interpretação não resiste ao exame, tratando-se de fato de um artificialismo que se tornou imanente e atribuído à própria natureza. Com efeito, todos os processos indicados pela criança (inflamento, dilatação e concentração, colagem etc.) são processos que um instante antes ou um instante depois as próprias crianças atribuem à técnica humana. Em seguida, um finalismo sistemático permeia todas essas concepções. Por fim, veremos, ao estudar as explicações que as crianças dão dos movimentos naturais (C.P.), que as ondas, a corrente da água etc. são consideradas até bem tarde produzidas por um dinamismo especial e em absoluto como produzidas por um processo mecânico.

Eis um caso intermediário entre o artificialismo semi-humano / semi-imanente deste segundo estágio e a explicação física do terceiro estágio:

> GERV (11;0) conta-nos que se perguntou de onde vinha a terra. *"Eu achava que eram homens que a tinham feito. Depois me disseram que não haveria tempo suficiente e que isso teria custado muito caro. E, além disso, como se teria encontrado a terra?* — Então como isso começou? — *Isso veio com essa forma mesmo. Algo caiu das nuvens. Elas (as nuvens) caíram. Elas formaram a terra. A terra são nuvens acumuladas.* — E as árvores? — *Quando a terra foi formada, isso saiu de sob a terra. Veio das pequenas raízes. Isso pouco a pouco fez uma árvore."* Quanto às nuvens, Gerv disse-nos pouco antes que *"saíram dos vulcões".*

Apresentamos agora casos do terceiro estágio, isto é, casos nos quais a criança explica a terra pela pulverização das pedras e estas pela compressão da terra, mas isso por vias exclusivamente naturais:

> Bouv (9 ½): "Como as pedras começaram? — *Da terra*. — Como isso se transformou em pedra? — *Isso endureceu*. — Por quê? — *Isso continuou por muito tempo e depois isso endureceu*. — Como? — *Pelo sol. Faz calor, então isso faz endurecer*. — Por quê? — *Seca*. — Se quebramos uma pedra, o que acontece? — *Quebraduras* (despojos). — E se quebramos os despojos? — *Isso produz terra*". "Se você continuar a quebrar, o que se passa? — *Pedras pequenininhas*. — E se você as quebra? — *Isso produz terra*" etc. Bouv diz que acabamos por encontrar *"pequenos pães"* de terra.
> Stoe (11 anos): "Como se faz para conseguir pedra? — *É a terra que faz pedras*". "Como? — *Porque na terra isso seca*. — E então? — *Isso faz pedras*." "Se se põe nessas duas caixinhas o mesmo volume das pedras numa e terra na outra, qual será a mais pesada? — *A das pedras*. — Como a terra leve produz pedras pesadas? — *A terra se junta até que isso se torna grande* [condensado] — Por que ela se junta? — *Porque é quente*. — Do que é a pedra? — *De terra*."
> Fal (9 anos): "Como se fez a pedra? — *É areia que endureceu*". "E a areia, como começou isso? — *De terra*." "Se se quebra uma pedra, o que isso produz? — *Areia*. — E se se quebra a areia, o que isso produz? — *Ainda mais fina*. — E se se quebra mais uma vez, o que isso produz? — *... Tão fina como farinha*."
> Weng (9;7): "Como começaram as pedras? — *Com pequenos metais*. — Do que se trata? — *Encontra-se na terra. É uma espécie de pedra*". "E como foram feitos os pequenos metais? — *Com metais menores*. — De que são eles? — *De terra*. — E como se fez a terra? — *Com pedras*. — Como? — *Elas são quebradas*. — De que é a terra? — *É como pequenos metais*." "O que é? — *São pequenos pedaços de trastes, que foram postos juntos*." "E se são quebrados? — *Não se pode continuar porque não haverá mais absolutamente nada*."

Não caiamos na tentação de atribuir às crianças um atomismo explícito e busquemos distinguir nessas respostas o que é espontâneo e o que é desencadeado pelo próprio interrogatório. O espontâneo é a ideia de que a pedra e a terra constituem uma mesma matéria, mas mais ou menos condensada ou rarefeita. Eis aí uma conclusão que reencontraremos muito claramente a propósito das ideias das crianças sobre o peso (ver C.P.). As crianças de 7-10 anos avaliam sempre que, sendo igual o volume, um corpo é mais pesado do que outro porque é mais "cheio" ou mais "comprimido".

Mas daí a um atomismo grosseiro não há mais que um passo, e é esse passo que o interrogatório leva a criança a transpor desde que se pergunte a ela o como da formação da pedra (caso de Weng) ou desde que se pergunte o que ocorreria se se quebrassem os pedaços de pedra (caso de Bouv). Eis um caso ainda mais claro, ao qual acrescentamos uma recordação de infância:

> MART (11 ½) compara uma pedra polida, de grãos muito finos e até invisíveis a olho nu, e uma rolha. "Isso é divertido. A rolha é grande e leve e a pedra é pequena e pesada. Por quê? — *A pedra é o que há dentro... (que é pesado). É um acúmulo de coisinhas, de areia. É comprimido e tem em acréscimo pedras pequenininhas e migalhinhas, enquanto na rolha existe uma espécie de buraquinhos.*" Comparamos em seguida pedra e massa de igual volume, e Mart nos diz que a pedra é mais pesada porque é maior. Objetamos "mas é a mesma coisa. — *Sim*, responde Mart, *mas se se observasse o pequeno detalhe! Não há o mesmo detalhe*. — Quais são as diferenças de detalhe? — *A pedra possui apesar de tudo um pouco mais se se observa bem*. — Mais de quê? — *Mais areia, pequenos raminhos*". Por conseguinte, o peso é atribuído por Mart à abundância dos corpúsculos de que é feito um corpo!
>
> Um rapaz nos contou que se recordava, entre muitas outras lembranças da infância, de ter tentado, por volta de 10-11 anos, representar a composição das matérias, como a terra, a pedra, as folhas das árvores, a madeira etc. Ele chegou à solução de que pequenos pedaços mais ou menos comprimidos ou espaçados podiam dar lugar a todas as variedades de consistência e de aspecto. Ele se lembra em particular de que a diferença de uma folha seca e espessa e de uma folha flexível e delgada lhe parecia explicar-se assim.

Concluamos, portanto, que a representação infantil das condensações e rarefações constitui uma forma de passagem entre as explicações por simples transformações de substâncias heterogêneas (o ar se tornando água, nuvens etc.) e o atomismo propriamente dito. Se se deseja buscar um ponto de comparação na história, é ao sistema de transição de Empédocles que seria preciso recorrer para elucidar o sentido das respostas anteriores.

Mas, digamo-lo mais uma vez, esperamos, para considerar essas respostas como realmente espontâneas, ter analisado as explicações muito sugestivas dadas pelas crianças das diferenças de densidade entre os corpos.

§ 4. A origem das montanhas

As explicações da formação das montanhas nos permitirão precisar as relações exatas que existem entre o animismo e o artificialismo no caso de matérias aparentemente tão inanimadas quanto as rochas ou a terra.

Encontramos dois estágios nas respostas dadas. O segundo se caracteriza pela explicação natural. Durante o primeiro estágio, ao contrário, as montanhas foram construídas pelos homens. Mas, coisa curiosa, na metade dos casos desse primeiro estágio, as montanhas são ao mesmo tempo concebidas como vivas, no sentido de que "cresceram". Eis alguns exemplos dessa mescla de animismo e de artificialismo:

> Eyn (6 anos): "Como foram feitas as montanhas? — *Com uma pedra.* — Como? — *Isso veio de uma montanha*". É o Bom Deus: "*Ele pôs uma pedra dentro.* — Dentro do quê? — *Dentro da terra.* — E depois? — *Veio uma grande pedra.* — Havia uma pequena pedra antes — *Uma não tão grande*".
> Rob (7 anos): "Como se fizeram as montanhas? — *Pega-se terra fora, depois ela é posta sobre as montanhas, depois se fazem montanhas com isso.* — Quem faz isso? — *Há muitos homens para fazer as montanhas, haveria ao menos quatro*". "*Eles lhes dão a terra, depois elas se fazem por si mesmas. Ou então, se querem fazer uma outra montanha, eles desmontam uma montanha, depois fazem uma mais bonita.*"
> Hen (7 anos) diz-nos que "*se puseram*" as pedras dentro da terra, depois "*isso cresceu*", mas Hen não esclarece o como.
> Cour (5 anos) diz que os homens "*devem plantar*" as pedras do Salève, "*depois isso começa a tornar-se grande e depois volumoso*". "*É a relva que as faz subir.*"
> Ol (6;11): Todas as montanhas são ao mesmo tempo devidas ao Bom Deus ("*É o Bom Deus*") e a um impulso: "*E depois disso não parou de aumentar*". "O Salève ainda está aumentando? — *Não, porque o Bom Deus não quis que aumentasse mais* (= ainda). — As montanhas foram feitas ou se fizeram sozinhas? — *Foi o Bom Deus que as criou, depois elas se fizeram sozinhas!*"

Vê-se com bastante clareza como a fabricação e o crescimento são pouco contraditórios para essas crianças. É evidente que a criança não atribui à montanha uma consciência propriamente dita. Mas, no momento em que as constrói, elas colaboram em certa medida, crescem, a terra forma pedras etc. O homem não trabalha com base na inércia, mas em algo vivo. Sem o homem, não se faria nada, mas, graças a ele, algumas atividades são suscitadas.

Outras crianças do primeiro estágio parecem alheias a essas ideias, mas podemos perguntar-nos se sempre o são ou se não têm às vezes as mesmas representações das precedentes. Trata-se provavelmente de uma simples questão de matizes: enfatizam-se ora a fabricação, ora a atividade da coisa fabricada.

> Cour (6 anos): "Como o Salève começou? — *Com grandes pedras.* — De onde vêm elas? — *Foram pegas*". "*É um homem, muitos homens. 12 ho-*

mens. — *Como eles fizeram isso?* — *Com pedras. Eles pegaram. Puseram sobre a montanha. Puseram uma pedra, depois fizeram que isso ficasse pontudo.*" "*O que existiu no começo, Genebra ou o Salève?* — *As casas vieram em primeiro lugar. E depois as pedras.*"
GILL (7 anos): "*Como se fizeram as montanhas?* — *É tudo de pedra.* — *Como isso começou?* — *Era para cercar.* (Genebra é, com efeito, cercada de montanhas.) *Grandes acúmulos de pedra em toda a volta* (do país). — *Como isso se fez?* — *... Foram homens que as levaram para lá*".
ROU (7 anos): O Salève foi feito "*por homens.* — *Por quê?* — *Ele não podia se fazer totalmente sozinho.* — *Para que ele serve?* — *Para a lua.* — *Por quê?* — *Para se deitar*" (para a lua deitar-se).

Eis um caso em que a montanha, embora não fabricada, é ainda concebida como existente em vista apenas do homem:

DUC (6;10): As montanhas "*se fizeram inteiramente sós.* — *Por que há montanhas?* — *Para ir patinar*".

Observamos em outra passagem (L.P., p. 226) a notável questão de Del, de 6 anos e meio: "*Há um pequeno Cervin e um grande Cervin?* — *Não.* — *Por que há um pequeno Salève e um grande Salève?*" Essa pergunta, artificialista em sua própria forma, mostra bastante bem como é espontânea a tendência infantil de considerar as montanhas como "feitas para" nós e, por conseguinte, feitas por nós. Essa pergunta de Del foi respondida em outro lugar por crianças de 7 anos (L.P., p. 295): "(Há dois Salève) *Porque há um para crianças pequenas, e o outro para as grandes*". "*É para subir no pequeno, também no grande*" etc.

Por fim, a partir de 9-10 anos, em média, encontra-se um segundo estágio no decorrer do qual as crianças procuram explicações naturais:

DEN (8 anos): "*Foi a terra que subiu. É como uma grande pedra.* — *Foram homens que o fizeram?* — *Não!*"
BOUJ (9;6): "*Isso se fez com terra.* — *Foi alguém fez as montanhas?* — *Não. É alto com a terra*".

As representações relativas às montanhas confirmam bem, portanto, o que vimos a propósito da terra e das pedras.

Capítulo XI
A significação e as origens do artificialismo infantil

Convém agora investigar se há alguma unidade de tendência no ponto de partida dos diferentes fenômenos que acabamos de observar. Deixemos de lado as dificuldades do problema: as respostas que recolhemos podem ser fabuladas, podem ser decorrentes dos acasos dos ensinamentos (religiosos ou outros) que os pais transmitiram ou fizeram transmitir às crianças, e que mesmo que testemunhem uma orientação de espírito espontânea, essas respostas podem ser heterogêneas entre si. Existirá porventura um artificialismo especificamente infantil? Esse artificialismo obedece à leis de desenvolvimento? Tem ele uma ou várias origens assinaláveis? Essas são as questões que devemos agora examinar.

§ 1. A significação do artificialismo infantil

Não cremos ser possível explicar como fabulação todas as respostas que acabamos de agrupar. Se aplicarmos os três critérios habituais, descobriremos, com efeito, o que segue. Em primeiro lugar, as crianças de uma mesma média de idade dão as mesmas respostas. No tocante a isso, as explicações da noite por meio de grandes nuvens pretas, e aquelas das nuvens mediante a fumaça dos tetos etc., são inúmeras reações que sempre nos impressionam em decorrência de seu caráter geral. Por outro lado, as respostas artificialistas não são limitadas a uma só idade ou um só estágio dado, mas estendem-se por no mínimo dois estágios. Assiste-se assim a uma progressiva evolução das crenças, o que mostra efetivamente seu caráter parcialmente sistemático e exclui a hipótese da fabulação pura. Por outro lado — e é esse o terceiro critério — a chegada à resposta justa tem caráter significativo. Com efeito, as crianças da fase superior não chegam de só um golpe à resposta correta ou à explicação natural, mas tateiam, verificando-se durante seus tateios numerosos vestígios das crenças dos estágios precedentes. Assim, nas crianças que pensam que o lago Léman foi escavado pela própria água e só por ela reencontra-se ainda às vezes a ideia de que Genebra é anterior ao lago, e, para explicar como o lago pôde situar-se ao lado da cidade, essas crianças são obrigadas a recorrer a um artificialismo imanente, da mesma maneira como, no século XVIII, substituía-se Deus pela "Natureza".

Esses três critérios em conjunto permitem-nos por conseguinte supor que, em suas grandes linhas, as respostas artificialistas de nossas crianças não são devidas à fabulação.

É evidente que esta conclusão não significa em nada que púnhamos no mesmo plano todas as respostas obtidas. Por um lado, com efeito, é necessário distinguir com cuidado entre o elemento comum a todas as crianças de um estágio determinado — por exemplo a ideia de que o sol foi feito pelos homens ou por um Deus — e os floreios que tal ou qual criança acrescenta a essa crença sob a pressão do interrogatório — por exemplo, que um senhor/um homem acendeu um fósforo. Citamos todas as respostas porque o exame dos floreios permite distinguir várias tendências que escapariam sem isso, mas, para o problema geral que nos interessa aqui, podemos considerar como fabulados esses floreios individuais e não reter senão o tema comum. Por outro lado, é evidente que o elemento geral propriamente dito não tem o mesmo valor conforme varie a idade das crianças. Assim, as tentativas de explicações naturais das crianças grandes (9-10 anos) podem ser tomadas mais ou menos na carta: a criança que assimila o sol à uma nuvem condensada pensa efetivamente que diz, sem estar a trair demasiado seu pensamento pelas palavras empregadas. Pelo contrário, as explicações das crianças pequenas constituem uma mistura formada por tendências espontâneas e fabulação suscitada pelo interrogatório. Assim a criança de 5 anos que considera o sol como tendo sido feito "por uns senhores/uns homens", pensa basicamente apenas que o sol "é feito, isto é, é feito por nós". Essa criança pensa por conseguinte que o sol depende de nós, mas sem que a pergunta da origem em geral ponha-se claramente a seu espírito antes de nosso interrogatório. Por trás da resposta é necessário por conseguinte procurar qual pode ser a tendência espontânea.

Mas esse artificialismo latente, que afirmamos ser independente, em suas grandes linhas, da fabulação, será interpretado talvez como o fruto da educação imposta às crianças pelos pais ou resultado do espetáculo da vida das cidades. Por um lado, ensina-se à criança que um Deus fez o céu e a terra, que ele dirige todas as coisas e que ele nos vê do céu, onde habita. Nada de surpreendente há, ao que parece, no fato de a criança perseverar simplesmente nesse caminho, e imagine os detalhes das modalidades desta criação, supondo que Deus assegurou-se da contribuição de inúmeros trabalhadores empreendedores. Por outro lado, o espetáculo da indústria das cidades impressiona a criança (embora Genebra esteja muito próxima do campo e ainda que todos os nossos estudantes conheçam os campos e mesmo a montanha). Os lagos e os rios são limitados pelo cais, dragas limpam seu leito, os esgotos são visíveis da margem etc. Daí a concluir que a natureza decorre da atividade humana não há talvez distância.

Mas a essa última interpretação pode-se objetar que nada força a criança a reter unicamente fenômenos, o que favorecia a explicação artificialista. Do espetáculo das nuvens, a criança poderia reter os índices favoráveis à explicação natural (a abundância, a altura, a formação ao redor das montanhas que se percebe da cidade etc.), em vez de considerar apenas a semelhança entre a nuvem e a fumaça dos tetos. Do espetáculo dos rios e do lago, a criança poderia reter as dimensões, a desordem dos pedregulhos, o aspecto selvagem das margens no campo, e não simplesmente os vestígios de trabalhos humanos etc. Resumidamente, nada força a criança a selecionar certos detalhes excluindo os outros. Essa seleção parece ser decorrente de um interesse pelo artificial cuja espontaneidade é difícil de contestar.

Quanto a considerar esse artificialismo inteiramente produzido pela educação religiosa, trata-se de uma hipótese que não resiste à análise. Encontra-se, com efeito, um artificialismo muito nítido em surdos-mudos ou crianças demasiado jovens para compreender ou generalizar o ensino religioso que podem receber. Vimos, com efeito (cap. VIII, Introd.), as ideias do surdo-mudo d'Estrella sobre a origem dos astros e vimos também (cap. IX) suas ideias sobre a meteorologia. Outro surdo-mudo, igualmente citado por James (*loc. cit.*), Ballard, imaginou que as trovoadas devia-se a um grande gigante etc. Por outro lado, vimos as perguntas de crianças de 2-3 anos que interrogavam sobre "quem fez a terra", "quem põe as estrelas no céu à noite" etc. Essas perguntas precedem evidentemente o ensino religioso. Mas, mesmo supondo — o que está longe de provado — que todas as crianças de 4 a 12 anos que vimos foram influenciadas a tal ponto pela teologia do livro do Gênesis, permanecem três razões para manter a espontaneidade pelo menos em pé de igualdade com a tendência artificialista que constatamos.

Em primeiro lugar, impressionou-nos o fato de a maior parte das crianças só fazer intervir Deus, por assim dizer, de má vontade e no momento em que não encontravam mais nada a nos propor. O ensino religioso recebido do ambiente externo pela criança de 4-7 anos parece frequentemente um corpo estranho no pensamento da criança, e as representações que esse ensino evoca não têm nem a flexibilidade, nem a proliferação das crenças que não recorrem à atividade divina.

Em segundo lugar, ainda que se admita que o artificialismo infantil é uma extensão do artificialismo teológico imposto pela educação, permanece por explicar por que a criança estende assim a todas as representações cujo núcleo religioso continua a ser bastante vago, como acabamos de ver, e sobretudo por que essa extensão obedece a determinadas leis em vez de diferir de criança para criança. Nesse sentido, por que todas as crianças pequenas consideram Genebra como mais antiga do que o lago? Por que há uma tendência tão geral a considerar a noite como sendo fumaça preta, o sol como um fogo procedente da fumaça dos tetos etc. Se houvesse aí uma simples extensão de um tipo de explicação recebido do ambiente externo, parece que essas representações deveriam variar consideravelmente de criança para criança. Ora, não é esse o caso.

Em terceiro lugar, e esta é a objeção mais importante que é necessário opor à concepção que discutimos, a verdadeira religião da criança, pelo menos nos primeiros anos, não é precisamente a religião, muito pouco evoluída, que se procura inculcar-lhe. Como o veremos dentro em pouco, nossos materiais confirmam inteiramente a tese de M. Bovet segundo a qual a criança atribui espontaneamente a seus pais as perfeições e os atributos que mais tarde transferirá para Deus, desde que a educação religiosa lhe forneça a ocasião. No tocante ao problema de que nos ocupamos aqui, é, por conseguinte, o homem que é considerado onisciente e todo-poderoso, e é ele quem fabrica todas as coisas. Também vimos que mesmo os astros e o céu são atribuídos à ação do homem e não a Deus, em ao menos a metade dos casos. Bem mais do que isso, quando a criança fala de Deus (ou "dos Bons Deuses", como disseram vários meninos), é um homem que representa a si mesmos: "Deus é um senhor/homem que trabalha para seu patrão" (Don), "um senhor que trabalha para ganhar dinheiro", um trabalhador "que trabalha com a pá" (que cava) etc. Resumidamente, ou Deus é um sujeito como os outros, ou a pequena criança fala apenas fabulando, à maneira como fala do Papai Noel ou das fadas.

Em conclusão, não nos parece possível explicar unicamente pela pressão da educação a generalidade e a tenacidade do artificialismo infantil. Encontramo-nos, pelo contrário, na presença de uma tendência original, característica da mentalidade infantil, e que mergulha, como vamos tentar fazê-lo ver, muito profundamente na vida afetiva e intelectual da criança.

Mas o essencial do problema permanece não obstante por resolver. As crenças que catalogamos nas páginas que precedem são realmente "crenças espontâneas", ou seja, formuladas pela criança antes de nosso interrogatório, ou é necessário qualificá-las como "crenças desencadeadas", ou seja, crenças suscitadas por nosso interrogatório e assim sistematizadas em parte graças a nossas próprias perguntas?

Convém aqui adotar a hipótese mais simples, a de que a maior parte das crianças não tivesse feito a si mesma as perguntas que lhes apresentamos. Nesse caso, portanto, a crença contida na resposta da criança teria sido desencadeada pelo interrogatório. Dois elementos estão por conseguinte em jogo nessa crença. De um lado, o conjunto dos hábitos ou orientações de espírito da criança interrogada; mas, por outro lado, certa sistematização decorrente das exigências da pergunta feita e do desejo da criança de responder da maneira mais simplesmente possível. Portanto, as respostas que obtivemos não procedem sem mais, e diretamente, do artificialismo espontâneo da criança. Para fazer aflorar esse artificialismo espontâneo, é necessário, por assim dizer, descascar as respostas, e encontrar o núcleo de explicações que a criança certamente não possuía tal e qual em seu espírito antes do interrogatório. É esta reconstituição que vamos tentar, por delicado que seja o empreendimento.

Recordemos primeiro que o pensamento da criança é egocêntrico, e como tal intermediário entre o pensamento autista ou simbólico do sonho ou do devaneio e o pensamento lógico. Portanto, as crenças que as crianças podem ter são em geral incomunicáveis ou pelo menos não comunicadas. De igual forma, ainda que as crianças adquiram, diante da natureza e de seus fenômenos, uma série de hábitos mentais, elas não formulam nenhuma teoria, ou seja nenhuma explicação verbal como tal (este fato torna de resto mais impressionante a uniformidade relativa que constatamos em nossos resultados). Nesse sentido, o pensamento da criança é muito mais figurado e, sobretudo, mais motor que conceptual. Consiste numa série de atitudes ou esquemas motor mais ou menos organizados em experiências mentais. Mas nada é ainda diretamente formulável. Assim, descobre-se frequentemente, fazendo pequenas experiências físicas com a criança (por exemplo, imergindo corpos para observar a subida da água), que a previsão das leis é correta, mesmo quando a explicação verbal, sobre a qual a criança pretende apoiar sua previsão, é não somente falsa, mas ainda contraditória com os princípios implícitos que presidem à previsão (ver *C.P.*, seção III). Portanto, um tipo sistemático de respostas, como observamos durante os estágios artificialistas que estudamos, supõe a presença de um conjunto de atitudes mentais na criança, embora essas atitudes possam ser muito diferentes das explicações verbais que a criança formula durante o interrogatório propriamente dito.

Quais podem ser, no caso do artificialismo, essas atitudes mentais implícitas? Em poucas palavras, a criança concebe qualquer objeto, incluídos os corpos da natureza, como tendo sido *feitos para...*, de acordo com o percurso do estilo infantil. Ora, a consideração de um dado corpo, como o sol, ou o lago, ou a montanha, como "feito para" aquecer ou para ir numa embarcação ou para subir fundamenta-se em conceber esse corpo como feito *para o homem* e, por conseguinte, ligado ao homem muito de perto. Portanto, quando se pergunta à criança ou quando ela mesma se pergunta como começou o sol, o lago, ou a montanha, é no homem que a criança pensa, e a atitude mental, que se traduz em: "o sol etc., é *feito para* o homem", dá nascimento à fórmula: "o sol etc., é *feito* pelo homem". A passagem do "feito para" ao "feito por" explica-se, com efeito, facilmente se nos recordamos de que a criança, que tem a existência inteira organizada pelos pais, considera qualquer coisa que "é feita para" ela como "feito por" seu pai ou sua mãe. Por trás da fórmula artificialista, desencadeada pelo interrogatório, haveria por conseguinte a participação antropocêntrica que constituiria o verdadeiro núcleo do artificialismo espontâneo, e ainda seria necessário supor que na criança este núcleo é composto por simples sentimentos ou simples atitudes de espírito. É o que vamos tentar mostrar.

Procurando precisar as tendências espontâneas que explicam as respostas que recolhemos a propósito do animismo, descobrimos que na verdade o animismo infantil, ou seja, aquele que preexistia a nossos interrogatórios, não é tanto um animismo explícito e sistematizado (exceto no que diz respeito às crenças de acordo com as quais os astros e as nuvens nos seguem) quanto um simples "intencionalismo". A criança conduz-se como se a natureza fosse plena de intenções, como se o acaso ou a necessidade mecânica não existissem, como se todo ser tendesse, graças a uma atividade interna e desejada, para um objetivo determinado. Portanto, quando pergunta-se à criança se tal corpo, como uma nuvem ou um riacho, "sabe" que avança, ou "sente" que faz, e a criança responde afirmativamente, porque da intencionalidade à consciência a passagem é imperceptível. Mas essa resposta não traduz o verdadeiro pensamento da criança, porque a criança nunca fez a si mesma essa pergunta, e nunca a teria sem nós, exceto talvez no momento em que estivesse a ponto de perder sua fé implícita na intencionalidade das coisas.

As respostas artificialistas dadas a nossas perguntas sobre a origem das coisas permitem-nos uma análise muito semelhante. Bem mais do que isso, as atitudes mentais que atestam a espontaneidade do animismo infantil são as mesmas, com pequena diferença, que do mesmo modo atestam a espontaneidade do artificialismo da criança. Compreendemos, por conseguinte, ao mesmo tempo, por que o artificialismo é tão tenaz na criança e por que o artificialismo e o animismo são complementares, pelo menos originalmente.

Com efeito, o intencionalismo infantil se apóia no postulado implícito de que tudo, na natureza, tem uma razão de ser na forma de um *officium* que cada corpo é chamado a exercer de acordo com o caráter que lhe é próprio. Num certo sentido, isso supõe efetivamente o animismo, dado que, sem discernimento, os seres não chegariam a preencher seu papel na organização social do mundo. Mas supõe também ordens e sobretudo chefes, sendo a razão de ser dos corpos subordinados precisamente a de servir a estes últimos. É evidente que é o homem que é considerado, nessas condições, o chefe e a razão de ser das coisas. A ideia de pôr em dúvida esse princípio afeta tão pouco as crianças que justamente por isso nunca é enunciada — admitindo-se que os princípios não são enunciados antes de se colocarem problemas ao espírito, ou seja, antes de ser postos em dúvida direta ou indiretamente. O animismo e o artificialismo constituem, por conseguinte, duas atitudes de espírito complementares uma à outra. Retomemos desse ponto de vista os três grupos de fenômenos que nos pareceram confirmar a espontaneidade da atitude animista, na criança, ou seja, o finalismo, a pré-causalidade, bem como a confusão entre a lei física e a lei moral.

O finalismo da criança, em primeiro lugar, fala tanto quanto, e mesmo mais, em favor da existência de um artificialismo único como em favor do animismo. Certamente que, quando a criança diz que o sol nos segue "para nos aquecer", ela empresta ao sol intenções. Mas se se examina a generalidade das definições "pelo uso" (Binet e Simon), vê-se o quanto essas definições são rigorosamente vinculadas ao artificialismo. Binet, como se sabe, mostrou que, quando se pergunta a crianças de 6-8 anos "o que é um garfo ou uma mamãe" etc., a criança responde "é para comer", "é para cuidar de nós" etc. A generalidade dessas definições pelo uso foi constatada por todos os que verificaram o valor dos testes de Binet e Simon. Ora, essas definições, a começar pelas palavras "é para", estendem-se a toda a natureza, assim como abarcam os objetos ou as pessoas do ambiente da criança (*J.R.*, cap. IV, § 2). É isso o que ocorre quando evitamos exigir da criança uma série de definições sucessivas (o que provoca insistência), e perguntamos bruscamente, durante um interrogatório, "que é uma montanha?" ou "que é um lago?" Uma montanha "é para subir", "é para patinar" etc. Um lago "é para ir numa embarcação", "é para os peixes", em outros termos, para os pescadores. O sol "é para nos aquecer". A noite "é para dormir". A lua "é para iluminar". Um país "é para viajar". As nuvens "são para chover", são "para sustentar o Bom Deus". A chuva "é para regar" etc. Parece portanto evidente que essa mentalidade, não somente finalista, mas também utilitária e antropocêntrica, está necessariamente ligada ao artificialismo, em outros termos, que a definição "é para" provoca a explicação "é feito para".

Em segundo lugar, vimos que a pré-causalidade, que testemunham as perguntas e principalmente os "porquês" infantis surgidos entre os 3 e os 7 anos, é um dos laços mais sólidos entre o animismo e o resto do pensamento da criança. Com efeito, a pré-causalidade supõe uma indiferenciação entre o psíquico e o físico que faz que a verdadeira causa de um fenômeno nunca deva ser procurada no "como" de sua realização física mas antes na intenção que é seu ponto de partida. Mas essas intenções são tão de ordem artificialista quanto de ordem animista. Ora, melhor dizendo, a criança começa percebendo intenções por toda parte, e é apenas secundariamente que se ocupa de classificá-las em intenções das coisas em si (animismo) e intenções dos fabricadores das coisas (artificialismo). Assim, quando Del (*L.P.*, cap. V) pergunta "o que faz isso andar?", falando de uma esfera que desce uma calçada em declive, "é na intenção da esfera que pensa, porque acrescenta "ela sabe que vocês estão aí?"; nesse caso, a pré-causalidade orienta-se para o animismo. Mas quando Del pergunta por que há dois Salève, um grande Salève e um pequeno Salève, e não dois Cervin, ou quando pergunta por que o lago Léman vai apenas até Lausana e não até Berna, ou quando uma criança de 5 anos citada por Stanley Hall[1] pergunta: "Por que há uma lua?" e "por que ela não é tão brilhante quanto o sol?" etc. etc., é na intenção dos fabricadores das montanhas, lagos ou astros que a criança pensa, ou, pelo

---

[1] *Pedag. Semin.*, 1903 (vol. X) (Curiosity and Interest).

menos, é na decisão dos homens, o que subentende evidentemente que os homens têm alguma participação na criação das coisas.

Por último, insistimos, a propósito do animismo, num fenômeno que reencontraremos constantemente ao estudar as explicações de crianças relativas à causa do movimento (ver *C.P.*): trata-se da indiferenciação entre a ideia de lei física e a ideia de lei moral. Assim, o sol e a lua reaparecem regularmente porque "devem" aquecer-nos ou iluminar-nos etc. Ora, é bem claro que essa indiferenciação testemunha uma orientação de espírito tanto artificialista como animista. Com efeito, a lei moral, para a criança, supõe igualmente chefes, ou seja, homens que mandam e corpos que obedecem. É necessário certamente que o sol tenha um mínimo de discernimento para obedecer, mas é necessário que haja alguém a quem obedecer. Esse alguém, algo que a criança insiste em nunca precisar explicitamente em seu pensamento, é evidente que é o homem, dado que o homem é a razão de ser de tudo.

Em conclusão, se o artificialismo não existe evidentemente no pensamento espontâneo da criança sob a forma sistemática e explícita de que se revestiu em decorrência da força dos acontecimentos durante nossos interrogatórios, nem por isso deixa de existir a título de orientação de espírito original e profundamente ligada ao finalismo e à pré-causalidade infantil. Não é necessário mais para que este artificialismo seja interessante.

§ 2. As relações entre o artificialismo e o problema do nascimento dos bebês

A criança, pelo menos durante os primeiros estágios, parece não ter nenhuma dificuldade em conceber que os seres sejam ao mesmo tempo vivos e fabricados. Os astros são vivos, empurram, nasceram, e, contudo, os homens os construíram. Do mesmo modo, as montanhas, a pedra e as sementes "se movem" e são, não obstante, fabricadas. Qual é a razão dessa união entre o animismo e o artificialismo? Para resolver esse problema, conviria conhecer as ideias das crianças sobre o nascimento dos bebês. É no entanto evidente que inúmeras razões morais e pedagógicas importantes impedem qualquer investigação direta. Na falta de experiências, contentemo-nos em resumir as propostas de crianças que foram publicadas ou que pudemos coligir, assim como as lembranças de infância que se podem encontrar a esse respeito. Descobriremos assim a partir de que precisar as grandes linhas das ideias das crianças sobre o nascimento dos bebês, e estas ideias vão permitir-nos compreender as verdadeiras relações entre o animismo e o artificialismo.

Podemos distinguir dois tipos de perguntas de crianças relativas ao nascimento, mas não é certo que esses dois tipos caracterizem dois estágios. As perguntas do primeiro tipo não tocam no "como" do nascimento. Não há pergunta causal como tal. Supõe-se que o bebê preexiste ao nascimento, e uma criança pergunta simplesmente onde estava o bebê antes de nascer e como os pais agiram de modo a que o bebê aparecesse na família. Há aí uma simples ligação entre pais e crianças, e não relação de causa e efeito: o bebê é concebido como algo que pertence aos pais, e sua vinda é considerada como querida e determinada pelos pais, mas sem que seja feita a pergunta sobre como o bebê pôde vir à existência. As perguntas do segundo tipo, pelo contrário, mostram que a criança interroga-se sobre o "como" da formação dos bebês e que é levada espontaneamente a considerar os pais como a causa desta formação.

Eis exemplos do primeiro tipo. Nas perguntas registradas por Stanley Hall e seus alunos:

> *"Mamãe, onde você me achou?"* (F., 3 anos e ½). *"Onde eu estava quando você era menininha?"* (F., 5 anos). *"Onde eu estava quando você ia à escola?"* (G., 7 anos). *"Onde eu estava antes de nascer?"* (G., 7 anos). *"Onde o doutor acha as crianças?"* (G., 7 anos).[2]

As primeiras perguntas desse tipo são típicas, sendo o bebê concebido claramente como preexistente à atividade dos pais. As duas últimas perguntas são menos nítidas, dado que, quando a criança pergunta "onde?", pode muito bem ocorrer de já estar pensando no corpo de seus pais.

> Rasmussen[3] observa na filha S., aos 3 anos e 8 meses: *"Mamãe, de onde eu vim?"* e, mais tarde, *"onde ficam as crianças?"* O pequeno R., aos 4 anos e 10 meses (ou seja, 9 meses após ter feito perguntas do segundo tipo que veremos dentro em pouco) pergunta: *"Onde está o bebê que uma senhora terá no próximo verão?"*, a senhora Rasmussen respondeu então "ele está no ventre da senhora". Mas a pequena respondeu: *"Ela então comeu o bebê?"*, o que bem parece indicar que o bebê era considerado pela criança como existente fora dos pais.

É necessário também unir a esse tipo de pergunta as crenças que se notam frequentemente na criança, e de acordo com a qual os mortos voltam a ficar crianças pequenas e reaparecem na forma de bebês.

> *"As pessoas voltam a ser bebês quando estão bem velhas?"* (Sully, *loc. cit.*, pp. 148-151).

---

[2] *Pedag. Semin.*, 1903 (vol. X), p. 338.
[3] RASMUSSEN, *Psychol. de l'enfant. L'enfant entre les quatre et sept ans*, trad. CORNET, Alcan, 1924.

DEL, aos 6 anos e ½: *"Quando eu morrer vou ficar também* (ou seja, como uma lagarta morta que Del viu encolhida e seca) *bem menor?"* (L.P., p. 232).
ZAL aos 5 anos, a quem se anunciava a morte de seu tio: *"Ele vai crescer de novo (se refazer)?"*
S., aos 5 anos e 4 meses: *"Quando a gente morre cresce de novo?"* (Cramaussel),[4] e, em seguida, na sequência: *"Não se fica nunca pequeno"* e *"quando se morre a gente vira... nada".*[5] Estas últimas negações mostram bem o quanto são fortes as afirmações que as precederam implicitamente.
E a filha da senhora Klein: *"Dann merde ich auch sterben", du (Mama) auch..., und dann werden mir zurückkommen".*[6]

São as perguntas desse primeiro tipo que provocam as fábulas absurdas que contam certos pais, e de acordo com a qual os bebês são enviados pelos anjos, pelas cegonhas etc.:

"De onde veio o bebê? O Bom Deus deixou cair o bebê do céu?" (G., 5 anos). *"Como o Bom Deus enviou o bebê? Enviou um anjo com ele? Se você não estivesse em casa, ele teria levado de volta?"*
F. (7 anos): *"Quem é a Senhora Natureza? Você sabia que ela ia trazer um bebê para você"* etc.[7]

Ocorre, contudo, uma entre duas coisas. Ou as crianças não creem nessas histórias, o que é mais frequente do que parece, o então creem parcialmente, e por isso procuram descobrir como os pais puderam fazer vir o bebê, partindo da ideia implícita de que são os pais que ordenaram seu aparecimento. Isso nos leva às perguntas do segundo tipo, que vamos examinar dentro em breve.

Do ponto de vista do artificialismo, como interpretar as perguntas do primeiro tipo? Numa primeira abordagem, parece que o artificialismo está excluído de modo completo. A criança não pergunta como se "fazem" os bebês; pergunta em vez disso de "onde" eles vêm. Os bebês são preexistentes. Haveria aí um estágio anterior à necessidade de explicar e, com ainda maior razão, anterior a qualquer artificialismo. Mas essa maneira de traduzir as coisas é evidentemente demasiado simples. É necessário procurar, por trás daquilo que a criança pergunta, aquilo que ela não exprime porque lhe pa-

---

[4] CRAMAUSSEL, *Le premier éveil intellectuel de l'enfant*, 1908, p. 165.
[5] *Ibid.*, p. 167.
[6] KLEIN, *Imago*, 1921 (vol. VII), p. 268.
[7] *Pedag. Semin.*, vol X (art. cit.).

rece evidente que são os pais que "fazem vir" as crianças, ou seja, que ordenam seu aparecimento, qualquer que seja o modo como ocorre esse aparecimento. Não há ainda aí uma fabricação, mas há pelo menos uma ligação que a criança sente diretamente sem ter necessidade de precisar. Há, por conseguinte, uma espécie de pré-artificialismo comparável ao artificialismo primitivo que vimos frequentemente em crianças pequenas: o sol etc., foi vinculado aos homens a partir da origem sem ter sido propriamente fabricado pelos homens.

Quanto às perguntas do segundo tipo, estas marcam pelo contrário o aparecimento da necessidade de compreender a natureza da ligação entre pais e crianças, o "como" do nascimento. Ora, uma coisa muito interessante para nós é o fato de o nascimento ser concebido imediatamente pela criança ao mesmo tempo como uma fabricação, e como uma fabricação que incide sobre uma matéria viva que ou é independente dos pais ou então procedente do próprio corpo dos pais. No que diz respeito ao primeiro ponto, eis exemplos de nascimento assimilado a uma fabricação:

> Uma das filhas de Rasmussen, R., perguntou aos 4 anos e 1 mês: *"Como se fabricam as mulheres?"* A isso a Sra. Rasmussen respondeu perguntando à criança por que fazia essa pergunta. *"Porque há carne nas mulheres. — Quais mulheres? — Você e as outras mulheres"*. A criança acrescentou então: *"Acho que é um fabricante de carne, você não acha?"* À idade de 4 anos e 10 meses, retomou a pergunta: *"Como se fabricam as pessoas?"*[8]
>
> A senhorita Audemars comunicou-nos as seguintes propostas espontâneas: Renée (7 anos) acaba de ter uma irmãzinha. Ela modela homenzinhos em massa, e, após uma pausa, pergunta: *"Senhorita?... O que foi fabricado em primeiro lugar em minha irmãzinha? A cabeça"*. Ela recebe a seguinte resposta: "Como você acha que um bebezinho é feito, Renée? Sua mamãe lhe disse? — *Não, mas eu sei. Ela (mamãe) ainda tinha carne quando eu nasci. Para fazer minha irmãzinha, então modelou com as mãos e a deixou escondido por muito tempo"*.
>
> Sully[9] citou a proposta: *"Mamãe, de onde veio Tommy?"* (a própria criança). E Tommy respondeu a si mesmo: *"Mamãe comprou Tommy numa loja"*. Zal (5 anos) de quem citamos acima as palavras após a morte do tio, acrescentou: *"A gente cresce ou constroem a gente?"* "Cresce" significa aqui, evidentemente, não crescer, mas surgir: a criança pergunta se os bebês se fazem sozinhos ("se fazem de novo", como o tio morto) ou se são os pais que o fazem. Neste último caso, o nascimento é concebido como uma fabricação.

---

[8] Rasmussen, *op. cit.*, pp. 48-51.
[9] *Loc. cit.*, p. 153.

> A filha de Cramaussel, S., declara aos 5 anos e 1 mês, quando que lhe dizem que é o Bom Deus que faz as crianças pequenas, *"ele usa, para isso, sangue de cabra".*[10]
>
> Uma menininha pergunta de onde vêm os bebês e acrescenta: *"Eu sei. Iria ao açougue, pegaria muita carne e amassaria".*

Ao ler essas propostas, compreende-se de onde vem o fato de a criança conceber como complementares e não contraditórios o animismo e o artificialismo. Não há nenhuma dificuldade na ideia de que se fabricam seres vivos, dado que os próprios bebês são fabricados. Ora, como vamos ver dentro em breve, são as perguntas sobre o nascimento que constituem frequentemente o ponto de partida das perguntas sobre a origem das coisas. É a partir de sua fonte que o artificialismo infantil supõe por conseguinte as ideias de vida e de fabricação como complementares uma à outra.

Por outro lado, a criança concebe muito cedo que a matéria por meio da qual os pais fabricam as crianças é procedente do próprio corpo dos pais.

> Citaram-se as crenças de crianças de acordo com as quais os bebês são procedentes do sangue dos pais, da boca, do peito, do umbigo.[11]
>
> Uma pequena menina de 4 anos e ½ pretendia que, se caísse, dividir-se-ia em duas pequenas meninas, e assim por diante.[12]
>
> Clan, o sujeito do qual já citamos lembranças, no capítulo IV, acreditou durante anos que os filhos eram procedentes sem mais do falo dos pais, porque, dizia, tinha ouvido dizer a seu pai que "os filhos são extensões dos pais".
>
> Foi tão frequentemente que encontramos — nas lembranças de infância que pudemos reunir — essas ideias, bem conhecidas dos psicanalistas, segundo as quais o bebê é procedente do orifício anal e vem das fezes ou que o bebê é procedente da urina ou ainda que o nascimento deve-se a um certo alimento que as mamães engolem com esse fim. Temos da senhorita Audemars a seguinte observação: Dol (7 1/2) pergunta: *"Que comem as mamães para poder fazer as crianças? —* Ray (7 anos) responde: *É preciso comer muita carne e tomar muito leite".*

Ora, o que é interessante de nosso ponto de vista é que, mesmo nos casos em que a criança sabe muito bem — porque lhe ensinaram — que o bebê é procedente do corpo da mãe, continua a interrogar-se sobre o "como" da formação de cada órgão, como se cada um tivesse sido fabricado à parte.

---

[10] CRAMAUSSEL, *op. cit.*, p. 130.
[11] SPIELREIN, *Zentralbl. f. Psychoanal.*, vol. III, 1912, pp. 66-68.
[12] SPIELREIN, *Intern. Zeitschr. f. Psychoanal.*, vol. VI, 1920, p. 156.

Assim, a filha da senhora Klein perguntou: *"Mas de onde vem a cabecinha?" "De onde vêm os membros das crianças pequenas?" "De onde vem a barriguinha?"* etc. Outra criança, a quem se explicou que os bebês vêm do ventre da mãe, pergunta: *"Mas como se pode pôr as mãos no ventre para fazer?"*

Para compreender como essas investigações espontâneas das crianças sobre o problema do nascimento podem ter uma influência sobre o desenvolvimento do artificialismo, devemos agora tentar fixar em suas grandes linhas a cronologia das perguntas relativas à origem das coisas. Com efeito, a curiosidade espontânea da criança incide sobre a origem de todas as coisas, e esse fato é fundamental, visto que justifica por si só os inquéritos que fizemos nos três capítulos precedentes. O exame bem superficial das perguntas de crianças entre os 3 e os 7 anos mostra-nos que a criança pergunta como começou os astros, os céus, as nuvens, o vento, as montanhas, os rios e os mares, as matérias-primas, a terra, o universo e o próprio Deus. As perguntas mais metafísicas, como as dos primórdios, são, nesse sentido, feitas por volta dos 6-7 anos: Deus criou o primeiro homem, diz-se à filha de Rasmussen, R., aos 7 anos: *"Não",* responde, *"mas de onde ele (Deus) veio?"* etc. Importa por conseguinte precisar se as perguntas sobre a origem em geral são anteriores às perguntas sobre o nascimento, determinando assim a estrutura, ou se é o inverso que ocorre.

Ora, os fatos parecem dar aqui uma resposta inequívoca. A sequência dos interesses parece ser: interesse pelo nascimento, interesse pela origem da raça e por último interesse pela origem das coisas em geral. Eis quatro grupos de fatos em conformidade com esta ordem:

> Ballard, um dos dois surdos-mudos citados por W. James (ver cap. VIII e IX) interrogou-se aos 5 anos sobre como nascem as crianças. Em seguida, após tê-lo compreendido em linhas gerais, procurou saber como tinha podido aparecer o primeiro homem. A partir daí, seu interesse estendeu-se ao nascimento do primeiro animal, da primeira planta e, por último (por volta dos 8-9 anos), à origem do sol, da lua, da terra etc.
>
> Bohn[13] revelou sobre seu filho as perguntas feitas na ordem a seguir. Aos 2;3: *"De onde vêm os ovos?"* Depois, tendo recebido uma resposta: *"As mamães põem ovos?"* Aos 2;6: *"Papai, havia pessoas antes de nós? — Sim. — Como elas apareceram? — Nasceram como nós. — A terra existia antes de haver pessoas nela? — Sim. — Como ela chegou aqui se não havia pessoas para fazer?"* Aos 3;7: *"Quem fez a terra? Houve um tempo em que não estávamos na terra?"* Aos 4;5: *"Antes da primeira mamãe havia outra mamãe?"* Aos 4;9: *"Como o primeiro homem chegou aqui sem mamãe?"* Depois, por último, também aos 4;9: *"Como foi feita a água?"* e *"De que são feitos os rochedos?"*

---

[13] *Pedag. Semin.*, 1916.

As filhas de Rasmussen parecem ter seguido uma ordem semelhante. R., após ter perguntado como se fabricam as mulheres, pergunta, um mês depois: *"Quem fez os pássaros?"* — pergunta artificialista tanto mais interessante porque, nessa idade, não se tinha falado de religião à pequena. S. aos 3 anos e 8 meses, perguntou como nascem os bebês, aos 4 anos e ½, como surgiu o primeiro homem e um pouco mais tarde, de onde veio o primeiro cavalo. E ele mesmo respondeu: *"Acho que compraram"*, ou seja, trata-se de algo evidentemente fabricado.

No entanto o exemplo mais nítido é-nos fornecido pela senhora Klein. Aos 4 anos e 3/4, seu filho começou a ocupar-se do nascimento. A primeira pergunta foi feita nos seguintes termos: *"Onde eu estava quando ainda não existia na terra?"* Mais tarde apareceu a pergunta, *"Wie wird ein Mensch?"* (De onde vêm os homens?), que repetiu muitas vezes. Na sequência, perguntou: *"Mamãe, como você apareceu na terra?"* A pequena recebeu então uma explicação sobre o problema do nascimento, porém alguns dias depois retomou a pergunta: *"Como a gente fica grande?" "De onde vêm a cabecinha, a barriguinha?"* etc. Por último, na sequência dessas perguntas, apareceram séries de perguntas: *"Como crescem as árvores?" "Como crescem as flores?" "Como se fazem as fontes? os rios? a poeira?" "Como as embarcações aparecem no Danúbio?" "De onde vêm as matérias-primas"*, e, sobretudo, *"de onde vem o vidro?"*

Podemos por conseguinte supor que é muitíssimo provável que a curiosidade relativa ao nascimento é o que está no ponto de partida das perguntas sobre a origem, tão abundantes entre os 4 e 7 anos, e que sua base é o artificialismo infantil. Não há dúvida de que se encontrarão crianças nas quais as perguntas sobre a origem precedem as perguntas relativas ao nascimento, mas pode-se sempre perguntar se não é na verdade o interesse pelo nascimento que, contrariado e projetado, está na base dessas perguntas sobre a origem.

O que em todo caso se observa, e convém citar ainda uma vez esses fatos para compreender efetivamente as relações do problema do nascimento com o artificialismo, é uma evolução dos mitos relativos à origem do homem no sentido de um artificialismo cada vez mais imanente, ou seja, emprestado à própria natureza.

Com efeito, imediatamente depois de ter-se ocupado do nascimento, a criança interroga-se quase inevitavelmente sobre qual pode ter sido a origem do homem na terra. As crianças pequenas, por volta de 4-5 anos, dão a esse problema uma solução artificialista simples, correndo o risco de explicar o homem por meio do próprio homem, e simplesmente deixar o problema sem resolução. É a solução que adota Marsal, um débil que citaremos no próximo parágrafo: um casal de antepassados criou tudo, e tudo se explica assim. Mas encontram-se, em crianças de 7 a 9 anos, soluções muito interessantes, que fazem o homem descender dos animais ou das plantas, e estes da própria natureza. A natureza torna-se princípio de fabricação, em conformidade com o que vimos do artificialismo imanente das crianças de 9-10 anos. Eis dois exemplos nítidos:

> Ballard, o surdo-mudo que acabamos de citar, terminou por dizer a si mesmo que o primeiro homem deve ter nascido de um velho tronco de árvore. Mas essa hipótese se mostrou, na sequência, absurda no entender de Ballard. Ocorre simplesmente que ele não pôde substituí-la por nenhuma coisa melhor.
> Vo (9 anos), a quem perguntamos como começou a Suíça, compreende mal a pergunta, ou antes confunde as origens da Suíça com as da humanidade e conta-nos o que segue: *"Veio das pessoas. — De onde? — Não sei. Havia bolhas na água, um pequeno verme embaixo, que em seguida ficou grande, saiu da água, depois se alimentou, criou braços, tinha dentes, pés, uma cabeça, virou uma criança.* — A bolha veio de onde? — *Da água. O verme saiu da água. A bolha desfez-se. O verme saiu* (da bolha). — Que havia no fundo da água? — *Ela* (a bolha) *saiu da terra.* — E a criança tornou-se o quê? — *Ficou grande, fez crianças pequenas. Quando ela morreu, as crianças pequenas fizeram crianças pequenas. Depois vieram as que se tornaram francesas, alemãs, da Saboia...".*

Vê-se o interesse desse último mito, ainda que fabulado. O parentesco de seu conteúdo com os símbolos freudianos dos sonhos de nascimento é evidente. Sabe-se, com efeito, que a água é frequentemente associada pelo pensamento onírico à ideia do nascimento. Por outro lado, os ovos (ovos de rã etc..), e as bolhas como símbolos de coisas ativas, são frequentemente associados ao mesmo motivo. Por último, a imagem de um verme aparece frequentemente em simbolismo onírico e associa-se à ideia dos bebezinhos etc. Se se admite, mesmo reduzindo as hipóteses ao mínimo, o princípio do simbolismo do pensamento subconsciente, pode-se considerar o mito de Vo como sendo simplesmente a transposição simbólica de um nascimento propriamente dito. Em outros termos, a água é assimilada inconscientemente à urina na qual as crianças creem frequentemente que nascem os bebês (e vimos o quanto certas crianças têm tendência a atribuir ao lago ou aos mares uma origem humana), a bolha a um ovo, o verme a um bebê que sai do corpo, e é o que permitiria a Vo acreditar que a natureza fabricou o homem. Se nos recusamos a admitir o princípio do simbolismo, é no entanto evidente que Vo transpôs simplesmente para a natureza algo que, alguns anos antes, atribuiu apenas ao homem. Nos dois casos, vemos que a natureza torna-se depositária da atividade fabricadora do homem.

Em conclusão, as ideias das crianças sobre o nascimento dos bebês ou sobre as origens do homem seguem as mesmas leis que as ideias relativas à natureza em geral: artificialismo no ponto de partida, e explicação natural com vestígios de artificialismo imanente nos estágios superiores. Ora, ao que parece, as perguntas feitas sobre o nascimento estão na base das perguntas sobre as origens e não vice-versa. É por conseguinte provável que sejam as ideias das crianças sobre o nascimento que nos explicam por que o artificialismo e o animismo são originalmente solidários um com o outro. Sendo o bebê concebido ao mesmo tempo como fabricado e vivo, a criança tem tendência a conceber qualquer coisa como viva e fabricada ao mesmo tempo.

§ 3. Os estágios do artificialismo espontâneo e suas relações com o desenvolvimento do animismo

Estamos agora em condições de identificar as grandes linhas das relações entre o animismo e o artificialismo. Estabeleçamos, com esse fim, quatro períodos no desenvolvimento do artificialismo e procuremos precisar, a propósito de cada um deles, qual é a evolução correspondente do animismo.

O primeiro período é aquele durante o qual a criança não se coloca ainda o problema da origem — em outros termos, da fabricação — das coisas. As únicas perguntas sobre a origem são as formuladas na forma de "de onde vem...?", perguntas que são entendidas num sentido espacial e não propriamente causal. Se as perguntas do primeiro tipo relativas ao nascimento (aquelas que consistem em perguntar onde está o bebê antes de nascer) constituem um estágio, é no presente período que conviria situar esse estágio. Durante este período há, pode-se dizer, *artificialismo difuso*. Isso significa que a natureza é concebida como dirigida pelos homens ou pelo menos como gravitando em torno dos homens. Mas a criança não procura precisar o "como" dessa ação e não pode responder às perguntas sobre origem, e esse período também é anterior aos primeiros estágios que distinguimos ao analisar as manifestações do artificialismo. Durante esse período a magia, o animismo e o artificialismo confundem-se completamente uns com os outros. O mundo é uma sociedade de seres vivos dirigidos pelo homem. Há pouca diferenciação entre o ego e o mundo exterior. Toda e qualquer ação é ao mesmo tempo física e psíquica. A única realidade é por conseguinte um complexo de ações intencionais; essas ações supõem seres ativos, e, nesse sentido, há animismo. Mas essas ações são dirigidas ou influenciadas, direta ou indiretamente, pelos homens, e nesse sentido, há artificialismo pelo menos difuso. Além disso, esse artificialismo pode ser tanto mágico como direto, no sentido de que a vontade dos homens age tanto à distância como diferentemente.

Pode-se tomar como exemplo dessa fase as primeiras respostas de Roy (contidas no § 1 do cap. VIII), é bem verdade que apenas em parte, porque

Roy já precisa a origem do sol (o que o faz passar, por conseguinte, para o próximo período). O sol, diz Roy, começou a existir e cresceu "porque nós começamos a existir" e "porque nós crescemos". Há em consequência, para Roy, uma vida espontânea nas coisas (animismo), mas há também ação do homem sobre as coisas (artificialismo). Sucede, contudo, que esse artificialismo não se acompanha espontaneamente de um mito de origem e, além disso, contém um elemento mágico. A maioria das crianças não excede este período no que diz respeito à maior parte dos corpos da natureza; não obstante, logo que procuram precisar a origem de um dentre eles, passam a pertencer, nessa mesma medida, ao segundo período.

Alternativamente, podemos tomar como exemplos desse primeiro período os casos mais primitivos da crença segundo a qual o sol, a lua e as nuvens nos seguem. Por um lado, esses astros nos seguem voluntariamente (animismo). Por outro lado, têm como única função seguir-nos e ocupar-se de nos iluminar ou aquecer; "são feitos para" nós (artificialismo). Por último, somos nós que os fazemos avançar (magia).

Resumidamente, a criança, durante esse primeiro período, projeta em todas as coisas a situação que sente existir entre ela e seus pais. Por um lado, a criança sente-se livre e consciente. Por outro lado, sente-se dependente de seus pais e concebe-os como causa de tudo o que possui. Por último, sente entre eles e si mesma uma multiplicidade de participações, mesmo quando está afastada deles.

O segundo período, que chamaremos período do *artificialismo mitológico*, aparece a partir do momento em que a criança coloca-se questões sobre a origem ou responde às perguntas que lhe fazemos sobre a origem das coisas. A partir desse momento, o artificialismo, até então difuso, precisar-se-á em certo número de mitos como os que recolhemos. Assim, o sol não mais será concebido simplesmente como dependente dos homens, mas como fabricado pelos homens por meio de um pedregulho e um fósforo. Entre esses mitos (mitos geralmente "provocados", mas às vezes "espontâneos", como o prova o estudo das perguntas de crianças) e o artificialismo difuso do primeiro período, há basicamente — mantidas constantes as outras condições — as mesmas relações destacadas por Lévy-Bruhl entre um primeiro estágio da mentalidade primitiva, no curso do qual as participações são simplesmente sentidas e vividas, e um segundo estágio no curso do qual as participações começam a ser formuladas e dão assim nascimento a mitos de origem.

É nesse período do artificialismo mitológico que é necessário situar o primeiro estágio que distinguimos nos capítulos precedentes, ou seja, o estágio durante o qual há artificialismo integral: o sol, o céu, a noite, as montanhas, os rios etc. são fabricados diretamente pelos homens. Durante esse período, o animismo e o artificialismo são ainda inteiramente complementares um com relação ao outro: as coisas são ao mesmo tempo fabricadas e vivas. Sua fabricação é comparável ao nascimento dos bebês, sendo os bebês concebidos como em certa medida feitos manualmente, mesmo quando a criança sabe que a matéria de que são feitos é procedente dos próprios pais.

Essa semelhança entre a fabricação e o nascimento é ainda mais nítida durante esse período, tendo em vista que certos corpos naturais são concebidos como procedentes do homem. Essas representações são sem dúvida muito mais frequentes do que as crianças nos confessaram. Seja como for, registramos identificações do vento com a respiração humana, do nevoeiro com a respiração, dos rios ou do oceano com a saliva ou a urina etc. Se pensarmos no conteúdo simbólico possível das representações autistas, por exemplo, nas muito prováveis relações entre a água com a urina e o nascimento, a terra e o nascimento (as crianças tendem muito espontaneamente a aproximar a morte do nascimento: os mortos "crescem de novo"), ou mesmo entre o céu, as nuvens e o nascimento, vê-se muito bem até onde pode ir, no âmbito das tendências latentes da criança, a assimilação do mundo externo a um conjunto de corpos vivos ligados à vida humana. Independentemente do valor dessas hipóteses, permanece um conjunto de fatos verificáveis por observação direta, fatos que mostram que, durante esse período do artificialismo mitológico, as coisas parecem à criança ao mesmo tempo vivas e fabricadas. O artificialismo e o animismo implicam-se ainda um ao outro sem em nada se opor entre si.

Chamaremos o período seguinte de período do *artificialismo técnico*. Corresponde, em suas grandes linhas, ao segundo dos estágios que distinguimos nos capítulos precedentes (pelo menos quando há três estágios), ou seja, ao estágio do artificialismo mitigado (mistura das explicações naturais e das explicações artificialistas). Em outros termos, esse segundo período estende-se dos 7-8 anos aos 9-10 anos, em média. Ora, como veremos a seguir (*C.P.*), essa idade marca o momento em que o interesse da criança começa a ocupar-se aos detalhes das máquinas e aos métodos da técnica humana. É por exemplo por volta dos 8 anos, em média, que os meninos, tanto em Genebra como em Paris, chegam a dar de memória a explicação correta do mecanismo de uma bicicleta. Em linhas grandes, a criança torna-se apta a compreender um funcionamento mecânico simples (motor a vapor etc.). As ideias sobre os ofícios e a elaboração das matérias-primas tornam-se mais precisas. Não é preciso dizer que esses fatos reagem sobre o artificialismo. Até então, toda a natureza parecia fabricada pelo homem sem que a criança se interrogasse sobre o "como" dessa fabricação. Mais do que isso, até esse momento a criança não pensava em pôr em dúvida a potência da técnica humana. Uma máquina parecia-lhe uma caixa mágica em que tudo pode vir do nada. Doravante, pelo contrário, o "como" da fabricação torna-se um problema para a criança. Mas precisar o "como" de uma fabricação é precisar as dificuldades aí envolvidas, é renunciar a crer na onipotência humana; resumidamente, é aprender a conhecer o real e suas leis. Portanto, as repercussões desses novos interesses sobre o artificialismo serão as apresentadas a seguir. A criança continuará a atribuir ao homem a configuração geral das coisas, mas limitando sua ação às operações tecnicamente realizáveis. Quanto ao resto, são as coisas que, postas em movimento pelo homem, realizaram sua natureza graças a processos naturais. O artificialismo está por conseguinte em baixa, dado que está fundado nas próprias leis da natureza. É esse artificialismo limitado que chamamos de "artificialismo técnico". Por exemplo, a criança não mais dirá que toda a circulação da água é obra dos homens: dirá que o leito dos rios e dos lagos é fabricado, mas que a água cai das nuvens mediante um processo natural. Os astros não serão mais a obra exclusiva do homem: resultarão, no entender da criança, da combustão e da condensação das nuvens de fumaça, sendo a fumaça procedente das casas etc. A explicação cessa em consequência de ser mitológica. Ela torna-se precisa de um duplo ponto de vista: só exige da técnica humana aquilo que esta poderia rigorosamente produzir e reserva aos processos naturais o cuidado de aperfeiçoar aquilo que o homem preparou.

Quanto às relações entre o artificialismo técnico e o animismo, estas marcam uma inversão de sentido em relação aos períodos precedentes: o artificialismo e o animismo tornam-se contraditórios. Com efeito, se o artificialismo se enfraquece, é que a resistência das coisas é parcialmente reconhecida. Isso ocorre porque as leis meramente morais que governavam até esse momento a natureza são gradualmente substituídas, no entender da criança, por um determinismo físico. Constata-se certamente que as crianças desse período não atribuem mais vida a tudo, nem mesmo a todas as coisas que estão em movimento; as crianças, em vez disso, distinguem o movimento recebido do movimento próprio e reservam a vida e a consciência tão-somente aos corpos animados por um movimento próprio (os astros, o vento etc.). Portanto, os corpos fabricados deixam de ser concebidos como vivos e os corpos vivos cessam de ser concebidos como fabricados. É esse o momento em que as crianças declaram explicitamente que tal objeto não sabe nem sente nada "porque foi fabricado".

Por último, na faixa dos 9-10 anos, aparece um quarto período ou período do *artificialismo imanente*. Esse período corresponde ao terceiro dos estágios que distinguimos nos capítulos precedentes (quando as explicações dadas a propósito de um fenômeno deixam-se classificar em três estágios), ou seja, ao estágio durante o qual a ideia de que a natureza é fabricada pelo homem desaparece inteiramente. Mas, como repetidamente destacamos a propósito dos detalhes das explicações de crianças, o artificialismo só se eclipsa então em sua forma humana ou teológica, sendo transferido simplesmente para a própria natureza. Em outras palavras, a natureza é herdeira do homem e fábrica à maneira do trabalhador ou do artista. Os fatos, como nos lembramos, são os seguintes. É em primeiro lugar o finalismo que sobrevive com tenacidade ao artificialismo dos últimos estágios. Assim o sol, mesmo quando é concebido como inteiramente independente da fabricação humana, continua a ser "feito para" aquecer-nos, iluminar-nos etc. As nuvens, mesmo sendo decorrentes de uma evaporação natural, continuam "a ser feitas para" nos trazer a chuva etc. Toda a natureza continua a ser penetrada de fins. Vem em seguida a ideia de uma geração dos corpos comparável a uma espécie de nascimento: as estrelas saem do sol para retornar às vezes a ele, os raios condensam-se em astros ou saem dos astros etc. Vem por último a ideia de força substancial, ou seja, da atividade espontânea emprestada a cada coisa como sendo intrinsecamente sua. O verbo "fazer" que a criança emprega a todo propósito é, no tocante a isso, muito significativo. A própria natureza torna-se como decorrência depositária do artificialismo dos últimos estágios. Trata-se, guardadas todas as proporções, do artificialismo que Brunschvicg descreveu tão bem na física de Aristóteles.

Naturalmente as ideias de finalidade, de força substancial e tantas outras que desabrocham durante esse período, datam de bem antes, e é desde o começo de seu desenvolvimento que a criança atribui às coisas uma atividade humana. O animismo infantil é precisamente isso, e, em certo sentido, pode-se, a partir dos primeiros períodos, chamar o animismo de artificialismo imanente. A ressalva a fazer é que o período que procuramos caracterizar agora, e que começa por volta dos 9-10 anos, marca a junção de duas correntes muito distintas, uma procedente do animismo dos períodos precedentes e a outro procedente do artificialismo desses mesmos períodos. Assim, certas características atribuídas doravante aos corpos são de origem animista. É esse o caso da consciência e da vida que um terço das crianças desse quarto período atribui ainda aos astros. Outras características são de origem artificialista: é o que ocorre com a ideia de geração dos corpos uns com relação aos outros, que parece ser procedente da ideia de uma fabricação como tal (sendo qualquer fabricação considerada, durante o segundo período, como incidindo sobre a matéria viva). Por último, a maior parte das características é de origem ao mesmo tempo animista e artificialista: tal é o caso das ideias de força substancial, de finalismo integral etc.

É evidente que aquilo que acabamos de dizer sobre o terceiro e o quarto períodos refere-se apenas à física da criança.

Quando a criança recebe uma educação religiosa, a diferenciação entre a física e a teologia opera-se progressivamente durante esses mesmos períodos e o artificialismo humano ou transcendente dos dois primeiros períodos é transferido progressivamente para o próprio Deus. Nesse caso, a criação do mundo continuará a ser interpretada graças a um artificialismo integral, enquanto os detalhes dos fenômenos serão interpretados graças a processos naturais e a um artificialismo cada vez mais imanente.

§ 4. As origens do artificialismo

Seria quimérico tentar atribuir ao artificialismo infantil uma única origem. Um fenômeno de tamanha complexidade só pode ser condicionado por vários fatores. Distinguiremos aqui, como o fizemos a propósito do animismo e da magia, duas espécies de causas, as causas individuais, ou seja, causas ligadas à consciência que a criança adquire de sua própria atividade, e as causas sociais, ou seja, causas ligadas às relações que a criança sente existir entre ela e seu ambiente, e especialmente entre ela e seus pais. Mas, enquanto as causas individuais parecem mais importantes no caso da magia e do animismo, as causas sociais parecem ter a primazia no caso do artificialismo.

As causas sociais são em número de duas: a relação de dependência material que a criança sente existir entre ela mesma e seus pais e a deificação espontânea dos pais pela criança.

Quanto ao primeiro ponto, podemos ser breves. Desde o começo de sua vida consciente a criança está sob a dependência imediata da atividade de seus pais: o alimento, o bem-estar, a casa e o vestuário, tudo é organizado por outrem para a criança, na medida de suas necessidades. A ideia mais natural para a criança, ou seja, a ideia de que não poderá chegar a desembaraçar-se sem fazer violência a seus hábitos, será por conseguinte a de que toda a natureza converge em redor dela e foi organizada pelos pais ou pelos homens em geral. O "artificialismo difuso" pode em consequência ser considerado como o resultado imediato do sentimento de dependência material que a criança sente no tocante a seus pais. Quanto ao artificialismo mitológico, pode-se presumir, como vimos, que é o problema do nascimento que desencadeia seu aparecimento. Mas o problema do nascimento é, mais uma vez, o problema do papel dos pais. A criança sente pertencer a seus pais, sabe que os pais determinaram sua vinda. Para quê? Como? A orientação desse interesse condiciona uma boa parte das soluções artificialistas da criança.

O segundo ponto, ou seja, a deificação dos pais, nos reterá por mais tempo. M. Bovet, em notáveis estudos,[14] desenvolveu a partir da psicologia da criança toda uma teoria da origem da religião que é, para nossos propósitos, do mais elevado interesse.

Os psicanalistas mostraram que, entre as diversas formas do amor, amor filial, amor parental, amor sexual etc., não havia heterogeneidade mas unidade de origem. Flournoy, inspirando-se nesse ponto de vista, tentou provar, em especial em seu livro *Mystique moderne*,[15] que o sentimento religioso não era senão o amor sexual sublimado. Bovet, procurando ampliar o deba-

---

[14] P. BOVET, Le sentiment religieux, *Rev. de Théol. et de Phil.* (Lausanne), 1919, p. 157-175. — Le sentiment filial et la religion, *ibid.*, 1920, pp. 141-153. — Ver sobretudo *Le sentiment religieux et la psychologie de l'enfant*, Neuchâtel e Paris (Delachaux & Niestlé), 1925, 173 p.
[15] Th. FLOURNOY, Une mystique moderne, *Arch. de Psych.*, 1915 (vol XV).

te e estudar não apenas os místicos, mas a religião em toda a sua amplitude, foi levado a rever os termos do problema. Se há realmente parentesco entre o amor sexual, o amor místico e o amor da criança por sua mãe, é necessário conceber, com Freud, o amor filial como sexual e incestuoso, ou é necessário conceber as diversas formas de amor como diferenciações de um mesmo amor filial primitivo? Há aí apenas uma questão de palavras. Em psicologia religiosa, o matiz é muito nítido. O amor sexual sublimado não contém todo o sentimento religioso. Pelo contrário, a transferência e a sublimação do sentimento filial primitivo dão-nos a chave do problema. O combustível do sentimento religioso é com efeito uma mistura sui generis de amor e temor que se pode chamar de respeito. Ora, esse respeito é inexplicável se não tem sua fonte nas relações da criança com os pais. É o sentimento filial ele mesmo.

Eis os fatos. Espontaneamente a pequena criança é levada a emprestar a seus pais todos os atributos que as teologias emprestam à divindade: santidade, onipotência, onisciência, eternidade e mesmo ubiquidade. Examinemos cada um desses pontos, porque eles nos levam ao próprio cerne do artificialismo.

É observação corrente que as crianças pequenas atribuem espontaneamente a bondade absoluta aos pais. Temos como prova disso, como diz Bovet, a profundidade da crise que desencadeia a primeira descoberta de uma falta, e particularmente de uma injustiça, no comportamento dos pais. Vimos o caso, entre as lembranças de infância que recolhemos de uma criança que, acusada e punida sem razão, persuadia-se a si mesmo de que cometera a falta que lhe era atribuída.

A onipotência é ainda mais essencial do ponto de vista que nos ocupa aqui. Citam-se frequentemente crianças que atribuem a seus pais poderes extraordinários. Uma neta alemã atribuía a sua avó o poder de fazer chover.[16] Bovet cita a lembrança de infância de Hebbel. A criança, que emprestava aos pais todos os poderes, ficou um dia estupefata ao encontrá-los desolados diante da visão de árvores frutíferas danificadas por uma trovoada: havia por conseguinte um limite ao poder de seu pai! Podemos multiplicar essas características espontâneas. No tocante a isso, nossos materiais confirmam, de maneira muito nítida, a tese de Bovet. Não somente a onipotência que as crianças mais jovens que examinamos emprestam aos homens em geral devem evidentemente derivar dos poderes ilimitados que as crianças pequenas atribuem a seus pais, como frequentemente encontramos fatos mais precisos. Frequentemente perguntamos às crianças se seu papai poderia fazer o sol, o Salève, o lago, a terra e os céus. As crianças pequenas não

---

[16] SPIELREIN, *Arch. de Psych.*, vol. XVIII, p. 307.

hesitam em dizer que sim. Eis um mito significativo, no qual a onipotência dos pais é, verdade seja dita, transposta para um plano simbólico, mas nem por isso se torna menos nítida.

> MARSAL (20 anos) é um débil que, como vimos, contou-nos, não sem alguma fabulação, que o sol tinha sido projetado no ar, como um balão, pelos antepassados. Interrogamo-lo sobre quem são esses antepassados: *"A meu ver, foi necessário alguém para nos fabricar"*. — "E o Bom Deus? — *A bem dizer, não creio no Bom Deus. A bem dizer, foi efetivamente necessário algo para começar o reino humano.* — Como isso aconteceu? — *(Deus) não sabia como juntar as coisas e fazer um homem. Foi necessário uma aproximação dos sexos. Ele tinha um velho, não velho velho, mas um velho. Havia uma mulher com ele. A mulher era mais ou menos da mesma idade"*. Marsal assumiu depois de um dado momento um ar sério. Pedimo-lhe que descrevesse essa mulher. Ele respondeu: *"Tem o rosto de minha mãe. A minha mãe é o que tenho de mais caro no mundo"*. Quanto ao tal velho, tem naturalmente o rosto de seu pai: não tem barba, tem os mesmos traços, os mesmos olhos. É simplesmente um pouco mais jovem. Ora, são esses antepassados que, para Marsal, construíram a terra e tiraram o sol dos vulcões.

Esse mito simboliza evidentemente aquilo que as crianças pequenas limitam-se a sentir: o mundo é feito por seus pais.

Quanto à onisciência que a criança atribui a seus pais, surge muito claramente devido à crise à qual a criança é conduzida quando descobre a ignorância ou o erro nos pais. Aqui, como geralmente a crença infantil é implícita, não formulada ou mesmo não formulável, é no dia em que a crença desaba que se percebe que existia. Um fato muito nítido, trazido por Bovet, é esta lembrança de E. Gosse ouvindo pela primeira vez o pai dizer algo que não era exato. É necessário ler no texto esta passagem do mais elevado interesse.[17] Recordemos apenas isto: "Eu tinha feito a descoberta espantosa, insuspeita até então, de que meu pai não era como Deus, não sabia tudo. O choque não foi causado pela suspeita de que ele não dizia a verdade, mas pela prova tremenda de que não era onisciente, ao contrário do que eu acreditava".

Observamos o seguinte caso: Del, aos 6 anos e ½ (ver L.P., cap. V) faz suas perguntas como se tudo comportasse uma resposta e como se o adulto soubesse tudo. *"Por que você nunca se engana?"*, perguntou ele uma vez a sua instrutora. Aos 7 anos e 2 meses, Del faz menos perguntas sobre os

---

[17] Ed. GOSSE, *Père et fils.*, trad. MONOD e DAVRAY, édit. Mercure de France, 1912, pp. 51-52.

fenômenos fortuitos, como se tivesse renunciado a justificar tudo. Apresentamo-lhe então suas próprias perguntas do ano precedente. Del as julga absurdas ou insolúveis. *"Papai não poderia saber tudo, então eu também não"*, responde ele uma vez. Ocorre que, entrementes, Del passou pela crise de ceticismo em relação ao pensamento adulto, crise que Bovet descreveu e que tem a maior importância para o pensamento da criança. Com efeito, na época em que acreditava na onisciência adulta, Del considerava o mundo um conjunto harmoniosamente regulado e de que estava excluído todo e qualquer acaso, ao passo que, na época de ceticismo do qual falamos, Del renuncia à ideia de que é possível justificar tudo e encontra-se assim pronto para admitir o acaso e a explicação natural.

Os pais também são concebidos pelas crianças pequenas como independentes do tempo: vimos muitas crianças afirmar que, quando seu papai veio ao mundo, o lago (de Genebra) ainda não fora escavado, o Salève ainda não tinha sido construído. O mito de Marsal acaba de mostrar-nos o quanto a criança tem tendência a conceber os pais como anteriores à origem das coisas.

A ubiquidade, por fim, não requer simetria. Todos conhecem a sensação de ser seguida e observada que experimentam as crianças culpadas. A criança feliz acredita também que tem constantemente adivinhadas suas necessidades, que é compreendida, cuidada. A onisciência adulta prolonga-se em onipresença.

Tal parece por conseguinte ser o ponto de partida do sentimento filial: os pais são Deus. Bovet observa muito precisamente, no tocante a isso, o quanto a ideia de Deus, quando é imposta pela educação durante esses estágios primitivos, é inútil e incômoda para a criança. Se se insiste nas perfeições divinas, a criança vê em Deus um rival dos pais, e Bovet citou fatos muito curiosos a esse respeito. Se não se insiste nas perfeições divinas, Deus nada tem de sagrado para a criança deixada a sua espontaneidade. É um homem como os outros, que mora sobre as nuvens ou acima do céu, mas que, apesar disso, não se distingue em nada de nós. "Um homem/senhor que trabalha para seu patrão"; "um homem/senhor que ganha dinheiro", tantas definições que as crianças do povo dão do Bom Deus, mesmo aos 7-8 anos. Citou-se a palavra de uma criança, que crê ver "uns Bons Deuses" olhando terraplanadores no trabalho. Um grande número de crianças, de resto, afirmou-nos que havia muitos Bons Deuses: o termo "Deus" é para elas genérico, como o termo "sol" ou "lua" para as crianças que creem na existência de inúmeros sóis. Resumidamente, a cada vez que as crianças fizeram intervir Deus, durante nossos inquéritos, ou era por fabulação (como se Deus fosse uma fada ou Papai Noel), ou era para atribuir a Deus uma atividade que na realidade é humana. Certas crianças hesitaram, por exemplo, em atribuir o lago a Deus ou aos homens: "Não sei se é o Bom Deus ou os senhores/homens que o fizeram".

Vem em seguida a crise. Essa deificação dos pais tem necessariamente um termo. "Há muito se constatou", disse Bovet, "a existência desse período racionalista e filosófico por volta do sexto ano (de vida); costuma-se apresentá-lo como um *despertar* da curiosidade intelectual; cremos que é preciso ver aí antes uma *crise*, intelectual e moral a um só tempo, semelhante sob vários aspectos à da adolescência.[18] As consequências de semelhante fenômeno são evidentes. Os sentimentos que a criança dedicava até então a seus pais devem ser levados a outro lugar, e é esse o momento em que são transferidos para o Deus que a educação apresenta à criança. Disse-se que a criança "divinizava" seus pais. Bovet responde com razão que é mais adequado dizer que ele "paterniza" Deus, no momento em que seus pais deixam de ser tidos como perfeitos. Do ponto de vista que nos ocupa aqui, os poderes outorgados aos pais são progressivamente atribuídos a um número maior de homens, ou a homens mais antigos, aos "primeiros homens". Ou, por último, em certos casos, a crise vai tão longe que é o artificialismo que é posto em dúvida de um só golpe, mas, em geral, um artificialismo cada vez mais atenuado sobrevive durante alguns anos até a crise dos 6-7 anos.

Em conclusão, vê-se bem quanto o sentimento filial pode ser fonte de artificialismo: sendo os pais deuses, é evidente, para a criança, que o mundo se deve a sua atividade ou à dos homens em geral. Vê-se também por que não distinguimos no detalhe um artificialismo humano e um artificialismo divino ou teológico. Não há certamente senão um, até ao menos os 7-8 anos. Ou Deus é um Senhor, e os homens são Deus, ou Deus é o chefe dos homens, mas por transferência dos sentimentos filiais. Vê-se acima de tudo o quanto o artificialismo infantil é original, tanto em suas origens como em suas manifestações. Seria por conseguinte um erro atribui-lo a uma educação religiosa imposta de fora e mal compreendida pela criança.

Se passarmos agora aos fatores individuais que tiveram condições de produzir ou de favorecer o artificialismo, encontraremos fatos muito mais prosaicos. Não obstante, como nos mostrou o estudo psicanalítico, o pensamento da criança toma forma a partir de interesses narcisistas, e mesmo "auto-eróticos", como diz Freud, para designar os interesses que têm por foco todas as funções orgânicas, e é na mesma medida moldado pelos complexos parentais. Os fatores individuais do artificialismo serão em decorrência em número de dois: são os sentimentos que a criança tem de ser causa, por um lado, graças a seu organismo, por outro lado, graças a sua atividade manual em geral.

O primeiro ponto é mais importante do que parece, mas, como é ligado a todas as espécies de tabus e de recalques, encontramos apenas fracos ves-

---

[18] BOVET, *loc. cit.*, 1919, pp. 170-171.

tígios durante nossos interrogatórios. Sabe-se bem o quanto as crianças pequenas se interessam por suas funções digestivas e pela micção. Ora, vimos nítidos vestígios da micção nas crenças relativas à origem dos rios. Vai ser difícil duvidar de que a respiração (concebida como a produção de um sopro) e mesmo os gases intestinais desempenham um papel nas representações infantis do mundo quando estudarmos as ideias das crianças sobre o ar e o vento (ver *C.P.*, cap. I).

Quanto ao segundo ponto, trata-se de algo capital. O pensamento da criança está intimamente ligado a sua atividade muscular. Stanley Hall[19] percebeu muito bem o quanto a curiosidade infantil está ligada à experimentação manual e à destruição dos objetos. As observações das senhoras Audemars e Lafendel na Maison des Petits (Casa das Crianças Pequenas) do Instituto J.-J. Rousseau mostrou quanto a construção manual era essencial ao desenvolvimento mental da criança. Essas excelentes pedagogas foram levadas a distinguir três estágios no desenvolvimento mental da criança, tendo em conta as relações entre o pensamento e a atividade manual. Durante uma primeira fase (3-4 anos) na criança "o pensamento é dominado pela ação". É a fase da manipulação. Durante uma segunda fase (5-7 anos) "há doravante aliança entre a atividade motora e a atividade mental", "a ação provoca o pensamento". Durante a terceira fase (a partir de 7-8 anos), "o trabalho torna-se organizado, o movimento torna-se sujeito ao pensamento, porque o pensamento precede a ação".[20] Essas fórmulas assumem todo o sentido se se recordar que, na Maison des Petits, a iniciação ao cálculo e toda vida intelectual deriva espontaneamente da manipulação e da adaptação espontânea às exigências dos jogos manuais. É suficiente dizer que o pensamento, logo que toma consciência de si própria, está ligado à fabricação. Mach, Rignano e Goblot definiram o raciocínio como uma "experiência mental" ou uma construção em pensamento. É quase de uma "fabricação em pensamento" que seria necessário falar no tocante à criança.

Por último, para esse estudo ser completo, seria necessário assinalar um fator acessório de artificialismo: a linguagem. É evidente que os verbos "fazer", "formar" etc., que aplicamos à natureza, se acham prenhes de artificialismo. Mas é evidente também que a linguagem não é suficiente para explicar o artificialismo infantil: aqui, como sempre há a simples convergência entre as tendências regressivas da língua/linguagem e a mentalidade infantil. De resto, aqui, como sempre, a criança é original: não é tanto a palavra "fazer" que ela emprega de modo mais frequente, mas as palavras "fazer fazer" (o vento faz fazer avançar as nuvens, o sol faz fazer surgirem as

---

[19] *Pedag. Sem.*, vol. X (1903).
[20] M. AUDEMARS e L. LAFENDEL, *La Maison des Petits du Institut J.-J. Rousseau.* Neuchâtel e Paris, Delachaux & Niestlé, 1923.

flores etc.). Ora, como vimos, a expressão "fazer / fazer" tem um sentido ao mesmo tempo animista e artificialista: implica um motor externo e um princípio interno de realização.

§ 5. As origens da identificação e as causas do declínio do artificialismo e do animismo

As experiências propriamente ditas não podem constituir o fato que leva a criança a renunciar seu animismo e seu artificialismo. Nenhuma experiência direta pode provar a um espírito orientado para o animismo que o sol e as nuvens não são nem vivos, nem conscientes. O ensino adulto também pode confundir a criança, porque, por um lado, a criança não fala o bastante de seu animismo de modo que o adulto procure retirá-lo, e, por outro lado, a criança animista incorpora a sua mentalidade as lições mais bem feitas sobre qualquer assunto. Quanto ao artificialismo, seu fundamento são as atitudes de espírito que não podem ser contrariadas pelo espetáculo das coisas a não ser que, precisamente, a criança esteja pronta a renunciar a qualquer pré-ligação.

Não pode por conseguinte ser uma pressão direta do real sobre o espírito da criança que explica o declínio do animismo e do artificialismo, mas antes uma mudança de orientação de espírito. A que se pode dever essa mudança? A resposta varia conforme encaramos os fatores sociais ou os fatores individuais do animismo e do artificialismo.

No que diz respeito aos fatores sociais, a crise descrita por M. Bovet, graças à qual a criança apercebe-se de que seus pais, e em seguida os homens em geral, não são onipotentes e não governam o mundo, é suficiente explicar o declínio do artificialismo transcendente. Essa crise traz evidentemente também seu contragolpe sobre o animismo, levando a criança a considerar que as coisas se ocupam de nós muito menos do que a princípio lhe parecia que se ocupavam.

No tocante aos fatores individuais, ou seja, os fatores dessa assimilação perpétua do mundo ao ego — assimilação graças à qual a criança considera todas as coisas como pessoais, como semelhantes a nós e como gravitando em torno de nós —, parece que a diminuição progressiva do egocentrismo infantil basta para explicar como a criança assume gradualmente uma atitude objetiva diante das coisas e renuncia por isso às participações que alimentam o animismo e o artificialismo. Ora, a diminuição do egocentrismo, que fica muito nítida a partir dos 7-8 anos, é, como vimos noutro lugar (*L.P.*, cap. I-III), decorrente da progressiva socialização do pensamento da criança. Por conseguinte, os dois fatores principais que parecem explicar o declínio progressivo do animismo e do artificialismo são o afastamento pela criança da relação exclusiva que a liga aos pais, e o afastamento do ponto de vista próprio ou do ego. Como explicar, diante disso, a passagem progressiva da causalidade artificialista às formas superiores da causalidade?

Essas formas superiores, às quais a criança chega espontaneamente, são, como vimos, a causalidade por identificação substancial, o modelo da condensação e a rarefação e certo atomismo primitivo — ou composição de elementos.

A busca da identidade é muito nítida nos estágios superiores a 7-8 anos. O sol e a lua são identificados às nuvens ou ao ar. Do ar podem sair o vapor e a água, por um lado, e o fogo, por outro lado. O raio é identificado como produto da transformação das nuvens de fumaça em fogo. A terra e a pedra são concebidas como os dois aspectos de uma mesma substância etc. Por outro lado, essas transformações implicam condensações e rarefações. O sol é uma nuvem "apertada", a nuvem é feita de ar ou de vento "apertado", a pedra é terra comprimida e a terra é pedra reduzida a fragmentos e poeira. Por último, essas condensações e rarefações supõem a existência de fragmentos ou de elementos, e é isso o que as crianças de 11-12 anos indicam claramente.

Parece em decorrência justificado, como o quer E. Meyerson, julgar que a primeira forma positiva de causalidade seja a identificação. Ocorre todavia que a identificação tem uma história. Não aparece de um só golpe, e as identificações produzidas pela inteligência, durante os diferentes períodos de seu desenvolvimento, não têm todas nem o mesmo valor nem a mesma estrutura. Aquilo que os pré-socráticos identificavam é hoje distinguido, e aquilo que identificamos parecia heterogêneo aos pré-socráticos. Qual é portanto, na criança, a gênese da identificação? De acordo com o que pudemos observar, a progressão genética parece ser a seguinte.

A criança começa por estabelecer entre as coisas *participações dinâmicas*: as nuvens e a chuva atraem-se mutuamente, o frio, o gelo e a neve atraem-se mutuamente, o vento e as nuvens agem um sobre o outro, as nuvens agem sobre o sol, empurram-no, controlam-no ou o atraem etc. No estágio em que tudo é fabricado pelo homem e em que tudo é vivo, essas participações implicam simplesmente séries de ações a distância, semi-psíquicas/semi-físicas, sem comunidade de essência propriamente dita. Contudo, algumas dessas participações dinâmicas já se prolongam em participações substanciais, ou seja, aquelas em que corpos separados no espaço às vezes são concebidos pela criança como diretamente resultantes um do outro (ver, no cap. IV, § 2, os casos do ar e da sombra).

Na medida em que o homem deixa de ser um Deus no entender da criança e em que a natureza parece gravitar menos em torno de nós e de nossos interesses, a criança procura explicar as coisas por elas mesmas. As participações entre as coisas e nós levavam até esse momento ao nascimento de mitos de fabricação das coisas pelo homem. As participações das coisas entre si dão doravante nascimento, na medida em que as coisas se apartam do homem, a uns quantos mitos de *geração*. O sol é procedente das nuvens, os raios e as estrelas são procedentes do sol, o vento acumulou-se para fazer uma nuvem etc. Dizemos geração, e não ainda identificação como tal, porque as coisas ainda são concebidas como vivas e conscientes, e porque, no início, a criança não precisa o "como" da transformação. Esses mitos são inteiramente comparáveis com o mito de Vo (§ 2) segundo o qual o homem é procedente de um verme que saiu de uma bolha vinda do fundo da água (do lago).

Da geração à *identificação* propriamente dita, há apenas a diferença que separa o dinamismo do mecanismo: na medida em que as coisas são privadas de vida e de força espontânea, a transformação das nuvens em astros ou o vento em nuvem assume caráter mecânico, e então a criança recorre aos modelos da *condensação* e da *composição* atomísticas. Mas, para explicar como as crianças chegam à necessidade de explicação mecânica, dever-se-ia saber como explicam os movimentos naturais. Seria necessário empreender um estudo meticuloso da física da criança e procurar analisar as explicações que a criança dá a si mesma, não mais somente da origem das coisas porém em termos dos detalhes dos fenômenos e do "como" das transformações e descamentos. É isso que um próximo livro, que intitularemos *La causalité physique chez l'enfant* ("A causalidade física na criança"), tentará fazer-nos ver.

Apêndice

Nota sobre as relações da crença na eficácia com a magia, a propósito das seções 2 e 3 do Capítulo IV

Cremos ser útil, a fim de dissipar qualquer equívoco, dizer em algumas palavras porque nos permitimos empregar, em psicologia da criança, o termo "magia", habitualmente reservado a um uso estritamente sociológico.

Durante as discussões que tivemos a esse respeito com I. Meyerson (cf. cap. IV), subsistiu entre nós uma divergência. I. Meyerson levou-nos a ver, entre outras coisas, que a noção de magia implica ações e crenças que têm um aspecto coletivo. Há aí em primeiro lugar uma questão concreta em todos os exemplos descritos, estando a magia situada no âmbito do grupo social. Isso não é contudo algo casual, um fato circunstancial. Por pouco que se reflita sobre isso, parece que o conteúdo e a forma do fenômeno mágico estão vinculados de maneira bem íntima a ações sociais, à comunicação; seu caráter simbólico e estilizado, sua gramática e sua sintaxe supõem uma adaptação, geralmente uma longa adaptação, ao conjunto de ritos e de comportamentos do grupo: essa linguagem tem uma história. A própria natureza da eficácia poderia ver-se afetada por essa socialidade. Não é indiferente para uma crença que toda a vida do grupo se ache ligada a essa crença. Ela não retira de sua "reverberação" nada mais que um acréscimo de força: trata-se de uma ação que chega a um resultado. Uma crença que tem êxito e que salva é diferente de uma crença que desconcerta e fracassa.

Em consequência, por um lado, o fato da eficácia não esgota o fato mágico, mesmo do ponto de vista psicológico puro; por outro lado, não é certo que a natureza e sobretudo o grau da crença na eficácia sejam os mesmos nos fatos coletivos adultos e nos fatos individuais de crianças.

Nos fatos das próprias crianças, seria conveniente talvez fazer distinções:

1) Em alguns fatos há o recurso a uma força exterior bem mais do que uma verdadeira ação exercida sobre o mundo. Para esses casos, poder-se-ia perguntar se há realmente eficácia ou se se trata de oscilações da tensão psicológica e de esforços para aliviar essa tensão por meio de procedimentos que P. Janet estudou tão bem.

2) Em outros casos, houve uma "experiência" pessoal, sucesso, e aplicação a um segundo acontecimento que surge em condições análogas. Poder-se-ia dizer que há aí uma forma de encadeamento causal ou motivação mais próxima da eficácia do que a precedente, mas que, contudo, distingue-se dela por dois aspectos. De um lado, trata-se sem dúvida de encadeamento, de sucessão; ora, I. Meyerson crê que a verdadeira eficácia e sobretudo a eficácia mágica supõe alguma espécie de simultaneidade entre o acontecimento e o gesto ou rito destinado a desencadeá-lo; assim, como se assinalou noutro lugar, a "causa" é nesse caso um aspecto, uma parte do acontecimento. Por outro lado, a crença que a criança tem nesses tipos de ações é fraca e pouco contínua, contrariamente à força e à continuidade da eficácia mágica.

3) Há por último fatos, na origem da crença da criança, nos quais se encontra uma crença "social" (na prática: uma crença disseminada ou que a criança julga ser disseminada, geral). Sendo geral, essa crença será para a criança igualmente necessária, terá um caráter "obrigatório". Ocorre contudo que o encontro de um desejo infantil com uma crença dessa ordem poderia, de acordo com I. Meyerson, produzir fatos que seríamos levados a aproximar de fatos da eficácia mágica. E nesse caso seria conveniente distinguir entre as crenças que a criança extraiu do mundo social adulto sem as elaborar muito, e as crenças de origem propriamente infantil.

Este último caso seria, de acordo com I. Meyerson, o mais favorável. Ele suporia uma "sociedade" de crianças que têm crenças, ritos ou ritos-jogo próprios, ritos de iniciação e de adesão, ritos de progressão e de criação, ritos de exclusão e penalidades, uma linguagem e um simbolismo, — respondendo esse tudo aos desejos e temores de crianças, distintos dos adultos. Os escoteiros, com seus jogos específicos, suas canções e seu simbolismo, são a seu ver a prova de que é possível, em sociedades nas quais há uma solidariedade mais forte que a nossa, encontrar grupos de crianças organizados dessa maneira. Um estudo dessa ordem seria fecundo. Só ele permitiria ver tanto o aspecto original da eficácia mágica da criança como os aspectos do fenômeno mágico além da eficácia. Esse estudo deveria comportar, naturalmente, da mesma maneira que a investigação da psicologia social, o estudo do fenômeno em seu período de reação, em seu pleno exercício social, o estudo da aquisição das crenças pelo indivíduo-criança, o estudo de suas variações sob a ação dos fatores sociais e a experiência individual, o estudo da perda das crenças.

O sentido geral de todas as observações é que é necessário um longo tempo de conformismo para criar uma atmosfera de magia.

De nossa parte, reconhecemos plenamente que, em qualquer sociedade de adultos, a magia é uma realidade eminentemente social e que a crença na eficácia mágica assume, consequentemente, uma intensidade e uma continuidade que a tornam não comparável com as crenças pouco intensas e muito descontínuas de nossas crianças. Além disso, persuadimo-nos, como I. Meyerson, de que, no funcionamento de qualquer instituição social, é vão querer distinguir a parte do indivíduo da parte do social: o processo social e sua repercussão nas consciências individuais são uma só e mesma coisa, ou, mais exatamente, constituem as duas faces de uma mesma realidade. Do mesmo modo, não foi nem para identificar a crença infantil individual com as crenças sociais primitivas, nem para opor à investigação sociológica uma psicologia social à maneira de G. Tarde que escolhemos nosso vocabulário.

Formulamos simplesmente a seguinte hipótese de trabalho. Pareceu-nos que, entre as tão numerosas e tão complexas características da magia descrita pelos sociólogos, a noção de eficácia à distância era o aspecto mais difícil de explicar psicologicamente recorrendo à vida social, em oposição à crença como tal. Por conseguinte admitimos, naturalmente a título de mera hipótese de investigação, que havia continuidade entre a noção meramente individual da eficácia e a noção implicada pelas crenças sociais de ordem mágica. Isso não significa de modo algum que essas crenças sociais não tenham, precisamente porque sociais, um poder infinitamente maior de coerção e cristalização. Significa simplesmente que são tornadas possíveis graças a uma subestrutura psicológica individual.

Definimos, por conseguinte, desse ponto de vista psicológico, o gênero "magia" pela noção de eficácia a distância, e distinguimos nesse gênero duas espécies: 1° a magia individual infantil, na qual esta crença é pouco intensa e provavelmente descontínua; 2° a magia como tal, ou magia coletiva, caracterizada por muitos aspectos *sui generis*, entre os quais uma crença muito mais intensa e mais sistemática.

Ora, é precisamente devido à investigação dessa continuidade no desenvolvimento da noção de eficácia, que só citamos no § 2 do capítulo IV crenças infantis estritamente individuais, ou seja, que escapam à influência adulta e, em linhas gerais, à comunicação entre crianças.

Mas é claro que seria desejável acrescentar a nosso estudo da noção de eficácia a distância toda uma pesquisa sobre a constituição das crenças mágicas sociais na criança. É por esta que, de acordo com I. Meyerson, deveria começar a análise psicológica da magia propriamente dita. A nosso ver, pelo contrário, essa investigação deveria ser feita em ligação com um estudo da eficácia individual.

Na ausência de trabalhos desse tipo sobre as crianças dos povos primitivos ou sobre as sociedades de crianças civilizadas, podemos supor, de acordo com os materiais que recolhemos para os fins do § 2 do capítulo IV, que essa magia social na criança consiste sobretudo numa consolidação da crença na eficácia, consolidação tanto mais firme, não é preciso dizer, quanto mais a criança se inspirar em crenças ou práticas sociais adultas.

Eis um exemplo. O jovem que nos contou seu proceder individual com relação às bolas (p. 122) recorda-se do seguinte fato coletivo. Ele e amigos tinham o costume, embora fossem protestantes, de fazer um sinal-da-cruz sobre as bolas que iam lançar, de modo a que atingissem o alvo. Até o ponto em que sua lembrança é exata, esse costume havia nascido de um simples jogo de imitação, e acabara por constituir progressivamente um rito à que cada um se obrigava com a ideia de que aquilo deveria ser eficaz. Esse mesmo jovem tem a impressão de que essas práticas eram muito mais ricas e mais complicadas, mas ele só se recorda de um de seus aspectos.

Não é preciso dizer que, a partir de um fato específico como esse, não podemos extrair coisa alguma. Deixemos, por conseguinte, a pergunta em suspenso, dado que nossa denominação "magia" para designar as crenças individuais que descrevemos tem simplesmente o objetivo de permitir a investigação de uma continuidade entre a noção de eficácia implicada por essas crenças e as noções implicadas pelos ritos mágicos propriamente sociais. Exceção feita a essa questão de terminologia, e a hipótese de trabalho que supõe, estamos inteiramente de acordo com as observações de I. Meyerson. Buscamos de modo especial, tal como ele, distinguir das crenças na eficácia propriamente ditas (sejam individuais, como as que caracterizam os fatos citados no § 2 do cap. IV, ou sociais) os simples meios de proteção destinados a reduzir a tensão psicológica e as formas meramente fenomenistas de causalidade à base de encadeamento ou de sucessão.

Índice de nomes de autores

ARISTÓTELES 185, 207, 208, 302
AUDEMARS 62, 293, 294, 308

BALDWIN 34, 35, 110, 112, 113, 143
BALLARD 197
BERGSON 194
BINET 289
BOHN 199, 269
BOVET 128, 173, 174, 203, 218, 286, 303-307
BRUNSCHVICG 207, 208, 302
BURNET 160

CRAMAUSSEL 292-294

DELACROIX 78, 112, 126, 136, 138, 140, 159

FEIGIN 82
FLOURNOY (Th.) 119, 303
FRAZER 129, 134
FREUD 122, 129, 139, 193, 194, 200, 202, 297

GOBLOT 308
GOSSE 111, 112, 115, 116, 305

HEBBEL 128

JAMES 174, 179, 202, 209, 219, 221, 231, 243, 264, 285, 295
JANET 110
JÉRUSALEM 204

KLEIN 128, 269, 274, 292, 295, 296

LAFENDEL 62, 308
LEUBA 126
LÉVY-BRUHL 79, 114, 299
LUQUET 52, 64

MACH 34, 90, 150, 177, 178, 308
MAINE DE BIRAN 194
MEYERSON (E.) 310
MEYERSON (I.) 128, 133, 258, 313, 314, 315, 316
MICHELET 199
MÜLLER (MAX.) 204

NAGY 20

OBERHOLZER 128

PRATT 174

RASMUSSEN 175, 179, 291
REVERDIN 128
REYMOND 46
RIBOT 193, 194, 200
RIGNANO 308

SIMON 289
SINTENIS 174
SPIELREIN 128, 294, 304
STANLEY HALL 45, 175, 209, 231, 289, 291, 308
STERN 29, 38, 41, 204
SULLY 38, 51, 82, 90, 126, 127, 174, 175, 178, 185, 208, 233, 291, 293

TYLOR 197

WALLON 112